George F. Kennan:
Memoiren eines Diplomaten

Mit einem Vorwort von Klaus Mehnert
Band 1

Deutscher
Taschenbuch
Verlag

dtv

Februar 1971
Deutscher Taschenbuch Verlag GmbH & Co. KG,
München
Lizenzausgabe des Henry Goverts Verlages, Stuttgart
Titel der Originalausgabe: ›Memoirs 1925–1950‹,
erschienen bei Little, Brown and Company, Boston

Aus dem Amerikanischen von Heidi von Alten
Umschlaggestaltung: Celestino Piatti
Gesamtherstellung: C. H. Beck'sche Buchdruckerei,
Nördlingen
Printed in Germany · ISBN 3-423-00732-X

Das Buch

Fundierte Kenntnis, ausgewogenes Urteil und die Fähigkeit zur selbstkritischen Analyse machen dieses ebenso brillant geschriebene wie sorgfältig dokumentierte Erinnerungsbuch zu einem der bedeutendsten politischen Zeugnisse der ereignisreichen und dramatischen Jahre zwischen 1925 und 1950. Es ist der Rechenschaftsbericht eines der klügsten US-Diplomaten der letzten Jahrzehnte und ein großes politisches Buch. Ein bemerkenswerter Umstand erhöht noch den Reiz dieser Erinnerungen: Kennan ist bereit, eigenen Irrtum und Fehlentscheidungen des US-State Department zuzugeben.
George F. Kennan hat im auswärtigen Dienst der Vereinigten Staaten von Amerika viele Stationen durchlaufen – er war in Riga, Wien, Prag, Lissabon und London sowie wiederholt in Berlin, Moskau und Washington tätig. Das zentrale und vor allem deutsche Leser interessierende Thema seiner Memoiren ist Deutschland und die Sowjetunion.

Der Autor

George F. Kennan, 1904 in Milwaukee geboren, Leiter der Politischen Planungsabteilung im State Department, wurde 1952 amerikanischer Botschafter in Moskau und 1961 in Belgrad. Seit 1963 lehrt er als Professor für Geschichte am Institute for Advanced Studies in Princeton. Für seine ›Memoirs 1925–1950‹ erhielt er den National Book Award 1967 und den Pulitzer-Preis 1968.
Er veröffentlichte u. a.: ›Amerika und die Sowjetmacht‹ (2 Bände, 1958/59); ›Sowjetische Außenpolitik unter Lenin und Stalin‹ (1961); ›Rebellen ohne Programm. Demokratie und studentische Linke‹ (1968).

Inhalt

Band 1

Band 2

Anhang

(Die von der Übersetzerin für das deutsche Lesepublikum hinzugefügten Anmerkungen sind jeweils durch den Hinweis »AdÜ« – Anmerkung des Übersetzers – gekennzeichnet.)

Vorwort

»Ich war nie ein Mann der politischen Glaubensbekenntnisse« – so etwa könnte man den Satz »*I was never a man for causes*« sinngemäß ins Deutsche übersetzen. George F. Kennan, der dies von sich sagt, ist sein Leben lang ein unerbittlich klarer Beobachter der Weltpolitik gewesen, dem es immer um die Wirklichkeit ging statt um den äußeren Schein, und der – ob er in Berlin lebte, in Moskau oder in Washington – weit weniger nach den Absichten der Völker und Machthaber fragte als nach den Methoden, mit denen sie diese zu verwirklichen suchten.

Kennan ist einer der besten Köpfe – sollte ich sagen: Querköpfe? –, die der US-Auswärtige Dienst in den letzten Jahrzehnten besaß, ein glänzender Stilist, ein klarer Denker, der Schrekken gedankenloser Bürokraten diesseits und jenseits des Eisernen Vorhangs. Was seinen Memoiren einen besonderen Reiz verleiht, ist seine Art, dem Leser nicht nur seine Erlebnisse und Handlungen, sondern vor allem seine jeweiligen Überlegungen mitzuteilen, wobei er in seiner Ehrlichkeit auch sich selbst gegenüber nicht zögert, die Fehler seiner früheren Gedankengänge bloßzulegen. Den deutschen Zeitungslesern ist Kennan zuletzt 1967 begegnet, als er von der amerikanischen Regierung mit der delikaten Aufgabe betraut wurde, sich der Asyl suchenden Stalintochter Swetlana anzunehmen.

Die Memoiren Kennans werfen neues Licht auf zahlreiche, uns Deutsche betreffende Fragen. In Berlin erlebte er den Niedergang Weimar-Deutschlands, in Prag den Einmarsch der Wehrmacht, wieder in Berlin die beiden ersten Kriegsjahre 1939–1941, in London 1944 das Ringen unter den Alliierten um die Gestaltung Nachkriegsdeutschlands, in Moskau das Kriegsende und das erste Jahr danach; in Washington entwarf er die große, auch für die Westdeutschen entscheidende Rettungsaktion, die unter dem Namen seines damaligen Chefs, des US-Außenministers George C. Marshall, in die Geschichte eingegangen ist, und brachte er im Juli 1947 in einem stark beachteten Aufsatz (unter dem Pseudonym X) das Wort von der notwendigen »Eindämmung« *(containment)* der Sowjetmacht in aller Mund, womit er zugleich eines der meist gebrauchten

Schlagworte des folgenden Jahrzehnts prägte und eine neue Deutschlandpolitik seiner Regierung einleiten half.

Auch in den folgenden Jahren, in denen sein unmittelbarer Einfluß auf die amerikanische Politik zurückging, griff er durch seine Denkschriften, seine Reden und Aufsätze, seine Vorlesungsreihen und Bücher indirekt in das Geschehen ein, wobei die deutsche Frage – mit ihr die europäische – stets zu seinen Hauptthemen gehörte. Seine Farm, von der er in seinen Memoiren so humorvoll zu berichten weiß, liegt sogar auf der Gemarkung eines pennsylvanischen Städtchens namens Berlin – genauer und ironischerweise: East Berlin.

Kennans Memoiren für die Jahre 1925 bis 1950, denen hoffentlich ein zweiter Band folgen wird, leite ich um so lieber ein, als mich mit dem Autor seit über einem Drittel Jahrhundert eine gute Freundschaft verbindet. In den Vorlesungen meines Doktorvaters, Otto Hoetzsch, bei dem auch Kennan in Berlin studierte, kreuzten sich 1929 zum ersten Male unsere Wege; die Universität Berlin war damals ein Magnet für junge Ostforscher aus aller Welt. In den Jahren 1933 bis 1936 sahen wir uns häufig in Moskau, Kennan war damals ein junger amerikanischer Diplomat, ich ein junger deutscher Journalist, und danach in regelmäßigen Abständen in Europa und Amerika.

Nirgends verdient Kennan aufmerksamere Leser als bei uns in Deutschland. Möge er sie finden.

Klaus Mehnert

Dies Buch ist meinen vier Kindern, Grace, Joan Elisabeth, Christopher James und Wendy Antonia, zugeeignet. Möge es, was immer sonst es bewirkt, ihr Verständnis wecken für die Wege und Irrwege, die ihr Vater gegangen ist, und für die Niederlagen und Siege, die ihm beschieden waren.

1. Eine Anmerkung zur Person

In der Fähigkeit, ihre frühe Jugend bewußt zu erinnern, unterscheiden sich die Menschen natürlich sehr. Ich fürchte, daß meine eigene Begabung in dieser Hinsicht an der unteren Grenze des menschlichen Vermögens liegt. Auch frage ich mich, ob nicht in dieser Zeit des überstürzten Wandels jeder ältere Mensch seiner Kindheit und Jugend weiter entrückt ist, als es in früheren, weniger hektisch wechselnden Zeiten der Fall war, und ob nicht die von Bevölkerungsexplosion und technologischem Fortschritt bewirkte Veränderung der einst vertrauten Szenerie die Erinnerungen zurückdrängt. Ich jedenfalls habe nur schwach und undeutlich – zu undeutlich, als daß man sich ein Urteil erlauben könnte – die Gestalt des hageren, nervös gespannten, introvertierten Princeton-Studenten im Gedächtnis, dessen Körperbau und Gestik sich auf mich vererbt haben. Noch verschwommener taucht hinter ihm der struppige, uniformierte Schüler der Kadettenanstalt auf, und ganz und gar schemenhaft und unsicher zeichnen sich dann, wenn man noch weiter zurückgeht, die Umrisse des Schuljungen in den damals üblichen Knickerbockerhosen ab, wie er auf den neuen *pay-as-you-enter*-Wagen der Straßenbahn von Milwaukee (die er unerhört aufregend findet) zwischen Zuhause und Schule hin- und herpendelt, wie er zu Bockigkeit, Wutanfällen und Sitzstreiks Zuflucht nimmt, wenn man ihn drängt, Samstag nachmittags in die Tanzstunde zu Mister Bournique zu gehen, oder wie er stundenlang beglückt vor sich hinträumt, ohne von seiner Umwelt Notiz zu nehmen. Und wandert man noch weiter in die Vergangenheit, bis hin zum Kleinkind, so versiegt das Gedächtnis vollkommen. Ich bin versucht gewesen zu behaupten, dieses Kind sei tief berührt, ja in mancher Hinsicht fürs Leben gezeichnet worden durch den Tod der Mutter kurz nach seiner Geburt. Dies ist freilich nur eine Vermutung, die in Begebenheiten späterer Jahre eine gewisse Bestätigung zu finden scheint. Mit Erinnerung hat es jedoch nichts zu tun.

In der Tat bewegt man sich durchs Leben wie einer, der mit der Laterne in einem dunklen Wald den Weg sucht. Ein kurzes Stück des vor ihm liegenden Pfades ist erleuchtet, so auch ein kleines Stück des zurückgelegten. Aber die Finsternis folgt ihm dicht auf den Fersen und verhüllt immer mehr von dem Weg, den er gegangen ist.

Wenn wir diesen Lebensweg, was nie möglich sein wird, bei vollem Licht noch einmal gehen könnten, dann würden wir bald feststellen, daß er wenig Ähnlichkeit aufweist mit dem, was Phantasie und Erinnerung aus ihm gemacht haben. Wir sind gegen Ende unseres Lebens andere Menschen geworden, wir sind so weit den Gestalten unserer Kindheit entrückt, an die unsere Identität uns knüpft, daß diese Bindung fast ebenso belanglos wird wie das Verhältnis der Völker zu ihren dunklen prähistorischen Ursprüngen.

Dies ist aber nicht die einzige Schwierigkeit, die mir bei meinem Versuch, die frühe Jugend zu beschreiben, begegnet. Die Grenze zwischen innerer und äußerer Wirklichkeit war für mich undeutlicher und fließender, als das bei Kindern normalerweise der Fall ist. Ich lebte, vor allem als ich noch ganz klein war, aber auch in reiferen Jahren, wenn auch dann in abnehmendem Maße, in einer Welt, die ganz und gar meine eigene Welt war – eine Welt, die anderen nicht nur verschlossen bleiben mußte, sondern ihnen auch kaum glaubhaft zu machen gewesen wäre. Ich fand besondere Deutungen für Dinge, Szenen, Orte; Vorstellungen des Zauberhaften und Wunderbaren, der Verheißung, des Grauens erregten meine Phantasie ohne ersichtlichen Anlaß. Meine Welt war erfüllt von Geheimnissen, verlockenden Zeichen, unbestimmten Drohungen, »Ahnungen der Unsterblichkeit«[1].

Am Ende der Straße, die wir in Milwaukee bewohnten, gab es zum Beispiel einen bestimmten Eingang zu einem bestimmten Gebäude – eine finstere, hinter einem riesigen Backsteinbogen pseudoromanischen Stils lauernde Höhle, die für mich eine ganz eigenartige, von Grauen durchzogene Bedeutung hatte. Hinter diesem Eingang lag, daran zweifelte ich nie, ein Haus des Schreckens, des unsagbaren, unvorstellbaren Schreckens. Andererseits glaubte ich wieder fest, daß die Stämme der Bäume im Juneaupark von Feen bewohnt waren. So jedenfalls hatte es meine Cousine Catherine meiner ältesten Schwester Frances erzählt, und nach langer, ehrerbietiger Betrachtung der Anlage war ich zu der Meinung gekommen, es dürfte sich so verhalten.

[1] ›Intimations of Immortality from Recollections of Early Childhood‹ – Ode von William Wordsworth (AdÜ).

Wie also kann ich, wenn ich meine frühe Jugend heute so beschreiben soll, daß sie für andere überzeugend klingt, die richtige Mitte finden zwischen dem, was jene als Wirklichkeit anerkennen, und meinen Illusionen? Wie soll ich selber wissen, was wirklich war und was Täuschung? Soweit die Erinnerung mich überhaupt in diese matte Halbwirklichkeit des Vergangenen zurückführen kann, stellt sie mich vor dieselben Fragen und Ungewißheiten. Vielleicht war ja das Haus am Ende unserer Straße tatsächlich Schauplatz irgendeiner unsagbaren Tragödie, und vielleicht hatte die Sensibilität des Kindes etwas davon gespürt. Kann ich denn sicher sein, daß es im Juneaupark keine Feen gab? Merkwürdig genug war schon manchmal, was sich da zutrug. Daß die Feen heutzutage nicht mehr dort sind, glaube ich gern. Die Autos haben ihnen vermutlich den Garaus gemacht, wie so vielem anderen in diesem verfallenen Stadtteil von Milwaukee. Wer von uns weiß denn genau, was es um 1910 dort alles gab? Die Dinge sind doch so, wie wir sie sehen. Der Park und ich mußten zusammenwirken, um meine ganz bestimmte Vorstellung von dem Ort zu prägen. Die Feen gehörten mit zu diesem Bild. Wie weit sie in ihrer Existenz dem Park und wie weit sie mir zuzurechnen sind, wird man nie herausfinden. Vielleicht würde eine lange, intensive Psychoanalyse nach Freudscher Methode die Frage klären. Wäre ich ein großer Künstler, ein Schwerverbrecher oder einer, dem allerlei seltsame und ungewöhnliche Dinge zugestoßen sind, oder ein Mensch mit ganz besonderen Tugenden oder ganz besonderen Unzulänglichkeiten, so wäre eine solche Analyse wohl am Platze. Ich bin aber nichts von alledem.

Das eine oder andere über Herkunft und Familie mag hier erwähnt werden. Väterlicherseits gab es seit der Auswanderung der Familie aus Nordirland zu Beginn des achtzehnten Jahrhunderts in ungebrochener Folge immer nur bäuerliche Pioniere, mit gelegentlichen Abschweifungen in andere freie Berufe. Zwei meiner Vorfahren waren reine Farmer. Einer war presbyterianischer Pfarrer. Einer, der es im Revolutionskrieg bis zum Obristen gebracht hatte, betrieb eine Sägemühle mit einem Gasthaus in Waterbury bei Vermont und war Abgeordneter seines Bezirkes in der ersten Vermonter Gesetzgebenden Versammlung. Es gab keinen, der nicht wenigstens zeitweilig farmte. Spätere Generationen zogen weiter ins Land, zuerst nach dem Norden des Staates New York, dann nach Wisconsin. Auch die Frauen dieser Vorfahren stammten aus Pionierfamilien, aber aus englischen, nicht aus schottischen[2].

Diese Leute waren natürlich rauh, kantig und nicht immer gerade anziehend. Die Frauen brachten im allgemeinen mehr Kultur und gesellschaftlichen Schliff mit als die Männer. Mein Vater war der erste mit Universitätsbildung. Alle zeichnete eine halsstarrige, wortkarge Selbstgenügsamkeit aus, das Widerstreben, sich mit anderen einzulassen (außer etwa in einer kirchlichen Gemeinschaft). Sie lehnten jede Art von Bindung ab, die die Freiheit der individuellen Entscheidung hätte einengen können.

Gewisse Wesenszüge einer solchen Familie wirkten sich auch auf die Geisteshaltung des Nachkommen aus, der Anfang dieses Jahrhunderts zur Welt kam. Die Familie war weder reich noch arm. Sie hatte niemals größeres Kapital besessen. Es gab nicht einen Angehörigen, der nicht lange und hart mit seinen Händen gearbeitet hätte. Aber alle waren ebenso frei von Komplexen wegen ihrer Armut wie von sozialem Groll. Es wäre ihnen nie eingefallen, in der Armut ein Merkmal der Minderwertigkeit zu sehen, einen Grund für persönlichen Neid oder für Beschwerden bei irgendwelchen Behörden. Sie akzeptierten ihre Lage als logische Folge ihres leidenschaftlichen Unabhängigkeitsdranges. Von der Regierung verlangten sie nichts, als daß sie sie in Ruhe ließ, damit sie sich auf ihre Art durchschlagen konnten. Waren die Zeiten schlecht, und sie waren es oft, dann sandte man Seufzer und Wehklagen nach oben zu Gott, aber nie hinüber nach Washington. Wer im zwanzigsten Jahrhundert aus einer solchen Familie hervorging, war frei sowohl von Hochmut wie von falscher Scham, frei von sozialem Ressentiment, gleich wenig belastet von Gefühlen der Über- wie der Minderwertigkeit, bereit, sich jedermann gleichberechtigt zuzugesellen, ohne Ansehen der Rasse, der Farbe oder der Nationalität.

Diese Unabhängigkeit wurde besonders deutlich im Verhältnis zu den klassischen Postulaten des Marxismus. Nicht einer meiner amerikanischen Vorfahren hatte je in größerem Maße Untergebene beschäftigt; nicht einer hatte je seine eigene Arbeitskraft einem Unternehmer verkauft, der Gewinn aus ihr schlug. Die klassische soziale Zwangslage, auf die vor allem

[2] Englischer Abkunft: Die »Pioniere« an der Grenze der nordamerikanischen Kolonien zur Wildnis waren im achtzehnten Jahrhundert häufig aus religiösen Gründen emigrierte Iro-Schotten (Presbyterianer), die als besonders robuster Menschenschlag galten; Kolonisten englischer Herkunft wurden eher mit den schon früher besiedelten »Neuengland-Staaten« in Verbindung gebracht (AdÜ).

Marx aufmerksam gemacht hatte und der seine Anhänger eine so überwältigende Bedeutung zuschrieben, traf auf diese Familie nicht zu. Das war ein Umstand, der sich bemerkbar machen sollte – im positiven Sinne, wie mir scheint –, als ich mich in späteren Jahren lange und intensiv mit dem ersten großen politischen Triumph des Marxismus, der Russischen Revolution, auseinanderzusetzen hatte. Ich war nie imstande, der klassischen marxistischen Ausgangsposition – dieser Zweiteilung in blutsaugerische, korrupte Kapitalisten auf der einen und mit Füßen getretene, ausgebeutete, aber menschlich saubere Arbeiter auf der anderen Seite – die umfassende Allgemeingültigkeit zuzugestehen, die die Marxisten für sie in Anspruch nahmen; und auch insoweit sie Geltung und faktische Bedeutung hatte (offensichtlich war dies bis zu einem gewissen Grade der Fall), blieb mir der gefühlsmäßige Zugang durch persönliche oder familiäre Erfahrungen verschlossen. Ich konnte mich weder mit dem Ausbeuter noch mit dem Ausgebeuteten identifizieren. Sofern also diese Sorte Ausbeutung und Ungerechtigkeit ein echtes Phänomen war und nicht bloß die Projizierung marxistischer Wunschvorstellungen auf die Gesellschaft der damaligen Zeit, beanspruchte ich für mich das Privileg, sie (in Tschechows menschenfreundlicher Ausdrucksweise) als das Resultat eines tragischen »Mißverständnisses« aus der Frühzeit der modernen Industriegesellschaft anzusehen und nicht als dramatischen Zusammenstoß zwischen Dämonen und Engeln.

Tatsache ist, daß in alten Pionierfamilien wie der unsern das achtzehnte Jahrhundert ein gutes halbes Jahrhundert länger dauerte als der Name besagt – etwa bis 1860 –, ähnlich wie im amerikanischen Süden und in Rußland. Die Kultur des achtzehnten Jahrhunderts, wie sie in diesen Familien weiterlebte, war nicht die des französischen Ancien régime, noch auch die Londons oder der englischen führenden Schicht. Es war die puritanische Kultur Schottlands und des nordöstlichen Englands. Ihr Entrücktsein von den Händeln der Welt bewahrte sie vor den Folgen der Napoleonischen Kriege, ihr Festhalten an der bäuerlichen Lebensform vor den Folgen der Industriellen Revolution. Mein Großvater freilich, der während des Bürgerkriegs im besten Mannesalter stand, legte sich die Manieriertheiten und Künsteleien des Viktorianischen Zeitalters zu und schwelgte darin. Auch mein Vater nahm sie an, aber sie standen ihm schlecht. Er selbst erkannte je länger desto deutlicher ihren Unwert und ihre Unzulänglichkeit als Richtschnur des Handelns.

Doch die sich abzeichnenden Umrisse der Neuen Zeit waren für ihn beunruhigend, abschreckend und teilweise unverständlich. So suchte er denn Zuflucht in dem »achtzehnten Jahrhundert« seiner Jugend (er war 1851 geboren), und etwas von dieser Atmosphäre übertrug sich auf den Haushalt, in dem wir Kinder aufwuchsen.

Der wenig festen Verankerung im neunzehnten Jahrhundert und der ererbten Vorliebe für das achtzehnte ist es wohl zuzuschreiben, daß mir mein Status als Zeitgenosse des zwanzigsten solches Unbehagen macht. Der einzige Vorteil, den ich von diesem Unbehagen habe, ist eine gewisse damit verbundene Distanziertheit. Keiner von uns hat sämtliche Eigenschaften, die er brauchte, um ein guter Beobachter seiner Epoche zu sein; mir selbst fehlen, wie ich wohl weiß, eine Menge davon. Aber in dieser Hinsicht ist es nützlich, auch wenn es verwirrt und einsam macht, *Gast* seiner Epoche zu sein und nicht ständiges Mitglied ihres Haushalts.

Unter dem Aspekt der Familiengeschichte scheint mir noch erwähnenswert, daß es (vor mir) einen anderen George Kennan gab, einen sehr bekannten, der rund sechs Jahre vor meinem Vater geboren wurde. Viele Leute haben mich für seinen Sohn gehalten, manche tun es noch. Der Irrtum ist ganz verständlich. Tatsächlich gibt es viel mehr Gründe für diese Annahme, als der eigentliche Grad der Verwandtschaft – er war in Wirklichkeit ein Vetter meines Großvaters – zunächst glauben machen könnte. Das Leben des älteren Kennan und mein eigenes zeigen Gemeinsamkeiten, die zumindest mir das Gefühl geben, auf ganz seltsame Weise ihm tiefer verbunden zu sein als bloß durch die ziemlich lockeren verwandtschaftlichen Bande. Nicht nur haben wir denselben Namen, wir sind auch zufällig am gleichen Tag geboren. Beide haben wir, als wir erwachsen waren, große Teile unseres Lebens Rußland und seinen Problemen gewidmet. Beide wurden wir zu einem vergleichbaren Zeitpunkt unserer beruflichen Laufbahn von den jeweiligen russischen Behörden als unerwünscht aus dem Lande gewiesen. Beide haben wir Hilfsorganisationen für Flüchtlinge vor dem russischen Despotismus gegründet. Beide haben wir viel geschrieben und viele Vorträge gehalten. Beide spielten wir Gitarre. Beide besaßen wir Segelboote einer besonderen, ähnlichen Bauart. Beide wurden wir irgendwann Mitglieder der Nationalen Akademie der Künste und Wissenschaften. Beide fühlten wir uns zu gegebener Zeit veranlaßt, in Amerika für ein besseres Verständnis für

Japan und seine geopolitischen Schwierigkeiten gegenüber dem asiatischen Festland zu plädieren.

Der ältere George Kennan hatte selbst keine Kinder. Und bei aller liebevollen Erinnerung an meinen eigenen Vater, als dessen Sohn ich mich durchaus erkenne – in dem Sinne, daß ich, wenn nicht seine Vorzüge, so doch die meisten seiner Fehler geerbt habe –, glaube ich, daß ich auf ganz merkwürdige Weise dazu bestimmt war, das Werk meines berühmten und geachteten Namensvetters, so gut ich konnte, fortzusetzen. Was ich in meinem Leben zu tun versucht habe, sind, wie ich glaube, genau die Dinge, die er von seinem Sohn erhofft haben würde, hätte er einen gehabt. Ob er die Art und Weise gebilligt hätte, wie ich sie tat, kann ich dagegen nicht sagen[3].

Um das Bild eines geistigen Werdegangs im Auswärtigen Dienst verständlich zu machen, muß ich wohl einige Bemerkungen über die Ausbildung machen, die ihm vorausging.

Ich kam von der St. John's Military Academy[4] direkt nach Princeton. Ein solcher Übergang war nicht die Regel. Ich verdankte ihn teils der aufregenden Lektüre von Scott Fitzgeralds Buch ›This Side of Paradise‹ in meinem letzten Schuljahr, das ich als Offenbarung empfand, teils der Hilfe und Ermutigung des Studienleiters von St. John's, des verstorbenen Henry Holt, eines bescheidenen, tüchtigen und aufopferungsvollen Pädagogen.

Ich kam an einem heißen Septemberabend des Jahres 1921 in Princeton an. Das Taxi fuhr mich den University Place hinauf und dann die Nassau Street hinunter – an zwei Seiten des Campus entlang; und als ich durch die Wagenfenster die Konturen der gotischen Gebäude rings um die Holder Hall erkannte, da erfuhr meine Neigung, die Welt mit Wundern der Phantasie zu schmükken, einen gewaltigen Aufschwung. Geheimnis und Verheißung, Wunder und Romantik schienen mir zauberisch von den düsteren Fassaden auszustrahlen.

Die Wirklichkeit war natürlich anders. Ich war der letzte Student, der die Zulassung bekam. Ich kannte keine Menschenseele, weder im College noch in der Stadt. Ich bekam das letzte

[3] Diejenigen, die über die außergewöhnliche Karriere des älteren George Kennan Näheres wissen möchten, darf ich auf die 1958 bei der University of Chicago Press erschienene gekürzte Fassung seines berühmten Buches ›Siberia and the Exile System‹ verweisen. Für diese Ausgabe schrieb ich eine kurze Einleitung, die seinen Werdegang und seine literarischen Arbeiten beschreibt.

[4] In Amerika häufiger Typ einer Internatsschule mit quasi-militärischer Disziplin und vormilitärischer Ausbildung; jedoch keine Anstalt zur Ausbildung von Berufsoffizieren und nicht zu verwechseln mit der US Military Academy in West Point (AdÜ).

möblierte Zimmer im entlegensten der trübseligen Wohnheime, meilenweit vom Campus, in die man damals zu spät kommende Neulinge einwies. Ich war ein Jahr jünger als die meisten meiner Jahrgangskollegen und noch unsicherer im Auftreten, als bei meinem zarten Alter ohnehin erwartet wurde. Ich war ein hoffnungslos ungehobelter Mittelwestler. Ich hatte keine Ahnung, wie man mit Jungens aus dem Osten umzugehen hatte. Ich konnte nie den lässigen Umgangston finden. Mein Benehmen kannte nur zwei Stimmungslagen: linkisches Sich-Absondern und übertriebene Schwärmerei. Überdies litt ich von Anfang an unter einer Eigenheit, die ich mein ganzes Leben lang nicht losgeworden bin, darunter nämlich, der Langsamste und Letzte zu sein, wenn es darum ging, in die Geheimnisse einer komplizierten organisatorischen Struktur einzudringen. Da ich zu schüchtern war, um zu fragen, kam ich nie dahinter. Ich wandelte durch Princeton in heiliger Einfalt, immer unter den Letzten jeder Reihe, ewig uneingeweiht, wenige kennend, von wenigen gekannt. Persönliche Schwächen, Hochmut, Überempfindlichkeit, die trotzige Ablehnung guten Zuspruchs und eine wahre Gier nach schlechter Behandlung, die mich, wenigstens in meiner eigenen Sicht, des Mitgefühls um so würdiger machen sollte, all das trug zu meinem Unbehagen bei.

Vielleicht spielte auch persönliches Pech eine Rolle. Als zum ersten Mal Weihnachten nahte und ich weder Geld hatte, um nach Hause zu fahren, noch meinen Vater mit der Bitte darum belasten wollte, nahm ich im nahe gelegenen Trenton beim Postamt eine Aushilfsarbeit als Briefträger an. Am ersten Tag übergab man mir in aller Frühe den bekannten Ledersack, randvoll mit gebündelten Briefen, und setzte mich per Trambahn südwärts in Richtung auf die Slums in Marsch. Die Briefe in den Bündeln, so sagten meine Vorgesetzten, seien genau sortiert; ich müsse nur die erste Straße finden, dann würden die Briefe mich von alleine weiterleiten.

Der Schnee fiel in nassen Flocken an diesem dunklen Dezembertag; er lag schon zentimeterhoch auf den Straßen. Als ich an meiner Station angekommen war, tastete ich noch im Abspringen an meinem ersten Briefbündel herum. Der Verschluß brach, das Bündel öffnete sich, und die Briefe ergossen sich teils auf die hintere Wagenplattform, teils in die schneebedeckte Straße. Zwischen hupenden Autos und klingelnden Straßenbahnen hindurch raffte ich sie in wilder Hast zusammen und trat meine Runden an. Aber nun waren die Briefe in wüstem Durcheinander; nicht einmal die Straßen, viel weniger die Hausnummern befanden sich in der richtigen Reihenfolge. Den ganzen Tag stapfte ich verzweifelt vor und zurück über die matschbedeckten Elendsstraßen, kehrte Dutzende Male um, belästigte unzählige Passanten mit der Bitte um Auskunft, prallte beim Öffnen der Türen entsetzt zurück vor den Anblicken, die sich mir boten, und den Gerüchen, die mich anfielen. Es war später Abend, als ich meine Last verteilt hatte; und ich beendete den Tag, indem ich meine einzige Mahlzeit – für fünfzig Cents – in einem an meiner Route gelegenen schmierigen kleinen Restaurant verzehrte.

So vergingen die Tage bis Weihnachten, nicht alle ganz so unglückselig wie der erste, aber nicht viel anders. Am Nachmittag des ersten Weihnachtstages waren die achtundzwanzig Dollar verdient, für die man damals auf einem Sitzplatz nach Milwaukee reisen konnte, und auf diese bescheidene Art fuhr ich stolz heim. Aber irgendwo unterwegs, sei es in den Slums von Trenton, sei es im Zug, hatte ich mich mit Scharlach angesteckt.

Die Krankheit überfiel mich zu Hause, plötzlich und mit Heftigkeit, an einem schrecklichen Nachmittag um Neujahr. Es gab großen Aufruhr in der Familie; es war ja noch lange vor Entdeckung des Penicillins. Man fürchtete das Schlimmste. Am selben Abend noch wurden meine Schwestern vorzeitig in ihre verschiedenen Colleges zurückgeschickt; sie waren überzeugt, mich zum letztenmal gesehen zu haben. Ich selber wurde ins Obergeschoß des Hauses verbannt, wo ich unter der Obhut einer Krankenschwester bis Ostern in Quarantäne blieb. Als ich dann ins College zurückkam, war das akademische Jahr fast um, Cliquen und Freundschaften hatten sich bereits verfestigt. Zu diesen dichten und abgeschirmten kleinen Gemeinschaften gab es kaum noch Zugang, vor allem nicht für jemanden, der jünger als die meisten anderen, im Studium zurück und von der Teilnahme am Sport ausgeschlossen war und der außerdem nicht genug Geld besaß, um bei den allgemein üblichen Unternehmungen mitzutun.

Also blieb ich auf dem Campus ein Außenseiter. Ich galt nicht als exzentrisch, ich wurde nicht verspottet, ich war nicht einmal unbeliebt – bloß eben dem nackten Auge nur unvollkommen wahrnehmbar. In meinem zweiten, dem Sophomoren-Jahr, verschwand ich während der berühmten Bicker Week, der »Zankwoche«, in der die Klubwahlen stattfanden, in einer wahren Wolke aus falschem Stolz, Selbstmitleid und Märtyrerkomplexen jeden Nachmittag vom Campus, damit nur ja niemand auf den Gedanken käme, mir die Mitgliedschaft in einem Klub anzutragen. Als mich gegen Ende der Woche ein wohlmeinender Mitstudent in meinem Zimmer erwischte und mich drängte, einem der wenigen Klubs beizutreten, deren Mitgliedersoll noch nicht erfüllt war, überwältigte mich diese unerwartete Aufmerksamkeit so sehr, daß ich prompt, und fast weinend, ja sagte. Später hatte ich deswegen dann Gewissensbisse, legte die Mitgliedschaft nieder und aß während der folgenden Monate mit den Nicht-Klub-Parias in einem Zimmer, das Gemeinschaftsraum der Senioren hieß.

In diesem düsteren Refektorium essen zu müssen, war grausam, denn soziale Unterschiede wurden sehr ernst genommen in jenen Tagen. Unter den gesellschaftlich »Verworfenen« – insgesamt etwa einem Drittel der Senioren – gab es wenige, die ungerührt blieben bei der Erkenntnis, daß ihre Konstudenten sie gewogen und zu leicht befunden hatten. Gewöhnlich reagierten sie defensiv oder trotzig. So tief saß die Verbitterung, daß man bei Tisch kaum je einen Unbekannten ansprach. Jeder fürchtete, wenn er eine Unterhaltung anfinge, könnten die anderen glauben, er werde mit seinem Schicksal nicht fertig. Und doch hatten diese Erfahrungen bei aller Grausamkeit auch ihren Wert. Beim Grübeln über meine unglückliche Lage dämmerte es mir schließlich, daß man, um sich selbst gerecht zu werden, seine eigenen Maßstäbe entwickeln müsse und nicht einfach die der anderen übernehmen könne, da es ja durchaus möglich sei, daß die anderen, indem sie uns ausstießen, selber unrecht hätten.

Freundschaften gab es natürlich am Ende doch; aber es blieben wenige, und die Freunde gehörten meist zu derselben Sorte mittelwestlicher Irrläufer, wie ich selber einer war. In Bernard Gufler, einem katholischen Intellektuellen aus Kansas mit scharfem, weitreichendem Verstand, grenzenloser Neugier und viel natürlicher Warmherzigkeit, fand ich einen Freund, mit dem ich lange Abende mit für mich wertvollen philosophischen Gesprächen verbringen konnte; die Freundschaft wurde in späteren Jahren durch gemeinsame Zugehörigkeit zum Auswärtigen Dienst gestärkt und sollte unser ganzes Leben halten. Dann war da mein Vetter Charlie James aus Milwaukee, den ich wie einen Bruder kannte. Er war zwei Jahrgänge unter mir, aber in meinen letzten beiden Jahren teilten wir das Zimmer. In dieser

Umgebung von Kollegen aus Milwaukee und dem Mittleren Westen war ich gefühlsmäßig zu Hause. Während eines einzigen akademischen Jahres schließlich hatte ich einen Freund mit dem eindrucksvollen Namen Constantin Nikolas Michaels Messolonghitis. Er war noch ärmer als ich, war von Ohio nach Princeton getrampt und versuchte, sich die beiden letzten Jahre als Werkstudent durchzuschlagen. Er war der geborene Zeitungsmann und fand auch später als Chef vom Dienst der ›New York Herald Tribune‹ den ihm zusagenden Platz. Sein einfältiges Staunen über die Bräuche im Osten war noch überwältigender als meines; sein ungehemmter griechischer Hedonismus bildete einen guten Ausgleich für meine verschämten presbyterianischen Ängste; im mühelosen Fluß seiner provinziellen Gesprächigkeit fühlte ich mich besänftigt und geborgen. Eigentlich war er eine Figur aus Thomas Wolfe. Im Sommer nach dem Juniorenjahr machten wir zusammen eine Arme-Leute-Reise nach Europa. Es war ein Abenteuer, auf das ich heute nichts weniger als stolz zurückblicke. Wir sahen wenig, lernten nichts und müssen, wie mir heute klar ist, einer langen Reihe von Leuten entsetzlich lästig gefallen sein – sowohl denen, die ihre Herzensgüte bewog, uns zu helfen, wie die verständnisvolle Kellnerin im Londoner Lyons, die uns Riesenmahlzeiten vertilgen ließ und dann mit Augenzwinkern einen Bon über einen Schilling druckte, als auch denen, die keine andere Wahl hatten, als sich mit uns abzugeben, wie der unglückselige Vizekonsul in Genua, auf dessen widerstrebende Schultern wir beharrlich die aus unserer Geldnot entstandenen Probleme abzuwälzen versuchten. (Damals hätte ich es mir nicht träumen lassen, daß ich schon drei Jahre später in einer ähnlichen Position sein und dieses jungen Mannes Widerwillen gegen alle und jeden zerlumpten Studenten teilen würde, der von seiner Regierung erwartet, sie werde ihn vor den vorhersehbaren Folgen seines eigenen Leichtsinns retten.) Die Hafenkneipen von Genua bekamen mir übrigens nicht besser als die Trentoner Slums: ich holte mir dort eine heftige Amöbenruhr, deren Nachwirkungen mich noch jahrzehntelang quälten.

Unter all diesen Umständen war Princeton nicht so ganz ein Erlebnis von der Art, wie ›This Side of Paradise‹ sie beschreibt. Zwar enthielt die Schilderung der Reaktion des Mittelwestlers auf den eleganten Osten im wunderschönen Epilog zu Fitzgeralds ›Great Gatsby‹ so viel Vertrautes, daß ich, als ich sie im College zum ersten Mal las, davonschlich und unmännliche

Tränen weinte; aber sonst hatte meine Universitätslaufbahn wenig Ähnlichkeit mit der von Fitzgerald. Vielleicht kennzeichnet es den Unterschied zwischen damals und heute, daß es mir nie eingefallen wäre, der Universität für meine privaten Schwierigkeiten die Schuld zu geben. Im Gegenteil, ich fühlte mich von ihr gerecht behandelt; intellektuell respektierte ich sie; und ich war stolz auf sie als Institution.

Ich kannte keinen meiner Lehrer gut und kann mich nicht erinnern, je einen außerhalb des offiziellen Rahmens von Hörsaal und Professorensprechzimmer getroffen zu haben. Keiner hat mich, glaube ich, geistig besonders geprägt. Aber vor einigen empfand ich Hochachtung wegen ihrer denkerischen Kraft und Integrität. Das Bild dieser Männer haftet mir fest im Gedächtnis, und sie sind hineinverwoben in das feine Gespinst aus Bewunderung und nacheiferndem Bemühen, aus dem die Persönlichkeit geformt wird.

Einer dieser Lehrer war Raymond Sontag, später Professor für Europäische Geschichte an der Universität von Kalifornien und Herausgeber der ›Dokumente zur Deutschen Außenpolitik‹. An Einzelheiten seiner Vorlesung über die Geschichte der Diplomatie kann ich mich nicht erinnern; aber die Art, wie er sein Thema anging, skeptisch, fragend, illusionslos und doch nicht entmutigend, hat einen unauslöschlichen Eindruck auf mich gemacht.

Ein anderer Lehrer war Professor Joseph C. Green. Er lehrte und leitete einen umfänglichen Anfängerkurs, der sich ganz harmlos ›Einführung in die Geschichte‹ nannte und den Studenten einen Begriff davon geben sollte, wie Klima, geographische Lage und natürliche Hilfsquellen das Gesicht einer Kultur mitbestimmen. Dieser Kurs war in der Konzeption seiner Zeit voraus, und Green leitete ihn mit solcher Energie und Strenge, daß regelmäßig eine erhebliche Anzahl von Teilnehmern auf der Strecke blieb und er so, wie es hieß, dem Dekan allerhand Kopfschmerzen bereitete. So unnachsichtig war die Disziplin, daß mir ein Teil des Gelernten noch heute im Gedächtnis haftet – was man nach fünfundvierzig Jahren vom Universitätslehrstoff im allgemeinen wohl nicht behaupten kann. Aber auch hier wieder war das eigentlich Wichtige die Persönlichkeit des Mannes selbst: die eines strengen, tatkräftigen, bis ins Letzte gewissenhaften Gelehrten, der von uns nie etwas verlangte, das er nicht selbst zu geben bereit war. Er ging später nach Washington, trat ins State Department ein und leitete viele Jahre lang die Aufnahmeprüfungen für den Auswärtigen Dienst. Dabei zeigte er dieselbe unerbittliche Integrität wie an der Universität, und ich habe mich manchmal gefragt, ob seine starre Unnachgiebigkeit gegenüber allen Versuchen, zugunsten des einen oder anderen Bewerbers politischen oder gesellschaftlichen Druck auszuüben (wie sie in dieser weltlichen Kapitale gelegentlich unternommen wurden), seinen politischen Vorgesetzten nicht ganz ähnliche Mißlichkeiten bereitet hat wie seinerzeit dem Dekan in Princeton. Man lohnte ihm schließlich seine Mühen, indem man ihn seines Postens enthob und ihn bei der Änderung des Prüfungssystems, die im Jahre 1954 im Zusammenhang mit dem Bericht des Wriston-Ausschusses[5] vorgenommen wurde, ganz betont nicht konsultierte. Die Anerkennung, die ihm gebührt, ist ihm nie zuteil geworden. Er hat die Prüfungsvorschriften für die Aufnahme in den Auswärtigen Dienst jahrelang mit einer Unparteilichkeit angewendet, die auch jeder unpolitischen Laufbahn hätte zum Vorbild dienen können.

Noch ein dritter Lehrer verdient ein dankbares Wort. Leider muß er namenlos bleiben, weil mein Gedächtnis versagt. Ich hatte infolge der Scharlacherkrankung in meinem zweiten, dem Sophomoren-Jahr den Englischkurs für Anfänger wiederholen müssen, der eine Reihe schriftlicher Arbeiten, zum größeren Teil aber die Analyse von Klassikern der englischen Literatur vorsah. Aus irgendwelchen Gründen paßte mir dieser Kurs ganz und gar nicht; ich benahm mich schlecht und schwänzte anfänglich sogar mehrmals den Unterricht. Wenn ich mich recht erinnere, verdroß mich die Art und Weise, wie hier das Englische gelehrt wurde: es war doch sinnlos, fand ich, sich durch Shakespeares Stücke durchzukämpfen, um nach Komplotten und Höhepunkten zu fahnden – entweder empfand man sie als künstlerisches und geistiges Erlebnis oder nicht; und wenn nicht, dann war sowieso nichts zu machen. Wen die Dramen aber anrührten, der sollte sich über ihren Inhalt Gedanken machen, über ihren innersten geistigen und philosophischen Gehalt, und nicht über die Form. – Wie dem auch sei, eines Tages zitierte mich der junge Dozent, in dessen Klasse ich war, zu sich und las mir grob, aber nicht bösartig die Leviten. Diese persönliche Aufmerksamkeit wirkte besänftigend; ich zeigte mich reuig und

[5] Wriston-Kommission: Eine von Außenminister Dulles 1954 eingesetzte Kommission unter dem Vorsitz von Dr. Henry M. Wriston empfahl die Verschmelzung der nur im Außenministerium selbst tätigen Beamten mit den Beamten der Auslandsvertretungen zu einem einheitlichen »Auswärtigen Dienst«, die – nachdem vorangegangene Versuche im wesentlichen fehlgeschlagen waren – 1956 auch vollzogen war. Der diplomatische und der konsularische Dienst waren schon 1924 vereinigt worden (AdÜ).

gelobte Besserung. Dann aber ging ich hin und schrieb ihm mit all der Perversität, deren man in diesem Alter fähig ist, eine Abhandlung über das Thema, daß und warum der Englischunterricht an amerikanischen Colleges nicht tauge. Als die Arbeit mit Auszeichnung zensiert und mir zurückgegeben wurde, bekam ich dadurch eine unvergeßliche Lektion in Großmut und Selbstverleugnung. Aus solchen Eckpfeilern entstehen die pädagogischen Gebäude, die noch halten, auch wenn die Namen der bescheidenen Erbauer längst vergessen sind.

Ohne Aufhebens, wie ich das College betreten hatte, verließ ich es auch. Voller Selbstverleugnung und Gehemmtheit blieb ich allen Abschiedsfeierlichkeiten mit Ausnahme der Diplomverleihung fern und eilte, so schnell ich konnte, von dannen.

Es fällt mir nicht leicht, das eigene Porträt von damals nachzuzeichnen. Eigentlich möchte ich es auch lieber unterlassen, aber es gibt wohl Gelegenheiten, wo einem nichts anderes übrigbleibt. Ich sehe mich selbst als einen innerlich und äußerlich recht durchschnittlichen Jüngling, mit ganz durchschnittlichen Schwächen und Leidenschaften. Ich war ein Träumer, willensschwach und in meinen Beziehungen zu anderen Menschen ein ziemlicher Feigling. Ich hatte einen angeborenen Abscheu vor Szenen, den ich nur als Erbübel meiner Familie bezeichnen kann. Es gibt viele, die sich mit den unabwendbaren Brutalitäten des Lebens männlicher herumschlagen. Meine größten Vorzüge waren ein leidlich klarer und offener Verstand – träge und passiv, wenn er sich selbst überlassen war, im Falle der Herausforderung jedoch kraftvoller Reaktionen fähig –, ein sehr feines Gespür für Atmosphäre und für die Vorstellungswelt anderer Menschen; und schließlich ein fast völliges Fehlen von Vorurteilen. Aus diesem Material hatte Princeton gemacht, was bei den damaligen Erziehungsgrundsätzen zu machen war. Für Literatur hatte ich großes Interesse, und die verständnisvolle Hartnäckigkeit meiner Lehrer hatte für eine solide Kenntnis der englischen Klassiker gesorgt. Zur Musik zog mich eine angeborene Neigung, und ich hatte mich so nebenbei ein bißchen damit beschäftigt. Moderne Geschichte und Politik hatte ich im Verlauf der Collegejahre mit steigendem Interesse und Erfolg studiert. Aber das ganze große Gebiet visuellen Erlebens und Genießens war jammervoll vernachlässigt worden. Dafür war kein Platz in einem puritanischen Haus, das wie so viele seinesgleichen von den Schönen Künsten nur die Literatur schätzte. Nicht einmal im Princetoner Studienplan spielte die Bildende Kunst eine Rolle; falls man sich überhaupt mit ihr abgab, wußte ich jedenfalls nichts davon. Bis zum Tage des Examens hatte mir nie jemand beigebracht, ein Bild, einen Baum oder eine Fassade mit Verständnis zu betrachten.

Als ich Princeton verließ, war ich in manchen Dingen gut geschult, aber noch nicht wirklich aufgewacht. Princeton hatte den Geist auf weiteres Wachstum vorbereitet, aber es hatte keine umfassende Neugier in diesem Geist geweckt. Auch hatte es sich nicht in Gestalt fester politischer Ansichten, Schlüsse oder Überzeugungen in die Gemüter eingraviert. Ich kann mich erinnern, daß ich als junger College-Absolvent einige vage Regungen nach Art des Wilsonschen Liberalismus verspürte; daß ich Bedauern empfand, als der Senat die amerikanische Mitgliedschaft im Völkerbund ablehnte; daß ich an eine Wirtschaftspolitik des *laissez-faire* und an den Wert des Wettbewerbs glaubte und daß ich dementsprechend gegen Schutzzölle war. Davon abgesehen war da nur eine eindrucksfähige Tabula rasa. Manche mögen das der Universität zum Vorwurf machen. Ich rechne es ihr zum Verdienst an. Aufgabe der Universität ist es, jungen Menschen die Möglichkeit zu geben, ihre Vorurteile selber zu entwickeln, und nicht, ihnen die eigenen einzuhämmern.

Was ich bis dahin am meisten vermißt hatte, war der zugleich anregende und mäßigende Umgang mit älteren und weiseren Männern. Mein Vater, jetzt ein Mann in den Siebzigerjahren, war zu zurückhaltend und zu ehrlich und sich seiner Unzulänglichkeit als Führer durch die ihm wesensfremde neue Zeit allzusehr bewußt, um sich mir als Lehrer aufzudrängen. Er begnügte sich mit der gelegentlichen wehmütigen Ermahnung, doch auch nach Verlassen des Elternhauses noch ab und zu in die Kirche zu gehen. Ich sah ihn als einen scheuen, einsamen und nicht besonders glücklichen Menschen, liebte ihn, fühlte mit ihm, wollte ihn beschützen und empfand kaum je das normale Bedürfnis des Kindes nach Rebellion. Aber mein Verständnis für seine geistige Welt und seine Gefühle mußte ich aus scheuen Seitenblicken gewinnen; einen freien Gedankenaustausch mit ihm gab es nicht.

Beim Abgang von Princeton beschloß ich, mich für den Auswärtigen Dienst zu bewerben. Dieser Dienst war ziemlich neu: erst 1924 war er durch den Rogers Act begründet worden. Zuvor hatte es eine Laufbahn für Berufsdiplomaten gegeben und eine zweite, ähnliche, für Konsuln. Jetzt waren beide in einem einzigen Dienst zusammengefaßt, der von der Parteipolitik streng getrennt bleiben und ausschließlich nach Laufbahngesichtspunkten aufgebaut sein sollte. Ich hatte mich für die Bewerbung hauptsächlich darum entschieden, weil ich nicht recht wußte, was ich sonst tun sollte. Während der Seniorenjahre im College hatte mir das Studium der internationalen Politik besondere Freude gemacht und auch Erfolge beschert. Milwaukee reizte micht nicht. Ich hatte Furcht, in ausgefahrenen Geleisen steckenzubleiben, und meinte, daß der Auswärtige Dienst mich am ehesten davor bewahren würde. Wunderbarerweise ging die Rechnung auf. Ein Schutzengel muß über mir gewacht haben. Es war meine erste und letzte vernünftige Entscheidung beruflicher Art.

Eintritt in den Auswärtigen Dienst bedeutete damals im allgemeinen ein mehrmonatiges Spezialstudium und dann die Ablegung von schriftlichen und mündlichen Prüfungen. Das Examen wurde einmal jährlich, im Frühjahr, abgenommen.

Für den Sommer des Jahres 1925, gleich nach Abgang vom College, heuerte ich auf einem Küstenfahrer an, der regelmäßig zwischen Boston und dem Hafen Savannah in Georgia verkehrte. Wir bekamen 48 Cents die Stunde, arbeiteten an Ladetagen bis zu sechzehn Stunden hintereinander und waren glücklich.

Im September ging ich nach Washington, bezog ein Zimmer in einer Pension in der Church Street; es hätte bis ins Detail aus einem Witzblatt stammen können. Ich trat als Schüler in die private Vorbereitungsanstalt eines tüchtigen schottischen Pädagogen ein, der seinen Lebensunterhalt damit verdiente, daß er junge Leute für die Aufnahmeprüfungen drillte. Wenn er nüchtern genug war, um unterrichten zu können, was meistens der Fall war, dann war er ein hervorragender Lehrer und bereicherte unser Allgemeinwissen über die eigentliche ausgezeichnete Examensvorbereitung hinaus mit einer Fülle fesselnder Informationen.

Vor der Prüfungskommission für das Mündliche, die von Staatssekretär Joseph C. Grew geleitet wurde, fürchtete ich mich fast zu Tode. Ich wurde als erster Prüfling vorgeführt und war so starr vor Schrecken, daß beim ersten Satz – des Inhalts, daß ich in Milwaukee, Wisconsin, geboren sei – meine Stimme auf der zweiten Silbe von Wisconsin ins Falsett umschlug, was von der Kommission mit lautem Gelächter quittiert wurde. Zu meiner eigenen Überraschung wurde ich aufgenommen, zusammen mit siebzehn anderen Kandidaten (von mehreren

Hundert, die ursprünglich die schriftliche Prüfung gemacht hatten), und man bestellte mich zum Dienstantritt im September.

Ich hatte also noch einen ganzen Sommer freie Zeit vor mir, und ich beschloß, sie in Deutschland zu verbringen. Zuerst ging ich nach Heidelberg, wo ich ein paar Vorlesungen hörte, herrliche Ausflüge neckaraufwärts unternahm und einem Mädchen Ritterdienste leistete, das ein ovales Renaissance-Gesicht und schwarze Zöpfe hatte und sehr süß und anziehend war. Abend für Abend saßen wir auf einer Bank am Hügel, wie Tausende von Paaren vor uns, sahen in den Sonnenuntergang und freuten uns am Spiegelbild der Rundbögen der alten Brücke im ruhigen Wasser des Flusses. Einmal besuchte mich mein deutscher Onkel (ein angeheirateter Onkel, ein reizender kultivierter Mann aus dem alten Frankfurt, mit Spitzbart und Zwicker) und ging mit mir über die Berge spazieren. Ich habe nie vergessen, wie er bei der Besichtigung des von den Franzosen Ende des siebzehnten Jahrhunderts zerstörten Heidelberger Schlosses neidvoll auf Französisch sagte: »*Ce ne sont que les Français qui puissent faire une si belle ruine.*«

Im Anschluß an Heidelberg ging ich für ein paar Wochen nach Berlin und dann für vierzehn Tage in das Seebad Bansin an der Ostsee. Dorthin nahm ich Goethes ›Faust‹ und Spenglers ›Untergang des Abendlandes‹ mit und bohrte mich mit Hilfe eines Wörterbuches hartnäckig hindurch. Während dieser Zeit sprach ich überhaupt kein Englisch. Sehr viel früher, im Jahre 1912, war ich als Achtjähriger schon einmal in Deutschland gewesen. Sechs Monate lang hatte ich mit meiner Stiefmutter und meiner jüngsten Schwester in einer Pension in Kassel gewohnt und war dort zur Schule gegangen. Kassel hatte man gewählt, weil mein Vater, der gut Deutsch sprach, meinte, in diesem Teil des Landes werde das reinste Deutsch gesprochen. Die Stadt war damals kaiserliche Sommerresidenz und hatte daher vermutlich den Ruf, elegant und vornehm und ein begehrenswerter Aufenthaltsort zu sein. In den zwanziger Jahren, als ich wieder nach Deutschland kam, waren meine Erinnerungen an Kassel verblaßt. Sie bezogen sich vor allem auf die Parks, die Schwäne, die Statue des Herkules, wie er auf seine Keule gelehnt an der Spitze der Kaskaden stand, die von Wilhelmshöhe herabfielen, auf die knappen eleganten Uniformen der Garderegimenter, die Gerüche auf dem Fisch- und Käsemarkt und die melodische Hupe an des Kaisers Automobil. Aber die Sprache, die ich mit der Unbekümmertheit des Kindes in Kassel fließend gesprochen hatte, kam jetzt wie von selbst wieder. Gegen Ende des Sommers war ich einigermaßen heimisch darin.

Meine reguläre Dienstzeit begann im Frühherbst des Jahres 1926 mit einer siebenmonatigen Ausbildung in der damals sogenannten Foreign Service School. Diese Institution war im Ostteil des alten Gebäudes untergebracht, das damals die Außen-, Kriegs- und Marineministerien beherbergte, und zwar in einem großen Raum im Hochparterre, von dem aus man den Park des Weißen Hauses überblickte. Während monotone Vorträge über Pässe, Visen und Notariatsurkunden an uns vorbeirauschten, konnten wir unsere unaufmerksam schweifenden Augen gelegentlich an dem Anblick von Calvin Coolidge[6] laben, wenn er aus seinem Arbeitszimmer auf den Rasen des Weißen Hauses trat, um sich mit den verschiedenen Besuchern photographieren zu lassen – einmal trug er, wie mir schien, dabei Indianerkopfputz. Ein Detail aus unserem Lehrstoff empfand ich als höchst interessant und nützlich: Eines Tages erklärte man uns, wir hätten uns nunmehr als Botschafter Walter Hines Page zu fühlen, der sich anschicke, nach langem und erfolgreichem Wirken am Hofe von St. James aus seinem Amt zu scheiden. Wir sollten deshalb ein Schreiben an den britischen Außenminister entwerfen, in dem wir ihn von unserer Absicht in Kenntnis setzten, ihn um eine Abschiedsaudienz beim König ersuchten und darum bäten, daß Mrs. Page aus demselben Anlaß von der Königin empfangen würde. – Jeder, der sich einer solchen Aufgabe unterzieht, wird genau wie wir sehr bald merken, daß das Entwerfen diplomatischer Noten erhebliche Geschicklichkeit verlangt; und er wird dann auch verstehen, warum der prägnante und zugleich elegante sprachliche Ausdruck eine der ersten Voraussetzungen des diplomatischen Berufes ist. Nach Absolvierung der Foreign Service School wurde ich aushilfsweise dem Generalkonsulat in Genf zugeteilt.

Für jemand, der so unerfahren, so ungeformt, so unruhig war und der sich selbst und die Welt so wenig verstand wie ich, hätte man sich keinen besseren beruflichen Rahmen denken können als den Auswärtigen Dienst. Dessen patriarchalische Fürsorge und die gleichzeitige nüchterne Schulung (damals war sie in bezug auf Kanzleistil und Auftreten schärfer als heute) mußten stabilisierend auf einen jungen Menschen wirken, der für völlige persönliche Unabhängigkeit noch keinesfalls reif war.

[6] Calvin Coolidge, neunundzwanzigster (republikanischer) Präsident der Vereinigten Staaten, 1923–29 (AdÜ).

Häufiger Szenenwechsel, eine Fülle geistiger Anregung und vielfältige, beruflich bedingte Einblicke in das Leben anderer Völker und die Arbeitsweise anderer Regierungen waren ungemein lehrreich für jemand, der zu schüchtern war, sich in den Vordergrund zu schieben oder viel zu fragen.

Die größte Hilfe kam durch das neue Gefühl der Verantwortlichkeit. Schon wenige Wochen nach Antritt meines ersten Auslandspostens entdeckte ich, daß in meiner neuen Rolle als Stellvertreter einer Regierung – so bescheiden sie auch war – die besonders quälenden Idiosynkrasien und Neurosen von mir abfielen – wenigstens im Büro. Freudig überrascht ergriff ich die Gelegenheit, mir eine neue Persönlichkeit zuzulegen, hinter der die alte introvertierte, hilflose verschwinden und sich sogar selbst aus der Distanz betrachten konnte. Die Entdeckung fand, glaube ich, während eines offiziellen amerikanischen Empfangs statt – es muß wohl der 4. Juli gewesen sein. Als frischgebackenem Vizekonsul im prachtvollen Cut, der damals obligatorisch war, oblagen mir zusammen mit den anderen höheren Beamten die Pflichten des Gastgebers. Dort an jenem Sommertag, während das Orchester auf der Terrasse spielte und der große See im Hintergrund schimmerte, während ständig neue Gäste erschienen und freundlich begrüßt sein wollten, wurde mir plötzlich bewußt, daß ich einen festen und angesehenen Platz im Getriebe besaß. Ich war für das Wohlbefinden der andern verantwortlich, und so wuchs ich über mich selbst hinaus. Vom ungebetenen Eindringling auf der Bühne des Lebens war ich zum Träger einer nützlichen, notwendigen und in einer festen Ordnung stehenden Rolle avanciert, die weder gerechtfertigt noch verteidigt zu werden brauchte. Machte ich meine Sache gut, so würde ich losgesprochen und aller weiteren Zweifel enthoben. Unter dieser willkommenen Verkleidung fühlte ich eine Kraft wie nie zuvor, eine Kraft, die mich in den langen Jahren im Auswärtigen Dienst nie mehr ganz verlassen sollte, wenigstens nicht solange ich bei der Arbeit war oder irgendwo in offizieller Funktion auftrat. Der törichte Student mit seinem Schmollen, seinen Posen und seiner Widerspenstigkeit, der Tröstung verschmähte und sich mit nichts zufrieden gab, trat seitdem nur noch in seltenen Augenblicken des Privatlebens auf und erheischte Duldung – jetzt aber nicht mehr nur von sich selbst, sondern auch von denen, die einer nach dem andern dazukamen und die Last familiärer Vertrautheit teilten. Wie der Akteur auf der Bühne habe ich mein Leben lang mehr Nutzen bringen können durch das, was ich aus einer gewissen emotionellen Distanz zu sein schien, als durch das, was ich wirklich war.

Mit dem Sommer des Jahres 1927 war auch meine Genfer Zeit abgelaufen. Profitiert hatte ich nicht viel davon außer einer gewissen konsularischen Routine, dem Privileg, bei einer alten Genfer Familie wohnen zu dürfen, und täglicher Übung im Französischen. Gegen Ende des Sommers trat ich meine erste planmäßige Stelle an, in Hamburg.

Auch hier blieb ich nicht lange, wenn auch aus ganz anderen Gründen. Hamburg, zu jener Zeit der größte Hafen des europäischen Kontinents, war eine sozialdemokratische Stadt und ein großes Experimentierfeld für die Verwirklichung eines humanen Sozialismus. Hier, und vielleicht noch in Berlin, spielte sich deutlicher als irgendwo sonst der gewaltige moralische und geistige Todeskampf der Weimarer Republik täglich wie ein Bühnenstück vor aller Augen ab, und er hielt mich vollständig in seinem Bann. Zum erstenmal in meinem Leben war ich mit der Beobachtung von Ereignissen außerhalb meiner selbst beschäftigt. Ich ging zu Vorträgen der ausgezeichneten Volkshochschule der Stadt. Ich stand frühmorgens auf, um das aufgegebene Lesepensum vor Dienstbeginn zu bewältigen. Und da das Meer zu allen Zeiten meine große Leidenschaft gewesen ist, verliebte ich mich in Hamburgs höchst eindrucksvollen Hafen. Als Vizekonsul war ich für die Betreuung der amerikanischen Schiffe und Matrosen zuständig. Ich hatte ein kleines eigenes Büro im Souterrain des Hapaggebäudes, wo ich mit Kapitänen und gestrandeten Seeleuten verhandelte. (Eine Einschußstelle in meinem Schreibtisch erinnerte an die Unzufriedenheit eines Matrosen mit meinem Vorgänger, der aber unverletzt durchs Fenster entkam.) Ich ließ keine Gelegenheit aus, hinunter zum Hafen zu gehen, und verbrachte einmal sogar einen ganzen glückseligen Tag vom Morgen bis zum Abend auf der Brücke eines Schleppers, der seinen Dienst versah.

Die Erinnerungen an diese sechs Monate sind hell und unauslöschlich, und mein Begriff vom Europa nach dem Ersten Weltkrieg ist stark von ihnen geprägt, wenn ich auch nie systematische Folgerungen daraus hergeleitet habe. So erzählt zum Beispiel eine Tagebucheintragung von einem regnerischen Sonntagmorgen, an dem ich auf dem Platz vor dem Dammtorbahnhof stand und zum erstenmal eine kommunistische Demonstration erlebte – Reihen armseliger Menschen mit angespannten, versorgten Gesichtern, die trotzig und zugleich geniert unter regennassen Plakaten und Bannern marschierten –, und daß mir plötzlich die Tränen kamen bei der Erkenntnis, wie sehr ernst es ihnen war, wie offensichtlich sie an *anderen* Tagen in demütigem Schweigen dulden mußten, während dies, wie sie glaubten, *ihr* Tag war, an dem sie entschlossen waren, ein Wort mitzureden, und sei es auch nur vermittels ihrer Zahl und ihrer Fahnen. Das Tagebuch erzählt weiter von einem abendlichen Vortrag, bei dem der Professor, ein untersetzter kleiner Mann mit leiderfüllten Augen, uns die bitteren Kriegsgedichte von Franz Werfel vorlas, und wo mir in der Verbindung seines Gesichts mit seinen Worten die ganze Tragik Nachkriegsdeutschlands auf einmal Wirklichkeit wurde. Blitzartig verstand ich, daß, wie ich damals schrieb, »dieser Mann, dessen privates und geistiges und religiöses Leben so offensichtlich durch den Krieg in Stücke geschlagen ist und der sich mit bewundernswerter stiller Zähigkeit durch das Chaos einen Weg bahnt . . . aus den Trümmern seiner Ideale eine neue und höhere Lebensanschauung für sich und für Deutschland wiederaufbaut«.

Derartige Eindrücke brachten mich zu der Einsicht, daß ich bislang schandbar gleichgültig am Leben vorbeigelaufen war, daß ich viel versäumt hatte und daß meine Bildung aus unbefriedigendem Stückwerk bestand. Nach einigen weiteren Monaten war ich überzeugt, ich müsse vor allen Dingen meine Kenntnisse vervollkommnen und zu diesem Zweck auf die Universität zurückkehren. Ich erklärte also meine Absicht, meine Stelle aufzugeben, verdingte mich als Supercargo auf einem kleinen amerikanischen Tanker, genoß die stürmische vierwöchige Überfahrt nach Norfolk im Februar 1928 und meldete mich beim Außenministerium wegen der Entlassungsformalitäten. Bei meiner Ankunft dort hatte ich das Glück, als erstem Menschen meinem früheren Chef und Lehrer an der Foreign Service School, Mr. William Dawson, zu begegnen. Wie ein Schutzengel bewahrte er mich vor den Folgen meiner Narretei. Er war ein hervorragender Sprachenkenner und wies mich darauf hin, daß es gar nicht nötig sei, auszuscheiden: Wenn ich nämlich bereit sei, mich zum Spezialisten für eine der vier seltenen Sprachen: Chinesisch, Japanisch, Arabisch oder Russisch ausbilden zu lassen, dann könne ich noch drei Jahre an einer europäischen Universität weiterstudieren, ohne den Auswärtigen Dienst zu verlassen.

So wurde dann entschieden. Ich bin Mr. Dawson für sein Eingreifen immer dankbar geblieben. Ich wählte Russisch, zum Teil deshalb, weil wir zu der Zeit keine Beziehungen zur Sowjetunion hatten. Die Vermutung lag nahe, daß Leute, die die Landessprache beherrschten, dort eines Tages günstige Arbeitsmöglichkeiten finden würden. Aber ich hatte gleichzeitig auch die von dem älteren George Kennan begründete Familientradition im Sinn.

Mein Gesuch um Ausbildung zum Rußlandexperten wurde angenommen. Im Sommer 1928 schickte man mich aus, um, wie es das Studienprogramm vorsah, zunächst praktische Kenntnisse an Ort und Stelle zu erwerben. Akademische Studien sollten folgen.

II. Vorbereitung auf Rußland

Fünfeinhalb Jahre vergingen, bis ich meinen ersten Dienst in Moskau antreten konnte. Ich verbrachte sie in Berlin und in den baltischen Hauptstädten Reval und Riga. Es fällt mir schwer, darüber zu schreiben. Ich war gänzlich unbekannt. Meine Freunde kannte auch niemand. Mein Privatleben war belanglos. Ich las sehr viel. Ich schrieb auch eine Menge, jedoch meist Reisenotizen – Impressionen von einsamen Ausflügen nach hier oder dort. Die Tagebücher aus jenen Tagen erwecken den Eindruck, als seien meine Gesellschafter Landschaften und nicht lebendige Menschen gewesen, und häufig war das auch so. Meine Expeditionen führten mich fast ausschließlich in die Länder an der Ostseeküste; sie waren für meine Bildung von tiefem und bleibendem Wert. Ihre Beschreibung in meinen Notizbüchern würde vielleicht als Hintergrund für romanhafte Ereignisse brauchbar sein – ohne dichterische Ausschmückung bilden sie eine monotone und ziemlich schwermütige Lektüre, und ich werde sie mit einer einzigen Ausnahme dem Leser ersparen.

Das damalige Ausbildungssystem für Rußlandspezialisten bestand aus einem einleitenden, zwölf bis achtzehn Monate dauernden Aufenthalt mit normalem Bürodienst an einem im künftigen Arbeitsgebiet liegenden Ort, noch ohne Sprachkurse, und daran anschließend aus einem dreijährigen Studium an einer europäischen Universität. Da wir zur Sowjetunion keine diplomatischen Beziehungen unterhielten, bildeten den »Ort« die drei baltischen Städte Reval, Riga und Kowno, die Hauptstädte Estlands, Lettlands und Litauens. In allen dreien war die amerikanische Regierung konsularisch und diplomatisch vertreten. Alle drei Länder waren jüngst noch Teil des Russischen Reiches gewesen. Sie sollten es alle auch bald wieder werden. In allen traf man damals auf ein gewisses Maß russischen kulturellen Lebens und russischer Sprache.

Aus einem Grund, der mir entfallen ist – vermutlich weil man dort gerade vorübergehend eine Lücke stopfen mußte –, reiste ich nicht direkt ins Baltikum, sondern wurde zunächst befristet dem Generalkonsulat in Berlin zugeteilt. Die Abordnung dauerte nur wenige Wochen, und ich habe kaum Erinnerungen daran.

Die Stadt selbst mit ihrer gewaltigen Größe und Kraft habe ich immer eindrucksvoll gefunden, und jetzt, im Frühling, war sie nicht ohne Reiz. Ich bewohnte ein möbliertes Zimmer mit Blick auf den Platz vor dem Schöneberger Rathaus, das jetzt das Rathaus von West-Berlin ist. Ich war Stammgast in einem kleinen anglo-amerikanischen Eßklub, in dem Bankiers und Diplomaten verkehrten und der zum Glück nicht von den Amerikanern organisiert war, sondern von den Engländern, die sich auf so etwas verstehen. Ich genoß das Großstadtleben nach Kräften. Ich interessierte mich, wie es meinem Alter und den Umständen nach nur natürlich war, für das schöne Geschlecht. In meiner Freizeit lernte ich das russische Alphabet. Und als meine Zeit abgelaufen war, Anfang Juli 1928, schiffte ich mich von Stettin aus gemeinsam mit einem Trupp fürchterlich seekranker deutscher Pfadfinder nach dem Baltikum ein.

Mein erster Posten innerhalb der eigentlichen praktischen Ausbildung für Rußland war der eines Vizekonsuls in Reval. Reval war damals – und ist es hoffentlich immer noch – eine bezaubernde alte Hansestadt, ein nördliches Gegenstück zu dem deutschen Lübeck, und war in scharf kontrastierender, aber nicht abstoßender Weise von rein russischen Vororten umgeben. Es liegt an einer Bucht des Finnischen Meerbusens. Gerade gegenüber, auf der nördlichen Seite des Meerbusens, liegt in rund neunzig Kilometer Entfernung Helsinki; rund vierhundert Kilometer ostwärts, am Ende des Meerbusens, liegt Leningrad.

In dem kleinen Büro, das die Regierung der Vereinigten Staaten zur Wahrnehmung ihrer konsularischen und diplomatischen Aufgaben in Reval unterhielt, arbeiteten nur zwei Amerikaner: der Konsul, der gleichzeitig den diplomatischen Rang eines Legationssekretärs bekleidete und als solcher bei der estnischen Regierung akkreditiert war, und ich, der ich nur konsularischen Status hatte. Der Gesandte in Riga war in allen drei baltischen Ländern als Missionschef akkreditiert, aber er residierte in Riga in Lettland und kam nur gelegentlich und besuchsweise nach Estland und Litauen. Der Konsul war ein schüchterner, ängstlicher Mann mittleren Alters; er schritt durchs Leben mit der versorgten Miene eines, der sich ernstlich bemüht, alles richtig zu machen, und dem dauernd etwas dazwischen kommt. Da er wenig Selbstvertrauen hatte, suchte er ständig Rat bei einem estnischen Angestellten, der seinen ziemlich krausen Verstand mit jener äußeren Pose der Allwissenheit und Unfehlbarkeit verband, die mir immer als typisch für einen großen Teil der männlichen Bevölkerung östlich von Weichsel und Donau erschienen ist. Der Konsul allerdings vertraute ihm blindlings und duldete keinerlei Kritik. Infolgedessen fand ich mich von jeder nutzbringenden diplomatischen und politischen Tätigkeit ausgeschlossen und auf die rein routinemäßigen Büroaufgaben beschränkt: Warenbegleitscheine, Beurkundungen, Visen, Abrechnungen, konsularischer Schutz. Ich fand es nicht allzu schlimm. Die Arbeit war zumindest abwechslungsreich (das ist der Vorteil eines kleinen Büros) und oft sogar amüsant.

So erinnere ich mich zum Beispiel der langwierigen und höchst verwickelten Aufgabe, mich mit den Geschäften eines estnisch-amerikanischen Gauners abzugeben, der in beiden Ländern gewohnheitsmäßig dicht vorm Winde segelte und ein Unternehmen gegründet hatte, dessen Zweck angeblich die Bergung einiger im Ersten Weltkrieg versenkter Schiffe aus estnischen Gewässern war. Für dieses Vorhaben besorgte er sich Geld von Dutzenden leichtgläubiger Esten, kaufte oder charterte einen Schlepper in den Vereinigten Staaten und brachte ihn mit einer amerikanischen Besatzung nach Estland. Das erste Objekt seiner Mühen war ein ehrwürdiges Wrack, dessen Heck bei einer Klippe draußen auf See noch aus dem Wasser ragte. Das Bergungsschiff wurde an dem Heck festgemacht, und die Arbeit begann. Aber dann erhob sich ein Sturm, und das Bergungsschiff sank, zur weiteren Bereicherung der unterseeischen Schätze vor der estnischen Küste. Die Bergungsmannschaft flüchtete sich auf den herausragenden Achtersteven des alten Wracks, aus welch schmachvoller Position sie ihrerseits geborgen wurde, glücklicherweise von ihrem Standpunkt aus, glücklicherweise auch von unserm, insofern wir froh waren, sie vorm Tode des Ertrinkens bewahrt zu sehen. Sonst allerdings hatten wir wenig Grund zur Freude; denn nun hatten wir die estnischen Gläubiger des völlig bankrotten Unternehmens auf dem Hals und dazu noch die Pflicht, die empörte Mannschaft zu beköstigen und zurückzuverfrachten. Was aus dem Initiator des Unternehmens geworden ist, kann ich nicht sagen; mir ist, als hätte er sich mit der Versicherungssumme aus dem Staube gemacht. Solcherart sind die Leiden, aber auch die Freuden konsularischer Tätigkeit. Eigentlich fand ich es schön.

So weit ich weiß, lebten damals in Estland neun gebürtige Amerikaner, von denen fünf – der Konsul und seine Frau, ein Ehepaar vom Christlichen Verein Junger Männer und ich – in Reval wohnten. Einmal lud der Konsul mich übers Wochenende auf seine Datscha in Hapsal an der Westküste ein. Dort hatte ich aus irgendwelchen Gründen einen Rückfall in meine schlimmsten neurotischen Studententage, benahm mich schauderhaft ungesellig und war hinfort aus dem kleinen Kreis der Diplomaten und Konsuln verdientermaßen ausgeschlossen. Auch ein estnisches Haus habe ich nie betreten, aber das störte mich nicht und überraschte mich auch nicht. Schließlich war ich nicht in erster Linie an Estland interessiert und hatte mir auch keine Mühe gegeben, Estnisch zu lernen. Im Endergebnis lief es darauf hinaus, daß ich meist bis auf die wohltuende Gesellschaft eines Cockerspaniels mit mir allein war.

Die Einsamkeit war manchmal beschwerlich, aber sie hatte auch ihr Gutes. Ich las sehr viel, meist zeitgenössische deutsche Literatur. (Zu dieser Zeit dachte und schrieb ich fast soviel auf deutsch wie auf englisch.) In Begleitung des Hundes machte ich eine Reihe von Wochenendausflügen, nach Helsinki; nach Narva; in die alte Universität Dorpat; nach Pernau an der Südküste; in die russischsprachige Provinz in der äußersten Südostecke des Landes; zu den abgelegenen Inseln vor der Küste mit ihren schlichten schwedischen Bauern- und Fischergemeinden. Diese Reisen genoß ich ungeheuer, sammelte Eindrücke, schrieb sie auf und hütete sie wie einen Schatz. Vor allem aber fing ich in meiner Freizeit ernsthaft mit dem Russischlernen an.

Mein Lehrer war ein verarmter Ukrainer. Vom Unterrichten verstand er nichts, aber er hatte den Vorzug, von keiner Sprache als Russisch, ausgenommen seines eigenen Ukrainischen, auch nur ein Wort zu können. Als Hilfsmittel für den Unterricht brachte er mir die Lesefibeln der ABC-Schützen aus dem russischsprechenden Landesteil. Ich bewunderte und hegte die schmalen Bändchen mit der schönen, noch nicht reformierten kyrillischen Schrift[7], mit den kleinen Vignetten und Auszügen aus russischen Märchen und Klassikern, mit den naiven Zeichnungen von Bauernhöfen und Tieren und schlittenfahrenden Kindern. Einige der Reime und Gedichte lernte ich bald auswendig. Hier fing meine Liebe zur russischen Sprache an – dieser reichen, prägnanten, musikalischen, manchmal zarten, manchmal erdhaft brutalen, manchmal klassisch-strengen Sprache. Diese Liebe hat mich nie verlassen, sie ist mir im Gegenteil in späteren Jahren in dunklen und beschwerlichen

[7] Die also auch noch die Buchstaben enthielt, die die Bolschewiki bei ihrer Rechtschreibereform aus dem Alphabet gestrichen hatten.

Zeiten eine nie versiegende Quelle der Kraft und des Trostes gewesen[8].

Russisch erschien mir von Anfang an als eine naturgegebene Sprache, in der die Wörter so klingen, wie sie klingen sollen und wie man es von ihnen erwartet – so als hätte man sie in grauer Vorzeit schon einmal gekannt und das Lernen wäre eigentlich ein Wiederentdecken. Ich vertiefte mich mit soviel Freude und Begeisterung hinein, daß ich mich gegen Ende des Jahres schon ein wenig in ihr auskannte. Die Weihnachtstage verbrachte ich dann als Weltflüchtiger im Pskowo-Pecherskij-Kloster an der sowjetischen Grenze. Das war ein Stück altes Rußland, genauer gesagt, ein Stück Rußland des siebzehnten Jahrhunderts, und so vollständig unberührt, wie es im eigentlichen Rußland schwerlich ein zweitesmal zu finden gewesen wäre. Keiner dort sprach etwas anderes als Russisch. Als ich Abschied nahm, hatte ich wirklich Fortschritte gemacht.

Anfang 1929 wurde ich an die Gesandtschaft in Riga versetzt. Riga war eine viel größere Stadt als Reval, wenn auch nicht mehr ganz die blühende Metropole, die es vor der Russischen Revolution gewesen war. Hier gab es eine große westliche Kolonie. Einige waren Zugvögel, darunter die Diplomaten; andere seßhaft, wie vor allem die Reste der alten britischen Kaufmannskolonie aus zaristischer Zeit. In Riga wurde man sofort in das in solchen Ausländerkolonien übliche hektische gesellschaftliche Leben hineingezogen.

Ich stelle mit Erschrecken fest, daß ich von meiner mehrmonatigen Tätigkeit in der Gesandtschaft nichts mehr weiß. Weil mit meiner russischen Ausbildung offiziell noch nicht begonnen war, hatte ich mit der sehr aktiven und wichtigen Rußlandabteilung nichts zu tun. Ich habe undeutliche Vorstellungen davon, daß ich mir mit Chiffren und Kurieren die Zeit vertrieb, Artikel über lettische Politik aus dem russischen Lokalblatt übersetzte und Nachschub für die Botschaft beim Zoll holte.

Das Beste an Riga war sein bunt gemischtes und ganz kosmopolitisches kulturelles Leben. Zeitungen und Theater schrieben und spielten auf lettisch, deutsch, russisch und jiddisch, und es gab lebendige lutherische, römisch-katholische, russisch-orthodoxe und jüdische Kirchengemeinden. Überhaupt war die

[8] Ich bin mir bewußt, daß ich mit dieser Formulierung eine Stelle aus Turgenjews ›Gedichten in Prosa‹ plagiiere, die in einer von mir benutzten russischen Grammatik als Beispiel zitiert war. In meiner Übersetzung heißt sie etwa so: »In Zeiten des Zweifelns, in Zeiten bedrückten Grübelns über die Zukunft meines Heimatlands bist Du allein mir Stütze und Halt, o große, machtvolle, gerechte und freie russische Sprache. Wärest Du nicht – was könnte uns vor der Verzweiflung retten . . .?«

Religion in der ganzen Gegend noch immer das Erkennungsmerkmal für die Nationalität, und wenn man einen Menschen fragte, was er sei, so antwortete er im allgemeinen mit der Angabe seiner Konfession, statt sich zu einer bestimmten Volkszugehörigkeit zu bekennen. Aber die politisch dominierenden Letten, die mit den Jahren der Unabhängigkeit zusehends chauvinistischer wurden, fühlten sich gedrängt, das bunte Durcheinander so schnell wie möglich zu beseitigen, und bis zum Jahre 1939 war es ihnen gelungen, der Stadt viel von ihrem Charme zu nehmen. Ihre Bemühungen in dieser Richtung wurden 1940 mit dem Einzug der Russen und der Einverleibung des Landes in die Sowjetunion bekanntlich in einer Weise vervollständigt, die sie weder vorhergesehen noch gewünscht hatten.

Mit diesem Ereignis wandelte sich das heitere, anregende Gewirr der Sprachen und Religionen, das Riga einst den stolzen Titel eines »Paris des Nordens« eingetragen hatte, über Nacht in die graue, dumpfe Schäbigkeit der Isolierung hinter den undurchdringlichen Wällen des stalinistischen Rußlands, eine Strafe, die weit über das hinausging, was man selbst dem ärgsten Chauvinisten hätte wünschen mögen.

Außer seinen ernsthafteren kulturellen Genüssen hatte Riga ein intensives Nachtleben nach Petersburger Tradition zu bieten: Wodka, Champagner, Zigeuner, Schlitten oder Droschken mit dick vermummten Kutschern, die vor den Türen der Lokale warteten – lustig, gewiß, aber auch nicht ohne eine heimwehkranke, hoffnungslose »Nach-uns-die-Sintflut«-Sentimentalität – eine Gemütsverfassung übrigens, die sich am Morgen danach höchst unliebsam auszuwirken pflegte. Die Nachtklubs waren nicht etwa die einzigen Spuren der Zarenzeit im Stadtbild oder in den Lebensgewohnheiten der Bürger. In vielem war Riga eine Miniaturausgabe von Petersburg. Das alte Petersburg war natürlich tot, oder so gut wie tot, jedenfalls für Leute aus dem Westen unerreichbar. Aber Riga lebte noch. Es war einer von den Fällen, in denen die Kopie das Original überdauert. In Riga zu leben war daher in vieler Hinsicht dasselbe wie im zaristischen Rußland zu leben – tatsächlich war es fast der einzige Ort, an dem man noch im zaristischen Rußland leben konnte. Unser Gesandtschaftspersonal bestand zum Teil aus Leuten, die in der alten Petersburger Botschaft gedient hatten; und die Eindrücke, die ich hier sammelte, dienten mir sehr viel später in meinem Buch ›Der Sieg der Revolution‹ als Vorlage für den Versuch, ein Bild unserer Petersburger Botschaft in den Jahren 1917–1918 zu zeichnen.

Während meiner Rigaer Zeit teilte ich mit anderen unverheirateten Kollegen eine geräumige Junggesellenwohnung im obersten Stockwerk eines riesigen, im deutschen Stil gebauten Wohnblocks, der aus unerfindlichen Gründen »die Vorburg« hieß. Es war eine gescheite, kritische und streitlustige Gesellschaft. Das benachbarte Sowjetrußland war damals gerade Schauplatz der Ausweisung Trotzkijs, der Kämpfe Stalins gegen die Opposition von rechts, der Anfänge der Kollektivierung und des ersten Fünfjahresplans. Es überschattete so unsere baltische Welt und beherrschte die Gedanken und die Diskussionen. Von unserer Wohnung blickte man auf den sogenannten »Ausfuhr-Hafen« hinunter, ein Freihafengelände, das dem sowjetischen Transithandel vorbehalten war. Das Wetter war durchschnittlich neun Monate im Jahr miserabel. (Schließlich waren wir kaum fünfzig Kilometer von Kurland entfernt, und das Wetter in diesem früheren Herzogtum – »Kurländisches Wetter«, sagten die Deutschen – war sprichwörtlich wegen seiner Scheußlichkeit.) An den langen verregneten Wochenenden rissen die Diskussionen über Rußland, den Marxismus, den Kapitalismus, das Kulakenproblem und vieles andere nicht ab. Besucher erschienen, warfen ihre Meinung in die Debatte wie einen beiläufigen Einsatz beim Roulette, und gingen wieder. Und ständig drang von unten aus dem regendurchweichten Hafengelände das Pfeifen der Rangierloks zu uns herauf und das Gerumpel der langen Reihen weitspuriger Güterwaggons, die nach monatelangem Treck aus Gott weiß welcher Gegend des riesigen innerrussischen Gebiets an den Laderampen anlangten.

Auch von hier aus konnte man Ausflüge machen: nach Kowno, nach Wilna, nach der Hafenstadt Memel. Aber vor allem hatten wir als Erholung vom sommerlichen Riga den herrlichen, scheinbar endlosen Küstenstreifen, der der Rigaer Strand hieß. Hier standen viele Kilometer weit hölzerne Sommerhäuser im Stil russischer Datschen, eingestreut zwischen die Dünen und die mächtigen, schimmernden Föhren. Ich hatte auch eines von diesen Häusern, ein kleines, mit nur einem Raum. Im Juni und Juli verbrachte ich dort meine Wochenenden, badete tagsüber in der See und zu nächtlicher Stunde in dem magischen und für meine Begriffe überwältigend erotischen Zwielicht, das sich in den Wochen der Sommersonnenwende über die nördliche Welt ergießt – dem Zwielicht, das den »Weißen Nächten« von Petersburg den Namen gegeben hat. Es war ein wundervolles, diffuses Dämmerlicht, in dem das Glühen am nördlichen Himmel aus dem Sonnenuntergang sanft in den Sonnenaufgang hinüberglitt. Im Zauber dieser Naturerscheinung schienen alle menschlichen Regungen von erhöhter Bedeutung, voller Geheimnis und Verheißung.

Im Spätsommer 1929 kehrte ich nach Berlin zurück, um mit dem vorgesehenen akademischen Rußlandstudium anzufangen. Ich immatrikulierte mich an der Universität Berlin und schrieb mich im Seminar für Orientalische Sprachen ein mit der Absicht, dort das Diplom zu erwerben. Dieses Institut war ursprünglich von Bismarck zu dem Zweck gegründet worden, junge deutsche Diplomaten für den Dienst im Fernen Osten zu schulen, und war dann (in moderner Terminologie) zu einem »Zentrum für Gebietsstudien« geworden – aber nur für außerwestliche Kulturen.

Auf dem Gebiet des Russischen schien seine vornehmste Funktion darin zu bestehen, nach einschlägiger Prüfung ein Diplom zu erteilen, mit dem man in Deutschland Gerichtsdolmetscher oder Übersetzer werden konnte. Ein viersemestriger Lehrgang wurde außerdem geboten, aber man wurde gleich darauf aufmerksam gemacht, daß er allein keine ausreichende Grundlage für die Prüfung sei. Man müsse noch nebenbei etwas tun oder aber sich länger Zeit nehmen. Geprüft wurden nicht nur die Sprachkenntnisse, sondern auch Geschichte, besonders Verfassungs- und Rechtsgeschichte, und russische Wirtschaftsgeographie.

Jetzt machte es sich bezahlt, daß ich schon vor Berlin Russisch gelernt hatte. Ich meldete mich schon nach einem Jahr zur Prüfung und bestand ganz knapp. Wir waren nur eine Handvoll Kandidaten – drei, glaube ich, von denen einer in Rußland geboren und aufgewachsen war. Die Übersetzung aus dem Russischen ins Deutsche bestand aus einem alten Dokument – einer Entscheidung des Obersten Gerichtshofes des ehemaligen Russischen Reiches (»Regierender Senat« nannte es sich) –, das uns im Original vorgelegt wurde, mit allen Archaismen, juristischen Floskeln und Abkürzungen des Gerichtsprotokolls. Die Übersetzung aus dem Deutschen ins Russische habe ich vergessen. Und dann gab man uns zwei Stunden Zeit, um auf Russisch, ohne Nachschlagewerke, einen Essay über die Lage der russischen Landwirtschaft am Vorabend der Revolution zu schreiben. Neulich fand ich zwischen meinen Papieren diesen Aufsatz im Original – offenbar hatten wir ihn zurückbekommen –, ich kann nur sagen, wenn ich ihn mir heute ansehe, daß meine Prüfer sehr nett zu mir waren. Hoffentlich waren wenigstens die Übersetzungen besser, aber das möchte ich eigentlich doch für wahrscheinlich halten.

Im folgenden akademischen Jahr studierte ich russische Geschichte an der Universität selbst und russische Sprache und Literatur mit Privatlehrern. Auch an den Seminaren der beiden hervorragenden Kenner der russischen Geschichte Otto Hoetzsch[9] und Karl Stählin[10] nahm ich teil.

Hoetzsch hatte nicht nur akademische Verpflichtungen. Er war gleichzeitig ein prominenter Politiker und deutschnationaler Reichstagsabgeordneter. Infolge der gleichzeitigen Anforderungen, die Geschichte und zeitgenössische Politik an ihn stellten, war er ungeheuer überlastet – was das bedeutete, sollte ich drei Jahrzehnte später am eigenen Leib erfahren. Sein Fachgebiet war eher die osteuropäische als speziell die russische Geschichte. Seine Studenten fand ich zum Fürchten gelehrt. Da ich schlecht vorbereitet war und zu spät kam, hatte ich, was den Stoff anlangt, nicht sehr viel von seinem Seminar, aber ich fand es lohnend, dabeizusein und die akademischen Methoden und Persönlichkeiten kennenzulernen.

Stählin schrieb damals an seiner ›Geschichte Rußlands‹, die ich für eine der besten modernen Arbeiten über dieses Thema halte. Er war reiner Gelehrter, voller Hingabe an seine Arbeit. Von den Studenten seines Seminars ließ er sich nach deutschem Brauch bei seiner Arbeit helfen und sandte sie aus, um dieses oder jenes Quellenmaterial für ihn auszuschöpfen oder zu überprüfen. Ich arbeitete für ihn ein Referat über die Memoiren eines Mannes aus, der zur Zeit der Besetzung Moskaus durch Napoleon Bibliothekar im Kreml gewesen war und deren historische Bedeutung noch niemand richtig gewürdigt hatte. Ob das für ihn selbst so nützlich war wie für mich, kann ich nicht sagen; aber für mich als Studenten war es ein ganz neues Erlebnis, an der Entstehung eines größeren historischen Werks verantwortlich mitzuwirken, sei es auch nur in ganz bescheidenem Rahmen; es war unvergleichlich viel wertvoller als ein nur auf die Prüfung bezogenes Zweckstudium.

Meine Privatlehrer waren großenteils hochkultivierte russi-

[9] Otto Hoetzsch, 1876–1946; Professor für Osteuropäische Geschichte und Internationale Beziehungen an der Universität Berlin von 1920 bis 1935; verschiedentlich Abgeordneter des Preußischen Landtags und des Deutschen Reichstags; Herausgeber der Zeitschriften ›Osteuropa‹ und ›Osteuropäische Forschungen‹.

[10] Karl Stählin, 1865–1939; viele Jahre Professor für Russische Geschichte an der Universität Berlin; Verfasser einer ›Geschichte Rußlands‹.

sche Emigranten, keine systematischen Pädagogen. Ich unterhielt mich mit ihnen und las ihnen stundenlang laut aus den russischen Klassikern vor, manchmal auch aus Kljuschtschewskijs berühmten Vorlesungen über russische Geschichte – aber in erster Linie nur, um in die Geheimnisse der russischen Betonung einzudringen.

Der Vater des neuen Ausbildungssystems für Spezialisten war, soweit es Rußland betraf, Robert F. Kelley[11], Chef der Abteilung Rußland und Osteuropa im State Department. Ich werde später noch auf ihn zurückkommen. Wenn ich ihn recht verstanden habe, so ging es ihm darum, seinen zukünftigen Experten sprachlich und kulturell ein Niveau zu vermitteln, wie man es von einem gebildeten Russen der alten vorrevolutionären Schule hätte erwarten dürfen. Aus diesem Grunde lag der Akzent auf den linguistischen, literarischen und historischen Übungen statt auf der Sowjetologie. Ganz am Anfang meines Berlinaufenthalts schrieb ich einmal an Kelley und wies ihn darauf hin, daß die Berliner Universität damals so ziemlich als die einzige im Westen ausgezeichnete Übungen und Vorlesungen über rein sowjetische Themen veranstaltete, über Sowjetfinanzen, sowjetischen Verwaltungsaufbau und Ähnliches mehr. Ich fragte ihn, ob ich davon nicht Gebrauch machen sollte. Die Antwort war nein. Dem Sinne nach sagte er: Bleib bei Deinem Leisten; sorge, daß Du Dir die wesentlichen russischen Bildungselemente zu eigen machst; der Rest kommt später. Es war eine weise Anordnung, ich bin heute noch dankbar dafür.

Gegen Ende des zweiten Berliner Jahres hatte ich ziemlich solide Grundlagen in russischer Geschichte und Literatur und konnte mich auf Russisch passabel ausdrücken. Bei meinen späteren Aufenthalten in russischer Umgebung – insgesamt waren es neun Jahre – hatte ich Gelegenheit, mich sprachlich weiter zu vervollkommnen; aber für die beruflichen und persönlichen Anforderungen des Auswärtigen Dienstes war ich bereits jetzt gut gerüstet. Ich hatte plötzlich das Studieren satt und wollte wieder in die Praxis zurück. Kelley erhob keine Einwände, und es wurde beschlossen, mir das vorgesehene dritte Studienjahr zu erlassen. Statt dessen wurde ich nach Riga zurückversetzt – aber diesmal zum Arbeiten in der Rußlandabteilung der Gesandtschaft. Die Aufnahme diplomatischer Beziehungen zur Sowjetunion lag immer noch zwei Jahre in der Zukunft, und

[11] Robert Francis Kelley, Gelehrter, Beamter und Diplomat, war von 1926 an einige Jahre lang Chef der Osteuropa-Abteilung des State Department.

wenn schon Rußland nicht ganz erreichbar war, so blieb Riga die nächstbeste Lösung. Über mein Privatleben während dieser Berliner Studienzeit ist nicht viel zu berichten. Ich war in dem Alter, in dem John Evelyn[12] sich mit den Worten beschrieb: »Ich war erfüllt von eitlem Streben und den wirren Vorstellungen junger Männer.« Ich wohnte unelegant, in muffigen, nach gutbürgerlicher deutscher Sitte vollgestopften Räumen, wo geschäftige Vermieterinnen zweimal monatlich kontrollierten, ob ihren Spitzengardinen auch nichts zugestoßen sei, wo mecklenburgische Hausmädchen die Hauptmahlzeit kochten, mir ihre kleinen schmuddeligen Einkaufsbüchlein zur Inspektion vorwiesen und sich über die Gemüsepreise auf dem Markt beschwerten. Einmal gelang es mir zu meinem höchsten Entzücken, einen Artikel in einer liberalen Zeitschrift unterzubringen. Und ich hatte Freunde: einige Deutsche, einige Anglo-Amerikaner und einige Russen. Unter diesen war eine Familie – Mutter, Sohn und Tochter –, die völlig mittellos in einem Keller in Spandau ihr mühsames Dasein fristete. Keiner von ihnen hatte feste Arbeit; der Sohn versuchte zu schreiben, die Tochter übte Klavier; und alle drei waren unglaublich unpraktisch und hilflos. Ich tat, was ich konnte, um ihre Lage zu erleichtern, aber sie existierten nur von Krise zu Krise und überlebten allein dank einer Kette jener wunderbaren Errettungen, die von Gott für die wahrhaft Unschuldigen vorbehalten sind. Die unbekümmerte Spontaneität ihrer Ergebenheitsbeweise brachte mich in Verlegenheit: sie überfielen mich zu Hause in unpassenden Momenten, sie brachten kunstvolle Geschenke, die sie sich nicht entfernt leisten konnten, und derlei mehr. Aber ich war ihnen dankbar und erwiderte ihre Zuneigung auf meine Weise. Es gefiel mir, daß sie mich wie einen Russen behandelten, nicht wie einen Fremden. Indem ich ihre Kümmernisse und Sorgen teilte, fühlte ich mich selbst als Russe.

Die Atnosphäre des Berlins jener Tage, dieser großartigen vorhitlerischen Stadt, ist in ein paar Tagebuchnotizen eingefangen, die ich über die Gegenden machte, in denen ich gewohnt hatte oder noch wohnte. Unter dem 7. Februar 1931 finde ich eine Eintragung, die mir zeigt, daß die Stadt damals für mich so etwas wie eine Heimat war, die einzige, die ich seit meiner Jugend gekannt hatte.

»Endlich ist es kalt geworden. In der frühen Dämmerung fällt

[12] John Evelyn (1620–1706), englischer *Homme de lettres*, bekannt durch sein ›Tagebuch‹ (AdÜ).

trockener Schnee auf die Kaiserallee und wirbelt unter den Rädern der Taxis. An den Fenstern der Straßenbahnen sind Eisblumen, und die hölzernen Fußböden sind naß von dem Schnee, der an den Füßen geschmolzen ist. Über den zugefrorenen Fenstern hängen höchst unzeitgemäße Reklameschilder der Straßenbahngesellschaft: ›Mit der Straßenbahn ins Freie!‹ Und da sind die Namen all der Orte, zu denen sie dich bringen will: Tegelsee, Müggelsee, Wilhelmshorst usw. Unter jedem Namen ist das Bild eines Sees, mit Binsen, Segelbooten und Sonnenschein.

Es macht wenig aus, wo du wohnst in Berlin: du gehörst nicht deinem Viertel, sondern der Stadt.

In der Luisenstraße . . . aber das ist lange her; die Stadt ist anders geworden und ich selber auch.

Die Fenster des Zimmers in der Mühlenstraße gingen auf den Platz vor dem Schöneberger Rathaus. An den kühlen Abenden im Frühling lehnte ich oft aus dem Fenster und blickte über den Platz. Man sah nicht nur den Platz, sondern auch ein Stück Stadtpark. Die dünnen jungen Pappeln am Parkrand wirkten recht hilflos und entmutigt vor der kalten Masse des Rathauses und der umliegenden Gebäude. Die Ecke des Parks war Endstation für den 14er Bus, und zwei oder drei Wagen standen immer da und warteten auf die Rückfahrt nach Osten. Die Straßenbahnen schrillten, und die Motoren der wartenden Busse brummten. Ein vereinzeltes Straßenmädchen wanderte immerzu rund ums Karree, wie ein Raubvogel der Nacht, und ich fragte mich, was für Beute sie wohl finden mochte, hier unten in dieser unerotischen Gegend. Manchmal lagen Reste vom Wochenmarkt auf dem Platz; alte Frauen packten Sachen in wacklige Pferdewagen oder Handkarren, Männer fegten die Bürgersteige. Zu andern Zeiten gab's politische Demonstrationen, junge Leute mit Fahnen und Trommeln und Turnanzügen und trotzigen Gesichtern.

Die Fenster der Wohnung in der Giesebrechtstraße gingen nach hinten, auf einen Hof wie eine Grube, der ›der Garten‹ hieß. Es gab ein paar Bäume darin und ein bißchen Gras, und dazu Mülltonnen und eine unglaubliche Anzahl gelber, schmutziger Katzen. An Sommerabenden hörte man die Katzen und gelegentlich das schwache Grollen der Stadtbahnzüge vom nahegelegenen Charlottenburger Bahnhof. Wenn es sonntagmorgens schön war, saßen die Leute draußen auf ihren hohen eisernen Balkonen mit dem Kaffee und der Sonntagszeitung und ließen ihre Radios durcheinanderbrüllen, Kirchenchoräle und Wagneropern vermischt mit gellender Jazzmusik aus dem Grammophon.

Andererseits war die Giesebrechtstraße so etwas wie ›Gegend‹, denn sie lag unmittelbar am Kurfürstendamm. Nicht als ob man zu dieser Prachtstraße besonders viel Kontakt gehabt hätte. An der Ecke war ein Bumslokal, wo die Polster stanken und die Küche nichts taugte, wo man aber telephonieren durfte, ohne etwas zu bestellen – sehr wichtig, wenn man sich zum Beispiel selbst aus der Wohnung gesperrt hatte. Einmal, als selbst das nichts half, mußte ich (auf Kredit) in dem neuen supermodernen Hotel ein paar Häuser weiter übernachten und am nächsten Morgen zum Erstaunen von Kellnern und Gästen im Smoking frühstücken. Aber der Kurfürstendamm selbst war voller Leben und Licht. Zu jeder Tages- und Nachtzeit flutete der Verkehr. Es war immer schön, spätabends den unbenutzten Reitweg in der Mitte entlangzuschlendern und sich der Stimmung hinzugeben, daß all das doch eine tiefe Bedeutung habe.

In der Hitzigstraße fielen die großen alten Herrenhäuser hinter ihren hohen Eisengittern und den höhlenartigen Vorgärten in die Schatten zurück. Auch hier brauste der Verkehr Tag und Nacht – hochnäsiger, eiliger Verkehr von Taxis und Limousinen – und erinnerte im Vorüberrauschen ständig daran, daß dies überhaupt keine Gegend war, sondern nur eine unwichtige Querverbindung zwischen den wahren Zentren des Lebens.

In den Zelten lebte sichs wie auf dem Lande. Noch nicht einmal einen Laden schien es in der Nähe zu geben. Eingezwängt im Winkel zwischen dem Park und der ruhigen kanalisierten Spree war es dort still wie im Strudel des Orkans. Nur die Töne der Musikkapellen aus den Gärten der Krolloper und die Geräusche aus den Biergärten der *hoi polloi* am andern Ende der Straße zerrissen an Sommerabenden manchmal die Stille.

Und hier, in dieser Vorortgegend, habe ich zwar eine Adresse, aber dafür keine Adressaten. Die unpersönlichen Villen stehen blind und stumm, alle verschieden und einander doch gräßlich gleich, Seite an Seite in endlosen Straßen. Die ruhige Flächigkeit des Geländes läßt noch die sandigen Kiefernwälder ahnen, die hier vor kurzem erst standen. Tagsüber ist man selten zu Haus. Nachts herrscht willkommene Ruhe, nur manchmal hört man einen Bürger gemessenen Schrittes heimwärts schreiten, und manchmal quietscht eine Straßenbahn schläfrig und verloren aus unbekannter Richtung einem unbekannten Ziele zu.«

Im Sommer 1931, kurz vor Beendigung meines Berliner Studienaufenthalts, lernte ich eine Norwegerin kennen – Annelise

Soerensen. Sie wohnte in Berlin bei Verwandten. Wir verlobten uns. Sie kehrte nach Norwegen zurück, um ihren erschreckten und besorgten Eltern die Nachricht schonend beizubringen. Wenig später folgte ich ihr und verbrachte vor der Heirat einen Monat als Besucher in ihrer Familie. Das war aus gutem Grund eine denkwürdige Reise. Ich benutzte, so weit es ging, den eleganten Tourenwagen, den ich im Jahr zuvor erworben hatte und der, in dieser Frühzeit des Automobilverkehrs, mein ganzer Stolz war. Wiederum entnehme ich den Bericht über die Reise meinem Tagebuch, das die Atmosphäre jener Tage wiedergibt.

»Eine schlechte Straße nach Stettin. Auf den Feldern wird geerntet. Wir haben Samstag, den 8. August. Quer über die Dorfstraßen sind Spruchbänder gespannt. ›Geh zum Volksentscheid‹, mahnen sie. Und im ganzen weiten pommerschen Land raunen die Stimmen: ›Kein Mensch hat Geld. Die Franzosen haben uns alles weggenommen. Erfüllungspolitik . . .‹

In Stettin fahre ich sofort zum Hafen. Zwei betrunkene Schauerleute prügeln sich am Lagerschuppen. Die Faustschläge und das Schlurfen der Stiefel auf dem Kopfsteinpflaster hallen über das ruhige Wasser der Helling.

Während wir darauf warten, daß das Schiff ablegt, verschwinden Wolodja und Schura, die mitgefahren sind, um mir Adieu zu sagen. Nach einer Weile tauchen sie wieder auf, mit Blumen beladen. Mit ihrem letzten Geld haben sie ein ganzes Blumengeschäft leergekauft. Sie nehmen diese Abfahrt sehr ernst. Der Instinkt, nicht die Logik, sagt ihnen, daß unser Zusammensein hier und heute endet und daß, auch wenn wir uns in wenigen Wochen wiedersehen, dies der wirkliche Abschied ist.

Als das Schiff den Kai verläßt, kommt laut hupend ein Taxi vorgefahren. Eine dicke Dame steigt aus, hält krampfhaft ein Dutzend Pakete fest und winkt mit dem Schirm. Wir schieben uns zurück an den Kai. Während man die dicke Dame über die Reling hievt, haben wir noch einmal Gelegenheit, uns die Hand zu geben. Wolodja überreicht mir ihre neue Adresse auf einem zerknautschten Stück Papier. Jetzt kommen wir wieder in Fahrt. Die Maschine stampft nachdrücklich, während wir aus dem Bassin gleiten. Ich stehe am Heck und schwenke mein Taschentuch nach bester deutscher Sitte, bis die kleinen hellen Flecken auf dem Kai endgültig aus dem Blickfeld entschwunden sind. Als wir stromab dampfen, ist es schon nach sechs. Die Fahrt hat ihren Reiz verloren, seit ich sie vor drei Jahren auf dem Weg nach dem Baltikum zum erstenmal machte. Was wohl nur bedeutet, daß ich mit anderen Augen sehe. Oder vielleicht bin ich nur müde.

Im Zwielicht passieren wir die lange Allee von Leuchttürmen, die übers Stettiner Haff leitet. Vor drei Jahren blies hier ein Sturm, und unangenehme kurze Brecher wie auf einem Binnenmeer warfen ein an den Pfählen vertäutes Motorboot hin und her. Heute ist alles ruhig, und viel weniger interessant.

Als wir bei Swinemünde die offene See erreichen, ist es schon stockdunkel, und indem wir uns weiter von der Küste entfernen, blitzen die Lichter der Badeorte in einer langen unregelmäßigen Kette. Ich kann mir einfach nicht vorstellen, daß dort Leben sein soll, Cafés und Tanzlokale und Promenaden. Mir kommt es vor, als verberge sich dahinter ein öder, verlassener Strand. Ob es die Wirtschaftskrise ist, die uns diesen Sommer alle Illusionen nimmt?«

In Kopenhagen blieb ich drei Tage, machte mir mit dem Auto zu schaffen und versuchte auszuruhen. Statt der Ruhe holte ich mir eine elende Sommergrippe. Ich fuhr weiter bis Frederikshavn, an der Nordostspitze Dänemarks, und schiffte mich dort auf dem alten Dampfer ein, der damals die langweilige Route nach Kristiansand an der Südküste Norwegens fuhr, wo meine Verlobte wohnte, und der dafür einen ganzen Tag brauchte. Mein Fieber stieg und stieg, während das Boot in einer typischen Skagerrak-See schlingerte und stieß. Abends war ich da und wurde sofort in einen gemütlichen, altmodischen norwegischen Familienkreis eingeführt, der bei Kaffee und Kognak, Zigarren und gemächlichem Familiengespräch bis tief in die Nacht zusammenblieb. Auszubrechen oder sich mit Krankheit zu entschuldigen war unmöglich. Der Abend mußte durchgestanden werden, so gut es ging. Aber ich schaudere heute noch bei den Gedanken, wie diesen soliden Norwegern wohl zumute war, als sie an der Landungsbrücke standen und ein so magerer, unbeholfener, übernervöser und ziemlich krank aussehender Amerikaner plötzlich vor ihnen auftauchte. Sicherlich waren die Eltern noch besorgter zu Bett gegangen, als sie es schon vor Ankunft des Schiffes gewesen waren – besondere Begeisterung für diese Ehe hatten sie von vornherein nicht gezeigt. Aber das hinderte die Familie nicht daran, mich vom ersten Augenblick an wie einen Sohn und Bruder zu behandeln und mir nun schon seit fünfunddreißig Jahren eine warmherzige Offenheit und Güte entgegenzubringen, die meine Schwächen übersah oder sich mit ihnen abfand und das Übrige von der besten Seite nahm. Das war nur der erste meiner vielen Besuche dort, und es drängt mich, an dieser Stelle festzuhalten, eine wie große Dankesschuld ich in der Erinnerung an die Eltern meiner Frau empfinde: gegenüber der Mutter mit ihrem warmherzigen, offenen Charakter, die kindlich vergnügt sein konnte, dabei aber die mütterliche Würde und den Anstand nie verlor und von deren Lippen ich nie ein mißgünstiges oder gehässiges Wort gehört habe; und gegenüber dem Vater: hager, knorrig und schweigsam, ein Baum von einem Menschen, dem es später beschieden sein sollte, von den Nazis mißhandelt und in ein Konzentrationslager gesperrt zu werden, das er aber lebend verließ. Er war ein halsstarriger, schwieriger Mann; doch auch er ist in dreißig Jahren niemals unhöflich oder rücksichtslos gegen mich gewesen. Jeder, der Norwegen kennt, wird es wegen seiner Naturschönheit lieben; aber wäre die Natur auch noch so reizlos: man müßte das Land dennoch lieben um solcher Menschen willen. Mir schenkten sie in ihrer unaufdringlichen Art ein zweites Elternhaus, und mit den Jahren eine zweite Heimat.

Wir heirateten Mitte September. Vom Hochzeitsessen ging es geradenwegs zum Nachtdampfer nach Frederikshavn und weiter durch Dänemark nach Mitteleuropa hinunter. Die Korsagen opferten wir dem Nord-Ostsee-Kanal. Als Ziel der Hochzeitsreise war Wien ausersehen, das wir beide nicht kannten. Wien war schäbig und verregnet, aber auf altmodische Art gemütlich und einladend. Die Stadt schien sich mit dem Verlust ihres ehemaligen kaiserlichen Glanzes zwar abgefunden zu haben, sich aber dennoch ein wenig leid zu tun. Da meine Frau noch ihren norwegischen Paß hatte, mußte ich einen langen und vergeblichen Kampf führen, um den Hotelportier davon zu überzeugen, daß wir wirklich verheiratet seien. Aber er betrachtete mich nur väterlich über seine Brille hinweg und versicherte ungerührt: »Verstehen wir doch.« Wir sahen alles Sehenswerte, stritten uns, wer unseren einzigen Reiseführer haben sollte, und kauften schließlich, in einer ersten ernsthaften Anpassung an den Zustand der Ehe, für jeden einen. Die Zeitungen waren voll von dem Zusammenbruch der Österreichischen Credit-Anstalt. Die Wirtschaftskrise strebte ihrem Höhepunkt zu.

Nach vollbrachter Hochzeitsreise machten wir uns auf den Weg nach Riga, um unsere erste Wohnung zu suchen und einzurichten. Riga war von den Herbstregen verschlammt, und durch die schmutzigen Fenster des Hotels Petersburg gesehen, wirkte es trübselig und öde. Das Zauberische, das der Ort für den ungebundenen Junggesellen gehabt hatte, für den schließlich alles möglich war, zerfiel in nichts, als der Ehemann es seiner jungen Frau zu zeigen versuchte. Die prächtigen und amüsanten Kollegen von früher schienen vorsichtig, distanziert und unverläßlich; und mit einem Schlage wurde mir klar, wie schrecklich dürftig und ohne rechten Inhalt doch die herzhaft-kollegialen Umgangsformen waren, die uns halfen, unsere täglichen dienstlichen und gesellschaftlichen Zusammenkünfte reibungslos abzuwickeln. Vor der Heirat hatte sich, glaube ich, keiner von uns allein gefühlt. Jetzt, als Ehepaar, waren wir ganz und gar allein.

Wir fanden eine Wohnung in den beiden oberen Stockwerken eines Hauses, das früher einem Fabrikbesitzer gehört hatte und in dem Industrievorort Tornakalns lag. Fabrikbesitzer im russischen Kaiserreich pflegten auf oder nahe bei dem Fabrikgelände zu wohnen (ich hatte immer den Verdacht, daß die Anfälligkeit russischer Arbeiter für marxistische Parolen damit zusammenhinge), und unser Haus war ein Überbleibsel aus jenen Tagen. Es war nur durch die Straße von einem Park getrennt. Im Winter war alles friedlich, von der Straßenbahn abgesehen, die auf der anderen Seite des hölzernen Gartenzauns vorbeirasselte. Aber im Mai wurde zu unserm größten Entsetzen im Park ein Musikpavillon errichtet, unserm Haus genau gegenüber; und von da an quälte sich jeden Samstag von frühnachmittags bis ein Uhr nachts und dann sonntags noch einmal eine Fünfmannblechkapelle durch ihr grauenhaft falsch gespieltes Repertoire, während unten junge lettische Flegel auf einer hölzernen Plattform tanzten. Das Repertoire bestand aus fünf Stücken (eins davon, das ich nie vergessen werde, hieß ›Fiesta‹) und wurde an jedem Wochenende in immer derselben Reihenfolge endlos wiederholt. Ganz gleich, ob man im hintersten Winkel der Wohnung in den Kleiderschrank floh und seinen Kopf in die Wäsche steckte – die Töne drangen durch. Wir versuchten, den Mietvertrag zu kündigen, aber es gelang nicht. Er lief erst im Herbst ab.

Die Sache wurde noch dadurch verschlimmert, daß meine Frau bereits hochschwanger war und das Kind im Frühsommer erwartete. Sie gab ihren Zustand öffentlich bekannt, indem sie bei einem offiziellen Diner des Doyens des Diplomatischen Korps, des belgischen Barons de Selys-Fanson, anmutig und elegant in Ohnmacht fiel, worauf mir nichts übrig blieb, als sie vor den Augen der erstaunten Gäste hinauszutragen, als wolle ich sie entführen. Aber wir brauchten nicht übermäßig viel auszugehen. An vielen Abenden im Winter und im Frühling (bis die Kapelle in Schwung kam) lasen wir laut aus Joseph Conrad vor oder absolvierten die vorgeschriebenen gynäkologischen Spaziergänge in den stillen grauen Straßen von Tornakalns. Das Baby – unsere Tochter Grace – erschien ohne Komplikationen in einer Juninacht. Die Nächte waren wieder weiß, und ich erinnere mich, daß der Fluß im goldenen Widerschein des Sonnenaufgangs schimmerte, als ich aus der Klinik nach Hause fuhr.

Inzwischen hatte die Wirtschaftskrise uns auch erreicht. Von meiner Mutter hatte ich Geld geerbt, und das ging den Weg so vielen anderen Geldes in jenen Jahren. Zum Schluß besaß ich keinen Pfennig mehr. Heute neige ich dazu, das als segensreich zu betrachten, denn von da an wußte ich wenigstens, was ich verdient hatte und was nicht. Aber gleichzeitig zog der Kongreß aus der Krise die Konsequenz, uns die Mietzuschüsse und andere Vergünstigungen restlos zu streichen und gleichzeitig die eigentlichen Gehälter durch den schäbigen Trick zu kürzen, daß er uns zwang, einen Monat lang unbezahlten Urlaub zu machen. Die Kürzungen beliefen sich, wenn ich mich recht erinnere, zusammen auf etwa 60 Prozent des Normaleinkommens – und das aus heiterem Himmel, ohne Vorwarnung. Mit dem Mietvertrag saßen wir fest, da war vor dem Herbst nichts zu machen. Über Winter zogen wir dann zu den Junggesellen in die Vorburg. Im Frühjahr sahen wir uns genötigt, noch mehr zu sparen, und mieteten uns eine kleine Datscha am Strand zum Preis von hundertzwanzig Dollar für die ganze Saison.

Im Spätsommer 1933 war nach rund zwei Jahren Riga mein Heimaturlaub fällig. Wir übergaben unser Baby den Verwandten in Norwegen und schifften uns in Kopenhagen auf einem Frachter der Moore-McCormick-Linie nach New York ein. Das war, obwohl ich es noch nicht wußte, das Ende meiner Rigaer Zeit.

Ich habe gesagt, daß ich dem Leser die Beschreibung meiner Reisen im Ostseegebiet, von denen meine Notizbücher überquellen, mit nur einer Ausnahme ersparen würde. Aber da ich Riga und das Baltikum in den Jahren der großen Depression bisher notgedrungen nur knapp und farblos skizzieren konnte, füge ich als kleines Beispiel für Landschaft und Atmosphäre noch die Beschreibung eines Wochenendes im kurländischen Hafen Libau an. Ich fuhr mit meinem Kollegen und Freund Bernard Gufler, der jetzt ebenfalls in Riga stationiert war und auch in der Junggesellenwohnung hauste. Die Zeit war der Spätherbst 1932.

Libau (auf lettisch Liepaja) liegt an der Küste im Südwesten Lettlands. Vor dem Ersten Weltkrieg war es eine blühende Stadt gewesen, Frachthafen, Marinestützpunkt und Industriezentrum. In der Einleitung zu meinem Reisebericht beschrieb ich es wie folgt:

»Als der am günstigsten gelegene unter den wenigen eisfreien Häfen Nordrußlands, als Endpunkt der Eisenbahnstrecke Libau-Romny, die ins Herz der Ukraine führte, und als natürlich sich anbietender Stützpunkt der Russischen Marine war Libau 1913 auf dem besten Wege, allen anderen Häfen Nordeuropas den Rang abzulaufen. Doch dann schnitt nach dem Kriege die neue Grenzziehung im Verein mit der politischen Entwicklung Handel und Industrie vom Hinterland fast völlig ab und lähmte das wirtschaftliche Leben in einem Maße, daß von der Stadt nur noch die steinerne Hülle übrig blieb.«[13]

Und nun zur Reise selbst:

»Wir verlassen Riga nachmittags per Auto. Der kurze Novembertag neigt sich bereits dem Ende zu, und die Finsternis bemächtigt sich wieder der nördlichen Welt. Schon treibt das herbstliche Eis. Man hat deswegen die Pontonbrücke weggenommen, und wir müssen die hohe eiserne Brücke weiter stromauf benutzen. Unter uns, im Schatten, heben sich die schwarzen Umrisse der Eisbrecher gegen die weißen Eisschollen ab, die sie zermalmen. Unterhalb der Insel, wo die Strömung nicht hinkommt, ist ein Schlepper mit seinen Lastkähnen bereits eingefroren.

Die Ausfallstraße nach Mitau, einst Teil der großen Heerstraße von Petersburg an die deutsche Grenze, ist mit dem glitschigen herbstlichen Schlamm bedeckt, der niemals trocknet. Die Welt um uns verbirgt sich in Nebel und Dunkelheit. Im trüben Licht der Scheinwerfer springen die Schatten von Bauernkarren und hohen Wagen auf. Manche Bauern sind tagelang in Dunkelheit und eisigem Nebel unterwegs, um ihre Erzeugnisse in Riga für ein paar Dollar zu verkaufen. Sie schlafen alle auf den Wagen ein, und ihre Pferde reagieren auf Autohupen mit philosophischer Gleichgültigkeit.

Ab Mitau nehmen wir den Zug und teilen ein Abteil zweiter

[13] Einwohnerzahlen von Libau: 1885 = 27418 E. (›Brockhaus' Conversations-Lexikon‹, 13. Aufl. 1885); 1914 = 94000 E.; 1930 = 57240 E. (›Der Große Brockhaus‹, 15. Aufl. 1932) (AdÜ).

Klasse mit zwei schläfrigen Offizieren und zwei deutschen Geschäftsleuten. Die geräumigen Wagen mit den flachen Bänken und den glatten Wachstuchbezügen unterscheiden sich angenehm von den beengten westeuropäischen Eisenbahnen mit ihrer schlechten Luft und den muffigen Polstern. Schon bald lehnen die Offiziere die Köpfe in die rußgeschwärzten Hände zurück und überlassen sich wieder dem Schlummer. Die Deutschen treten in den Gang hinaus und rauchen lange russische Zigaretten mit hohlen Enden. Die Räder rattern monoton, und nur der Regen, der aus der Nacht an die schmutzigen Fenster klatscht, erinnert an die stille kurländische Landschaft, die draußen vorbeizieht – an die Sümpfe und Wälder, die verschlammten Wege, die einsamen Bauernhäuser und wenigen Dörfer, alle regendurchweicht und in Nebel und Dunkelheit gehüllt. Als wir Libau erreichen, ist es Abend. Eine Pferdedroschke fährt uns vom Bahnhof durch die stille Provinzstadt. Das nasse Katzenkopfpflaster und ein einziges Straßenbahngleis glänzen im matten Licht der Laternen. Der Regen platscht von dem fetten Rücken des Kutschers auf die lederne Decke über unseren Knien. Der Hall der Hufschläge bricht sich an den Hauswänden. Wir kommen zu einem Platz mit ein paar erleuchteten Schaufenstern und halten vor einem Gebäude, dessen Eingang von einer verregneten Lampe schwach beleuchtet ist. Ein Junge springt hastig nach den Koffern, und wir betreten die düstere Eingangshalle eines Hotels, das vergangene Herrlichkeit ahnen läßt.

Wir verbringen den Abend in dem einzigen Café, das so spät noch geöffnet ist. Unsere beiden deutschen Reisegefährten, die übrigens im selben Hotel wohnen, sind bereits da. Dazu einige andere Gäste und ein Tisch mit Juden. Das Küchenpersonal steckt die Köpfe aus der Tür, um die Fremden zu sehen. Die Juden erörtern mit leisen, erregten Stimmen ihre Chancen, die amerikanischen Einwanderungsbestimmungen dadurch zu umgehen, daß sie nach Kuba fahren und sich von dort aus einschmuggeln lassen. Eine kleine Kapelle spielt Berliner Schlager aus der letzten Saison. Und so zieht sich das Nachtleben hin, bis kurz vor Mitternacht die Juden zahlen, die Kapelle die Instrumente einpackt und die Kellnerinnen mit Nachdruck die Stühle auf die Tische stellen.

Vor dem Schlafengehen machen wir noch einen Spaziergang. Es nieselt. Die Straßen sind die engen Kleinstadtstraßen Nordeuropas. Zu dieser späten Stunde liegen sie dunkel und verlassen da. Man kann das Rauschen der See ganz schwach bis ins Stadtzentrum hören, und wir wenden uns nach Westen, um es zu suchen.

Schon bald werden die Straßen breiter, und an die Stelle der Stadthäuser, deren flache Fassaden sich dicht an den Bürgersteig pressen, treten niedrige Sommerhäuser russischer Bauart, abgerückt von der Straße inmitten großer Gärten. Sie liegen halbverborgen hinter den Bäumen und sind jetzt verlassen und für den Winter dicht gemacht. Das Rauschen der See ist hier lauter. Die Straße läuft aus in ein imposantes Gebäude im Renaissancestil am Eingang zu einem Park. Das muß das Kurhaus sein, ohne das kein europäischer Badeort existieren kann. Keine Menschenseele ist zu sehen. Im Schein einer einzigen Laterne wird der Regen sichtbar, wie er zwischen den nackten Zweigen der Lindenbäume herunterrieselt. Auf kaum erkennbaren Parkwegen tasten wir uns in Richtung See. Der Park ist nicht groß, wir sind bald am andern Ende. Hier geht es nicht mehr weiter; vor uns liegen Gräben und Sanddünen in völliger Finsternis. Aber Regen und Wind fegen über die Dünen und bringen frischen Meeresgeruch, und das Brüllen der Wogen klingt kraftvoll und jung.

Morgen. Die Dämmerung dringt langsam und zögernd durch graue Wolken und Regenschauer.

Die Lokalzeitung liegt auf dem Frühstückstisch. Dreieinhalb Seiten Meldungen von draußen, aus Riga, aus Berlin, aus Königsberg. Eine kleine Klatschspalte kündigt ein Gastspiel des Rigaer Russischen Theaters an und meldet das Eintreffen eines Gastsängers aus Königsberg, der in der hiesigen Oper auftreten wird. Ja, eine Oper gibt es auch. Die Plätze kosten zwischen dreieinhalb und fünfzehn amerikanische Cents. An einem gutverkauften Abend liegen die Einnahmen bei zwanzig oder dreißig Dollar. Davon, und von einer kleinen Subvention, muß das Ensemble bezahlt werden, und das Orchester, und die Bühnenarbeiter, und die Dekoration, und die Heizung, und, und, und. Aber die Oper macht weiter.

Nach dem Frühstück unternehmen wir zu Fuß einen Inspektionsgang. Wir entdecken einen großen Marktplatz mit allem, was ein osteuropäischer Provinzmarkt zu bieten hat: den Fischweibern, die sich hinter ihren Fässern unter riesigen Regenschirmen aufgebaut haben; den auf Fäden gezogenen russischen Pfeffernüssen, klein und gelb und glänzend und hart wie Stein; den Ständen mit selbstgemachten Holzschuhen, die besonders unter den Marktleuten selbst, die stundenlang in den Pfützen stehen müssen, ihre Abnehmer finden; den lebendigen Schweinen, die in ihren Säcken quieken, und hunderterlei anderen Beweisen für die Absonderlichkeit menschlicher Bedürfnisse und Betätigungen. Beim Verlassen des Marktes stoßen wir auf das Kirchenviertel und betreten eine katholische Kirche, einen imposanten Backsteinbau aus dem neunzehnten Jahrhundert, wie man sie im nördlichen Polen und in Osteuropa häufig antrifft. Nicht weit davon erinnert eine polnische Schule den Fremden daran, daß die Bevölkerung im Hinterland Libaus, wo derzeit die litauische Grenze verläuft, teilweise polnisch ist.

Libau ist keine alte Stadt. Das ursprüngliche Fischerdorf entwickelte sich erst nach der dritten Teilung Polens und der Einverleibung Kurlands in das russische Kaiserreich. Und genau wie bei den Nachbarhäfen Königsberg und Memel wurde sein natürliches Hinterland, in dem deutsche Lutheraner, polnische Katholiken und russische Orthodoxe aufeinanderstießen, durch wiederholte Grenzberichtigungen hin- und hergezerrt. Im Gegensatz zu Memel hat Libau nicht einmal einen schiffbaren Fluß im Rücken, der als natürliche Handelsstraße hätte dienen können, und so begann sein Aufstieg als Hafen eigentlich erst mit dem Bau der Eisenbahn in den siebziger Jahren – der berühmten Libau-Romny-Bahn, die weit nach Süden ins Zentrum der russischen Kornkammer führte und der Ukraine einen Zugang zur Ostseeküste gab. Die stillen Libauer Straßen mit ihren zweistöckigen Holzhäusern, ihrem Kopfsteinpflaster und ihren jungen Bäumen sind ein Produkt des neunzehnten Jahrhunderts – das Resultat der ungeheuren wirtschaftlichen Expansion Rußlands vor der Jahrhundertwende. Dabei ist es zum Erstaunen, wie getreulich die Gesichter europäischer Städte verschiedenartige kulturelle Einflüsse widerspiegeln. In Libau spürt man sofort die Nähe der beiden großen Nachbarn Polen und Deutschland: Polens wegen der Kirche im Backsteinstil, des Friedhofs mit den polnischen Namen und den unverwechselbar katholischen Grabsteinen; Deutschlands wegen der modernen Villen rund um den Kurpark und sogar in der Anlage des Parks selbst mit seinen Lindenbäumen.

Wir überqueren die Dünen und stoßen auf den breiten Badestrand. Es bläst nicht mehr so hart aus Südwest, aber die Brandung geht hoch, und der Sand ist von den Wellen weißgewaschen. In den Sommern vor dem Kriege hatte sich hier die gute Gesellschaft aus dem kaiserlichen Petersburg und aus Moskau getummelt. Mit den heißen Klippen der Krim, den kiefernbewachsenen Dünen des Rigaer Strands und dem ruhigen Hungerburg am finnischen Meerbusen hatte der Badeort Libau sich in die Gunst des russischen Publikums geteilt. Marineuniformen – denn dies war der große Marinehafen –, geschnürte Damen im langen Kleid und mit großen, vielfarbig gemusterten Sonnenschirmen; Kinder, die unter der Aufsicht französischer und englischer Gouvernanten Burgen bauten; Flaggen und Fähnchen, Jachten und Militärkapellen – all das hatte der schlichten, schon von nordischer Melancholie gefärbten Landschaft einen Hauch großstädtischen Pomps verliehen. Aber dies ist nun das Jahr 1932, und wir haben November. Nur am äußersten Ende des Strands, schon im Schatten des Hafendamms, stehen ein paar Bauern, rechen den angespülten Seetang zusammen und verstauen ihn auf Karren. Von der Spitze des Damms aus kann man den ganzen Hafen übersehen. Die langen Molen beschreiben einen Halbkreis, der um die Kanalmündung herum in die See hineinlangt. Innen ist das Wasser glatt, von Wind und von Schiffskielen gleichermaßen ungestört. Es ist ein Wochentag, aber die Ruhe könnte am ruhigsten Sonntag nicht größer sein. Kein Mensch ist zu sehen. Ein vereinzelter Sonnenstrahl bricht durch die Wolken und trifft das verrammelte Fenster des verlassenen Zollhauses gegenüber. Jenseits davon liegt auf einer schmalen Landzunge das massige alte Auswandererhaus. Dort mußten in jedem Jahr Tausende von russischen Auswanderern hindurch, deren Ziel ein ganz ähnliches Haus in der New Yorker Bucht war. Im Winterhafen liegt ein einziger lettischer Frachter hoch im Wasser. Vielleicht ist er über Winter festgemacht, oder vielleicht für die Dauer der Krise. Grasbüschel sprießen zwischen den Pflastersteinen der Docks; aber die schweren granitenen Poller, vom langen Arm des russischen Kaiserreiches fest gefügt, sehen aus, als könnten ihnen Wind und Wetter noch lange nichts anhaben. Wir gehen durch das ausgedehnte Fabrikviertel, das sich dem Hafen anschließt. Nicht oft sieht man heutzutage Rauch aus einem Schornstein quellen. Ab und zu werden die roten Ziegelmauern beiderseits der Straßen von prätentiösen Häusern abgelöst, in denen die Fabrikbesitzer wohnten. Jetzt sind die Fenster dunkel und die Tore verriegelt. Nur die Pförtnerhäuschen scheinen bewohnt zu sein, und das ist wie ein Symbol. So als wäre das, was von der Stadtbevölkerung noch da ist, in den Pförtnerlogen und Dienstmädchenzimmern zusammengerückt. Mit der erstaunlichen Anpassungsfähigkeit der menschlichen Natur scheinen sich die Reste von Leben und

Betriebsamkeit in den Ecken der Gebäude angesiedelt zu haben, die von den Mächtigen verlassen sind.

> »Wo Jamshyd einst gethront beim Schmaus
> gehn wilde Tiere ein und aus. . . .«[14]

Hier ist es noch nicht bis zu den wilden Tieren gediehen, und wird wohl auch nie soweit kommen; aber es gereicht unserem Jahrhundert nicht zum Ruhme, daß Menschen unserer Zeit auf den Trümmern einer hochorganisierten und anspruchsvollen Zivilisation ein verhältnismäßig primitives Leben führen müssen. Kommt das nur vom Krieg und von der Krise? Werden die Docks sich wieder mit Schiffen füllen? Die endlosen Lagerhäuser mit Gütern? Die Fabrikschornsteine mit Rauch? Und die Hotels und Häuser mit Menschen, die die Kraft haben, diese ganze Wirtschaftsmaschinerie in Gang zu halten? Oder sind die Gebäude jetzt schon Museumsstücke, bestimmt, von zukünftigen Generationen angestaunt zu werden wie die krummen mittelalterlichen Gäßchen westeuropäischer Städte? Und gleich vielen ähnlichen Gebäuden in Rußland bewohnt zu werden von Leuten, denen ihre prunkvolle Würde nur lästig und ihre ursprüngliche Funktion gleichgültig ist?

Eine kleine Schmalspurtram ächzt an den verlassenen Fabriken vorbei zurück zur Stadt. Und als am Spätnachmittag der Zug nach Riga abgeht, sind die beiden Deutschen im Gang des Zweiter-Klasse-Wagens bereits installiert, rauchen ihre russischen Zigaretten und starren geduldig in die dunkle Leere der regennassen Fenster.«

Das Rußlandreferat der amerikanischen Gesandtschaft in Riga, in dem ich vom Herbst 1931 bis zum Herbst 1933 gearbeitet hatte, war eine kleine Forschungsabteilung, in der wir als Ersatz für die fehlende amerikanische Vertretung in Rußland selbst die wichtigeren russischen Zeitschriften und sonstigen Veröffentlichungen sammelten und auswerteten. So gut es ging, machten wir uns daraus ein Bild über die Zustände, in erster Linie die ökonomischen Zustände, in der Sowjetunion und berichteten entsprechend an die Regierung der Vereinigten Staaten. In den mißtrauischen Gemütern der Sowjets wurde das kleine Forschungsbüro sofort zu einem finsteren Spionagezentrum. Zwei-

[14] Aus dem ›Rubáyát‹ des Persers Omar Khayyám (1070–1123); zitiert nach der im englischen Sprachraum berühmt gewordenen Übertragung Edward Fitzgeralds (1809–1883) (AdÜ).

felsohne boten die Zustände in jenem Teil der Welt reichlichen Anlaß für eine solche Vermutung. Trotzdem war sie völlig falsch. So fortschrittlich war die Regierung der Vereinigten Staaten damals noch nicht[15]. Für einen mit den lokalen Bräuchen Vertrauten mochte es unglaublich klingen, aber wir waren exakt das, was wir zu sein vorgaben. Wir hatten keine Geheimagenten und wollten keine. Die Praxis hatte uns gelehrt, daß man über jedes Land durch die systematisch-wissenschaftliche Analyse der mit legitimen Mitteln erworbenen Informationen viel mehr in Erfahrung bringen konnte als mit den ausgeklügeltsten Methoden des Geheimdienstes. Daß die letzteren, geschickt durchgeführt, die ersten gelegentlich nutzvoll ergänzen könnten, hätten wir gerne zugegeben. Daß sie aber unsere Arbeit überflüssig machen oder ihr an Bedeutung auch nur annähernd gleichkommen könnten, hätten wir mit Überzeugung abgestritten. Wir jedenfalls hatten mit Spionage nichts zu schaffen. Es gab für uns kein größeres Vergnügen, als die Gruselbilder von den Zuständen in Rußland zu zerstören, die verschiedene westliche Regierungen aus Geheimquellen erhielten und an uns zur Stellungnahme weitergaben.

Mein Spezialgebiet war in Riga die Wirtschaftsberichterstattung. Ich fand sie interessant, stürzte mich mit einer Begeisterung hinein, die den alten Hasen im State Department vermutlich ein Lächeln entlockte, und erwarb mir nach und nach ganz respektable Kenntnisse in sowjetischer Wirtschaft und russischer Wirtschaftsgeographie. Und 1933 gab es nur drei Stellen in der nichtsowjetischen Welt, von denen unsre kleine Spezialistengruppe glaubte, noch etwas lernen zu können. Die eine war das Forschungsinstitut für Sowjetwirtschaft an der Universität Birmingham; die zweite das Wirtschaftsinstitut für Rußland und die Oststaaten in Königsberg, das die ausgezeichnete Zeitschrift ›Osteuropamarkt‹ herausgab; und die dritte das Institut für das Studium der russischen Wirtschaft in Prag, das sogenannte Wirtschaftskabinett, dessen Begründer und Leiter der emigrierte russische Nationalökonom Serge Prokopowitsch war; und in mancher Hinsicht fühlten wir uns auch diesen Instituten gleichwertig. Auch ihre Publikationen wurden von uns gesammelt und ausgewertet, und so trugen wir genügend Vergleichsmaterial und statistische Daten zusammen, um damit die sowjetischen Behörden zu kontrollieren, die selbst die primitiv-

[15] Ein nachrichtendienstlicher Apparat größeren Umfangs wurde von den Vereinigten Staaten erst während des Zweiten Weltkriegs eingerichtet (AdÜ).

sten Fakten der wirtschaftlichen Entwicklung ihres Landes geheimzuhalten oder zu entstellen versuchten.

Aber Wirtschaftsforschung ist einsame Arbeit. Und da auch das Leben außerhalb des Büros in jenen Tagen der Wirtschaftskrise, der Gehaltskürzungen und allgemeinen Unsicherheit nicht gerade aufregend war, vertrieb ich mir an den langen Abenden und Wochenenden die Zeit mit dem Sammeln von Material für eine Tschechow-Biographie, die ich schreiben wollte. Die Biographie wurde nie geschrieben, jedenfalls nicht von mir[16], es kam immer etwas dazwischen. Aber während meiner Vorbereitungen las ich Tschechows sämtliche Werke in dreißig Bänden, plus sechs dicken Bänden seiner unnachahmlichen Briefe, von einschlägigen Memoiren aus der Zeit ganz zu schweigen. Diese intensive Tschechow-Lektüre war ganz nebenbei die großartigste Einführung in das Leben des vorrevolutionären Rußland, die überhaupt denkbar war, unvergleichlich in ihrem künstlerischen Einfühlungsvermögen und ihrer Lebenswahrheit. Sie wirkte auch darum so unmittelbar, weil ich sie im baltischen Raume las, wo vom alten Rußland noch mehr erhalten war als in Rußland selbst.

Eigentlich war auch die Rigaer Zeit nichts weiter als eine Fortsetzung meiner Ausbildung. Aktives Eingreifen war genausowenig damit verbunden wie direkte Verantwortlichkeit. Von der Politik war ich weit entfernt. Aber gegen Ende meiner Dienstzeit kam ich doch zum erstenmal in persönlichen Kontakt mit der Art, wie in Washington Politik gemacht wurde. Als sich zeigte, daß das ganze Problem der »Anerkennung« des Sowjetregimes von der neuen Regierung[17] noch einmal überprüft werden würde, beschäftigte ich mich mehrere Wochen damit, Handelsverträge zu studieren, die die Sowjetregierung im Lauf der Jahre mit anderen Regierungen geschlossen hatte, und zwar speziell mit Hinblick auf die Frage, inwieweit die Interessen der Vertragspartner darin gewahrt oder nicht gewahrt worden waren. Über meine Schlüsse schrieb ich einen umfangreichen, erläuternden Bericht, der im April 1933 nach Washington ging. Ich machte vor allem auf zwei Textformulierungen in Verträgen aufmerksam, die von sowjetischen Behörden zu verschiedenen Zeiten unterzeichnet worden waren, sich aber in der

[16] 1962 erschien eine ausgezeichnete Tschechow-Biographie von Ernest Simmons, die neun Zehntel von dem enthielt, was meine hätte enthalten sollen, und noch vieles darüber hinaus (›Chekhov: A Biography‹, Boston, Atlantic-Little, Brown & Co.).

[17] Dem ersten Kabinett Franklin Delano Roosevelts; Amtsübernahme März 1933 (AdÜ).

Praxis als völlig unzulänglich für den Schutz der Interessen der Partner erwiesen hatten.

Die eine Textstelle war dem Deutsch-Sowjetischen Handelsvertrag vom 12. Oktober 1925 entnommen und betraf die Verhaftung und Gefangenhaltung deutscher Staatsbürger in der Sowjetunion. Dieser Vertrag war der wichtigste, den die Sowjetregierung bis dato unterzeichnet hatte. Sein Artikel 11 bestimmte, daß für den Fall der Verhaftung eines deutschen Staatsbürgers in Rußland die deutschen Behörden davon spätestens nach Ablauf einer Woche in Kenntnis zu setzen seien und daß ein Vertreter des deutschen Konsulats den Verhafteten unverzüglich besuchen dürfe. Diese Klausel war das Äußerste, das sowjetische Behörden jemals zum Schutz von Ausländern vor willkürlicher Verfolgung oder Einschüchterung durch die russische Geheimpolizei konzediert hatten. Sie war aber, wie ich nach Washington melden mußte, in keiner Weise ausreichend, um die deutschen Staatsbürger in Rußland wirksam zu schützen. Es fehlte vor allem die entscheidend wichtige Bestimmung, daß der besuchende Konsul berechtigt sein sollte, den Inhaftierten allein zu sprechen, falls er das wünschte – ohne die Anwesenheit irgendeines sowjetischen Beamten und unter Bedingungen, die die absolute Vertraulichkeit der Unterredung gewährleisteten. Statt dessen war ausdrücklich vorgesehen, daß »Gerichts- oder Gefängnisbeamte« *nicht* verpflichtet sein sollten, sich während einer solchen Unterhaltung zurückzuziehen. Es lag auf der Hand, daß der Gefangene unter diesen Umständen leicht so weit eingeschüchtert werden konnte, daß er seinem Konsul nur das sagte, was seinen Kerkermeistern genehm war; und wirklich hatten die Deutschen genau das wiederholt erleben müssen. Besonders in dem berühmt gewordenen Fall des sogenannten Schachty-Prozesses im Jahre 1928, wo mehrere in den Kohlengruben des Donezbeckens beschäftigte deutsche Ingenieure der Sabotage und anderer Gesetzesverletzungen angeklagt waren, boten die Formulierungen des Vertrages von 1925 den deutschen Regierungsvertretern keine Handhabe, zugunsten der Angeklagten einzugreifen.

Das zweite von mir damals angeführte Beispiel für unbefriedigende Formulierungen war eine Erklärung von russischer Seite, die 1928, während der auf den Schachty-Prozeß folgenden deutsch-russischen Gespräche, abgegeben wurde. Diese Gespräche hatten den Zweck, die Unklarheiten in der Interpretation des Vertrags von 1925 zu beseitigen. Auf die Frage, was in sowjetischer Sicht den Tatbestand der Wirtschaftsspionage erfülle, veröffentlichte die Sowjetdelegation die folgende »gutachtliche Meinungsäußerung«, die offenbar als zusätzliche Garantie zu dem bestehenden Wirtschaftsabkommen gedacht war:

»Die verbreitete Ansicht, nach der die Weitergabe wirtschaftlicher Informationen über die Union der Sozialistischen Sowjetrepubliken nur insoweit gestattet ist, als diese Informationen in Zeitungen oder Zeitschriften veröffentlicht sind, beruht auf einem Irrtum. Das Recht auf Erlangung wirtschaftlicher Informationen ist in der Union der Sozialistischen Sowjetrepubliken wie in anderen Ländern nur in den Fällen beschränkt, in denen es sich um Geschäfts- und Produktionsgeheimnisse handelt oder in denen unerlaubte Methoden (Bestechung, Diebstahl, Betrug etc.) angewandt werden. Zur Kategorie der Geschäfts- und Produktionsgeheimnisse gehört selbstverständlich die staatliche Wirtschaftsplanung, soweit sie nicht veröffentlicht ist, aber gehören nicht einzelne Berichte über den Produktionsstand oder die Lage einzelner Unternehmen.

Die Union der Sozialistischen Sowjetrepubliken sieht auch keinen Grund, die kritische Prüfung ihrer Wirtschaftsstruktur zu erschweren oder zu hindern. Hieraus ergibt sich von selbst, daß jedermann in der Union das Recht hat, über Wirtschaftsfragen zu sprechen oder sich darüber informieren zu lassen, soweit die Information, nach der er sich erkundigt oder die man ihm erteilt hat, nicht von einer Art ist, die auf Grund besonderer Vorschriften der verantwortlichen Stellen oder der zuständigen staatlichen Unternehmen nicht für die Öffentlichkeit bestimmt ist (dieser Grundsatz bezieht sich vor allem auf Informationen über wirtschaftliche Trends und Entwicklungen).«[18]

Indem ich dieses Dokument dem amtlichen Washington zum erstenmal zur Kenntnis brachte, wies ich zugleich mit Nachdruck darauf hin, daß es völlig ungeeignet sei, Ausländer vor Inhaftierung und Strafverfolgung wegen Wirtschaftsspionage zu schützen. Eine genaue Analyse des Wortlauts enthülle (so schrieb ich) folgenden Sachverhalt:

»In Wirklichkeit ist für den Außenstehenden die Möglichkeit, Wirtschaftsinformationen zu erhalten, außerordentlich gering.

[18] ›Foreign Relations of the United States. The Soviet Union 1933–1939‹, pp 34–35. Washington D. C., US Government Printing Office, 1952.

Die staatliche Planung, um deren unveröffentliche Fakten sich kein Außenstehender bemühen darf, umfaßt beinahe das gesamte Wirtschaftsleben. Außerdem hat sich gezeigt, daß häufig gerade die grundlegenden und wichtigsten Wirtschaftsdaten ›auf Grund besonderer Vorschriften der verantwortlichen Stellen oder der zuständigen staatlichen Unternehmen‹ der Kenntnis der Außenstehenden entzogen sind ... Schon ein oberflächliches Studium der sowjetischen Wirtschaftspresse zeigt deutlich, daß gerade so entscheidende statistische Zahlen wie die Höhe der Getreideernte, die Ausgabe von Geldnoten, die Goldgewinnung etc. in diese Kategorie fallen. Folglich erfüllt nicht nur jede Erkundigung nach derartigen Informationen, sondern schon ihre Entgegennahme den Tatbestand der Wirtschaftsspionage. Nach der ›gutachtlichen Meinungsäußerung‹ der russischen Delegation könnte ein Ausländer schon dann verurteilt werden, wenn ihm jemand zufällig die Ernteergebnisse mitteilte.«[19]

Ich hatte also, kurz gesagt, für Washington die beiden Texte als Beispiele dafür herausgesucht, wie man *nicht* formulieren dürfe, wenn einem die Sicherheit seiner Landsleute in Rußland am Herzen liege. Man stelle sich demnach meine Überraschung vor, als ich nach Beendigung der Washingtoner Verhandlungen mit Litwinow im November 1933 die Zeitung aufschlug und sah, daß sich unter den Sicherheiten, die man Litwinow als Vorbedingung für die Anerkennung seiner Regierung durch die USA abverlangt hatte, auch diese beiden fragwürdigen Passagen befanden, und zwar ganz unverändert. Was das bedeutete, war klar. Das State Department hatte Präsident Roosevelt davon in Kenntnis gesetzt, daß derartige Formulierungen von der Sowjetregierung bereits bei anderer Gelegenheit unterschrieben worden waren; dieser hatte gefunden, daß die Redewendungen fachmännisch und eindrucksvoll klangen, hatte daraufhin, so muß man wohl annehmen, einfach die Texte vorgeholt und von Litwinow verlangt, er solle sie noch einmal unterschreiben, diesmal als Verpflichtung uns gegenüber. Ich habe nie erfahren, ob er nicht wußte, daß die Vorlagen ausdrücklich als Beispiele für schlechte Formulierung zitiert worden waren, die sich im Umgang anderer Länder mit der Sowjetunion bereits als unwirksam erwiesen hatten, oder ob er es wußte und sich nichts daraus machte, einfach unter dem Gesichtspunkt, daß die unkritische

[19] Aus einem dem Bericht des Amerikanischen Gesandten in Riga, Robert Peet Skinner, vom 5. April 1933 beigefügten Memorandum. National Archives, Department of State Files, 661.0031/30 S. 48–49.

Öffentlichkeit, besonders aber der Kongreß, sich davon würde beeindrucken lassen. Jedenfalls vermittelten sie den angestrebten Eindruck des fachmännischen und wachsamen Vorgehens auf seiten der amerikanischen Unterhändler, die allen sowjetischen Tricks gewachsen und entschlossen schienen, Litwinow scharf auf die Finger zu sehen.

Diese Episode haftet mir im Gedächtnis als erste von vielen Lektionen, die ich im Verlauf meiner diplomatischen Karriere über einen besonders eingewurzelten und wohl unheilbaren Charakterzug amerikanischer Staatsmänner erteilt bekam, nämlich ihre neurotische Befangenheit und Abhängigkeit von der Stimmung im eigenen Lande; ihre Neigung, Erklärungen abzugeben und Maßnahmen zu ergreifen, die mit dem internationalen Geschehen, auf das sie angeblich gemünzt sind, überhaupt nichts zu tun haben, sondern vielmehr auf die vielschichtige öffentliche Meinung zu Hause, in allerérster Linie auf die Stimmung im Kongreß, zielen, dessen Wohlwollen zu erhalten sie ängstlich bemüht sind. Unter diesen Umständen lautet die Frage nicht: Wie wirkt sich das, was ich tue, in der übrigen Welt aus?, sondern vielmehr: Wie wirke ich dabei im Spiegel der amerikanischen Meinung? Wirke ich tüchtig, entschlossen, unbeugsam patriotisch, voll nimmermüder Wachsamkeit gegenüber den Ränken anderer Regierungen? Wenn ja, dann tue ich's, auch wenn ich außenpolitisch gar nichts oder sogar das Gegenteil von dem erreiche, was ich erstrebe. Eine Reihe von amerikanischen Staatsmännern hat zu verschiedenen Zeiten und bei verschiedenen Anlässen so gehandelt. John Hay handelte so, als er den Mächten während des »Open Door Incident«[20] eine Note servierte, die er nicht entworfen hatte und die er kaum verstanden haben dürfte, die aber den allgemeinen Eindruck hervorrief, daß wir Amerikaner, hochherzig und tugendhaft wie eh und je, die europäischen Großmächte bei gottlosem Tun erwischt hätten und sie nun streng zur Rechenschaft zögen. Roosevelt hat oft so gehandelt. Und wie wir noch sehen werden, handelte Harry Truman so, als er der »Truman-Doktrin« einen universalistischen und anspruchsvollen Unterton gab und damit der Tendenz zur nationalen Selbstverherrlichung Vorschub leistete, die unsre außenpolitischen Diskussionen so oft bestimmt, ob-

[20] Nach dem »Prinzip der offenen Tür« sollte der Handel mit einem bestimmten Land allen Ländern gleichermaßen offenstehen. Es erlangte mit Bezug auf China eine gewisse Bedeutung und wurde 1899 von dem amerikanischen Außenminister John Hay zum Gegenstand eines Notenwechsels mit den Großmächten gemacht, den Kennan in seiner Vorlesung ›American Diplomacy: 1900–1950‹ kritisch untersucht (AdÜ).

wohl sie den Tatsachen nicht entspricht und die Öffentlichkeit daran hindert, unsre internationale Lage wirklich zu verstehen. Und John Foster Dulles handelte so, als er von »Befreiung« und »massiver Vergeltung« sprach, obwohl er nie beabsichtigte, sie irgend jemand zuzufügen.

Die Liste der Beispiele ließe sich beliebig verlängern. Ich behaupte nicht, daß sie allesamt verwerflich seien. Jeder Staatsmann muß selbst wissen, wann er Schauspielerei und Taschenspielertricks einsetzen muß, damit man ihm überhaupt erlaubt, weiter Außenpolitik zu machen. Keiner verstand das besser als Roosevelt.

Wohl aber behaupte ich, daß diese Neigung der amerikanischen Staatsführung häufig das Gepräge einer gewissen theatralischen Nichtigkeit gegeben hat, wodurch sie für den Dienst am wahren nationalen Interesse wenig brauchbar wurde und zu einem bloßen Fratzenschneiden vor dem Spiegel der heimischen öffentlichen Meinung degenerierte. Ehe nicht Presse und Bevölkerung der Vereinigten Staaten lernen, solche Attitüden zu durchschauen und zu verwerfen, wird auch die Außenpolitik dieses Landes nicht die Reife und Durchschlagskraft erlangen, die einer Großmacht würdig sind.

Aber zurück zu Litwinows Versicherungen. Wir hatten insofern Glück, als die Entwicklung der folgenden Jahre größere politische Repressalien gegen Amerikaner in Rußland für die sowjetische Führung inopportun machte. Gebürtige Amerikaner, die Rußland aus legitimen, nicht-ideologischen Gründen besuchten – etwa als Touristen oder um in Erfüllung der Verträge über technische Hilfe dort zu arbeiten –, wurden selten oder nie belästigt. Die weniger erfreulichen Seiten der sowjetischen Polizei erlebten vor allem solche Personen, die in Rußland geboren waren und doppelte Staatsangehörigkeit besaßen, Leute mit nahen Verwandten in der Sowjetunion und Leute, die sich auf irgendeine Weise politisch mit der kommunistischen Bewegung eingelassen hatten. Ein amerikanischer Kommunist, der Rußland besuchte, um an einer verschwörerischen Zusammenkunft von Parteileuten teilzunehmen, war in den Jahren der Säuberungsaktionen viel stärker gefährdet als der durchschnittliche bourgeoise Ausländer, der für das Sowjetregime Sympathie weder empfand noch bekundete. Aber hätte es im Interesse dieses Regimes gelegen, auch harmlose amerikanische Touristen oder Techniker zu verhaften, anzuklagen oder sonstwie von der Polizei unter Druck setzen zu lassen, dann hätten die 1933 von

Litwinow abgegebenen Versicherungen das nicht verhindert, noch hätten sie unserer Regierung eine gesetzliche Handhabe gegeben, um nach vollzogener Verhaftung zugunsten des betreffenden Bürgers einzugreifen. Tatsächlich hat die sowjetische Polizei im Lauf der Zeit die Bestimmung des Vertrags über den freien Zugang amerikanischer Regierungsvertreter zu den Gefangenen zu wiederholten Malen einfach ignoriert und hat Amerikaner und Leute, die sich auf amerikanische Staatsbürgerschaft beriefen, Wochen und Monate festgehalten, ohne dem Vertreter der Vereinigten Staaten Besuchserlaubnis zu erteilen – wenn man nicht überhaupt unterließ, ihn von der Verhaftung in Kenntnis zu setzen.

Ganz allgemein gesprochen war die Praxis der sowjetischen Behörden offensichtlich die, sich bezüglich des Aufenthalts von Ausländern in Rußland vertraglich nur zu den Dingen zu verpflichten, die sie ohnehin, auch ohne die Existenz eines Vertrages, als in ihrem eigenen Interesse liegend erkannt hatten. Bei allem, was darüber hinausging, wurde es im Lauf der Zeit nur allzu deutlich, daß die GPU, wie die sowjetische Geheimpolizei damals hieß, ganz nach eigenen Gesetzen lebte und daß das sowjetische Außenministerium trotz aller Vertragsabsprachen keinerlei Macht hatte, bei der Ausländerbehandlung einen mäßigenden Einfluß auszuüben. Das hat mit den Jahren den außenpolitischen Beziehungen der Sowjets erheblichen Schaden zugefügt. Dieses bösartige System führte dazu, daß der Vertreter seines Staates sich in Moskau zwei voneinander unabhängigen Regierungen gegenübersieht, von denen die eine über alle Macht verfügt, die andere machtlos ist. Sein Gesprächspartner ist die machtlose Regierung, und da er zu der anderen keinen direkten Zugang hat, steht er völlig hilflos da, wenn es darum geht, seine Landsleute zu schützen, denen nur eine Intervention von allerhöchster Stelle helfen könnte.

Von Litwinows Garantien hatten mich naturgemäß diejenigen, die sich mit dem Schutz amerikanischer Staatsbürger befaßten, wegen meiner persönlichen Beteiligung am meisten interessiert; aber ich muß sagen, daß sie mir auch generell wenig Begeisterung entlockten. Für die Nichtanerkennung der Sowjetregierung durch die drei vorangegangenen republikanischen Kabinette war ausschlaggebend gewesen, daß die sowjetische Führung erstens darauf bestand, in Ausübung ihrer Partei- wenn nicht ihrer Regierungsfunktionen weiterhin auch in den Vereinigten Staaten Umsturzversuche anzuzetteln oder

In Anbetracht der Verdunkelung und der Evakuierung der Familienangehörigen waren die männlichen Mitarbeiter unserer Prager Gesandtschaft alle in die Residenz gezogen, die damals zusammen mit den Büros im Schönborn-Palais untergebracht war. Es war ein herrliches altes Gebäude in einem außerordentlich malerischen Stadtteil von Prag, der als Mala Strana, die Prager Kleinseite, bekannt war, und enthielt über achtzig zum Teil saalartige Räume. Die Büros der Gesandtschaft und die Residenz füllten es nur zum kleinen Teil, der Rest war unbenutzt. Allein der Gesandte verfügte in seinem Wohnteil neben einer Reihe von Schlafzimmern über mindestens drei, ich glaube sogar vier, riesige Empfangssalons. Gleich hinter dem Haus zogen sich bezaubernde Gartenanlagen terrassenförmig den Hügel hinauf und endeten oben in einem Obstgarten und einer Gloriette. Von dort hatte man einen großartigen Blick über die Dächer der Kleinseite hinweg auf den Fluß mit der schönen alten Karlsbrücke und quer über das kleine Tal auf die uralte Hügelfestung des Hradschin, das Nationalheiligtum der Tschechen. Bei meiner Ankunft wurde unter einer der Gartenterrassen im Auftrag der Regierung der Vereinigten Staaten gerade ein Betonbunker gebaut; er war fast fertig. Meines Wissens blieb er der einzige seiner Art bis zum Kriegsbeginn in Europa – ein sprechender Beweis für die Schwierigkeit, internationale Entwicklungen vorauszuahnen. Denn nicht nur war die Prager Mission die erste, die von uns aufgegeben wurde – schon vor Kriegsausbruch und lange vor dem Abwurf der ersten Bombe –, sondern Prag selbst war auch fast die einzige europäische Hauptstadt, die von Zerstörungen aus der Luft so gut wie ganz verschont blieb.

Der amerikanische Gesandte in Prag zu dieser Zeit war ein Mann, dessen Name in der amerikanischen Diplomatie schon fast legendär geworden war: Mr. Wilbur C. Carr. Prag war sein erster Auslandsposten. Vierzig Jahre lang hatte er im State Department als Verwaltungsbeamter[33] gedient und war dabei zum eigentlichen Baumeister des amerikanischen Auswärtigen Dienstes geworden. Zunächst hatte er den alten Konsularischen Dienst aufgebaut und dann nach 1924 die neue, kombinierte Laufbahn. Jahrzehntelang war er es gewesen, der vor den für das Budget des State Department zuständigen Ausschüssen des Kongresses zu erscheinen und die Wünsche des Außenmini-

[33] Grundsätzlich gab es bis 1954 getrennte Laufbahnen für den Dienst im Außenministerium und im Ausland, vgl. Anm. 5 (AdÜ).

steriums zu vertreten und durchzusetzen hatte, und er war dort mit immer derselben unerschütterlichen Geduld, betont leisen Sprechweise und kristallklaren Ehrlichkeit aufgetreten. Von seinen Kollegen im Ministerium und im Ausland war ihm die Bescheidenheit seiner Forderungen an den Kongreß häufig verübelt worden; aber ich persönlich war immer überzeugt, daß er seine vielen Erfolge gerade dieser Mäßigung im Verein mit seiner von keinem Abgeordneten je bezweifelten Integrität verdankte.

Jetzt, im Jahre 1938, neigte seine lange und stetige bürokratische Laufbahn sich dem Ende zu. Die Ernennung zum Missionschef in der Tschechoslowakei war von seinen Vorgesetzten wohl als verdiente Anerkennung für ein langes Leben des Dienens im Hintergrund gedacht, dem nun zum Schluß noch ein Licht aufgesetzt wurde. Aber Mr. Carr war nicht mehr jung, und mancher mochte sich fragen, ob vierzig Jahre währende Mühen im Weinberg der Ministerialbürokratie wirklich die geeignete Vorbereitung für einen diplomatischen Chefposten seien. In diesem Fall erwies die Vorbereitung sich als ausgezeichnet. Wilbur Carr war ruhig, würdevoll und umgänglich, mit allen Verzwicktheiten der Regierungsmaschinerie bestens vertraut, an die unbefriedigenden Seiten der bürokratischen Routine gewöhnt und geübt in den Künsten der Geduld und der sanften Überredung, die allein gegen Routine etwas auszurichten vermögen; im Umgang mit jüngeren Kollegen war er freundlich und verständnisvoll, ohne dadurch an Scharfblick einzubüßen – kurzum ein erstklassiger Chef. Schade war nur, daß er so spät erst eine Aufgabe übernommen hatte, die wie für ihn geschaffen war.

Doch wie so viele andere fähige Diplomaten konnte auch Mr. Carr wenig oder gar nichts tun, einen unerwünschten – in diesem Fall katastrophalen – Lauf der Ereignisse in seinem Gastland abzuwenden. Wir fühlten uns alle klein und hilflos angesichts dessen, was um uns herum geschah. Aber eine der ersten Vorbedingungen für die Brauchbarkeit im diplomatischen Beruf ist es, die Grenzen der eigenen Möglichkeiten zu erkennen, und Mr. Carr war sich ihrer bewußt. Ich erinnere mich eines Abends aus der Zeit, als ich in der Residenz wohnte und in meinem Schlafzimmer lange und vergeblich darauf wartete, vom Butler zum Essen gerufen zu werden. Schließlich dachte ich, es müsse etwas passiert sein, und unternahm einen Erkundungsgang durch die großen Salons. Und hier stieß ich auf den Gesandten, der im hellerleuchteten Raum friedlich in einem Sessel schlief. Die Diener standen respektvoll hinter den Portieren des Eßzimmers und wagten nicht, ihn zu wecken. Das Bild des alten Herrn, wie er hinter zugezogenen Vorhängen in der einsamen Pracht seiner Salons schlummerte, während überall um uns in der hereinbrechenden Dunkelheit ein von Furcht und Haß und Erregung geschütteltes Europa den Totentanz tanzte, war wie eine symbolische Darstellung der Hilflosigkeit von Gesetz und Ordnung angesichts der höllischen Mächte, die die Geschichte in jenen Tagen auf uns losließ.

Aus der ersten Prager Zeit sind mir vor allem zwei Ereignisse im Gedächtnis geblieben – beide waren Lektionen über den Wert der Bescheidenheit. Der alte diplomatische Dienst war vielfach als selbstzufrieden und eingebildet verschrien gewesen. Wir, die wir dazu gehörten, taten diese Vorwürfe als Beweis für die Unkenntnis und Eifersucht unserer Kritiker ab. Wir fühlten uns unschuldig und mißverstanden. Aber waren wir das wirklich?

Eines Morgens, wenige Tage nach meiner Ankunft, platzte in unser Büro eine reizende junge Dame, in einem Pelzmantel, wie ihn in Amerika College-Studentinnen tragen, und schüttelte voll Zorn eine hinreißende blonde Mähne. Ohne weitere Umstände beschimpfte sie uns der Reihe nach wegen unserer tatenlosen Schläfrigkeit. Der Einmarsch der Deutschen ins Sudetenland habe Hunderttausende von Tschechen in die Flucht gejagt. Binnen kurzem würden diese Horden in Prag einfallen. Kein Mensch habe dafür gesorgt, daß sie zu essen bekämen, einen Schlafplatz fänden, betreut würden. »Warum«, verlangte sie zu wissen, »*tun* Sie denn nichts?«

Der andere Legationssekretär und ich reagierten höflich-herablassend. Was in aller Welt könnten wir denn »tun«? Die Zeit der Care-Pakete und der Auslandshilfe war noch nicht gekommen. Unserm kleinen Gesandtschaftsbüro mit insgesamt nicht mehr als sechs oder acht Leuten standen weder Lebensmittelvorräte noch Kleidung noch Wohnungen zur Verfügung; es kostete uns Mühe genug, dem Kongreß die Gehälter der vier Ortskräfte zu entlocken. Zudem hielten wir ihre Befürchtungen für übertrieben, und wie sich zeigte, waren sie das auch. Wir reihten sie in die Kategorie der schlechtinformierten, unpraktischen »Leute mit den besten Absichten« ein und waren froh, als wir sie loswurden.

All das wäre nicht weiter bemerkenswert, hätte es sich nicht um Martha Gellhorn[34] gehandelt, die mir in späteren Jahrzehnten eine geschätzte und geachtete Freundin wurde, an der ich vor allem die Zivilcourage und die Großherzigkeit bewunderte, die sie auch an jenem Tag bewiesen hatte. Heute weiß ich, daß wir damals beide voneinander hätten lernen können.

Das zweite Beispiel war noch viel krasser. In den Tagen, als die Flut der deutschen Truppen sich über alle Grenzen Böhmens ergoß, fuhren keine Züge, flogen keine Flugzeuge, und Grenzkontrollen gab es nicht. Doch mitten in das allgemeine Durcheinander wehte plötzlich ein Telegramm unserer Londoner Botschaft, des Inhalts, daß unser dortiger Botschafter Mr. Joseph Kennedy den Augenblick für geeignet hielt, einen seiner jungen Söhne auf eine Informationsreise durch Europa zu schicken; von uns erwartete er, daß wir Mittel und Wege finden würden, ihn über die Grenze und durch die deutschen Linien zu bringen, damit er auch Prag in sein Programm einbeziehen könne.

Wir waren wütend. Joe Kennedy galt nicht gerade als ein Freund der Laufbahndiplomaten, und nach allem, was wir über ihn hörten, erwiderten wir seinen Mangel an Begeisterung aus vollem Herzen. Sein Sohn hatte keinerlei offiziellen Status und war in unseren Augen nichts als ein kleiner Gernegroß und Ignorant. Die Idee, er könne über die Zustände in Europa auch nur das mindeste in Erfahrung bringen und berichten, das wir nicht schon längst erfahren und schon längst berichtet hatten, schien uns (nicht zu Unrecht) vollkommen absurd. Vielbeschäftigten Leuten mit der Vorbereitung seiner Rundreise die Zeit zu stehlen, war unerhört. Mit höflicher, aber leicht angewiderter Korrektheit – der charakteristischen Haltung aller Diplomaten, denen zugemutet wird, den Bärenführer für lästige Landsleute aus der Heimat abzugeben, die immer dort herumreisen, wo sie nichts zu suchen haben – schleuste ich den Kennedy-Sohn durch die deutschen Linien, sorgte, daß er heil nach Prag gelangte, zeigte ihm, was er sehen wollte, spedierte ihn zurück und vergaß ihn wieder mit dem Gefühl »das wär's« – für alle Zeiten, wie ich meinte. Hätte mir damals einer gesagt, der betreffende junge Mann würde eines Tages Präsident der Vereinigten Staaten sein und ich in meiner Eigenschaft als Missionschef sein bescheidener und bewundernder Untergebener, dann hätte ich geglaubt, entweder der Sprecher oder ich selbst müsse verrückt geworden

[34] Martha Gellhorn; amerikanische Schriftstellerin und Auslandskorrespondentin, bekannt durch Reportagen von den Schauplätzen des Spanischen Bürgerkriegs, des finnischen Winterkriegs und des Zweiten Weltkriegs (AdÜ).

sein. Erst Jahre später, eines schönen Tages in Belgrad, fiel mir die Prager Episode wieder ein, und plötzlich dämmerte mir die Wahrheit. Es bedarf wohl solcher Nackenschläge, um die Selbstgefälligkeit allmählich auf ein erträgliches Maß zu reduzieren – nur bekommt man sie gewöhnlich zu spät erteilt.

In Prag blieb ich ein Jahr – bis zum Ausbruch des Weltkriegs. Nach ungefähr sechs Monaten, im März 1939, wischten die Deutschen den tschechischen Staat vollends von der Landkarte, indem sie in Prag einmarschierten und auch Böhmen und Mähren besetzten. Daraufhin wurde unsere Vertretung natürlich formell aufgegeben; aber ich erhielt Befehl vom Außenministerium, alleine dort zu bleiben, mich um das Palais zu kümmern, das Büro in kleinster Besetzung weiterzuführen und die politische Entwicklung zu beobachten. Bei Kriegsausbruch wurde ich an die Botschaft in Berlin versetzt, in deren Zuständigkeit die besetzte Tschechoslowakei nunmehr fiel, genau wie nach und nach der größere Teil Europas.

In Prag war meine Stellung einzigartig, vor allem in den Monaten nach dem Einzug der deutschen Truppen und der totalen Unterdrückung des tschechischen Staates. Die Schwärme ausländischer Journalisten, die die Münchener Krise nach Prag gelockt hatte, zogen bald in Gegenden davon, die mehr Aufregung versprachen. Zum Schluß war ich praktisch der einzige westliche Beobachter, der dauernd im Lande wohnte. Das Geschick einer kleinen, von den Deutschen besetzten und unterdrückten Nation gab für die Schlagzeilen der Großstadtpresse im Westen nicht viel her. Die Tschechoslowakei war erledigt und damit basta. Aber für mich war das anders. Was sich da vor meinen Augen abspielte, entsetzte und faszinierte mich zugleich, und ich ließ eine Flut von dienstlichen Briefen und Berichten an das State Department los[35], die kaum mehr als fünf Leute in Washington je gelesen haben. Den Lohn für meine Mühen erhielt ich in der Form, daß man mich anschließend in Berlin fast drei Jahre lang mit Verwaltungsproblemen beschäftigte. Aber ich ließ mich nicht entmutigen. Ich schrieb gern und mit Freude an der Sache und merkte, daß ich langsam, aber sicher einen klaren Überblick über die verwickelte Situation gewann und besser formulierte als je zuvor. Nach mehr als zehnjähriger Praxis verstand ich allmählich auch die Kunst, ins Leere, oder

[35] Diese »Reportagen«, die während meiner dienstlichen Tätigkeit in Prag entstanden, sind zu umfänglich und inhaltlich zu spezialisiert, um hier als Ganzes mit abgedruckt zu werden. Sie werden als Sonderband von der Princeton University Press herausgebracht.

jedenfalls ohne spürbare Reaktion zu schreiben, und begann sogar, Spaß daran zu finden.

Bei der Interpretation der dramatischen Vorgänge, die da vor meinen Augen abrollten, kam mir das bisher Gelernte großenteils sehr zustatten. Meine Russischkenntnisse erleichterten mir die Aufgabe, Tschechisch, Ruthenisch und Slowakisch wenigstens soweit zu lernen, daß ich die Zeitung lesen und mich mit Leuten, die nichts anderes sprachen, einigermaßen verständigen konnte. Mein langjähriger Aufenthalt in Deutschland und Österreich bedeutete, daß auch die Deutschen, die Gegenspieler in dieser Tragödie, mir kein Geheimnis waren. Die Arbeit in Wien im besonderen hatte mir einen Begriff von dem alten Mitteleuropa vermittelt, aus dem die Tschechoslowakei hervorgegangen war. Und in meiner Eigenschaft als Beobachter war ich mit Verwaltungsdingen wenig geplagt und hatte Zeit, mich auch außerhalb Prags gründlich umzusehen. An lebhaften, aufschlußreichen und fesselnden Eindrücken war somit kein Mangel.

Bei meinem Dienstantritt in Prag hatte ich keinerlei Sympathien für die Nazis gehabt und war von der unglücklichen Lage der Tschechen als der neuesten Opfer Hitlers tief bewegt, ohne jedoch die sentimentale Begeisterung für das Benesch-Regime und die Neuordnung Mitteleuropas nach dem Ersten Weltkrieg zu teilen, die so viele englische und amerikanische Liberale beflügelte. Die Zerstückelung der Souveränität im Donaubecken, die das Ergebnis des Ersten Weltkrieges gewesen war, gefiel mir gar nicht. Ich bedauerte das Ende der österreichisch-ungarischen Monarchie. Ich hatte unangenehme Erinnerungen an den engen Sprachenchauvinismus der Tschechen, den ich mehrere Jahre zuvor anläßlich eines kurzen Besuchs in Prag erlebt hatte. Die Kleine Entente, in der die Tschechen dank französischer Aufmunterung ihre Sicherheit suchten, war mir als ein gekünsteltes, unkluges Gebilde erschienen, errichtet auf dem Treibsand rachsüchtiger Emotionalität, die nach dem Ersten Weltkrieg die französische Politik beherrschte. Meine Sympathien lagen bei den Österreichern, für die so wenige ein gutes Wort übrig hatten und die vor allem von den Tschechen während ihrer Unabhängigkeit mit solcher Feindseligkeit abgelehnt worden waren. Ich fand, daß die Tschechen vieles von dem, was ihrer Hauptstadt und ihnen selbst zur Zierde gereichte, der langen Verbundenheit mit Wien verdankten und daß es ihnen wohl angestanden hätte, das zuzugeben.

Auch die Münchener Krise schließlich deutete ich anders als

die meisten westlichen Liberalen. Ich glaubte nicht an die Ehrlichkeit der sowjetischen Beteuerungen, daß sie jederzeit bereit seien, den Tschechen zu Hilfe zu eilen – immer vorausgesetzt, die Franzosen täten das gleiche. Meines Erachtens wußten die sowjetischen Führer sehr wohl, daß die strategische Landkarte genau wie die wohlbegründeten polnischen und rumänischen Befürchtungen jede größere russische Militäraktion zugunsten der Tschechen ausschlossen. Sie konnten daher ganz unbesorgt versprechen, mit England und Frankreich gemeinsam in den Krieg einzutreten. Die Hauptlast des Kampfes hätten unausweichlich die anderen zu tragen gehabt.

Wenn ich daher auch bedauerte, daß Engländer und Franzosen Hitler gegenüber nicht fest geblieben waren, so hatte ich doch andere Gründe dafür als die zumeist vorgebrachten.

Einige dieser vorgefaßten Meinungen spiegeln sich in meinen Berichten aus dem Anfang der Prager Zeit. Schon wenige Tage nach meiner Ankunft beschrieb ich meine Eindrücke vom tschechischen Schauplatz gleich nach dem Münchener Abkommen – aus welchem Anlaß, weiß ich nicht mehr. Ich hatte damals noch die Hoffnung, die neue Entwicklung würde bei aller Tragik doch wenigstens einige positive Ergebnisse haben. Ich schilderte detailliert das Elend der Tschechen, mit denen ich großes Mitgefühl hatte. Aber man brauchte, wie ich meinte, ihre Verzweiflung nicht zu teilen, um sie zu verstehen.

»Im übervölkerten Mitteleuropa, das ein Nährboden für Neid und Mißgunst unter Nachbarn ist, wird es nie eine Lösung der Probleme geben, die es allen recht macht. Dabei ist tröstlich zu wissen, daß, wenn alles Gute eine schlechte Seite hat, genauso alles Schlechte auch eine gute Seite haben muß. Jede Änderung ist schmerzlich, aber man kann immerhin hoffen, daß die jetzt vorgenommenen Änderungen zu größerer wirtschaftlicher Stabilität und größerer völkischer Duldsamkeit in einem Lande führen, dem beides dringend not tut. Zwar haben die letzten Ereignisse uns diesem Ziel wahrhaftig noch nicht näher gebracht, aber die Hoffnung bleibt, daß die Entwicklung in diese Richtung geht.

Die Tschechoslowakei ist schließlich ein mitteleuropäischer Staat. Ihr Wohlergehen hängt davon ab, daß sie mit den bestimmenden Kräften ihres Gebietes handelt und nicht gegen sie. Man ist sich allgemein darüber einig, daß die Auflösung des begrenzten Maßes an Einheit, das im habsburgischen Kaiserreich vorhanden war, sich für alle Beteiligten unglücklich ausgewirkt hat. Nun sind andere Kräfte am Werk, die um eine neue Form der Einheit kämpfen, wo Individualismus und Sektierertum zwei Jahrzehnte lang herrschten. Es ist die Tragik der Tschechen, daß sie allzulange gezögert haben, sich diesen Kräften anzupassen. Es wäre müßig, nachträglich zu versuchen, die Verantwortung dafür zwischen den Staatsmännern des Landes selbst und seinen ausländischen Ratgebern aufzuschlüsseln. Die Anpassung – und darauf kommt es an – ist erfolgt. Sie vollzog sich auf schmerzhafte und bedauerliche Art. Aber sie hat dem tschechischen Staat nicht nur Rechte, sondern auch Belastungen abgenommen. Der Kern des Landes ist unbeschädigt geblieben. Und was vielleicht das Wichtigste ist: für die schweren Aufgaben der Zukunft ist eine großartige junge Generation erhalten geblieben – diszipliniert, fleißig, gesund –, die zweifellos geopfert worden wäre, hätte man sich für die romantische Lösung des aussichtslosen Widerstands entschieden statt für die demütigende, aber eigentlich heroische des Realismus.«

Leider erwies es sich bald als unmöglich, den gemäßigten Optimismus dieser ersten Reaktion beizubehalten. Der Herbst verging, der Winter kam, und es wurde klar, daß die Deutschen selber nicht recht wußten, was mit dem Reststück Tschechoslowakei geschehen sollte, das beim Münchener Abkommen übriggeblieben war, und welchen festen Platz sie ihm bei der Neuordnung Europas zuweisen sollten. In meinen Berichten finden sich wiederholte Hinweise auf die zögernde und widersprüchliche deutsche Politik gegenüber Böhmen und Mähren und zugleich auf das Dilemma, das für die Deutschen aus den Bestimmungen des Münchener Abkommens hinsichtlich der Slowakei und Rutheniens erwuchs. Im Winter, kurz vor der endgültigen Übernahme Prags durch die Deutschen, machte ich Reisen in die Slowakei und nach Ruthenien und schrieb lange Berichte über die Zustände dort. Sie spiegelten die Überzeugung, daß die Situation in diesen Gebieten auf die Dauer nicht haltbar sei. Von dem mit tausend eigenen Schwierigkeiten bedrängten Prag wurde nun verlangt, es solle diese finanziell unrentablen Provinzen sanieren und verteidigen, während es bei deren pseudonazistischen, von den Deutschen an die Macht geförderten Verwaltungen bloß auf Hohn und Spott stieß.

Die Grenzen des tschechoslowakischen Reststaates waren außerdem, vor allem in der slowakisch-ruthenischen Region, so unmöglich gezogen, daß sie für den Fall eines Krieges zwischen Deutschland und einer östlichen Macht den Deutschen nicht einmal als Nachschublinie getaugt hätten. Ich konnte mir deshalb nicht denken, daß das ein Dauerzustand sein sollte. »Die kurzfristige slowakische Autonomie«, mußte ich im Januar 1939 berichten, »ist nichts als ein zufälliges Zwischenergebnis der langsamen Machtverlagerung in Mitteleuropa von Wien und Budapest nach Berlin. Der erneute Verlust der Autonomie wird, wenn er eintritt, als die unausweichliche Rückkehr zum Normalzustand betrachtet werden müssen.« Und ganz ähnlich schloß mein Bericht über Ruthenien, den ich Anfang März 1939 schrieb, mit der Vermutung, »daß so oder so der unhandliche Rest des früheren Rutheniens in nicht allzu ferner Zukunft den Weg zurück in den ökonomischen und politischen Komplex, in den es von Natur gehört, nämlich Ungarn, finden« werde. (Das geschah sogar, noch ehe mein Bericht in Washington eintraf.) Die Situation in den sogenannten »Historischen Provinzen« Böhmen und Mähren schließlich, die das Kernstück der Tschechoslowakei gewesen waren, faßte ich im Januar 1939 in einer vom Gesandten unterzeichneten Depesche so zusammen:

». . . Die Lage in Böhmen ist immer noch prekär. Den Deutschen wäre es offenbar lieb, wenn das Gebiet bis auf weiteres nominell unabhängig bliebe, aber nur unter Bedingungen, die der tschechischen Regierung jede Tätigkeit aufs Äußerste erschweren. Die Nützlichkeit eines tschechischen Regimes hat für Deutschland ihre Grenzen, und früher oder später werden die Deutschen entscheiden müssen, ob sie weiter einen unabhängigen tschechischen Staat dulden wollen, der sich niemals völlig mit der nationalsozialistischen Ideologie identifizieren kann, oder ob sie es vorziehen, Böhmen zu besetzen und die Fülle der Probleme anzupacken, die ein solcher Schritt mit sich bringt.«

Die Entscheidung fiel bekanntlich sechs Wochen später. Hitler besetzte die Restgebiete Böhmens und Mährens einschließlich der Hauptstadt Prag, gewährte der Slowakei eine nominelle Unabhängigkeit und schlug Ruthenien den Ungarn zu. Damit war der 1919 gegründete tschechische Staat bis auf weiteres ausgelöscht. Historisch betrachtet war dieser Entschluß einer von Hitlers gröbsten Fehlern. Er zerstörte das Münchner Abkommen und damit den letzten Rest von Vertrauen auf sein Wort in der öffentlichen Meinung und bei den Regierungen des Westens.

Er diskreditierte Neville Chamberlain und versetzte die Briten in eine Zwangslage, in der ihnen keine Wahl blieb, als den Polen eine Garantieerklärung zu geben und auf jeden weiteren Übergriff der Nazis im Osten mit Gewalt zu reagieren. Und Hitler selbst hatte sich damit die Möglichkeit genommen, die Gebietsansprüche gegen Polen weiterzutreiben, die schon vor seiner Machtergreifung Teil der deutschen Politik gewesen waren, ohne einen Krieg mit den Westmächten herauszufordern.

Der Einzug der deutschen Truppen in Prag am 15. März war für alle Amerikaner, die ihn miterlebten, ein erregendes und nervenaufreibendes Erlebnis. Schon seit Tagen hatte es Anzeichen für drohendes Unheil gegeben. Aber erst in den frühen Morgenstunden des Fünfzehnten erfuhren wir mit Gewißheit, was die Deutschen vorhatten. Mein Tagebuch enthält die Beschreibung dieses Tages; sie genügt wohl zur Kennzeichnung der Atmosphäre. Um halb fünf Uhr früh weckte mich das Telefon.

»Ein zutiefst beunruhigter Bekannter informierte mich mit zitternder Stimme, daß um sechs die Deutschen in Böhmen und Mähren einmarschieren würden. Ich rief den Militärattaché an und bat ihn, die Meldung offiziell bestätigen zu lassen. Dann telefonierte ich mit der tschechischen Presseagentur, und eine Frau erklärte mir in bedrücktem Tonfall, die Nachricht sei wahr. Fest entschlossen, der deutschen Armee nicht das Schauspiel eines aufgeregten Amerikaners zu bieten, rasierte ich mich besonders sorgfältig, bevor ich ins Büro ging. Es schneite, und der Wind heulte, als ich meinen Weg durch die dunklen Straßen machte. In der Italienischen Gesandtschaft war Licht. Der Wachtposten draußen sah mich merkwürdig an, und ich fragte mich, ob er es schon wußte.

Der Gesandte saß schon an seinem Schreibtisch. Nach und nach versammelte sich das Personal, und wir schickten ein Telegramm los. Zwei zerzauste Männer kamen grau vor Furcht herein und baten um Asyl. Sie hätten in Deutschland für die Tschechei spioniert, sagten sie, und sie seien der örtlichen Gestapo bekannt. Ihre Gesichter zuckten und ihre Lippen zitterten, als ich sie wegschickte. Zwei deutsche Sozialdemokraten waren die nächsten, Flüchtlinge aus dem Reich. Sie waren wie betäubt vor Angst. Sie schienen einzusehen, daß ich nichts für sie tun konnte, aber sie wollten nicht gehen. Sie wollten nicht wahrhaben, daß sie dies Haus, in dem man sie nicht anrühren durfte, verlassen und auf die Straße hinaus müßten, wo sie Freiwild waren. Ein jüdischer Bekannter kam. Wir sagten ihm, daß er gerne bleiben dürfe, bis seine Nerven sich beruhigt hätten. Den ganzen langen Morgen wanderte er im Vorzimmer unglücklich auf und ab. Am Nachmittag faßte er sich ein Herz und ging nach Hause.

Gegen sieben machte ich eine Rundfahrt durch die Stadt. Seit eben war ein regelrechter Schneesturm aufgekommen, und der Schnee blieb in den Straßen liegen. Das Stadtzentrum war voller Menschen. Teils waren es Leute, die wie üblich zur Arbeit gingen, teils rannten sie hin und her und trafen irgendwelche letzten Vorbereitungen. Die Nachricht war inzwischen weit verbreitet, viele Frauen weinten in ihre Taschentücher.

Nach dem Frühstück ging ich zurück ins Büro. Jetzt waren es ganze Scharen von Verzweifelten, die Einlaß suchten. Wir mußten einen Mann am Tor aufstellen, der alle zurückwies, die wir nicht genau kannten. Trotzdem blieben immer noch viel zu viele.

Gegen zehn traf die Nachricht ein, die deutschen Truppen hätten den Hradschin erreicht. Parry und ich setzten uns in den Wagen, um nachzusehen, denn der Palast war ganz in der Nähe. Wir fuhren die Nerudowastraße hügelauf. Dicht bei meiner eigenen Wohnung hielt ein deutscher Panzer mitten auf dem engen Fahrdamm. Der Fahrer suchte offensichtlich nach der deutschen Gesandtschaft und hatte bei den Italienern angehalten, um nach dem Weg zu fragen. Eine erbitterte, aber neugierige Menschenmenge sah schweigend zu. Der Soldat im Turm kauerte sich zusammen, als er die Menge sah, und fingerte nervös an seinem Maschinengewehr. Es kam mir so vor, als hätten die beiden berühmten Adler am Barockportal der Italienischen Gesandtschaft einen verblüfften Gesichtsausdruck angesichts der Szene, so als hätten sie sich aufgeplustert, um etwas sehr Bedeutsames zu bemerken, und jemand hätte ihnen plötzlich die Luft abgelassen.

Den Rest des Tages hindurch stampften und dröhnten die motorisierten Einheiten über das Straßenpflaster; Hunderte und aber Hunderte von verschneiten Wagen, die Insassen mit geröteten Gesichtern – aus Scham, wie manche glaubten; aber ich fürchte, es war in den meisten Fällen nur die Kälte.

Bis zum Abend war die Besetzung vollzogen, und um acht trieb die Sperrstunde die Leute von den Straßen. Wir fuhren gegen Mitternacht noch einmal durch die Stadt. Seltsam, die sonst so belebten Prager Straßen plötzlich leer und verlassen vorzufinden. Morgen würden sie wieder voller Leben sein, aber es würde nicht mehr dasselbe Leben sein, das sie sonst erfüllt hatte. Uns allen war deutlich bewußt, daß mit Beginn der Sperrstunde am Ende dieses langen, tragischen Tages eine Ära zu Ende gegangen war.«

Mit der Besetzung Prags durch die Deutschen und der darauffolgenden Schließung unsrer Gesandtschaft begann der produktivste Abschnitt meiner Tätigkeit als Berichterstatter. Ich hatte nun keine anderen Pflichten mehr, auch nicht gegenüber dem State Department, als politische Lageberichte zu übermitteln. Der Form halber ließ ich sie über den dienstältesten Beamten am Orte, den Generalkonsul, laufen, der sie auch unterschrieb, aber in ihrer Abfassung hatte ich vollständige Freiheit.

Eins ist mir heute klarer als damals: Nachdem Hitler die Tschechen ganz unter seiner Kontrolle hatte, konnte er die Frage, wie sie zu behandeln seien, nicht losgelöst für sich allein entscheiden – etwa unter dem Gesichtspunkt eines künftigen Miteinanderlebens des deutschen und des tschechischen Volkes –, sondern nur im Zusammenhang mit der derzeitigen Generallinie seiner Politik gegenüber Osteuropa und der Sowjetunion. Da er bereits entschlossen war, nicht nur Danzig wiederzugewinnen und den Polnischen Korridor auszuradieren, sondern sich noch viel weiter östlich politischen Einfluß und damit Zugang zu den Rohstoffquellen zu verschaffen, blieb ihm die Wahl zwischen drei möglichen Verhaltensweisen. Erstens konnte er versuchen, das Nationalgefühl der Ukrainer hochzuspielen, um das Verlangen nach einem unabhängigen, wenn auch nazistisch beeinflußten ukrainischen Staat zu wecken, ähnlich wie die Deutschen es 1918 während der Besetzung der Ukraine schon einmal versucht hatten. Das wäre aber zu Lasten der Beziehungen zu Polen und der Sowjetunion gegangen und hätte ihn dem Risiko eines Krieges gegen beide Staaten ausgesetzt, in den die Westmächte mit ziemlicher Sicherheit eingegriffen haben würden. Zweitens konnte er es darauf anlegen, auf Kosten der Sowjetunion mit Polen ins Geschäft zu kommen – ein Geschäft, bei dem die Polen Deutschlands Wünschen in bezug auf Danzig und die polnischen Westgrenzen entgegenkommen und dafür im Osten durch sowjetisches Gebiet entschädigt würden. Aber das hätte natürlich Krieg gegen Rußland mit Polen als Verbündetem bedeutet, und dafür wären die Polen schwerlich zu haben gewesen. Die dritte Möglichkeit war ein Geschäft mit der Sowjetunion auf Kosten Polens, wobei immerhin noch die Chance bestand, daß die Westmächte, die sich bereits so viel hatten gefallen lassen, noch ein weiteres Mal stillhalten würden. Wie so viele andere Leute sah auch ich diese letzte Alternative nicht, bevor sie Wirklichkeit geworden war; auch fühlte ich mich zu wenig eingeweiht in die europäische Hohe Diplomatie, um das, was die Tschechen erlebten, irgendwie in Zusammenhang mit der großen Politik zu bringen; ich wußte schließlich auch nur, was in Presse und Rundfunk verlautbart wurde. Unmittelbar nach der Besetzung Prags hatte ich allerdings in meinen Telegrammen darauf hingewiesen, daß die Aufgabe Rutheniens gleichbedeutend mit dem Ende des deutschen Traums vom ukrainischen Marionettenstaat und eine weitere deutsche Expansion nach Osten deshalb gegebenenfalls »nicht mehr durch die Hintertür, sondern nur mit direkten militärischen Maßnahmen durchführbar« sei. Aber danach hatte ich im wesentlichen nur die Pflicht, auf die Unentschlossenheit und das Schwanken der deutschen Politik gegenüber Mitteleuropa hinzuweisen und die zahlreichen Widersprüche und Verlegenheiten zu beschreiben, in die sich die Deutschen durch ihre ebenso rücksichtslose wie leichtsinnige Zerstörung des Status quo in diesem Gebiet selbst hineinmanövriert hatten. Es häuften sich die Anzeichen, daß sie nicht beabsichtigten, der neuen Regierungsform, nämlich dem Protektorat Böhmen und Mähren, das sie aus dem Rest der Historischen Provinzen gebildet hatten, einen wirklichen Sinn, Dauer und Stabilität zu verleihen. Als Folge davon oblag es mir, nach Washington zu berichten, daß es den Deutschen in keiner Weise gelungen sei, unter der tschechischen Bevölkerung Sympathien zu erwerben; daß unter denjenigen Tschechen, die von deutscher Seite fast verachtungsvoll als Aushängeschilder der Protektoratsregierung benutzt wurden, sich Bitterkeit und Zynismus ausbreite; daß die neuen deutschen Herren korrupt seien und das Land schamlos ausplünderten; und schließlich, daß die Tschechen auf einen Weltkrieg als auf die einzige Chance hofften, die Freiheit und eine bessere Zukunft zu erlangen.

»Genau wie sie seinerzeit auf den Weltkrieg hofften, um ihre Freiheit vom österreichischen Imperium zu erzwingen«, schrieb ich im April 1939, »so setzen sie auch heute auf den Krieg als auf das Ereignis, das ihnen ihre politische Freiheit wiedergeben könnte. In Europa gibt es wohl kein anderes Land, in dem der Krieg – und zwar lieber heute als morgen – so allgemein ersehnt wird wie im Protektorat Böhmen und Mähren. Man hört es täglich und von allen Seiten. Sollte irgendwann in den nächsten

Jahren ein Krieg ausbrechen, der für die Deutschen unglücklich verläuft, so würden sie vermutlich erleben, daß der Unabhängigkeitsdrang der Tschechen allen propagandistischen Möglichkeiten eines modernen totalitären Staates zum Trotz in erstaunlichem Maße erhalten geblieben ist.«

Immer und immer wieder sah ich mich gezwungen, das psychologische Versagen der Deutschen herauszustellen und auf die Bedeutsamkeit hinzuweisen, die es nicht nur für die Zukunft dieses besonderen Gebiets, sondern darüber hinaus für die Aussicht auf eine erfolgreiche Herrschaft der Nazis über Europa im allgemeinen hatte. Mitte Mai 1939 schrieb ich:

»Man kann dem deutschen Versuch, die Historischen Provinzen zu beherrschen, nur geringe Erfolgschancen geben. Inflation, Verarmung, wirtschaftlicher Verfall, Bitterkeit, Mangel an Vertrauen und die Demoralisierung der öffentlichen Verwaltung können sich weder für die Sieger noch für die Besiegten positiv auswirken ... Ehe nicht das deutsche Volk größere geistige und politische Reife erlangt hat, wird es ihm schwerfallen, das Erbe der jahrhundertealten und zeitweise rühmlich getragenen Verpflichtungen der katholischen Kirche und des Habsburgerreichs erfolgreich zu verwalten.«

Ich hielt es für wahrscheinlich, so schrieb ich eine Woche später, »daß die Deutschen sich am Ende gezwungen sehen werden, auch den letzten Anschein einer tschechischen Autonomie hinwegzufegen, sich nur noch auf ihre Bajonette zu verlassen und den starken tschechischen Nationalismus, den sie bislang auszubeuten trachteten, mit nackter Gewalt zu unterdrücken. In diesem Fall gibt es regelrechten Krieg: einen Krieg ohne Kriegserklärung, in dem auf der einen Seite mit Verhaftungen, Erschießungen, Deportationen, Einschüchterung und Bestechung, auf der anderen mit passiver Resistenz, Sabotage, Spionage und Verschwörung gearbeitet wird. Sollte es dazu kommen, so wird es den Deutschen vermutlich nicht allzu schwerfallen, die Oberhand zu behalten, jedenfalls solange die breite Machtgrundlage des Nationalsozialismus unerschüttert ist. Aber sie werden sich dabei nicht sehr glücklich fühlen, und sollte das Blatt sich jemals wenden, so wird die tschechische Vergeltung fürchterlich sein.«

Gegen Sommer hatten sich die Beziehungen zwischen Deutschen und Tschechen auf ein offensichtlich unstabiles und unbefriedigendes Gleichgewicht eingependelt, bei dem die deutsche Seite zwar die physische und militärische Übermacht besaß, gleichwohl aber ehrenhaften und nazi-unverdächtigen Tschechen gestattete, nach außen hin ungehindert als Führer der Protektoratsregierung aufzutreten. Und allein schon die Tatsache, daß die Deutschen nichts unternahmen, um diesen Zustand zu ändern, nährte in der Bevölkerung den Verdacht, es seien wichtigere Dinge im Gang als bloß die tschechisch-deutschen Beziehungen. Ende August, nur vier Tage bevor Ribbentrop nach Moskau flog, um den berühmten deutsch-sowjetischen Nichtangriffspakt abzuschließen, und damit den zweiten Weltkrieg in diesem Jahrhundert entfesselte, schrieb ich eine lange Analyse der Zustände in Prag, die folgendermaßen begann:

»Wieder nähert sich ein Sommer seinem Ende – für dies Gebiet der unglücklichste seit den Tagen des Weltkriegs. Es war überhaupt ein merkwürdiger Sommer mit zahlreichen heftigen Gewittern, die Ernten im Werte von Hunderten von Millionen Kronen vernichteten und auf grimmige Weise das Schwanken der Bevölkerung zwischen Furcht und Hoffnung symbolisierten. Gearbeitet wurde wie gewöhnlich. Selbst jetzt noch kämpfen die Bauern um die Einbringung der Ernte, bevor die neueste Krise ihren Höhepunkt erreicht, und werden dabei von den Deutschen ermutigt und von häufigen Unwettern gestört. Und die Industrieunternehmen haben reichlich zu tun, um den unstillbaren Appetit des Reichs auf ihre Produkte zu befriedigen. Aber alle anderen Sphären menschlicher Betätigung scheinen von einer seltsamen Lethargie befallen, die fast einer Lähmung gleicht. Alles hält den Atem an. Kein Mensch zeigt Initiative, keiner plant für die Zukunft. Kulturelles Leben und Vergnügungsindustrie laufen ohne Begeisterung und mechanisch weiter. Theater und öffentliche Veranstaltungen sind nur spärlich besucht, das Publikum ist gleichgültig. Die Leute sitzen an Sommerabenden lieber in den Biergärten oder in den kleinen Parks an der Moldau, verbreiten zahllose Gerüchte, an die sie selbst kaum glauben, und warten mit erzwungener Geduld auf den Eintritt eines Ereignisses, das keiner von ihnen beschreiben könnte, aber von dem sie alle wissen, daß es kommen muß und daß es in ihrer aller Leben tief eingreifen wird. Es dürfte sich bald erweisen, ob dieses Warten einem wachen Instinkt entspringt oder ob es nur die natürliche Zurückhaltung eines Volkes illustriert, das sich nach einem zwanzig Jahre dauernden Traum von Unabhängigkeit erneut in der Rolle einer Dienernation findet.«

In den letzten Abschnitten dieses Berichts – überhaupt des letzten seiner Art, den ich von Prag aus schrieb – stellte ich Überlegungen darüber an, wie die Ereignisse des vergangenen Jahres sich auf die Zukunft des tschechischen Volkes auswirken könnten:

»Ob es nun Krieg gibt oder nicht – das Böhmen und Mähren der Zukunft können nie wieder genauso werden, wie Präsident Benesch und seine Berater sie letzten Herbst verlassen haben. Die Zeit steht nicht still, und die turbulenten Ereignisse des vergangenen Jahres sind nicht ohne Wirkungen auf den tschechischen Nationalcharakter geblieben. Es ist sicher wahr, daß es zu schlimmen antideutschen Exzessen kommen könnte, wenn das Pendel je in die andere Richtung schwänge. Genauso wahr ist, daß die deutsche Taktlosigkeit dem Namen Benesch eine oberflächliche Kaffeehaus-Popularität verliehen hat, die er aus eigener Kraft nie hätte erreichen können. Aber daß die Tschechen ihre früheren Institutionen und ihre früheren Anführer je wieder in vollem Umfang einsetzen würden, ist doch zweifelhaft. Das Unglück hat viele Spuren hinterlassen, und eine davon ist ein tiefes Gefühl für die Notwendigkeit von Einigkeit und Disziplin bei einem so kleinen Volk in geographisch so ungünstiger Lage. Nur wenige werden die Rückkehr der vielen zänkischen politischen Parteien, der kleinbürgerlichen Schüchternheit und des flachen Materialismus begrüßen, die zumindest für die unteren Verwaltungsbehörden des früheren Regimes typisch gewesen zu sein scheinen. Der tschechische Nationalismus wird auferstehen, aber zugleich damit die Forderung nach größerer persönlicher Verantwortung und größerer geistiger Autorität bei denen, die zu führen vorgeben.«

Es war insgesamt eine unglückselige Zeit, voll dunkler Wolken, unbestimmter Befürchtungen und beunruhigender Ahnungen. In gewissem Maße hielt man sich an irrealen Hoffnungen aufrecht. Hätte ich damals vorhersehen können, was die Geschichte tatsächlich nach dem Kriege aus diesen zaghaften Deutungsversuchen machen würde, meine Vorahnungen hätten sich in völlige Verzweiflung verdüstert.

Bei Kriegsausbruch 1939 hatte das State Department mich von Prag nach Berlin versetzt in der Absicht, mich meine berichtende Tätigkeit weiter ausüben zu lassen, nur eben von jetzt an nicht mehr von der Tschechoslowakei, sondern von Berlin aus. Aber wie ich bald merkte, sah die Berliner Botschaft sich in jenen Tagen einem wahren Berg von Verwaltungsproblemen gegenüber, für deren Bewältigung Washington nicht genügend vorgesorgt hatte. Der Krieg hatte wie immer den diplomatischen Vertretungen der Neutralen zahllose zusätzliche Belastungen und Arbeitserschwernisse gebracht. Unter anderem nahmen die Vereinigten Staaten als Schutzmacht die Interessen Frankreichs und Großbritanniens wahr, das heißt den Schutz ihrer Bürger, ihrer Kriegsgefangenen, ihrer Botschaftsgebäude und die mit dem Austausch des diplomatischen Personals verbundenen Aufgaben. Darüber hinaus war aber auch in unserm eigenen Interessenbereich eine Reihe neuer Probleme entstanden. Aus reinem Mitleid mit unserem Chargé d'Affaires Alexander Kirk[36] bot ich daher meine Dienste der Verwaltungsabteilung an, und während des größeren Teils meiner Berliner Zeit blieb es dabei. Das State Department war stillschweigend einverstanden; man schien dort keine bessere Lösung parat zu haben und ohnehin an der politischen Berichterstattung aus dem Innern des deutschen Hoheitsgebiets zunehmend desinteressiert zu sein.

Die administrative Überlastung der Berliner Botschaft wuchs übrigens mit dem Fortgang des Krieges stetig weiter. Im Sommer 1940 wurden auf Drängen der deutschen Regierung die zehn großen konsularischen Vertretungen geschlossen, die wir in verschiedenen deutschen Städten unterhalten hatten, und auch ihre Arbeit wurde, soweit sie sich nicht ganz erübrigte, von der Botschaft in Berlin miterledigt. Eine weitere Belastung war die immer verzweifeltere Situation der deutschen Juden und der Juden aus den deutsch besetzten Gebieten wegen des erheblichen auf uns ausgeübten Drucks, ihre Freilassung und die Ausreise nach den Vereinigten Staaten zu erwirken. Oft waren es

[36] Alexander Kirk, geboren 1888, Karriere-Diplomat. Lange Jahre im Auswärtigen Dienst; zuletzt Amerikanischer Botschafter in Ägypten und Italien.

einflußreiche Abgeordnete und ihre Anhänger zu Hause, die so drängten, und das State Department leitete die Forderungen in aller Schärfe an uns weiter, weil es nur allzu bestrebt war, sich selbst aus der Schußlinie zu halten, und nicht wagte, den Abgeordneten klarzumachen, welche Art von Hilfe möglich und welche (nicht zuletzt aufgrund der von ihnen selbst erlassenen Gesetze) unmöglich war.

Je mehr Länder die Nazis eroberten, um so mehr Länder kamen auf die Liste derer, die uns mit der Wahrnehmung ihrer Interessen betrauten. Am Tage von Pearl Harbor müssen es etwa elf gewesen sein. Und unsere Verantwortung als Schutzmacht war nicht auf Deutschland allein beschränkt, sondern bezog sich zugleich auf das gesamte, sich stets erweiternde Gebiet, das unter deutscher Besatzung stand, so daß wir zum Schluß in fast ganz Europa die einzigen Vertreter nicht nur der Vereinigten Staaten, sondern auch eines guten Teils der übrigen westlichen Welt waren.

Die gesamte damit verbundene Arbeitslast wurde von einem amerikanischen Mitarbeiterstab bewältigt, der selbst zum Schluß einschließlich der Familienangehörigen nicht mehr als neunundneunzig Personen zählte, und eine ebenso bescheidene Zahl deutscher Ortskräfte unterstützte ihn dabei. Wenn man das mit den Personalziffern heutiger amerikanischer Vertretungen in den größeren europäischen Hauptstädten vergleicht, wo aber Hunderte amerikanischer Beamter Aufgaben kaum vergleichbaren Umfangs wahrnehmen, so waren wir damals wahrlich ein lächerlich kleines Häuflein, und man kann sich unschwer ausmalen, welche Zerreißprobe das für jeden einzelnen von uns bedeutete.

Die im Gefolge des Krieges auftretenden üblichen Einschränkungen und Unbequemlichkeiten vergrößerten den Druck noch – übrigens empfand ich sie in Berlin erheblich stärker als in London, das ich während des Krieges ebenfalls erlebte. Vor allem der erste Kriegswinter – 1939/1940 – war schwierig. Die Kanäle waren zugefroren; Heizmaterial war knapp. Einige riesige Wohnblocks konnten überhaupt nicht geheizt werden; sie wurden, als die Temperatur unter Null sank, evakuiert. Rationierung und Verdunklung wurden streng gehandhabt. Private Autofahrten waren ganz verboten. Auch die Luftschutzmaßnahmen wurden strikter durchgeführt als in London. Während eines Fliegeralarms durfte niemand auf der Straße sein. Wer bei einer Abendgesellschaft von den Alarmsirenen überrascht wurde, mußte das Wohlwollen seiner Gastgeber häufig bis zum

Morgengrauen strapazieren, wenn nicht vorher die Entwarnung ertönte. Es läßt sich leicht vorstellen, wie schwierig es unter solchen Umständen war, das Nachtdienst-Personal zwischen Wohnungen und Botschaft hin und her zu transportieren oder Kuriere und andere Reisende abzuholen, die nachts an irgendwelchen entlegenen Vorort-Stationen eintrafen – denn nach den ersten Bombenangriffen wurden die Fernzüge nicht mehr ins Stadtzentrum geleitet. Wirklich unangenehm wurde es dadurch, daß die Botschaft bei Kriegsbeginn kein einziges offizielles Fahrzeug besaß und die Regierung ihr auch keins genehmigen wollte. Kirk kaufte daraufhin voll Verachtung aus seiner eigenen Tasche einen kleinen Renault mit Gepäckanhänger und erbat und erhielt die liebenswürdige Erlaubnis des State Department, ihn auf irgendeiner Liste als botschaftseigenen Dienstwagen zu führen.

Ich finde es unmöglich, in einem Rechenschaftsbericht dieser Art einen Eindruck von der Atmosphäre der Großstadt Berlin im Kriege zu vermitteln. In der Erinnerung ist sie symbolisiert durch meinen allabendlichen Heimweg von der Botschaft im Winter: das Weitertasten von einer Säule des Brandenburger Tores zur nächsten in pechschwarzer Finsternis, bis ich mich Hand über Hand bis zur Bushaltestelle vorgefühlt hatte; das Warten, bis die mattblauen Lichter des Busses aus dem Nichts auftauchten; die Neun-Kilometer-Reise entlang der »Ost-West-Achse«; die dämmrige Stille im Inneren, in der die Taschenlampe des Schaffners helle Bögen beschrieb; das Staunen darüber, wie es dem Fahrer überhaupt möglich war, sich auf der riesigen, unmarkierten und häufig schneebedeckten Asphaltfläche dieser breiten und endlosen Straße zurechtzufinden; der gruselige Heimweg am andern Ende, wieder mit vorgestreckten Händen und dem Tasten nach Bordsteinkanten; die gedämpften Stimmen anderer Fußgänger, die man hörte, aber nicht sah; endlich die Konfrontation mit einer von außerhalb der Verdunkelungsvorhänge düster und verlassen wirkenden Fassade; und dann schließlich die erfreuliche und immer wieder ein wenig überraschende Entdeckung beim Öffnen der Haustür, daß das Haus bewohnt war, daß es hinter den Vorhängen hell und auch einigermaßen warm war und daß ich dort meine Frau und meine Kinder hatte und, im Kontrast zu der Düsternis und Ungewißheit des Krieges draußen, eine Zuflucht voll Behaglichkeit.

Soweit man sich inmitten derartiger Abnormalitäten und Beschwernisse zu Hause fühlen konnte, war ich in Berlin ziemlich zu Hause. Ich hatte früher schon dort gelebt. Umgebung und Sprache waren vertraut. Abgesehen von gelegentlichen Besuchen im Außenministerium in dienstlicher Angelegenheit hatte ich mit dem Regime nichts zu tun, und die meisten meiner Bekannten ebensowenig. Die Berliner selber – ich meine die einfachen Leute – waren von allen Bevölkerungsteilen in Stadt und Land am wenigsten vom Nazismus angesteckt. Sie waren nicht zu bewegen, den Nazi-Gruß zu benutzen. Sie grüßten einander nach wie vor mit »guten Morgen« anstatt mit dem obligatorischen »Heil Hitler«. Sie zeigten auch keine besondere Kriegsbegeisterung. Ich kann bezeugen (weil ich an jenem Tage mitten unter ihnen in einer großen Menschenmenge auf dem Pariser Platz vor unserer Botschaft stand), daß sie die Siegesparade anläßlich der Beendigung des Polenfeldzugs mit zurückhaltendem, mürrischem Schweigen an sich vorüberziehen ließen. Trotz heftigsten Bemühens gelang es den berufsmäßigen Nazi-Agitatoren nicht, ihnen Zeichen des Hochgefühls oder der Zustimmung zu entlocken. Die Nachricht von der Einnahme von Paris wurde mit derselben Reserve und demselben undurchdringlichen Schweigen aufgenommen. An jenem Nachmittag fuhr ich viele Kilometer weit auf dem geschlossenen Oberdeck eines Busses, wo man praktisch alles mitbekam, was geredet wurde. Ich hörte nicht, daß jemand das Ereignis auch nur erwähnte; die Gespräche drehten sich alle um Lebensmittelkarten und um die Preise für Strümpfe.

In der Tat war es die ebenso undemonstrative wie unverkennbare innere Distanziertheit der Bevölkerung von den anmaßenden Parolen des Regimes, die mir in Berlin während des Krieges am meisten auffiel; das und die Art, wie das Alltagsleben so gut als möglich, trotz zunehmender Fühlbarkeit der Kriegsmaßnahmen weiterging. Alle Veröffentlichungen waren vom Krieg beherrscht; aber es war, was die Berliner und meist auch die gewöhnlichen Bürger anderer Großstädte betraf, ein Krieg des Regimes, nicht der ihre.

Meine Tagebuchnotizen aus dieser Zeit enthalten viele Einzelheiten, die die Ungleichheit zwischen den Zielen des Regimes und den Sorgen des einfachen Volkes erhellen. Vielleicht verdeutlicht die folgende Eintragung vom Ende des Jahres 1939, was ich meine:

»An einem Sonnabend ungefähr um Mitternacht kam ich aus einer Bar in der Gegend der Hamburger Binnenalster und be-

gann, mich in den verdunkelten Straßen heimwärts zu tasten. Seit etwa einem Monat war Krieg. Die Verdunkelung war schon Routine. Das Wetter war klar an diesem Abend. Ein blasser Mond gab gerade genug Licht, daß Bordsteinkanten, Laternenpfähle und andere Hindernisse zu erkennen waren. Verkehr gab es nicht, außer einem gelegentlichen Geisterbus, der hinter seinen abgeblendeten Lichtern einherpolterte. Die schweigenden Straßen dehnten sich leer und verlassen im Mondschein. Nur durch die raschelnden Schemen der Fußgänger, die aus dem Dunkel auftauchten und wieder darin verschwanden, gab die Stadt zu erkennen, daß noch Leben in ihr war. Die Leute sprachen, wenn überhaupt, dann in halbem Flüsterton; und das machte sie für einen Fremden doppelt geheimnisvoll. Wer waren sie, wohin gingen sie mitten in der Nacht, wie dachten sie über diese Dunkelheit – über den
Krieg?

An einer Straßenecke tauchte eine Frau auf, ging auf mich zu, hielt an und fragte: ›Wollen wir nicht was unternehmen?‹ Ihre Stimme klang fröhlich und charmant, ohne die gewohnten Obertöne falscher Zärtlichkeit. Ich bot ihr etwas zu trinken an. Aber nein, sie könne doch ihre Zeit nicht so verschwenden. Ob ich nicht sonst noch interessiert sei. Ich gestand, ich sei nicht interessiert. Aber nach kurzem Feilschen schlossen wir einen Kompromiß, wobei ich mich bereit erklärte, die übliche Gebühr zu entrichten, und sie sich, mir die Ehre ihrer Gesellschaft in einem öffentlichen Lokal zu erweisen. Sie führte mich zu ihrer Lieblingsbar, und wir ließen uns nieder. Ich mit einem schlechten Highball, sie mit einem »Halb-und-Halb« und einer frischen Packung Zigaretten. In der erleuchteten Bar konnte ich sie zum erstenmal deutlich sehen. Sie war eine noch junge Frau mit guter Figur und einem frischen glatten Gesicht. Ihre Kleidung war so geschmackvoll, daß man sich fast über ihren Beruf hätte täuschen können. Wie sie mir sagte, war sie schon seit einigen Jahren auf dem Strich, mit Unterbrechungen. Derzeit konnte sie nur abends für ein oder zwei Stunden auf die Straße, denn tagsüber arbeitete sie. Sie war Packerin in einer Fabrik und verdiente neunzig Mark die Woche. Es war harte Arbeit; der Ruin für ihre Fingernägel; aber es war besser als das Arbeitslager, und wenn sie nicht gescheit gewesen wäre und rechtzeitig eine Arbeit angenommen hätte, dann säße sie jetzt dort.

Das Arbeitslager?

Ja, ob ich denn nicht wüßte? Vor ein paar Monaten hatten sie alle Straßenmädchen und alle Bardamen unter Dreißig zusammengetrieben – die alten hatten bleiben dürfen – und sie in ein Arbeitslager aufs Land geschickt. ›In meinem Revier allein waren wir fünfundsiebzig, und wir hatten alle unser Auskommen. Jetzt bin ich die einzige. Die ganze Gegend hat von uns gelebt. Die Friseure und Geschäftsleute sind verzweifelt. Wir waren ihre besten Kunden, und die einzigen, die gute Trinkgelder gaben. Es ist töricht, so was verhindern zu wollen. Das hat es schon vor dem Krieg gegeben. Das hat es schon in der Steinzeit gegeben. Das wird's immer geben.‹

›Aber die Mädchen, mit denen Sie über Tag arbeiten‹, fragte ich, ›amüsieren die sich nicht nach Feierabend auf normalere Weise? Könnten Sie da nicht mitmachen?‹

›Diese Gänse!‹ schnaubte sie verächtlich. ›Mit denen will ich nichts zu tun haben. Das sind ungebildete kleine Biester aus Altona. Die leben in einer anderen Welt. So wie die könnte ich nicht leben. Ich brauche Geld und Kultur. Mit denen rede ich nicht. Die wollen bloß wissen, wo ich meine Sachen herhabe. Einmal hab' ich sogar vergessen, meine Lohntüte abzuholen.‹

›Aber es ist doch gefährlich, weiter an der Straßenecke zu stehen. Werden Sie nicht eines Tages doch im Arbeitslager landen?‹

›Natürlich ist es gefährlich. Neulich hab' ich gesehen, wie ein Schupo zwei andere mitgenommen hat. Sie wollten gerade über den Jungfernstieg. Er hat mich auch gesehen und gerufen, ich soll stehenbleiben. Ich bin bis zum Café Vaterland gerannt, und dann hab' ich so gezittert, daß ich nicht mal ein Streichholz anmachen konnte. Aber ich brauch' nicht mehr lange weiterzumachen. Ich bin nämlich verlobt. Mein Verlobter ist bei der Wehrmacht. Er ist Flieger. In Polen. Wenn er nach Hause kommt, heiratet er mich – vielleicht. Er sagts jedenfalls.‹

›Weiß er, was Sie tun?‹

›Um Himmelswillen! Er wäre wütend!‹

›Warum riskieren Sie es dann weiter?‹

›Ja wissen Sie, als ich ihn das erstemal getroffen habe, da hab' ich ihm erzählt, ich hätte zweitausend Mark. Das stimmte natürlich nicht. Jetzt muß ich sie auftreiben, ehe er wieder da ist.‹

›Seien Sie doch nicht dumm. Sagen Sie ihm die Wahrheit. Es wird schon gut gehen.‹

›Ach, Sie kennen ihn nicht. Er ist schrecklich. Er ist ein großer Egoist. Er hat immer alles gehabt, was er braucht. Ich trau' mich nicht. Er denkt nie an mich. Manchmal mach' ich Eier zum Frühstück – zwei für ihn und zwei für mich. Er ißt sie alle. Er denkt nie daran, ob ich auch was habe. Er fragt mich nie, wie es mir geht. Er liebt nur meinen Körper.‹

›Warum bleiben Sie dann bei ihm? Lieben Sie ihn?‹

›Nicht wie er mich. Er ekelt mich. Ich liege da neben ihm und hasse ihn und denke, dieser Idiot, er denkt, er ist schön, dabei ist er genau wie jeder andere.‹

›Aber?‹

›Aber ich kann nichts machen. Er hat mich vollständig in seiner Gewalt. Wenn er mir was sagt, bin ich so klein wie mein kleiner Finger. Ich bin ein Nichts. Bei der Arbeit nehme ich mir vor, streng mit ihm zu sein, aber wenn das Telefon klingelt und er ist dran, dann sage ich bloß ja.

Einmal hab' ich's versucht. Er hat mir Geld dagelassen und gesagt, ich soll ihm einen Schirm kaufen. Ich hab' ihm gesagt: ‚Kauf ihn dir selber.' Da ist er richtig blaß geworden und 'rausmarschiert. Ich hab' das Geld genommen und bin gegangen und hab' es versoffen. Am anderen Tag ist er wiedergekommen. ‚Wo ist der Schirm?' ‚Ich hab' keinen Schirm.' ‚Und wo ist das Geld?' ‚Hier.' (Sie zeigte auf ihren Bauch.) Da ist er wieder weggegangen und nicht zurückgekommen. Nach zwei Tagen bin ich ihm nach in den Nachtklub, wo er gearbeitet hat. Er war zuckersüß und hat mich nach Hause gebracht. Ich habe ihm gesagt: ‚Du bist bei 'ner anderen gewesen.' Er sagt: ‚Nein.' ‚Ehrenwort?' ‚Nein.'

Ich hab' die andere gefunden. Ich hab' ihr gesagt, er ist verheiratet und sie soll nicht wagen, ihm nochmal Augen zu machen. Hat sie auch nicht. Aber was hilft's. Es gibt genug andere. Jedesmal wenn ich ihn wütend mache, geht er einfach mit 'ner andern. Was soll ich machen? Zuerst waren wir so glücklich. Sie können sich das nicht vorstellen. Wir hatten eine Wohnung. Ich hab' die Möbel gekauft. Wir hatten es so lustig. Wir haben gespielt, daß ich die Bardame bin und er ist der Gast, und ich habe ihn bedient, und er hat gesagt: ‚Gnädiges Fräulein, darf ich Sie verführen?' Und ich hab' gut gesorgt für ihn. Keiner kann mehr für ihn tun als ich. Ich hab' alles für ihn getan. Frauen wie ich – wir sind wirklich anständig. Wir machen nicht so gemeine Sachen wie die Verheirateten. Wir erpressen keinen. Wir triezen auch keinen. Ich kenne eine, die nennt sich anständig. Sie hat sieben Männer. Jede Nacht ist sie mit 'nem andern, und jedem schwört sie, sie liebt ihn. Das könnte ich nicht. Und alle die Frauen, die kein Geld nehmen; aber Blumen und Pralinen und

Kleider und Tamtam und Schmeichelei, das nehmen sie. Das sind die Huren, nicht wir. Wir sind ehrlich.‹

Es war fast Polizeistunde. Ich beglich die Rechnung und vom Wechselgeld zahlte ich ihr meinen Obulus. Sie steckte ihn in würdevollem Schweigen in die Tasche. Wir waren gute Freunde inzwischen. Bevor wir gingen, sagte ich: ›Am Ende werden Sie doch im Arbeitslager landen.‹

Sie lachte ein bißchen kläglich und sagte: ›Als ob ich das nicht wüßte.‹ Ich begleitete sie durch die Dunkelheit zu ihrer Wohnung in einem Block in der Nähe. Sie schloß die Haustür auf und knipste das matte blaue Licht im Eingang an. Wir gaben uns die Hand zum Abschied, und dann hielt sie mir züchtig ihre gepuderte Wange hin und sagte: ›Jetzt dürfen Sie mir einen Kuß geben.‹ Auf dem Heimweg sah ich, wie im Norden vier helle Lichtstrahlen träge einem Flugzeug quer über den schwarzen Himmel folgten.

Erst als ich zu Hause war, fiel mir ein, daß keiner von uns beiden den Krieg erwähnt hatte.«

Es ist wohl verständlich, daß es mir nach solchen Erlebnissen schwerfiel, die in den nächsten Jahren einsetzende Verteufelung mitzumachen, der in der amerikanischen öffentlichen Meinung der jeweilige politische Gegner unweigerlich ausgeliefert ist. Es fiel mir schwer, mit großen Teilen der amerikanischen Presse und des offiziellen Washingtons gleichzuziehen und mir das deutsche Volk als einen Haufen unmenschlicher Scheusäler vorzustellen, die geschlossen hinter Hitler standen und besessen waren von der dämonischen Gier, ganz Europa zu vernichten oder zu versklaven. An dieser Stelle muß ich die Dankbarkeit und Bewunderung verzeichnen, die ich Alexander Kirk schulde. Er war Junggeselle aus Überzeugung und erst vor kurzem hart durch den Tod seiner über alles geliebten Mutter getroffen worden, die zu Lebzeiten sowohl in seinem Gefühlsleben wie auch in seinem Umgang den ersten Platz eingenommen hatte. Nun betäubte er die innere Leere mit der Erfüllung seiner schwierigen amtlichen Pflichten. Die besonderen Anforderungen der Kriegszeit hielten ihn täglich sechzehn bis achtzehn Stunden in seinem Büro fest; ab und zu gönnte er sich ein paar Stunden Schlaf in einem kleinen daran anschließenden Alkoven. Er war ein Überbleibsel aus einer Zeit, in der Reichtum zur Exzentrizität berechtigte, und er nutzte sein Privileg nach Kräften. Im eleganten Grunewald-Viertel hatte er eine Riesenvilla gemietet (die er, wie er zu behaupten pflegte, deshalb genommen hatte, weil er in Berlin kein anderes Haus mit *nur einem* roten Zimmer hatte finden können). Dort hielt er sich italienisches Personal, und jeden Sonntagmittag gab er ein großes Frühstück als Rache für die Einladungen, die er seiner Stellung wegen annehmen mußte. Er selbst machte sich nichts aus dem Essen; er sah nicht ein, warum man nicht wie die Arktisforscher ausschließlich von Vitaminpillen und Extrakten leben sollte, und bei dem Versuch, es ihnen gleichzutun, hatte er fast seine Gesundheit ruiniert. In der Oper besaß er eine Loge für die ganze Saison; nach unseren Beobachtungen war seine einzige Erholung, irgendwann am Abend das Büro zu verlassen, zur Oper zu fahren, sich leise im Hintergrund seiner Loge niederzulassen, einen Teil der Aufführung mitzunehmen und vor Schluß der Vorstellung ungesehen wieder zu verschwinden.

Teils als Geste des Spotts, teils um sich eine schützende Maske zuzulegen, aber wohl auch weil ihm das Theaterspielen Spaß machte, gebärdete er sich mit Fleiß als jener Typ des Berufsdiplomaten, der dem amerikanischen Spießer immer besonders verdächtig gewesen ist, und gab sich ein dandyhaftes, überzüchtetes, hochmütiges und vages Air. Mit derlei Hanswurstiaden brachte er Abwechslung in sein Leben. Er war alles andere als ein Intellektueller. Schreiben tat er nur, wenn es absolut unumgänglich war. Selbst unsere interpretierende Berichterstattung erfüllte ihn häufig mit Mißtrauen. Er schränkte sie ein und hielt uns statt dessen dazu an, unsere Auffassung indirekt mittels geschickter Auswahl aus der Nazi-Presse darzutun. Er begriff viel eher intuitiv als analytisch. Seine Konversation bestand großenteils aus müden Witzeleien und Anspielungen, und er posierte so gut, daß wir manchmal selber nicht wußten, wann er es ernst meinte.

Aber hinter der Fassade weltläufiger und fast schon übertriebener Blasiertheit verbarg sich ein außerordentlicher Scharfsinn, gekoppelt mit einer vernichtenden Ironie, die er genauso gegen sich selbst wie gegen die Umwelt richtete. Ihm konnte keiner imponieren. Prätentiös auftretende Frauen behandelte er wie Schlampen, mit dem Erfolg, daß sie gerade deshalb für ihn schwärmten. Einmal beobachteten wir ihn, wie er einen reichlich überschwenglichen Landsmann, einen Butter-und-Eiergrossisten, begrüßte. Er streckte ihm theatralisch die Hand entgegen und tönte (wer aus meiner Generation erinnerte sich nicht an »Kirk's Seifen« und die dazugehörige Reklame!): »Ich mache in Seife – und Sie?«

Die Nazis verachtete er und hielt sie sich mit seiner stachligen Ironie vom Leibe. Selbst auf dem Höhepunkt ihrer militärischen Erfolge lehnte er es ab, auch nur einen Moment lang die Möglichkeit zu erwägen, daß sie den Krieg gewinnen könnten. »Sie haben sich etwas vorgenommen, das sie nicht zu Ende bringen können«, beharrte er. »Sie werden nirgends Halt machen können. Das ist die Todsünde: etwas anfangen, das man nicht zu Ende bringen kann.«

In späteren Jahren merkte ich, daß ich von Kirk viel gelernt hatte, mehr vielleicht als von irgendeinem anderen Chef. War er auch kein Intellektueller, so hatte er doch einen sehr gesunden Instinkt, und wenn man lernte, seine Posen zu durchschauen und in seinen Witzen den tieferen Sinn zu erkennen, war er ein guter Lehrmeister. Für seine Lektion über die Wichtigkeit der Mittel im Verhältnis zum Zweck habe ich ihm besonders zu danken – er gab sie mehr im Wege des Anschauungsunterrichts denn als theoretische Belehrung. Das einzige, für das es zu leben lohne, sei die gute Form, sagte er mir einmal. Er selbst besaß wenig, was ihm das Leben hätte lebenswert machen können, und es gab Augenblicke, in denen er lieber Schluß gemacht hätte; aber Selbstmord wäre eine abrupte Handlung gewesen, und Abruptheit war der Gipfel der schlechten Form. »Handeln Sie nie, nie abrupt«, riet er mir. »Es zahlt sich nicht aus.« Er erklärte, seit dem Tode seiner Mutter am Auswärtigen Dienst nicht mehr interessiert zu sein. Er sei überhaupt nur eingetreten, versicherte er ernsthaft, um ihr das Durchwühlen ihrer Koffer an den Grenzübergängen zu ersparen. Aber er könne nicht einfach wieder austreten, vor allem nicht während des Krieges; das wäre abrupt gewesen. »Wenn der Krieg vorbei ist«, sagte er, »werde ich so allmählich und unauffällig verschwinden, daß keiner merkt, wann ich weg bin.«

Er hielt Wort. Nach zwei weiteren Posten als Botschafter in Ägypten und Italien entfernte er sich still und unbemerkt aus unser aller Leben. Jahrelang hörte ich nichts von ihm. Es hieß, er wohne ganz allein auf einer Ranch im Südwesten. Einmal kursierte sogar das Gerücht, in Kirks Eßzimmer dort stünde ein Tisch, der dauernd wie für ein großes diplomatisches Diner gedeckt sei; klopfe man als ungeladener Gast bei ihm an, so bekäme man von Kirk persönlich ein Essen gekocht und auch serviert, das Ganze begleitet von routinierter Salonkonversation. Anschließend erkläre er einem, er bedaure unendlich, in seiner Villa kein Gastzimmer zu besitzen. Das war zweifelsfrei erfunden, aber es war typisch für den etwas exotischen Ruf, dessen er sich erfreute.

Eines steht fest: Als Kirk Berlin verließ, mochte er wegen der Verwaltung der Botschaft in meiner Schuld sein; in bezug auf private und politische Philosophie jedoch war ich in seiner.

Ende Februar 1940 wurde ich nach Italien geschickt, um unseren Staatssekretär Mr. Sumner Welles samt Begleitung in Neapel in Empfang zu nehmen und sie auf ihrer Reise nach Berlin zu begleiten. Mr. Welles war von Präsident Roosevelt ausgesandt worden, um in den vier im Kriege befindlichen europäischen Hauptstädten Rom, Berlin, Paris und London die Ansicht der dort führenden Staatsmänner zur Frage von Waffenstillstandsverhandlungen und der Errichtung eines gerechten und dauerhaften europäischen Friedens einzuholen. Man wird sich erinnern, daß zu diesem Zeitpunkt an der Westfront noch alles ruhig war. Es war aber klar, daß im Frühjahr der Krieg dort allen Ernstes beginnen würde, falls es nicht gelänge, ihm vorher irgendwie Einhalt zu gebieten, und daß es dann erneut ein großes und tragisches Ringen geben würde, aus dem die Vereinigten Staaten sich kaum würden heraushalten können. Wenn auch nur die geringste Chance bestünde, diese Katastrophe abzuwenden, wollte der Präsident davon wissen, bevor es zu spät sei.

In Mr. Welles' Reiseprogramm war die Sowjetunion nicht enthalten, und irgendjemandem in Washington war eingefallen, daß es nützlich sein könnte, ihm wenigstens auf einem Teil seiner Reise einen in sowjetischen Dingen erfahrenen Beamten beizugeben, der in der Lage wäre, etwa auftauchende Fragen nach der vermutlichen Haltung und Reaktion der sowjetischen Regierung zu beantworten.

Ich hielt es schon damals für etwas naiv zu glauben, daß solche Reisen Aufschlüsse bringen könnten – insbesondere von den Naziführern –, die man nicht besser von unseren diplomatischen Vertretern an Ort und Stelle eingeholt hätte. Auch heute glaube ich nicht, daß in Mr. Welles' Gesprächen mit den führenden Staatsmännern auch nur ein Gedanke entwickelt wurde – in Berlin schon gar nicht –, der den betreffenden Botschaften nicht längst bekannt gewesen wäre. Aber das war eben Roosevelts Methode, und er hatte schließlich das Recht, in diesen Dingen seinen eigenen Neigungen zu frönen.

Aus meinem Auftrag wurde übrigens nichts. Mr. Welles nahm von meiner Anwesenheit keine Notiz und bekundete kein Interesse an meinen Ansichten über Rußland. Ich war so wenig ins Bewußtsein der Delegation gedrungen, daß sie mich bei ihrer Abreise von Rom nach Berlin vollständig vergaß. Von dem Termin erfuhr ich nur dadurch, daß eines Abends spät die Wagenkolonne auf dem Weg zum Bahnhof an mir vorüberbrauste. Ich eilte zum Hotel, packte, fegte zum Bahnhof und kam außer Atem an, als der rote Teppich gerade eingerollt wurde – nur um festzustellen, daß es für mich in dem Sonderwagen der Delegation keinen Schlafwagenplatz gab.

Unter diesen Umständen konnte ich Mr. Welles nicht übermäßig nützlich sein. Ich bezweifle, daß das für ihn oder die Regierung ein großer Verlust war. Antworten auf seine Fragen hatte ich genauso wenig wie die anderen – jedenfalls keine tröstlichen Antworten. Während ich in meinem römischen Hotel eine scheußliche Kriegsgrippe kurierte, versuchte ich, einige Aspekte der großen Fragen, die ihn interessierten, zu Papier zu bringen. Ich übergab die Aufzeichnung Pierrepont Moffat, dem Leiter der Europa-Abteilung, der Welles auf seiner Reise begleitete. Vermutlich las auch Moffat sie nicht, aber er schickte sie mir nach einer Anstandspause zurück, und ich habe sie immer noch als eine kleine, wenn auch nicht sehr befriedigende Erinnerung an meine Ansichten zur damaligen Zeit.

Ich begann mit der Warnung, beim Sondieren der Chancen für Krieg oder Frieden nicht zu sehr auf Differenzen zwischen Hitler und dem deutschen Volk zu bauen. Ein Teil des deutschen Volks, so schrieb ich, hätte vielleicht unter dem Eindruck der Entbehrungen des Krieges an Begeisterung eingebüßt; der Charakter des Hitlerregimes könnte andere schockiert und dazu gebracht haben, sich von ihm abzuwenden. Es bleibe jedoch dabei, daß

»dieser Mann gemäß den besten Traditionen des deutschen Nationalismus handelt; vielleicht sieht er seine eigene Mission sogar klarer als seine Vorgänger, weil er nicht durch ein Gefühl der Verantwortung für die europäische Kultur als Ganzes abgelenkt wird. Dieser Koloß ist nicht hohl; herausfordernd steht er jetzt vor Franzosen und Briten, geeint und diszipliniert, im Besitz einer in der Geschichte unerhörten Zerstörungskraft und entschlossen, Europa zu beherrschen oder den ganzen Kontinent in Trümmer zu legen.«

Ich untersuchte dann die den Briten und Franzosen verbliebenen Möglichkeiten:

»Wenn sie wollen, können sie mit Hitler Waffenstillstand schließen. Wahrscheinlich würde er zur Zeit recht gern zu einem solchen Arrangement kommen. Er braucht die Atempause, um seine Gewinne zu konsolidieren. Er braucht Zeit, um die neuen Rohstoffquellen zu entwickeln, die ihm jetzt in Polen, in der Slowakei, in Rumänien und in Rußland offenstehen. Er braucht Zeit, um seine russischen Bewunderer über ihre gräßlichen Dummheiten in Finnland wegzubringen. Er braucht Zeit, um seine U-Boot-Waffe wiederaufzubauen und die im Vierjahresplan vorgesehenen vielfältigen anderen Rüstungsaufgaben zu vollenden. Schließlich braucht er Zeit, um die kriegerische Stimmung in den alliierten Ländern abklingen und Ernüchterung um sich greifen zu lassen, Zeit, um das Absinken des Stimmungsbarometers in den Randgebieten des Empire zu beobachten, um die Demobilisierung verwirrter und enttäuschter Soldaten der Gegenseite zu erleben und in Europa den Eindruck aufkommen zu lassen, daß Franzosen und Briten Angst hätten, gegen ihn anzutreten.

Deshalb würde er vermutlich für einen Waffenstillstand mit Konzessionen, etwa in Gestalt von Modifikationen der Regierungsform in Polen, Böhmen und Mähren – vielleicht sogar in Österreich – zu zahlen bereit sein. Der praktische Effekt solcher Konzessionen würde allerdings nicht größer sein, als hätte er sich zur Zahlung einer der drei verfallenen Landeswährungen bedient. Über die Gewährung von ›politischer Unabhängigkeit‹ oder ›Selbstbestimmung‹ zu sprechen, wäre blanker Unsinn, ehe nicht Deutschland völlig zerschlagen ist. In Österreich würde jede Scheinregierung, die man errichten könnte, auf die Nazipartei und die deutsche Armee gestützt sein. Für ein Böhmen, das seiner strategischen Grenzen beraubt ist, das sein gesamtes Rüstungspotential verloren hat und dessen Reichtum – an Land, an Industrie und an Geld – zum größten Teil bereits in deutscher Hand ist, wäre jede Art von ›Unabhängigkeit‹ nur Hohn. Das gedemütigte, entmutigte und im tiefsten Innern demoralisierte Polen wäre derzeit völlig außerstande, auf eingeengtem Territorium und flankiert von zwei mächtigen und brutalen Nachbarn, sein nationales Leben wiederaufzubauen, und würde von einem der beiden unterstützt und kontrolliert werden müssen.

Die Nazi-Maschine hat Zahnradantrieb, und Zahnräder drehen sich nur in einer Richtung.

Und was für eine Sorte Frieden würde Hitler vermittels solcher Konzessionen zu erreichen hoffen? Ich fürchte, es wäre ein

Frieden, der sich, was Hitler selbst betrifft, recht wenig von dem augenblicklichen Kriegszustand unterscheiden würde. Hitler würde das Endziel, die Bezwingung Frankreichs und Englands auch nicht einen Moment aus den Augen verlieren. Er würde keine Demobilisierung anordnen, er dürfte auch keine anordnen. Die Truppen würden vielleicht beurlaubt – entlassen würden sie nicht. Das Nazisystem beruht auf der Annahme, daß Krieg, nicht Frieden, der Normalzustand der Menschheit sei.«

Des weiteren warnte ich vor den Sirenengesängen der deutschen Konservativen (wobei ich an Schacht und Papen dachte), die den Sturz Hitlers und die Bildung einer »Regierung der Vernunft« in Aussicht stellten, mit der man »ins Geschäft kommen« könne, wenn die Alliierten sich nur im voraus verpflichten würden, das deutsche Volk gut zu behandeln, um es so seinen derzeitigen Loyalitäten zu entwöhnen. Ich warnte auch davor Friedenshoffnungen auf die wohlbekannten Meinungsverschiedenheiten zwischen Hitler und seinen Armeeführern zu gründen: meiner Meinung nach waren das taktische, keine strategischen Differenzen. Ich warnte vor der Illusion, Hitler könne sich durch wirtschaftlichen Druck, zum Beispiel durch den Versuch Deutschlands Rohstoffversorgung zu blockieren, zur Zurückhaltung und zum Friedensschluß bewegen lassen. Und zu guter Letzt argumentierte ich, auch das Warten auf den Zerfall des Naziregimes von innen sei keine Basis für Friedenshoffnungen Der deutsche Staat von heute, sagte ich, sei kein Anachronismus, der sich schon morgen in Nichts auflösen werde.

»Hätte Deutschland wirklich, wie Edgar Mowrer behauptet, die Uhr zurückgestellt, dann könnten wir beruhigter sein, denn fast jeder Stein auf dem europäischen Kontinent bezeugt die Überlegenheit der Vergangenheit über die Gegenwart. Aber was geschehen ist, war kein Rückdrehen der Uhr. Es war einfach die Einigung Deutschlands, und zwar eine sehr gründliche. Was Bonaparte und Napoleon der Dritte in dieser Richtung ungetan ließen, hat Versailles besorgt, und Hitler zerstampft nun die letzten Reste von Partikularismus und Klassenbewußtsein. Daß er dabei alles auf den niedrigsten und gemeinsten gemeinsamen Nenner bringt, ist unerheblich. Die deutsche Einheit ist eine Tatsache. Hitler mag gehen, aber die Einheit wird bleiben, und mit ihr werden und müssen, wenn man Einwirkungen von außerhalb ausklammert, die Mißgunst und die Unsicherheit bleiben, das Inferioritätsgefühl und die daraus erwachsenden hegemonialen Gelüste gegenüber Europa, die eigentlich das einzige sind, was die Mehrheit der Deutschen untereinander verbindet.«

Ich sah daher keinen Sinn in einer Feuereinstellung nur um ihrer selbst willen. Die Fortsetzung des Krieges würde in der Tat schrecklich sein, aber wenn sie schließlich »zur Wiedererrichtung einer gesunden politischen Struktur Europas führe, sei dies Europa auch noch so geschwächt, so wäre das jedes Opfer wert«. Ende der Krieg aber in einer bloßen Wiederholung der Fehler von Versailles, dann »wäre eine Weiterführung schon mit den wenigen Leben, die er bisher gekostet hat, zu teuer bezahlt«. Und ich schloß mit der Befürwortung einer Politik, deren Ziel die Teilung Deutschlands sein müsse, nämlich die Beseitigung des mit der nationalen Einigung Deutschlands und Italiens angerichteten Schadens durch eine Rückkehr zum Partikularismus des achtzehnten Jahrhunderts – zu den kleinen Fürstentümern, den Operettensoldaten und dem romantischen Lokalkolorit vergangener Zeiten.

Heute staune ich über mich selbst bei der Lektüre dieser Aufzeichnung. Ganz abgesehen von dem puerilen Schluß bringt sie mich zu der Erkenntnis, wie heimlich und allmählich und von einem selber unbemerkt man doch seine Ansichten ändert. In den folgenden Jahren wurde ich zu einem überzeugten Verfechter der These, daß die Alliierten gerade darum ihre Chance verpaßt hatten, weil sie mit den deutschen Konservativen und den Armeeführern *nicht* hatten verhandeln wollen. Und als ich zweieinhalb Jahre später Deutschland verließ, hatte sich auch meine Einstellung zum deutschen Volk sehr gewandelt – ich hatte gründlicher über seine vielschichtigen historischen Bindungen nachgedacht und wußte jetzt auch, daß Menschen zu ihm gehörten, deren positive Eigenschaften, darunter Mut und Humanität, eine negative Verallgemeinerung ganz unmöglich machten.

Meine Ansichten gerade zu diesem Thema wurden kurz nach dem Besuch von Welles durch ein besonderes Ereignis beeinflußt. Kirk übergab, ehe er im Oktober 1940 aus Deutschland schied, den heikelsten und wertvollsten seiner heimlichen »Kontakte« zum deutschen Widerstand in meine persönliche Obhut. Das war Graf Helmuth von Moltke, ein Großneffe des berühmten Heerführers aus dem neunzehnten Jahrhundert, der dem deutschen Generalstab als juristischer Zivilberater zugeteilt war.

Kirk hatte sich von Zeit zu Zeit diskret mit Moltke zu einem allgemeinen Gedankenaustausch über die politische Lage getroffen. Es war großenteils Moltke, durch den er zu der Ansicht gekommen war, daß der Krieg ungeachtet aller militärischer Triumphe für Deutschland böse enden würde. Moltke war fest davon überzeugt, obwohl – oder vielleicht weil – er mit allen militärischen Überlegungen der deutschen Seite wohlvertraut war.

Prinzipiell war an den Zusammenkünften der beiden Männer nichts Unstatthaftes. Von bestimmten politischen Geschäften oder Abmachungen war dabei nicht die Rede. Moltke hatte ja auch unter der Bevölkerung keine Anhängerschaft; er sprach mehr oder weniger nur für sich allein. Und Gott weiß, daß nichts FDR oder Cordell Hull ferner gelegen hätte, als Kirk Vollmacht für Absprachen mit der konservativen deutschen Opposition zu geben. Dennoch, Zusammenkünfte in Kriegszeiten zwischen einem Mann in der exponierten Stellung Moltkes und dem amerikanischen Geschäftsträger wären kaum auf das Wohlwollen von Moltkes militärischen Vorgesetzten gestoßen, viel weniger auf das der Gestapo – es sei denn, Moltke hätte sich ihr als Spitzel zur Verfügung gestellt, und das wäre mit seinem Charakter völlig unvereinbar gewesen. So kam es zu der verschwörerischen Atmosphäre dieser Treffen.

Nach Kirks Weggang traf ich verschiedentlich mit Moltke zusammen, insgeheim und allein. Anfänglich besuchte ich ihn nach vorheriger Absprache während der Verdunkelung in seinem kleinen *pied-à-terre* über einer Garage im alten Tiergartenviertel. Später, nach Beginn des Rußlandfeldzugs, wurde er aus irgendwelchen Gründen mutiger. Einmal kam er sogar ganz fröhlich zu meiner Frau und mir zum Mittagessen. Ein andermal erstaunte und erschreckte er mich, indem er am hellichten Tage in die Amerikanische Botschaft spazierte und nach mir fragte. Ich empfing ihn sofort, ging mit ihm hinaus auf den Balkon, wo die Verkehrsgeräusche unsere Stimmen für Mikrophone vermutlich unhörbar gemacht hätten, und fragte ihn, wie er das riskieren könne. »Ach wissen Sie«, sagte er, »die Gestapo würde nie auf die Idee kommen, daß jemand, der sich so offen zeigt, andere als legitime Zwecke verfolgt.«

Moltke war ein hochgewachsener, gutaussehender, gebildeter Aristokrat, in jeder Hinsicht ein Mann von Welt und zugleich all das, was man logischerweise angesichts seiner amtlichen Funktion nie erwartet hätte: ein tiefreligiöser Mann von ungewöhnlichem moralischem Mut, ein Idealist und ein überzeugter Anhänger demokratischer Prinzipien. Bei unsrer ersten Zusammenkunft traf ich ihn in das Studium der ›Federalist Papers‹[37] vertieft; er suchte Anregungen für die Verfassung eines zukünftigen demokratischen Deutschlands. Es war ein Bild, das ich nie vergessen habe, wie dieser Sproß einer berühmten preußischen Offiziersfamilie, selber inmitten eines Weltkriegs für den deutschen Generalstab tätig, sich des Nachts allein den Schriften der Gründer unserer eigenen Demokratie zuwandte, um dort voll Bescheidenheit nach Ideen zu suchen, wie Deutschland aus seiner Verirrung und Verderbnis hinauszuführen sei. Für mich ist Moltke eine so große moralische Figur und zugleich ein Mann mit so umfassenden und geradezu erleuchteten Ideen, wie mir im Zweiten Weltkrieg auf beiden Seiten der Front kein anderer begegnet ist. Sogar damals schon – in den Jahren 1940 und 1941 – hatte er über die ganze schmutzige Arroganz und die scheinbaren Triumphe des Hitlerregimes hinweg die endgültige Katastrophe erblickt, ihre Qualen durchlitten, sie akzeptiert und sich innerlich darauf eingestellt, und er bereitete sich nun selber auf die Notwendigkeit vor – so wie er gern später auch seine Mitbürger vorbereitet hätte –, wieder ganz von vorne damit zu beginnen, durch Niederlage und Demütigung hindurch ein neues staatliches Gebäude auf einem neuen und besseren moralischen Fundament zu errichten.

Besonderen Eindruck machte mir, wie Moltke in seinen inneren Kämpfen über die Engstirnigkeit und Primitivität des modernen Nationalismus hinausgewachsen war. »Meine eigene Heimat Schlesien« (wo er seine Güter hatte) »wird an die Tschechei oder Polen fallen«, sagte er mir einmal. (So geschah es auch.) Das sei traurig für ihn, gab er zu, aber es sei nicht wichtig. »Für uns«, schrieb er kurz darauf an einen englischen Freund, »ist Europa nach dem Kriege weniger eine Frage von Grenzen und Soldaten, von komplizierten Organisationen oder großen Plänen. Europa nach dem Kriege ist die Frage: Wie kann das Bild des Menschen in den Herzen unserer Mitbürger wiederhergestellt werden[38].«

Es war Moltke nicht beschieden, den Krieg zu überleben. Das war auch kaum zu erwarten gewesen. Seine Ablehnung des Nazi-

[37] ›Federalist Papers‹: klassisches verfassungsrechtliches Sammelwerk der amerikanischen Staatsmänner Alexander Hamilton (1757–1804), John Jay (1745–1829) und James Madison (1751–1836, Präsident von 1809–17), das die amerikanische Bundesverfassung stark beeinflußte (AdÜ).

[38] Aus einem 1942 in der Türkei geschriebenen Brief Moltkes an Mr. Lionel Curtis. Deutsch zitiert nach: Helmuth J. Graf von Moltke, ›Letzte Briefe aus dem Gefängnis Tegel‹, S. 20–21, Karl H. Henssel-Verlag, Berlin 1950 (AdÜ).

regimes war von Anfang an nicht gerade ein Geheimnis geblieben, und im Verlauf des Krieges zeigte er sie immer offener und reizte damit die Behörden immer mehr. Zum Beispiel forderte er das Regime heraus, indem er, obwohl selbst Protestant, eine von der Gestapo geschlossene katholische Schule seines Heimatorts im eigenen Hause aufnahm und so die Fortsetzung des Unterrichts ermöglichte. Schon vor dem mißlungenen Putsch des 20. Juli 1944 war er aus verhältnismäßig geringfügigem Anlaß verhaftet und zu Gefängnis verurteilt worden und war somit, da in Haft befindlich, an diesem Desaster formal nicht beteiligt. Aber einige der nach dem 20. Juli Verhafteten sagten – wie es heißt, in der Folter – Dinge über ihn aus, die die Gestapo bis dahin nicht gewußt hatte. Er wurde daraufhin vor dem Volksgerichtshof angeklagt und Anfang 1945 im Gefängnis Plötzensee hingerichtet. Mit seinem Tod, den er mit bewegender Tapferkeit auf sich nahm, verlor das Deutschland der Zukunft eine große moralische Stütze.

Ich verzeichne das alles, weil das Bild dieses einsam ringenden Menschen, eines der wenigen echten protestantischen Märtyrer unserer Tage, mir in all den folgenden Jahren eine moralische Stütze und eine stete Quelle politischer und geistiger Inspiration geblieben ist.

Ein anderer, der sich Hitler nach besten Kräften widersetzte (und der nebenbei ein persönliches Risiko auf sich nahm, um sich mit mir anzufreunden), war Gottfried von Bismarck, Enkel des großen Kanzlers und damaliger Regierungspräsident von Brandenburg. 1940 luden er und seine Frau mich übers Wochenende auf ihr Gut in Westpreußen ein. Schon bei der Ankunft merkte ich, daß meine Einladung zu beträchtlichen Spannungen zwischen ihm und dem örtlichen Gestapochef geführt hatte. Offensichtlich hatte meine Anwesenheit als Gast seines Hauses in den dortigen Nazikreisen eine nicht geringe Empörung ausgelöst. Dennoch lud er mich im folgenden Jahr erneut ein – diesmal, um das Weihnachtsfest 1941 mit ihm und seiner Familie zu verbringen. Ich nahm an. Pearl Harbor und die Kriegserklärung kamen dazwischen, und es wurde nichts daraus; aber die Einladung war in sich schon eine mutige und trotzige Geste. Er und seine Frau wurden beide nach meinem Weggang, also noch während des Krieges, verhaftet. Er wurde zum Tode verurteilt, aber die Exekution verzögerte sich, und das Regime stürzte, bevor sie vollstreckt werden konnte. Seiner Frau wurden von der Gestapo die Wangenknochen zerschlagen, aber auch sie überlebte. Nach dem Krieg besuchte ich sie noch einmal auf dem früheren Gut des alten Kanzlers im Sachsenwald bei Hamburg, aber kurz darauf vollbrachte der moderne Verkehr, was die Gestapo nicht hatte vollbringen können, und beide kamen bei einem Autounfall ums Leben.

Angesichts solcher Ereignisse bestürzte es mich, bei einer Unterhaltung mit Präsident Roosevelt in späteren Kriegstagen feststellen zu müssen, daß er einer der Vielen war, denen es nicht leicht fiel, den Zweiten Weltkrieg vom Ersten zu unterscheiden, und daß er das preußische Junkertum genau so als eine Hauptstütze von Hitlers Macht betrachtete, wie es wirklich oder vorgeblich die Hauptstütze der Macht des Kaisers gewesen war. In Wahrheit wurde Hitler vor allem vom Kleinbürgertum und in gewissem Umfang auch von den Neureichen unterstützt. Der alte preußische Adel reagierte unterschiedlich; aber aus seinen Reihen kamen einige der klarsichtigsten und mutigsten aller innerdeutschen Oppositionellen, mit denen Hitler sich je auseinanderzusetzen hatte.

Das Frühjahr 1940 brachte die allgemein erwartete Aktivierung des Krieges im Westen. Daß der deutsche Angriff auf Dänemark und Norwegen den Auftakt bildete, war allerdings eine große Überraschung. Heute wissen wir, daß die Briten selber durch ihr Liebäugeln mit der Idee eines über Nordnorwegen nach Finnland zu entsendenden Expeditionskorps und durch ihren Entschluß, die Fahrrinnen entlang der norwegischen Küste zu verminen, eine erhebliche Mitverantwortung für Hitlers Entschluß trugen, den Schlag gegen Skandinavien vor dem Feldzug gegen die Niederlande und Frankreich zu führen. Damals war das natürlich alles sehr undeutlich. Wir in der Berliner Botschaft erhielten jedoch einige Tage vor dem Angriff auf Norwegen eine Vorwarnung. Meine Frau war gerade mit unsern beiden kleinen Töchtern bei ihrer Familie in Kristiansand an der norwegischen Südküste. Es gelang mir gerade noch, sie dort weg- und nach Deutschland zurückzuholen – zwei Tage später beschossen deutsche Kriegsschiffe die Stadt. Das geschah gleich in den ersten Stunden des Überraschungsangriffs; die Einwohner flohen hinauf in die schneebedeckten Berge und blieben dort bis zum Ende der Beschießung. Den Sommer über behielten wir die Kinder in Berlin; aber im Frühherbst, kurz vor dem Beginn der nächtlichen Bombardierungen der Stadt durch britische Bomber, brachte ich Annelise und die Kinder nach

Italien und nahm eines späten Abends in Genua auf einem verlassen daliegenden Pier von ihnen Abschied; mit verweinten Gesichtern blickten sie mir kläglich durch das dicke Glas der Bullaugen nach. Ich fragte mich, ob ich sie je wiedersehen würde, als ich durch das trügerische Paradies der Schweiz wieder zurück nach Berlin fuhr, um den letzten kurzen Abschnitt meiner Arbeit dort zu beginnen, bevor wir selbst in den Krieg eintraten.

Die Frühjahrsfeldzüge erweiterten die von den Deutschen besetzten europäischen Gebiete natürlich sehr beträchtlich, und im Verlauf meiner Berliner Dienstzeit ergab es sich, daß ich sie fast sämtlich irgendwann einmal zu besuchen hatte. Vorher hatte ich schon im besetzten Böhmen gelebt. In Danzig war ich kurz nach dem deutschen Angriff gewesen. In die Niederlande und nach Frankreich folgte ich den deutschen Invasionstruppen auf den Fersen, um Verbindung mit denjenigen Angehörigen unserer Missionen aufzunehmen, die vor dem Eintreffen der deutschen Truppen nicht mehr evakuiert worden waren. Ich sah das zerbombte Rotterdam, als seine Trümmer noch rauchten. Ich sah im Juni 1940 ein gespentig leeres Paris, aus dem fast die gesamte Bevölkerung in Panik geflohen war – wohl mit der seltsamste und unwirklichste Anblick, der sich in unsern Tagen denken läßt. Im selben Jahr noch gestattete die deutsche Regierung mir zu meiner eigenen Überraschung einen Weihnachtsbesuch bei der Familie meiner Frau in Kristiansand, und die Reise führte mich durch das besetzte Dänemark und Oslo nach Südnorwegen.

Es waren deprimierende Reisen. Angesichts der handgreiflichen Beweise für die überwältigenden Erfolge der Nazis war es kaum möglich, an etwas anderes als an einen totalen deutschen Sieg über den europäischen Kontinent zu glauben, zumal es noch keinen Anlaß gab, einen bewaffneten Konflikt zwischen Deutschland und Rußland für wahrscheinlich zu halten, und unser eigener Kongreß entschlossen zu seiner Neutralitätspolitik stand. Wie schwer es war, unter diesen Umständen an der Hoffnung auf eine bessere Zukunft festzuhalten, geht vielleicht am klarsten aus den Tagebuchnotizen über eine meiner Reisen in die besetzten Gebiete hervor – in diesem Fall einen Besuch in Holland kurz nach seiner Eroberung durch die Deutschen:

»Den Haag, Freitag, 15. Juni 1940

Regen – schleierartiger englischer Regen mit einem Geruch nach feuchten Wiesen und der nahen See – sickerte durch die mächtigen Linden auf die gepflasterten Straßen im Haag.

Am Nachmittag ... wanderte ich hinaus nach Scheveningen und wurde durch und durch naß dabei. Eine steife Brise wehte aus Nordwest, und die Brecher kämpften sich mit großen Schaumkronen an den Strand vor. Die regennassen Plankenwege lagen verlassen; draußen auf See, in den minenverseuchten Gewässern, war kein Schiff zu sehen.

Das Stationsgebäude der elektrischen Vorortbahn war dunkel und menschenleer. Ich war erst nicht sicher, ob überhaupt Züge verkehrten. In der Wachstube saßen ein paar deutsche Soldaten und tranken Bier, eine häßliche Kellnerin gab einem von ihnen einen Klaps. Auf der Rückfahrt nach Den Haag waren meine einzigen Mitreisenden vier kleine Schulkinder; sie schwatzten vergnügt, und der graue Tag, die verregneten Scheiben, die Verlassenheit der Gegend und der ganze Jammer berührten sie nicht.

Der Zug brachte uns zu einem großen Bahnhof irgendwo im Osten der Stadt. Ich brauchte fast eine Stunde, um die Gesandtschaft wiederzufinden. Die Suche führte mich durch nüchterne Straßen, über Brücken, an stillen Kanälen entlang und durch verborgene kleine Plätzchen. Ich sah den stämmigen, phlegmatischen, eigensinnigen Leuten zu, wie sie daherradelten und ihre Flußkähne schoben. Sie waren ihren Gewohnheiten und Traditionen so völlig treu geblieben, daß es schien, als werde nichts sie je ändern können. Aber beim besten Willen konnte ich für die meisten von ihnen in der Zukunft wenig anderes als Abstieg und Ruin entdecken. Was konnte Deutschland diesem Land als wirtschaftlichen Ausgleich für die Position als Mittelpunkt eines Kolonialreichs und Transitland für den Überseehandel bieten, die es verloren hatte? Diese Gegenden lebten wie Norwegen und Dänemark weitgehend von ihren überseeischen Verbindungen. Sie waren Europas Tore zur Welt. Aber ein von Deutschland beherrschtes Europa, das eingeengt war auf eine kontinentale, autarkistische Wirtschaftspolitik, das mindestens in seinen nördlichen Teilen aller Kolonialgebiete verlustig gegangen war – ein Europa, das die vor seiner Küste liegende große wirtschaftliche Potenz England erledigt hatte –, würde ein solches Europa noch viele Tore zur Welt brauchen? Gewiß würde Rotterdam ein Transithafen bleiben. Aber das allein, zusammen mit etwas Blumen- und Gemüseanbau, würde kaum genügen, um die dichtgedrängte Bevölkerung und den hohen Lebensstandard dieser dem Meer verbundenen Provinzen zu erhalten. Zu dem seelischen Elend, das die Vernichtung einer großen

Kultur und einer großen Tradition auslösen mußte, konnte man zusätzlich nur das Elend fremder Ausbeutung und wirtschaftlichen Niedergangs erwarten, und daß eines Tages große Teile dieser holländischen Städte in die Sümpfe zurücksinken würden, auf denen sie mit so viel Stolz und Können errichtet worden waren. Allenfalls würden sie Sehenswürdigkeiten zur Erbauung künftiger Generationen deutscher Touristen werden und diesen vielleicht die Einsicht – eine zu späte und wirkungslose Einsicht – vermitteln, welche Werte ihre Vorväter so leichten Herzens zerstört hatten.

Den Haag, Samstag, 16. Juni 1940

Heute morgen machte ich wieder einen langen Spaziergang; aber ich sah nur eine deutsche Militärkapelle, die auf einem Platz vor einer ganzen Menge friedlicher, höflich applaudierender Holländer spielte, und eine Stelle, ziemlich dicht neben der Gesandtschaft, wo Bomben das Innere eines städtischen Wohnblocks fast vollständig zerstört hatten.

Am Nachmittag fuhr Elting[39] mich in seinem Auto herum. Zuerst in einen kleinen Ort in der Nähe, um unseren Rotterdamer Konsul zu besuchen, dessen Büro und Wohnung durch die Bomben zerstört worden waren und der sich dort provisorisch einquartiert hatte. Wir trafen ihn daheim und bekamen etwas zu trinken. Nach der Gartenseite zu war der Raum völlig offen. Der Regen rieselte auf das üppige Gras und einen kleinen verunkrauteten Kanal, und alles war sehr holländisch und sehr traurig und friedlich. Jenseits des Kanals rauschte ein Strom von Radfahrern vorbei, und eine schöne Rotbuche glänzte in der Nässe.

Von dort fuhren wir nach Rotterdam. Wir kamen in die Stadt und in eine normale Geschäftsstraße; die Läden waren geöffnet, die Straßenbahnen fuhren, und eine geschäftige Menge drängte sich auf den Bürgersteigen. Plötzlich, so übergangslos, als hätte jemand mit einem riesigen Operationsmesser einen Schnitt gemacht, waren die Häuser zu Ende, und es begann eine weite offene Landschaft voller Steintrümmer und Schutt. Hier und dort stand noch eine Wand oder sogar die ausgebrannte Schale eines Hauses, aber zumeist war nichts anderes mehr da als eine graue Ebene der Verwüstung. Die durch das riesige Trümmerfeld führenden Hauptstraßen waren unversehrt. Straßenbahnen und Kraftwagen fuhren wie immer, und die unergründlichen

[39] Howard Elting jr., Berufsdiplomat, zu jener Zeit Legationssekretär in Den Haag.

Holländer radelten entlang, als ob nichts Besonderes passiert sei. An einem Verkehrsknotenpunkt der Innenstadt war der Verkehr immer noch ziemlich dicht, aber weit und breit stand kein Haus mehr, und man glaubte sich an einer Straßenkreuzung irgendwo auf dem Lande, zwischen Feldern, die als Abladeplätze für Schutt und Müll benutzt worden waren.

Abgesehen von dem fürchterlichen Umfang der Vernichtung (die Zahl der zerstörten Häuser ging sicher in die Tausende), war das Auffälligste das völlige Fehlen von Übergängen. Wo keine Bomben gefallen waren, schien alles in bester Ordnung. Wo sie gefallen waren, war einfach nichts mehr da. An der einen Seite eines Hauses, in dem Leute lebten und ein Geschäft geöffnet war, sah ich ein völlig normales Stadtbild; an der anderen Seite, direkt an der Hauswand beginnend, erstreckte sich, so weit das Auge reichte, nur eine Wüste gebleichter, rauchender Trümmer.

Wir fuhren zurück auf der breiten Autostraße von Rotterdam nach Den Haag, der Straße, auf der die deutschen Transportflugzeuge an jenem ersten Morgen der Invasion gelandet waren. An einigen Stellen, dort wo die großen Maschinen von der Straße abgedreht hatten, um ihren Schwung aufzufangen, waren die Hecken beschädigt. Am Eingang zum Flughafen in der Nähe von Den Haag stand eine Gruppe von Holländern auf ihre Fahrräder gelehnt und starrte durch den Zaun auf schwelende Trümmer neben dem ausgebrannten Verwaltungsgebäude. Auch wir hielten an, um zuzusehen, aber ein aufgebrachter deutscher Luftwaffensoldat brüllte dem Wachtposten zu, die Amerikaner wegzuscheuchen, und gehorsam fuhren wir weiter.

Sonntag, 17. Juni 1940

Stand früh auf, um morgens um sechs einen Zug zurück nach Berlin zu nehmen. Die fünfstündige Fahrt durch das besetzte Holland war in den toten Sonntagmorgenstunden höchst langweilig. Es regnete immer noch; die Städte waren leer; die Welt schien nur noch von Kühen bewohnt. Ich las die deutsche Zeitung, sinnierte trübsinnig über das Propagandageschwafel vom ›sinnlosen Widerstand‹ und dachte, wenn mir überhaupt irgend etwas an diesem Kriege sinnvoll erschiene, dann sei es gerade der Widerstand, der die Ruinen von Rotterdam hervorgebracht hatte.«

Angeregt durch diese Erlebnisse, machte ich das Studium der Besatzungspolitik der Deutschen und ihre Bemühungen, im restlichen Europa die Rolle eines »Herrenvolks« zu spielen, zu einer Art Steckenpferd, zwecks Ablenkung von meinen administrativen Pflichten. Außer mir ging niemand diesen Themen nach. Die Monate, die ich in Prag unter deutscher Besetzung verlebt hatte, hatten sowohl mein Interesse geweckt als auch eine Vergleichsbasis geschaffen. Ich schrieb deshalb aus eigenem Antrieb eine Reihe von Abhandlungen über einzelne Besatzungsgebiete und krönte diese im Frühjahr 1941 (zu einer Zeit, als wir noch kaum Hoffnungen in das Heranreifen eines deutsch-sowjetischen Konflikts zu setzen wagten) mit einem langen Bericht, der die deutsche Politik und die deutschen Erfahrungen im allgemeinen analysierte. (Viel später, als ich nach Washington zurückkehrte, fragte ich den Deutschlandreferenten im State Department, ob sie diesen Bericht erhalten hätten und ob er von Interesse gewesen wäre. Die Antwort war: Ja, man habe ihn erhalten, aber brauchbar sei er nicht gewesen, weil das Thema nicht nach Ländern aufgegliedert gewesen sei und man ihn deshalb nicht zertrennen und an die einzelnen Länderreferate habe verteilen können. Mithin hatte niemand ihn gelesen.)

Meine Studien brachten mich zu dem unerwarteten, aber bedeutsamen Schluß, daß die Nazis auch im Falle eines vollständigen militärischen Sieges bei der politischen Organisierung und Kontrolle der anderen Völker des Kontinents vor einem praktisch unlösbaren Problem stehen würden. Das ergab sich hauptsächlich aus der Überlegung, daß die ausschließlich auf der Verherrlichung der angeblichen Tugenden des deutschen Volkes selbst beruhende Naziideologie bei Menschen außerhalb Deutschlands, vor allem bei jungen Menschen, keinerlei Anklang finden konnte. Selbst für Marionettenregierungen von deutschen Gnaden, deren Mitglieder subjektiv völlig bereit gewesen wären, der deutschen Führung zu folgen, hätte sie demnach als politische Grundlage unzulänglich bleiben müssen.

Das kam mir zum erstenmal zum Bewußtsein, als ich im Zug nach Holland im Juni 1940 eine Unterhaltung zwischen einem deutschen Nazi, einem Geschäftsmann, und einem holländischen Nazi-Anhänger, übrigens einem intelligenten Menschen, mitanhörte. Der Holländer, entnehme ich meinen Notizen,

»erzählte dem Deutschen von holländischer Tradition und dem bourgeoisen Konservatismus der Niederlande und hob bedauernd hervor, daß es schwer sein würde, die holländische Jugend, die nur ein kleines Land im Rücken und keine Aussicht auf große Eroberungen hatte, zu Nationalsozialisten zu erziehen. Als der Zug in Den Haag einfuhr, konnte ich mir die Bemerkung nicht versagen, daß es sich in der Tat mit der Gründung einer holländischen nationalsozialistischen Bewegung schwer tun werde: Denn entweder wäre sie wirklich eine holländische Bewegung, in welchem Falle sie nichts als ein zweitrangiges Konkurrenzunternehmen zur deutschen Bewegung sein könnte; oder aber sie würde eine pangermanische Bewegung, und das müßte die Aufopferung aller holländischen nationalen Werte bedeuten und ihre Anhänger aus selbstbewußten Niederländern in Deutsche zweiter Klasse verwandeln.«

Beim Abschluß meiner Untersuchungen über die deutsche Besatzungspolitik war ich überzeugt davon, daß es vom deutschen Standpunkt aus keine aussichtsreiche Lösung für das Problem gab. Die Deutschen standen vor einem Dilemma: Entweder versuchten sie, die militärische Besetzung fast des gesamten restlichen Europas auf die Dauer aufrechtzuerhalten, was physisch fast unmöglich war und unweigerlich zu Zersetzungserscheinungen in großen Teilen ihrer eigenen Streitkräfte führen mußte; oder sie arrangierten sich auf irgendeine Weise mit Regierungen, die von anderen Voraussetzungen ausgehen würden als sie selbst, deren Ziele mit denen des Nationalsozialismus keineswegs identisch sein und diesen gelegentlich sogar zuwiderlaufen würden. Hätte ich gewußt, welche Schwierigkeiten Hitler schon damals mit seinen spanischen, italienischen und Vichy-französischen Bundesgenossen hatte, wäre ich von der Unlösbarkeit des Problems noch stärker überzeugt gewesen.

Ich lege solchen Wert auf diese Schlußfolgerungen, weil ich ganz klar erkenne, welchen Einfluß sie später auf meine Einschätzung der politischen Erfolgsaussichten der sowjetischen Führung bei deren Bestreben hatten, die Rolle einer imperialen Macht zu spielen und das Verhalten anderer Staaten, namentlich der osteuropäischen, zu beherrschen und zu lenken. Mir schien das Problem in einigen Fällen lösbar, nämlich wenn die unterworfene Nation sehr viel kleiner war als ihr Gebieter, oder wenn schon ihre geographische Lage den Gedanken an wirkliche und vollkommene Unabhängigkeit absurd erscheinen ließ. Handelte es sich dagegen um größere Völker in einiger Entfernung von der nach Hegemonie strebenden Macht, so würden sich nach einiger Zeit wieder dieselben Phänomene zeigen, die jetzt Hitler bei seinem Versuch störten, seine Macht über das deutschbesetzte Europa zu konsolidieren. Allerdings besaßen die sowjetischen Führer im Gegensatz zu den Nazis eine in ihren Ansprüchen universale Ideologie, die somit wenigstens eine theoretische Chance hatte, von anderen Völkern übernommen zu werden. Die vollständige Übertragbarkeit des deutschen Falles auf den sowjetischen war mir daher in den ersten Nachkriegsjahren weniger deutlich als später, wo es sich zeigte, daß nicht der Kommunismus, sondern der Nationalismus die beherrschende politische Kraft der gesamten kommunistischen Welt sein würde. Aber seit mir die Untersuchung über die Probleme der deutschen Besatzung 1939–1941 die Augen geöffnet hatte, erkannte ich mehr und mehr, daß Gibbons Ausspruch: »Nichts ist widernatürlicher als der Versuch, entlegene Provinzen im Gehorsam zu halten«, auch in der heutigen Welt uneingeschränkt weiter gilt. Ich gewann daraus den Trost, daß man vor denen, die die Welt beherrschen wollen, nicht allzu viel Angst zu haben brauche. Kein Volk ist groß genug, um eine Hegemonie über die ganze Welt aufzurichten. Der dauernden Machtausübung eines Staates in Gebieten, die er mit den eigenen Truppen weder zu besetzen und zu überwachen noch zumindest aus nächster Nähe zu überschatten vermag, wirken eingebaute Widerstände entgegen.

Der Sommer 1940 verging ohne die erwartete und befürchtete Invasion Englands. Am 17. Oktober konnte ich einem Freund im Ministerium schreiben, daß zwar immer noch Gerüchte über neue militärische Unternehmungen vor Beginn des Winters umliefen, daß die Zeit aber bereits knapp sei und sie mir ziemlich unglaubwürdig erschienen:

»Berichte aus vielerlei Quellen deuten auf größere Zurückhaltung einflußreicher deutscher Kreise hinsichtlich der Kriegsdauer, und es ist sicherlich nicht ohne Bedeutung, daß die DAZ (Deutsche Allgemeine Zeitung) sich letzten Sonntag bemüßigt fühlte, ihren Lesern in einem langen Leitartikel mit der Überschrift ›Winter‹ zu versichern, Deutschland könne einen weiteren ›langen und entscheidungslosen Kriegswinter‹ ohne Schwierigkeit überstehen.[40]«

[40] Etwa um dieselbe Zeit bemächtigte der Berliner Witz sich des deutschen Kriegslieds »Denn wir fahren gegen Engelland« und dichtete den Text folgendermaßen um: »Denn wir fahren, wir fahren; wir fahren schon seit Jahren mit langen weißen Haaren gegen Engelland.«

Heute will mir scheinen, als hätten wir in der Amerikanischen Botschaft in Berlin lange gebraucht, ehe wir erkannten, daß nach Hitlerscher Logik die Unmöglichkeit einer Landung in England unweigerlich die Invasion Rußlands bedeute.

In einem anderen Abschnitt desselben Briefes kam ich den Gründen dafür nahe, ohne aber die notwendigen Schlußfolgerungen zu ziehen:

»Der unterschiedliche Grad von Begeisterung, mit dem die deutsch-russische Zusammenarbeit auf beiden Seiten der ›Interessengrenze‹ diskutiert wird, ist schwer zu übersehen. Die enthusiastischen Erörterungen des Themas kommen offenbar alle aus Berlin; die russischen Meinungsäußerungen zeichnen sich dagegen, soweit ich sie zu sehen bekomme, durch betonte Nüchternheit aus, und gelegentlich klopft das russische Lineal scharf und hart auf die deutschen Finger. Offensichtlich gibt es zumindest in einem höchst wichtigen Gebiet, nämlich in Rumänien, weder enge Zusammenarbeit noch spürbares Vertrauen der beiden Regierungen zueinander. Die Russen könnten (von der Qualität einmal abgesehen) entlang der rumänischen Grenze mit Leichtigkeit beachtliche Quantitäten von Truppen und Material massieren, und jeder deutsche Vorstoß in Richtung Griechenland oder Türkei wird der Truppenverteilung an seiner Flanke Beachtung schenken müssen.«

Hätte ich die Dinge nur bis zu der Einsicht weiter durchdacht, daß Hitlers Unvermögen, die britische Nuß mittendurch zu beißen, ihn zwingen würde, die Lösung des Problems in einem Angriff durch den Balkan auf die lebenswichtigen Verbindungen Englands im Mittelmeer zu lösen, dann hätte ich auch gesehen, daß die oben angestellten Überlegungen ihn gleichzeitig zu dem Versuch nötigen mußten, das sowjetische militärische Potential auszuschalten, um seine Ostflanke für eine umfassende Mittelmeer-Operation freizubekommen. Aber dann hätte ich, um ein vollständiges Bild zu haben, außerdem wissen müssen, was ich damals nicht wissen konnte, nämlich mit welch blinder Sturheit Molotow bei seinem bevorstehenden Besuch in Berlin auf vollständiger sowjetischer Militärkontrolle über Bulgarien und auf anderen, für die Deutschen kaum weniger unannehmbaren Wünschen beharren würde. Wir erfuhren, daß Molotows Gespräche mit den deutschen Führern nicht nach Wunsch verliefen; aber keiner von uns konnte ahnen, daß Stalin seinen

Verhandlungsspielraum so gefährlich überschätzen und von den Deutschen als Gegenleistung für Rußlands Unterstützung im erweiterten Krieg gegen die britische Weltstellung Konzessionen verlangen würde, die so extrem und so habgierig waren, daß Hitler nichts anderes übrig blieb, als den Faktor Rußland aus der Gleichung zu eliminieren, um mit seiner eigentlichen Aufgabe weiterzukommen.

Im Frühjahr 1941 wurde die Lage durch den Angriff auf Jugoslawien noch weiter verwirrt, ein Unternehmen von zweifelhaftem strategischem Wert, das möglicherweise, indem es die Vorbereitungen für den Angriff auf Rußland in die Länge zog, Hitler den Sieg im Osten und damit den Endsieg gekostet hat. Unter diesen Umständen ist es kaum verwunderlich, daß wir den Feldzug gegen Jugoslawien nicht als Vorspiel zum Angriff auf Rußland erkannten. Im Verlauf des Frühjahrs indessen häuften sich die Anzeichen für eine bevorstehende Großaktion der Deutschen im Osten. Wir meldeten sie alle nach Washington, wo man, wie heute allgemein bekannt, vergeblich versuchte, Stalin zu warnen. Als dann am 22. Juni die Nachricht vom Angriff kam, waren wir nicht völlig überrascht. Mir war gleichwohl klar, daß der deutsche Angriff die Situation von Grund auf änderte und von unserer Regierung neue Entscheidungen schwerwiegender, ja schicksalhafter Art verlangte. Dabei würde es um nichts Geringeres gehen als um die Formulierung einer neuen Politik gegenüber Ost- und Mitteleuropa, einer Politik von größerer konkreter Verantwortlichkeit und mit weiterreichenden Folgen als irgendeine, die wir bislang zu formulieren für nötig befunden hatten. Eine gewisse Verantwortung freilich hatten wir schon am Ende des Ersten Weltkriegs durch unsere Mitwirkung bei der Errichtung eines selbständigen polnischen Staates und durch unser Einverständnis mit der Auflösung des österreich-ungarischen Reiches übernommen. Aber diese beiden Entscheidungen hatten wir mit Rücksicht auf das abstrakte und schlecht durchdachte Prinzip der Selbstbestimmung gefällt, ohne Bezug auf spezifische Machtfaktoren. Jetzt würden wir zu entscheiden haben, wer unserer Ansicht nach im östlichen Nachkriegseuropa den beherrschenden politischen Einfluß ausüben solle. Eine dauernde Kontrolle durch die Nazis war als politisches Ziel undenkbar. Hingegen würde der Anblick der Sowjetunion als des jüngsten Opfers nazistischer Aggression in der amerikanischen öffentlichen Meinung unkritische Sympathie und Begeisterung auslösen. Die Rundfunksendungen aus

England und Amerika in den ersten Stunden nach dem deutschen Angriff bestätigten das. Würde diese Sympathie uns nicht vergessen lassen, daß Rußlands unmittelbare Aufgaben im Moment zwar defensiver Natur waren, seine langfristigen Ziele im Falle eines Sieges aber womöglich nicht? Und bestand nicht die Gefahr, daß wir so eine sowjetische Politik gegenüber Osteuropa fördern würden, die wir eines Tages bereuen müßten?

Derlei Gedanken gingen mir durch den Kopf, als ich mich am 24. Juni, zwei Tage nach dem Beginn des deutschen Angriffs, hinsetzte und einen persönlichen Brief an meinen Freund Loy Henderson schrieb, der damals stellvertretender Leiter der Europa-Abteilung im State Department und speziell für unsere Beziehungen zu Rußland und Osteuropa verantwortlich war. (Ich behielt keine Kopie davon, aber Loy war so freundlich, mir einige Jahre später das Original zurückzusenden.) »Ich bin der Überzeugung«, so schrieb ich in diesem Brief,

»daß wir zu Hause nichts tun sollten, was den Eindruck erwecken könnte, wir schlössen uns dem von Churchill offenbar eingeschlagenen Kurse an und gewährten im derzeitigen russisch-deutschen Konflikt der russischen Sache moralische Unterstützung.

Mir scheint, daß eine Bewillkommnung Rußlands als Bundesgenosse bei der Verteidigung der Demokratie unsere eigene Haltung in ein falsches Licht rücken und der deutschen Kriegführung unentgeltlich eine dringend benötigte Aura von Tugendhaftigkeit verleihen würde. Wäre das unsere Politik, so sehe ich nicht, wie wir vermeiden könnten, uns mit der russischen Vernichtung der baltischen Staaten zu identifizieren, mit ihrer Attacke gegen die finnische Unabhängigkeit, mit der Teilung Polens und Rumäniens, mit der Unterdrückung der Religion in ganz Osteuropa und mit der Innenpolitik eines Regimes, das überall in diesem Teil der Welt gefürchtet und verabscheut wird und dessen Methoden nichts weniger als demokratisch sind. Ich glaube, man kann ohne Übertreibung sagen, daß Rußland in jedem seiner Anrainerstaaten, von Skandinavien – einschließlich Norwegens und Schwedens – bis zum Schwarzen Meer, mehr gefürchtet wird als Deutschland . . .

Die Verwicklung Rußlands in diesen Kampf entstammt ja offensichtlich nicht irgendeiner Bindung an die Grundideen der alliierten Sache, und es hat trotz seiner jetzigen Beteiligung wohl kaum den Wunsch, England als Sieger daraus hervorgehen zu sehen. Rußland hat erfolglos versucht, durch Kompromisse mit Deutschland und durch die Ableitung der deutschen kriegerischen Energien nach Westen für sich selbst Sicherheit einzuhandeln. Während des bisherigen Krieges hat die Moskauer Regierung mit allem Nachdruck betont, daß sie eine Politik des reinen Eigeninteresses betreibe, und sie hat ihre Entschlossenheit verkündet, keiner der kriegführenden Mächte in irgendeiner Weise zu helfen. Sie hat daher keinen Anspruch auf westliches Mitgefühl; und ich sehe keinen Grund, warum man bei uns ihre derzeitige Misere nicht ganz realistisch betrachten und sich sagen sollte, daß jemand, der in einem gefährlichen Spiel auf eigene Faust operiert hat, nun auch die moralischen Konsequenzen allein tragen muß. Eine solche Betrachtungsweise würde die Gewährung materieller Hilfe nicht ausschließen, wann immer unser eigenes Interesse sie wünschenswert macht. Sie würde jedoch alles ausschließen, was uns politisch oder ideologisch mit der russischen Kriegführung identifizieren könnte. Kurz, mir schiene es vernünftiger, Sowjetrußland als ›Fellow Traveler‹ im üblichen Moskauer Sinn zu betrachten denn als politischen Bundesgenossen.«

Diese Stellungnahme, die ich fast ein halbes Jahr vor dem Eintritt der Vereinigten Staaten in den Zweiten Weltkrieg abgab, enthält im Kern schon die Meinungsverschiedenheiten, die mich während der kommenden fünf Jahre in ständige Opposition gegen die Regierungspolitik brachten, solange bis das Pendel amtlichen Denkens in den Jahren 1946–48 sich von links weg und nach rechts bewegte und für eine Weile ganz in die Nähe meiner eigenen Anschauungen kam, um dann allerdings weiter in die andere Richtung auszuschlagen, in Gestalt der übersimplifizierten und in hohem Maße militarisierten Beurteilung des russischen Problems, die sich nach 1949 durchsetzte.

Die restlichen Monate des Jahres 1941, bis Pearl Harbor, verschwimmen in meinem Gedächtnis. Ich erinnere mich nur des Gefühls, die Dinge seien der Kontrolle entglitten – nicht nur bei uns (letzten Endes hatten wir in unserer armen, überarbeiteten Botschaft zu keiner Zeit irgendeinen Einfluß auf den Lauf der Ereignisse gehabt), sondern bei jedermann. Tag für Tag verfolgte ich auf einer großen Landkarte von Rußland, die in meinem Büro an der Wand hing, das Vordringen von Hitlers Armeen durch die riesigen Sumpf- und Waldgebiete westlich von Moskau und verglich sie immer wieder mit dem ganz ähnlichen Vormarsch des napoleonischen Heeres im Jahre 1812 (die zeitlichen und geographischen Übereinstimmungen waren oft verblüffend).

Während die Deutschen weiter nach Rußland eindrangen, verschlechterten sich unsere eigenen Beziehungen zur deutschen Regierung, die seit Kriegsbeginn nie anders als frostig gewesen waren, von Tag zu Tag mehr. Niemand wußte, wie das Ende kommen würde. Aber viele von uns spürten, daß es nahe war.

Die Nachricht von Pearl Harbor erreichte uns an jenem denkwürdigen Sonntagabend im Dezember durch die schwachen Signale der Kurzwellen-Rundfunknachrichten aus den Vereinigten Staaten. Ich hörte sie zufällig selbst und alarmierte den Geschäftsträger, Mr. Leland Morris, und so viele der anderen Beamten, wie ich telefonisch erreichen konnte. Zu nächtlicher Stunde trafen wir uns in der Botschaft, um unsern Kurs abzustecken, jetzt, da das Ende gekommen schien. Unser Land befand sich mit Japan im Kriegszustand, und es war klar, daß das jeden Moment zum Kriege mit Deutschland führen konnte.

Vier Tage lebten wir in quälender Ungewißheit, während die Deutschen berieten, ob sie ihre japanischen Bundesgenossen durch eine Kriegserklärung an die Vereinigten Staaten unterstützen sollten. In diesen vier Tagen hörten unsere Verbindungen zur Außenwelt nacheinander auf. Telegramme, selbst solche an unsere Regierung, wurden auf dem Telegrafenamt nicht mehr angenommen. Von Dienstagabend an waren unsere Telefone auf unerklärliche Weise gestört. Es wurde unmöglich, sich mit Washington oder sonst jemand in Verbindung zu setzen. Wir waren auf uns selbst angewiesen.

In dem Bewußtsein, daß wir töricht dastehen würden, wenn die Kriegserklärung nicht kam, aber schlimmer als töricht, wenn sie käme und uns unvorbereitet fände, verbrannten wir in der Nacht vom Dienstag auf den Mittwoch unser Chiffriermaterial und unsere Geheimkorrespondenz. Am Donnerstag endlich kam die Ankündigung, Hitler werde im Reichstag sprechen. Als die festgesetzte Zeit heranrückte, füllte sich der Platz vor der Botschaft mit Lautsprecherwagen und Menschenhaufen – in welcher Absicht, wußten wir nicht. Wir ließen die Jalousien vor die Fenster im Erdgeschoß herab und erwarteten den Sturm; aber er blieb aus. Während Hitler im Reichstag gegen uns tobte, wurde statt dessen das Telefon plötzlich und geheimnisvoll wieder lebendig – ein Anruf vom Auswärtigen Amt teilte mit, daß ein Wagen und ein Beamter vom Protokoll binnen kurzem eintreffen würden, um den Geschäftsträger zum Außenminister zu geleiten. Fast im selben Augenblick erschien auch schon der Beamte. Ich mußte ihn empfangen und unterhalten, während der Geschäftsträger seine Vorbereitungen traf; eine steifere Unterhaltung hat niemand je gehört. Der arme Morris wurde darauf in die Wilhelmstraße abgeschleppt, wo er stehen mußte, während Ribbentrop den wilden Mann spielte, ihm laut die Kriegserklärung vorlas und dann, nachdem er ihn angeschrien hatte: »Ihr Präsident hat diesen Krieg gewollt, jetzt hat er ihn«, auf dem Absatz kehrt machte und abmarschierte.

Das Auswärtige Amt war unsicher, was es mit uns anfangen sollte, und beschloß, den Führer zu fragen. Dieser war offenbar sofort nach seiner Rede in das Feldhauptquartier abgereist; die Antwort ließ zwei Tage auf sich warten. Als sie endlich am Samstagmorgen kam, war sie lakonisch und voll hitlerischer Wut: »Ende der Woche müssen die Amerikaner aus Berlin heraus sein«. Demgemäß wurde ich am Samstagnachmittag ins Auswärtige Amt bestellt, wo man mir eröffnete, das gesamte amerikanische Botschaftspersonal habe sofort seine Wohnungen aufzulösen und sich am kommenden Morgen um acht Uhr mit nicht mehr als zwei Stücken Handgepäck pro Kopf im Kanzleigebäude einzufinden. Im Verlauf einer hektischen und schlaflosen Nacht wurde dies irgendwie bewerkstelligt. Um acht Uhr am Sonntag, dem 14. Dezember, versammelten wir uns in der Botschaft und stellten fest, daß das Gebäude innen und außen bereits durch die Gestapo bewacht wurde und wir ihre Gefangenen waren. Noch vor Ablauf des Sonntagvormittags wurden wir in Autobussen zum Bahnhof gebracht und in zwei Sonderzüge verfrachtet. Fünf Monate lang blieben wir in einem Gebäude am Stadtrand von Bad Nauheim in der Nähe von Frankfurt interniert, *incomunicado*, mit bewaffneten Wachen und unter Aufsicht der Gestapo. Einige weitere amerikanische Beamte und Journalisten, die man in anderen Teilen Europas aufgegriffen hatte, stießen noch zu unserer Gruppe. Die Gesamtzahl stieg schließlich auf einhundertunddreißig. Vor Ende April 1942 hielt die Regierung der Vereinigten Staaten es nicht für nötig, sich mit uns in Verbindung zu setzen – was sie über die Schweizer sehr leicht hätte tun können. Für Informationen über etwaige Pläne, uns auszutauschen und wegzubringen, waren wir während des Winters auf die paar Brocken an Klatsch oder Nachrichten angewiesen, die wir bei den Deutschen oder den Schweizern, die uns gelegentlich besuchten, aufpicken konnten.

Während dieser fünfeinhalb Monate trug ich die unmittelbare disziplinarische Verantwortung für die zusammengewürfelte Gruppe hungriger, frierender und sorgenvoller Gefangener, desgleichen für ihre Beziehungen zu den deutschen Bewachern. Ihre Nöte, ihre Streitigkeiten, ihre Eifersüchteleien und ihre Beschwerden nahmen jede Minute meiner Zeit in Anspruch und würden allein ein Buch füllen. Ich will sie hier nicht beschreiben. Aber ich lernte eine Menge daraus über das Verhalten von Menschen unter widrigen Umständen: Die Unzuverlässigkeit und das Versagen einer Minderheit am einen Ende des menschlichen Spektrums; das passive Sichführenlassen der Mehrheit in der Mitte und die außerordentliche Pflichttreue, den Mut und die sonstigen hervorragenden Qualitäten einiger Weniger am anderen Ende. Ich lernte eine mir neue Bewunderung für einen Teil der Menschheit, aber für einen Teil, von dem ich jetzt wußte, daß er stets in der Minderheit sein würde. Für die Majorität in der Mitte empfand ich eine Mischung von Mitleid und Fürsorge. Der Rest verdiente nur Abscheu und Widerwillen.

Besonders desillusionierend waren die endlosen Beschwerden über das Essen, die ich in Empfang nehmen und oft gegen meinen Willen gegenüber den Deutschen vertreten mußte. Zwar erhielten wir nur die Lebensmittelrationen der deutschen Zivilisten, also viel weniger als normalen Kriegsgefangenen zustand; wir bekamen auch keine Rotkreuzpakete wie Kriegsgefangene sonst und waren infolgedessen erheblich schlechter ernährt. Die meisten von uns waren abgemagert, als es vorüber war. Andererseits waren wir nicht die einzigen, die damals in Europa Hunger hatten, und es ging um Wichtigeres als um das Füllen unserer Bäuche.

Mitte Mai ließ man uns über Spanien und Portugal ausreisen; in Lissabon wurden wir gegen eine entsprechende Gruppe von Deutschen ausgetauscht. Die Bahnreise von Frankfurt nach Lissabon legten wir in zwei Sonderzügen zurück. In Spanien, das wir nachts durchfuhren, wurde es notwendig, die Wagentüren abzuschließen, um die besonders munteren Mitglieder unserer Reisegesellschaft (vor allem die Journalisten) daran zu hindern, sich bei der Suche nach Alkohol auf den vollen, chaotischen Bahnhöfen zu verlieren und zurückgelassen zu werden. Ich hatte die Leitung des ersten Zugs und war die ganze Nacht damit beschäftigt, meine widerspenstige Herde zusammenzuhalten. Die portugiesische Grenze – unsre erste Wiederbegegnung mit Frieden und Normalität – erreichten wir frühmorgens an einer kleinen Gebirgsstation. Ted Rousseau, damals stellvertretender Marineattaché in Lissabon, heute Kurator der Gemäldeabteilung des Metropolitan Museum of Art, war zu unserem Empfang dorthingekommen. Meine Schutzbefohlenen blieben im Zuge eingesperrt, während ich ausstieg, um ihn zu begrüßen. Nach Austausch der üblichen Höflichkeiten erkundigte ich mich, ob man auf dem Bahnhof vielleicht frühstücken könne. Man konnte; und so nahm ich, der ich fünf Monate lang Briefkasten für Beschwerden über das Essen gewesen war, endlich Rache an meinen Mit-Internierten, indem ich mich zum Bahnhofsbuffet begab und ein Frühstück mit mehreren Eiern vertilgte, während sie ihren knurrenden Mägen noch die restlichen sechs oder sieben Stunden Bahnfahrt zuhören mußten, ehe wir uns gemeinsam auf die üppige Lissabonner Kost stürzten, wovon uns allen prompt übel wurde. Ich selbst verbrachte die letzten Stunden Bahnfahrt mit der Komposition eines gereimten Abschiedsgrußes an meine Gefährten der letzten fünf Monate. Das Ergebnis dieser dichterischen Mühen ist noch unter meinen Papieren; ich offeriere es hiermit zur Erinnerung an die damalige Stimmung und füge als Erklärung nur hinzu, daß das Gebäude, in dem man uns in Bad Nauheim untergebracht hatte, vor seiner Umwandlung in ein Kriegslazarett Jeschkes Grand Hotel gewesen war und daß der kleine Fluß, der seine Mauern umspülte, passenderweise Usa hieß. Dies sind die Verse:

Von Euch, Ihr Helden all im Gürtel-Enger-Schnallen,
Landsleute mein, die Ihr mit mir *pêle-mêle*
gestopft wart in die plüschverhangnen Hallen
von Jeschkes wohlverwahrtem Grand Hotel –

von Euch, Ihr wackren Speisekammer-Krieger,
die Ihr mit ungebrochnem Kampfesgeist
den Futtertrog umkreistet, wahre Tiger,
das hehre Ziel im Sinn, das Atzung heißt –

von Euch, Ihr Freunde, die Ihr mich erbautet
mit Eurer Leiden Vielzahl für und für:
wie es Euch zwackte, während Ihr verdautet . . .
Wenn Ihr gestattet, nehm' ich Abschied hier.
Fünf lange Monde pflegtet Ihr die Mägen;
Spaziertet an der Usa stillem Strand;
Wart zum Dreinfügen selten zu bewegen,

derweil die Welt in Dreck und Blut sich wand.
Brot für die Welt wird fehlen noch in Jahren.
Doch wer auch sonst der Not erliegen mag:
Euch, meinen Schätzchen, mög' der Herr ersparen
den Schreck der Schrecken, den fleischlosen Tag!

Glücklicher- oder unglücklicherweise kam ich nicht weiter. Mein geistiger Höhenflug wurde unterbrochen durch die Ankunft in Lissabon und das unaufschiebbare Bedürfnis, auszusteigen und ein gutes Restaurant zu finden.

Obwohl die Internierung unangenehm gewesen war, obwohl sie de facto weitaus unangenehmer gewesen war, als aus den paar knappen Angaben hervorgeht, nahm das State Department kaum Notiz davon. Und als es sich endlich dazu herbeiließ und kurz vor unserer Abreise und dem Austausch per Telegramm zum erstenmal mit uns Verbindung aufnahm, da nur, um uns darüber aufzuklären, daß uns gemäß Entscheidung des Generalinspekteurs (die es, wie wir entnehmen durften, nicht anzufechten gesonnen war) für die Monate der Gefangenschaft kein Gehalt zustünde: wir hätten ja nicht gearbeitet. Ein zweites Telegramm (die einzige andere Nachricht aus Washington während der Zeit der Internierung) informierte uns, daß entgegen der ursprünglichen Absicht, uns alle auszutauschen, die Hälfte von uns in deutschem Gewahrsam zurückzubleiben habe, damit auf dem Austauschschiff noch Platz für jüdische Flüchtlinge bliebe. Und warum das? Weil einzelne Kongreßabgeordnete, denen es darum zu tun war, sich die Gunst einzelner Wähler zu erhalten, dafür eintraten, diese Flüchtlinge nach den Vereinigten Staaten zu bringen. Und obwohl die Flüchtlinge nicht amerikanische Staatsbürger waren, hielt man ihr Geschick für wichtiger als das unsere. Das Ministerium war offensichtlich mehr daran interessiert, sich von parlamentarischem Druck zu entlasten, als sich um eine Gruppe seiner eigenen Bediensteten zu kümmern, die großenteils eine lange und verdienstvolle Laufbahn hinter sich hatten und nur wegen ihrer Pflichttreue – einer Treue unter besonders schwierigen Umständen – in Feindeshand gefallen waren. Zwar gelang es Mr. Morris und mir, beide Nackenschläge abzuwehren, doch wird man uns nachfühlen, daß das nicht gerade die Art von Begrüßung war, auf die wir nach der Befreiung aus fünfmonatiger Gefangenschaft gehofft hatten. Der unangenehme Eindruck verstärkte sich noch, als wir bei der Ankunft in Lissabon Telegramme vorfanden, die kurz und knapp einige unserer besten Leute zur Arbeit auf der iberischen Halbinsel einteilten – Dienstantritt am nächsten Morgen. Das Ministerium hatte offensichtlich nicht die blasseste Ahnung von der physischen und psychischen Verfassung dieser Männer und hatte auch keinerlei Phantasie daran verschwendet. Weder diese Weisungen noch der Empfang, der uns anderen bei der Ankunft in den Vereinigten Staaten zuteil wurde, enthielten meiner Erinnerung nach irgendein Wort der Anerkennung, sei es für die im Kriegsdeutschland geleistete Arbeit, sei es für die Strapazen der Gefangenschaft, die diese Arbeit uns eingebracht hatte.

Es blieb auch nicht die einzige Gelegenheit während dieses Krieges, die uns Veranlassung gab, über die klare Ungerechtigkeit der Regierung und großer Teile unserer Öffentlichkeit gegenüber den Männern des Auswärtigen Dienstes nachzudenken. Besonders hinsichtlich ihrer Wehrpflicht brachte man diese Männer in eine Lage, die keinem Menschen jemals zugemutet werden dürfte. Ihre Vorgesetzten im State Department erklärten ihnen ausdrücklich, sie würden im Auswärtigen Dienst, für den sie Erfahrungen und Qualifikationen mitbrächten, dringender benötigt als beim Militär, und es sei daher erwünscht, daß sie sich vom Wehrdienst zurückstellen ließen. Das Ministerium war jedoch nicht bereit, sich dieserhalb mit einem Antrag an die Wehrersatzbehörden zu wenden (das hätte ja auch im Kongreß Kritik auslösen können); man legte daher den Beamten nahe, den Antrag selbst zu stellen. Die meisten taten es, und die meisten wurden zurückgestellt. In vielen Fällen war die Leistung, die sie anschließend vollbrachten, nicht weniger ein integraler Bestandteil der Kriegführung als der Dienst der Männer in Uniform. Nicht nur das, sondern nicht selten war die Arbeit im Auswärtigen Dienst zur Kriegszeit kaum oder überhaupt nicht weniger gefährlich und entbehrungsreich als die eines großen Teils der Soldaten. Aber alles das rettete sie nicht vor ständigen Anspielungen und häufig sogar Vorwürfen wegen ihres zivilen Status. In den Ländern der Alliierten blieben ihnen selbst die bescheidenen Privilegien der einfachen Soldaten versagt[41]. Die amerikanische Presse brachte wiederholt Artikel, in denen sie, manchmal sogar individuell und unter Namensnennung, als

[41] Als ich später im Kriege in London auf Posten war, hatte ich einen Büroangestellten, der während des Ersten Weltkriegs als Berufssoldat an der Front in Frankreich gedient hatte. Ihm wurde der Zutritt zu dem großen Militärkasino im Grosvenor House in der Nähe unseres Büros verwehrt, und er mußte sich wegen seines jetzigen zivilen Status sein Mittagessen ganz allein in den schmierigen Kneipen um die Oxford Street suchen.

Drückeberger angeprangert wurden. Als ich im weiteren Verlauf des Krieges einmal einen Missionschef bat, mehreren offensichtlich überarbeiteten und übermüdeten Beamten Urlaub zu gewähren, wurde die Ablehnung von der Bemerkung begleitet, daß sie sowieso alle in Uniform gehörten. Diese Bemerkung traf ins Herz, und ich habe sie nie vergessen. Ich persönlich war nicht gemeint. Ich war schon zu alt für die Einberufung und selbst schon für die Meldung als Freiwilliger. Aber als ich das Häuflein von Beamten des Auswärtigen Dienstes auf dem betreffenden Posten im Geiste noch einmal inspizierte, da wollte mir scheinen, daß sie den Vergleich mit vielen Männern in Uniform nicht zu scheuen brauchten.

Das Austauschschiff lief in New York Anfang Juni 1942 ein. Ich hatte Glück; man gab mir einen langen Sommerurlaub. Er wurde für das fröhliche Abenteuer verwendet, das erste eigene Haus unseres gemeinsamen Lebens zu suchen und zu finden – ein großes, etwas heruntergekommenes Farmhaus in Südpennsylvania – und uns darin einzurichten. Im August nahm ich meinen Dienst wieder auf, bis auf weiteres im Ministerium. Ich wurde einem Referat der Personalabteilung zugeteilt, wo man mir zum Zwecke der Schlußverfügung einen Haufen alter Akten überreichte, ein Sammelsurium von Dingen, mit denen sonst keiner etwas anfangen konnte.

Bevor ich zu Beginn des Sommers auf Urlaub gegangen war, hatte ich dem Unterstaatssekretär für Verwaltung, Mr. Howland Shaw, zwei in der Internierung geschriebene Aufzeichnungen übergeben, eine über den Plan einer Akademie für den Auswärtigen Dienst und die andere über die Notwendigkeit, die Beamtenschaft des Auswärtigen Amtes unverzüglich und drastisch zu vermehren, um für die schnell wachsenden Bedürfnisse der Kriegszeit und die noch darüber hinausgehenden Anforderungen, die die Nachkriegszeit mit Sicherheit an uns stellen würde, gerüstet zu sein. Nun fand ich zu meiner Bestürzung diese beiden Aufzeichnungen unter dem Krimskrams, den man mir zur Erledigung zugeschoben hatte. Der totalen Abwesenheit von Vermerken entnahm ich, daß es außer mir niemandem im State Department bestimmt sein würde, sie zu lesen und verantwortlich mit ihnen zu verfahren. Betrübt schrieb ich beide zu den Akten; aber ich konnte mich nicht enthalten, zur Erbauung der Aktendeckel die schwächliche Marginalie anzubringen: »Ich finde das eine gute Idee[42].«

Am Freitag vor dem Labor-Day-Wochenende[43] kam die Wei-

[42] Daß man den Auswärtigen Dienst damals nicht erweiterte, führte zu der Notwendigkeit, große konkurrierende Dienste aufzubauen, um den Bedürfnissen der Kriegs- und Nachkriegszeit gerecht zu werden. Deren Personal wurde notgedrungen nach völlig anderen und weniger strengen Maßstäben ausgesucht. Später konnte man natürlich nicht umhin, dies Personal in den Auswärtigen Dienst einzugliedern, oft auf höherer Ebene, und verletzte so das ganze Prinzip des fairen Wettbewerbs bei Eintritt und Beförderung.

[43] Labor Day: der »Feiertag der Arbeit« am ersten Montag im September (AdÜ).

sung, sofort – das hieß: noch während des Wochenendes – nach Portugal abzureisen und dort den Posten des Gesandtschaftsrats zu übernehmen. Das sollte offiziell meine Stellung sein, einschließlich aller damit verbundenen normalen Pflichten und Verantwortlichkeiten. Aber zusätzlich wurde ich privat und informell aufgefordert, mich ins Zeug zu legen, um die heillose Konfusion zu entwirren, die unsere verschiedenen Abwehrleute untereinander und im Zusammenwirken mit den Engländern bei dem Versuch angerichtet hatten, sich in dem ohnehin überschäumenden Hexenkessel von Spionage und Gegenspionage festzusetzen, der Lissabon zur Kriegszeit war. Ich glaube, daß ich diese Zusatzaufgabe schließlich zur allgemeinen Zufriedenheit löste. Die Sache entbehrte nicht der üblichen knalligen Nebeneffekte – meist waren sie zum Lachen, manchmal phantastisch, manchmal auch haarsträubend. Aber auch all das muß, wenn überhaupt, in einer besonderen Art von Buch beschrieben werden; hier beschränke ich mich auf einen anderen Aspekt meiner anderthalbjährigen Lissabonner Tätigkeit, nämlich meine Rolle bei den Bemühungen der Regierung der Vereinigten Staaten, von der portugiesischen Regierung die Erlaubnis zur Benutzung der Azoren als Zwischenlandeplatz zu erhalten, um die für die Teilnahme an der Invasion der Normandie benötigten großen Mengen von Landflugzeugen auf dieser Route an ihren Bestimmungsort zu bringen.

Der amerikanische Gesandte in Lissabon war 1942 ein Politiker aus Florida, Mr. Bert Fish[44], angeblich ein Freund von Senator Claude Pepper. Er war ein kleiner, rundlicher Mann, mit einem Kopf so kahl, wie meiner es schließlich wurde. Mr. Fish verließ seine Residenz in Lissabon nur selten. Noch seltener zeigte er sich im Kanzleigebäude der Gesandtschaft. Den größten Teil seiner Zeit verbrachte er in einem Lehnstuhl in seinem Schlafzimmer, die Füße auf einem Kissen, und hörte BBC und alle anderen ihm erreichbaren englischsprachigen Sender. Ich besuchte ihn allmorgendlich, brachte ihm den täglichen Eingang an amtlicher Korrespondenz und erhielt dafür seine Kommentare und Weisungen. Ungeachtet seiner körperlichen Trägheit und scheinbaren Isolierung fand ich in ihm einen scharfsinnigen und überlegten Beobachter des Geschehens, der mit Persönlichkeiten und Ereignissen des Lissabonner Schauplatzes erstaunlich vertraut war. Wie ich bald merkte, war ich keineswegs der einzige, der ihn besuchte und ihn über den Lokal-

[44] Bert Fish, 1875–1943, amerikanischer Gesandter in Lissabon 1941–43.

klatsch auf dem laufenden hielt. Und ich muß sagen, daß er bei den seltenen Gelegenheiten, an denen er einlud, viel südstaatlichen Charme und Würde entwickelte, kaum je ein Gesicht oder einen Namen vergaß und an jedem seiner Gäste lebhaftes Interesse nahm.

So weit, so gut; aber bei der Einarbeitung in meinen neuen Posten beunruhigte mich zunehmend das offensichtliche Fehlen politischen Kontakts mit der portugiesischen Regierung. Wenn die Akten und das Gedächtnis der Gesandtschaftsangehörigen nicht trogen, hatte seit dem Kriegseintritt der Vereinigten Staaten zu keiner Zeit so etwas wie eine politische Unterhaltung zwischen dem amerikanischen Gesandten und dem portugiesischen Ministerpräsidenten stattgefunden. Zu keiner Zeit hatten wir mit den Portugiesen auf verantwortlicher Ebene solche Dinge erörtert wie die generelle Vereinbarkeit unserer Interessen im Lichte der Kriegssituation oder die Aussicht auf gute Beziehungen nach Beendigung des Krieges. Das schien mir nicht nur unbefriedigend, sondern in mancher Hinsicht gefährlich. Der Krieg und seine Folgen mußten zu irgendeinem Zeitpunkt eine Klärung und Neudefinition des portugiesisch-amerikanischen Verhältnisses erforderlich machen. Portugal war offiziell immer noch neutral, aber naturgemäß würde jeder drastische Wandel des Kriegsglücks (und ein solcher Wandel war so oder so verhältnismäßig bald zu erwarten) sofort Probleme aufwerfen, die nur durch eine einigermaßen vertrauensvolle Verständigung zwischen uns und den Portugiesen würden gelöst werden können. Anfang 1943 rekapitulierte ich in einem ausführlichen Bericht an das Ministerium die Geschichte der anglo-portugiesischen Allianz und legte dar, warum es nun an der Zeit sei, den Wirkungsbereich dieser ältesten und ehrenhaftesten aller politischen Verbindungen so zu erweitern, daß die Vereinigten Staaten an den Rechten und den Pflichten der britischen Seite teilhaben hönnten. Auf diese Weise hoffte ich in Washington Interesse an dem ganzen Problem unserer Beziehungen mit Portugal zu wecken. Aber die Reaktion blieb aus. Ich drängte auch Mr. Fish, aus eigenem Antrieb und auch ohne Weisungen ein Gespräch – vielleicht mehrere – mit Salazar zu suchen und herauszufinden, ob sie beide nicht zu irgendeiner persönlichen Übereinstimmung gelangen könnten, die für den irgendwann sicher unvermeidbaren Zusammenprall der Interessen beider Länder eine Auffangstellung schaffen würde. Aber Mr. Fish war nicht dafür zu haben. Er betrachtete Salazar

nit argwöhnischem Respekt. »Ich werd' da doch nicht 'runter-
vandern und mich übern Löffel balbieren lassen«, erklärte er
nir einmal. »Der ist mir zu schlau.« Und dabei blieb es.

Im Juni 1943 stattete ich Washington einen kurzen Besuch
ıb, in erster Linie um meine kleine Tochter, die wir in Washing-
on auf der Schule gelassen hatten, nach Portugal zu holen.
Während meiner Abwesenheit wurde Mr. Fish plötzlich krank
ınd starb. Das hieß, daß ich bei Rückkehr nach Lissabon auto-
natisch Geschäftsträger sein und zum erstenmal die volle
Verantwortung für den Betrieb einer dank den Kriegsumstän-
len recht wichtig gewordenen diplomatischen Vertretung tra-
gen würde.

Mein Freund W. W. Butterworth, Kon-Semester in Princeton
ınd Kollege im Auswärtigen Dienst, leitete damals als General-
lirektor der United States Commercial Corporation mit großem
Erfolg die wichtigen kriegswirtschaftlichen Unternehmungen
ınserer Regierung auf der Iberischen Halbinsel. Bei meiner
Rückkehr nach Lissabon erfuhr ich von ihm, daß unter streng-
ter Geheimhaltung zwischen Briten und Portugiesen Verhand-
ungen mit dem Ziel des britischen Erwerbs militärischer An-
agen auf den Azoren angelaufen seinen. Kurz zuvor war eine
pritische Delegation zu diesem Zweck insgeheim in die portu-
giesische Hauptstadt gereist. Es hatte sich nämlich gezeigt, daß
lie Benutzung der Azoren praktisch unumgänglich war, wenn
nan so viele Landflugzeuge, wie benötigt wurden, um einer
künftigen Landung auf dem Kontinent Luftunterstützung zu
geben, von Nordamerika nach England schaffen wollte[45].

Dieser Geheimappell der Briten an die Portugiesen gründete
ich natürlich auf die Bestimmungen des anglo-portugiesischen
Bündnisses, auf die sich die Briten nun zum zweiten Mal inner-
ıalb eines Jahrhunderts beriefen. Und die Portugiesen machten
m Zweiten wie im Ersten Weltkrieg deutlich, daß sie die Neu-
ralität zwar vorzögen und an ihr festhalten würden, wenn sie
llein zu entscheiden hätten, daß sie aber auch nicht zögern wür-
len, in den Krieg einzutreten, falls die Briten das im Namen des
Bündnisses von ihnen verlangten. Mehrere Jahrhunderte lang
ıatte die Sicherheit der Portugiesen auf dem britischen Interesse

[45] Wie ich später erfuhr, schätzten die amerikanischen Vereinigten Stabschefs damals, daß der Transfer
er für die geplanten Landungen in der Normandie benötigten Flugzeuge nach Europa via die Azoren
twa 51,5 Millionen Gallonen (1 amerik. Gallon = 3,78 l) hochoktaniges Flugzeugbenzin sparen und
ußerdem erhebliche Mengen an Transportflugzeugen und Bodenpersonal freistellen würde, die andern-
alls bei der Überführung der Flugzeuge auf der weniger direkten und daher kostspieligeren Nordroute
ebunden gewesen wären (›Foreign Relations of the United States, 1943. Europe‹, Bd. II, S. 547–548).

an der Unabhängigkeit und Unantastbarkeit ihres Landes beruht, das in diesem ehrwürdigen internationalen Vertragswerk verankert war; und die Portugiesen nahmen es daher sehr ernst. Als sie im Ersten Weltkrieg aufgefordert wurden, es zu honorieren, taten sie das ohne Umschweife. Es war klar, daß sie es auch im Zweiten Weltkrieg tun würden, wenn man sie darum ersuchte. Aber sie waren entschlossen, diesen Schritt nur dann zu tun, *wenn* eine solche Aufforderung an sie erginge. Und wenn sie England militärische Anlagen zur Verfügung stellten, so wollten sie zunächst detaillierte Gespräche darüber, was das für Portugal bedeuten könnte und wie man das Land vor den verschiedenen nachteiligen Folgen, die ein solcher Schritt vielleicht auslösen würde, zu schützen gedenke. All das war Gegenstand der Geheimgespräche mit den Portugiesen, die die Briten damals begonnen hatten.

Während des Sommers informierten die Briten in Lissabon Butterworth und mich loyalerweise vertraulich über den Fortgang der Verhandlungen. Am 17. August wurden sie erfolgreich abgeschlossen, und man kam überein, mit der Landung britischer Truppen auf gewissen Inseln des Azorenarchipels zum Zweck der Errichtung von Militärstützpunkten am 8. Oktober zu beginnen.

Die delikate Natur des Unternehmens war ebenso offensichtlich wie die Notwendigkeit äußerster Geheimhaltung in allen vorbereitenden Phasen und während der anfänglichen Truppenausschiffung. Hätten die Deutschen von den Verhandlungen Wind bekommen, so hätten sie die Portugiesen, die schließlich offiziell noch eine neutrale Macht waren, zum wenigsten mit Protesten und Drohungen überhäuft; schlimmstenfalls hätte man mit sofortigen Gegenmaßnahmen rechnen müssen, vermutlich mit Attacken gegen portugiesische Schiffe auf hoher See, schon bevor irgendein Ergebnis der Proteste ersichtlich gewesen wäre. Darüber hinaus bedeutete das Fehlen geeigneter Häfen auf den in Frage kommenden Inseln, daß die Fahrzeuge der ersten britischen Expeditionsstreitkräfte während gewisser Phasen des Ausschiffens vor der Küste im tiefen Wasser liegen mußten, wo sie allen deutschen U-Booten, die von ihrer Anwesenheit gewußt hätten, hilflos ausgeliefert gewesen wären. Die Vereinbarung durfte aus diesem Grunde erst vier Tage *nach* Beginn der Landung öffentlich bekanntgegeben werden, und in der Zwischenzeit war es lebenswichtig, nichts davon durchsickern zu lassen. Um unser Teil zur Wahrung der Sicherheit beizutragen, informierten Butterworth und ich Washington nur durch streng geheime Briefe an den Außenminister persönlich. Ich hoffte, Washington damit zu irgendeiner Reaktion zu bewegen, sei es auch nur der, daß man uns mitteilte, unsere Regierung habe Kenntnis von dem britischen Vorgehen, und uns einige Richtlinien für unser eigenes Verhalten in der ganzen Sache gab. Denn offenbar war doch der Wandel in der portugiesischen Einstellung zum Kriege, der in diesen Abmachungen zum Ausdruck kam, von größter Wichtigkeit nicht nur für die britischen, sondern genauso für die amerikanischen Interessen. Er hatte eine Fülle von Implikationen für die Arbeit der amtlichen Dienststellen, denen Butterworth und ich vorstanden. Er mußte insbesondere unsere Kriegswirtschaftspolitik gegenüber Portugal wesentlich beeinflussen – ein Gebiet, das für unsere Regierung, und besonders für das Butterworth'sche Unternehmen, von allergrößtem Interesse war. Aber es kam nichts, keine Antwort, nicht einmal eine Eingangsbestätigung für unsere Berichte; und als der Termin des Inkrafttretens der Vereinbarung heranrückte, konnte ich nur hoffen und unterstellen, daß die britische Aktion das Resultat sorgfältigster Abstimmung zwischen ihrer und unserer Regierung sei (wie das in der Tat bei jedem Ereignis von derartiger Tragweite hätte der Fall sein müssen).

Freitag, der 8. Oktober, war, um zu wiederholen, der für den Beginn der britischen Landung vorgesehene Tag. Drei Tage vorher, am Dienstag derselben Woche, bekam ich vom State Department ein Telegramm, das die höchste Geheimhaltungsstufe hatte (genau wie alle weiteren Mitteilungen in dieser Sache) und mich anwies, wenn, *aber nur wenn*, ich danach gefragt würde, dem portugiesischen Ministerpräsidenten die Versicherung abzugeben, daß die Vereinigten Staaten darauf eingestellt seien, die portugiesische Souveränität in allen portugiesischen Besitzungen zu respektieren. Es war klar, daß diese Versicherung mit der britischen Landung zusammenhing. Was tun? »Wenn Sie gefragt werden«, hieß es in der Weisung. Eine solche Anfrage hatte ich bisher nicht erhalten. Ich legte die Weisung in den Panzerschrank und wartete.

Zwei Tage vergingen, und dann kam der kritische Freitag, an dem die Briten mit der Landung beginnen sollten. Als ich am Freitagmorgen im Büro eintraf, fand ich die Weisung vor, meine Versicherung abzugeben, ohne eine portugiesische Anfrage abzuwarten. Na schön. Ich marschierte zum Außen-

ministerium, um eine Unterredung mit Dr. Salazar zu verein
baren.

Der Leiter der Amerika-Abteilung, Herr Leitao, war arg
wöhnisch und zögerte, mir zu helfen. Er sagte, Salazar sei nich
in der Stadt. Man erwarte ihn erst in einigen Tagen zurück
(Tatsächlich befand er sich an der spanischen Grenze, vierhun
dert Kilometer entfernt, und setzte General Franco über di
Ereignisse ins Bild.) Um ihn zurückzurufen, müsse man scho
einen gewichtigen Grund nennen. Ob ich ihm, Leitao, sage
könne, weshalb ich Dr. Salazar zu sehen wünsche? Das konnt
ich nicht. Aber ich machte ihm eine Andeutung. Ich rief mi
ins Gedächtnis zurück, daß Mr. Fish und ich einige Monat
zuvor, beim Einmarsch unserer Streitkräfte in Nordafrika
genötigt gewesen waren, den ältlichen portugiesischen Staats
präsidenten General Antonio Oscar de Fragoso Carmona mitte
in der Nacht aus dem Bett zu holen, um ihm ganz ähnlich i
Namen unserer Regierung zu versichern, daß sie während de
just in diesem Moment beginnenden nordafrikanischen Opera
tion Portugal völlig unberührt lassen und seine Souveränitä
strikt respektieren werde. Auch damals hatte das Außenmini
sterium zunächst gezögert, die Unterredung zu vereinbaren
Auch damals hatten sie wissen wollen, um was es ginge, und wi
hatten sie enttäuschen müssen. Ich erinnerte meinen portugie
sischen Freund jetzt an diese frühere Angelegenheit, und ic
erklärte ihm, daß der jetzige Anlaß dem damaligen nicht un
ähnlich sei. Das genügte ihm. Sofort wurde der Telegraf i
Bewegung gesetzt. Wenige Stunden darauf erhielt ich die Mit
teilung, Salazar werde ausdrücklich meinetwegen nach Lissa
bon zurückkehren und mich am Sonntagmorgen um zehn Uh
in seiner Privatwohnung empfangen.

Am Sonntagmorgen ging ich auf dem Weg zu meiner Unter
redung gegen halb zehn noch einmal in die Gesandtschafts
kanzlei, um die notwendigen Papiere zu holen und nachzusehen
ob weitere Nachrichten eingetroffen seien. Tatsächlich wa
gerade eine Sofortsache eingegangen, die soeben entziffer
wurde. Das Entschlüsseln dauerte bis wenige Minuten vor zehn
Ein Blick auf die Weisung erfüllte mich mit Bestürzung. Di
Versicherungen, so hieß es, dürften unter keinen Umstände
abgegeben werden; bis zum Eingang weiterer Weisungen soll
ich nichts unternehmen. Für diese plötzliche Entscheidun
wurde keinerlei Erklärung gegeben.

Was *sollte* ich tun? Ich hatte den Ministerpräsidenten, den poli tischen Führer des Landes, veranlaßt, an einem Wochenende vierhundert Kilometer zu reisen, um mich zu empfangen. Die Unterredung war in fünf Minuten. So spät konnte ich sie nicht mehr absagen. Aber was konnte ich sagen?

In schwarzer Verzweiflung legte ich den kurzen Weg zu dem bescheidenen Schlößchen zurück, das Salazar als Residenz diente. Ich wurde vorgelassen und gestand ihm unglücklich, ich hätte Weisungen erhalten, die es überflüssig und schwierig machten, ihm die Angelegenheit vorzutragen, deretwegen ich ihn ursprünglich hatte aufsuchen sollen. Aber dann holte ich tief Luft, und in dem Gefühl, daß ich einfach irgend etwas tun mußte, um die Situation zu retten, erklärte ich ihm, es sei mir bewußt, daß noch nie jemand von unserer Seite mit ihm die verschiedenen Aspekte des portugiesisch-amerikanischen Verhältnisses angesichts der Kriegssituation erörtert habe; ich schlüge daher vor, die Gelegenheit für eine solche Diskussion zu nutzen. Er war sichtlich perplex, bat mich aber fortzufahren. Ich brachte tapfer einige persönliche Ansichten über das gemeinsame Interesse beider Staaten an der Sicherheit der atlantischen Region vor. Bald befanden wir uns in einer vorsichtigen, aber nicht unfruchtbaren Erörterung einiger mehr langfristiger Aspekte unserer gegenseitigen Beziehungen. Als ich ihn verließ, war er besänftigt und nicht ganz unzufrieden, aber immer noch sehr perplex.

Ich kehrte in die Gesandtschaft zurück und berichtete Washington, was ich getan hatte und warum. Aber selbst dieser Bericht konnte das State Department nicht aus seiner merkwürdigen Schweigsamkeit lösen. Es blieb mir überlassen, selbst darüber nachzudenken, warum die Versicherungen zurückgehalten worden waren. War man, überlegte ich, irgendwo in Washington plötzlich geneigt, in diesem kritischen Augenblick die portugiesische Souveränität *nicht* zu respektieren, wollten wir vielleicht selber etwas besetzen, ohne um die portugiesische Erlaubnis auch nur nachzusuchen? Der Gedanke mißfiel mir, aber was wußte ich denn? Ich erinnerte mich, daß wir in der Gesandtschaft in einem früheren Stadium des Krieges einmal energisch in Washington hatten intervenieren müssen, um verschiedene Übereifrige in General Donovans OSS[46] daran zu hindern, einen Aufstand der Bevölkerung der Azoren gegen die portugiesische Herrschaft vorzubereiten – ein Plan, der anschei-

[46] Office of Strategic Services: damals der militärische Nachrichtendienst der Vereinigten Staaten (AdÜ).

nend von der Theorie ausging, daß Salazar ein gefährlicher Faschist und mit dem Feind im Bunde sei.

All das passierte am Sonntag, dem 10. Oktober. Der Montag verlief ohne Zwischenfälle, aber auch ohne weitere Aufklärung. Am Dienstag war die erste Ausschiffung britischer Streitkräfte mit Erfolg beendet, und die Nachricht von der Überlassung militärischer Anlagen an die Engländer wurde veröffentlicht. Gegenüber den Deutschen war die portugiesische Entschuldigung für diese Abkehr von der Neutralität natürlich das anglo-portugiesische Bündnis. Ebenso natürlich antworteten die Deutschen nichtsdestotrotz mit einer drohenden diplomatischen Note, und den Rest der Woche über zitterten die Portugiesen bei dem Gedanken, die Deutschen könnten militärisch gegen das portugiesische Festland vorgehen oder mit der Versenkung portugiesischer Schiffe auf See beginnen.

Am folgenden Sonntag, dem 17. Oktober, stattete ich dem Büro wie üblich meinen Sonntagmorgen-Besuch ab, um die eingelaufenen Telegramme zu überprüfen. Wieder einmal ging gerade eine Sofortsache ein, aber diesmal war es ein langer Text, und die Entschlüsselung brauchte Zeit. Ich las die Blätter, so wie sie nacheinander aus dem Chiffrierraum kamen, mit steigender Bestürzung. »Die folgenden Instruktionen«, so begann die Weisung,

»werden Ihnen auf Anordnung des Präsidenten erteilt und sind am 18. Oktober oder zum nächstmöglichen Zeitpunkt danach auszuführen, sofern zu dieser Zeit Deutschland nicht militärisch gegen Portugal vorgegangen ist.

Es ist Ihnen bekannt [das war es, nebenbei gesagt, nicht], daß wir gewisse Verhandlungen in der Schwebe gehalten haben, um ein Überschneiden mit den Verhandlungen zu vermeiden, die zu der anglo-portugiesischen Vereinbarung vom 17. August geführt haben. Unsere eigenen Verhandlungen waren dazu bestimmt, gewisse Einrichtungen in den Azoren für unsere Armee und Marine[47] verfügbar zu machen. Sie erhalten hierdurch Weisung, sich um eine Unterredung mit Dr. Salazar zu bemühen und um die Genehmigung folgender Einrichtungen nachzusuchen: . . .«[48]

[47] Die amerikanische Luftwaffe war damals noch kein eigener Wehrmachtteil, sondern gehörte teils zum Heer, teils zur Marine (AdÜ).

[48] Foreign Relations of the United States, a. a. O., S. 554–556.

Und nun folgte eine Liste von Anlagen, die alles weit in den Schatten stellte, wovon die Briten, selbst im Hinblick auf ihr uraltes Bündnis, je zu träumen gewagt hatten: ein Flottenstützpunkt, ein Seefliegerhorst, Flugplätze für Landflugzeuge auf drei verschiedenen Inseln, Kabel- und Nachrichtenverbindungen, Beobachtungsstationen, Radar, Anlagen für die Versorgung amerikanischer Kriegsschiffe in allen Häfen der Azoren mit »unbeschränktem Hafenausbau und Landunterkunft für das notwendige Personal«, und so weiter. Es war vollkommen klar, daß Einrichtungen dieser Größenordnung die Wirtschaft und die Verwaltung der Inseln mit ihrem Gewicht einfach erdrücken würden. Der portugiesische Anteil an den Vorgängen auf den Inseln würde angesichts solcher Anlagen notwendigerweise nur noch nebensächlich sein. Die primitive Wirtschaft der Inseln würde durch die Menge des von außen einströmenden und hier ausgegebenen Geldes verdorben werden. Die Inselbewohner selbst, bislang Leute mit Selbstachtung, würden unweigerlich dazu verleitet werden, ihre bescheidenen Höfe und anderen Tätigkeiten fahren zu lassen und wegen des höheren Lohnes sich als Dienstpersonal auf den Stützpunkten verdingen. Es war müßig, so zu tun, als ob das etwas anderes sei als die De-facto-Übernahme der Inseln durch unsere Streitkräfte auf Kriegsdauer und der Ruin für Kultur und herkömmliche Lebensweise ihrer Bewohner.

Ich wußte, daß Salazar auf etwas Derartiges völlig unvorbereitet war. Die Engländer hatten ihn vielleicht darauf vorbereitet (selbst das war nicht sicher), daß wir vermutlich zu gegebener Zeit die Mitbenutzung der von ihnen erworbenen Anlagen wünschen würden. Soviel ich jedoch damals wußte oder heute weiß, hatten sie niemals angedeutet, daß Forderungen dieser Art bevorstünden. Tatsächlich betrachtete Salazar mit dem, was er den Briten so zögernd zugestanden hatte, seine gesamte aus dem anglo-portugiesischen Bündnis erwachsene Schuld als abgegolten; und zweifellos gratulierte er sich dazu, die größte Krise in Portugals Verhältnis zum Krieg überstanden zu haben, ohne sein Land einer Invasion oder Blockade auszusetzen. Wenn er jetzt den Amerikanern erlaubte, de facto den gesamten Archipel der Azoren zu besetzen und ihn in einen einzigen großen Luft- und Flottenstützpunkt zu verwandeln, würde er damit die ganze Problematik der deutsch-portugiesischen Beziehungen im Kriege wieder neu aufwerfen, und das aus einem Anlaß, der in portugiesischer Sicht viel weniger vertretbar war als das

Abkommen mit den Briten. Diesmal würde Salazar sich nicht mit einem anglo-portugiesischen Bündnis herausreden können, das weit älter war als die Streitfragen des derzeitigen Krieges. Solche Forderungen anzunehmen, würde fraglos die vollständige Aufgabe von Portugals nomineller Neutralität nach sich ziehen, für deren Erhaltung Salazar so hart gearbeitet hatte und an der seiner Meinung nach den Alliierten ebenfalls gelegen war. Auch die Wirkung auf Spanien, mit dessen Führer er gerade gesprochen hatte, war unberechenbar. Wer konnte sagen, ob man damit nicht die Spanier den Deutschen als Verbündete in die Arme triebe und Portugals unabhängige Position auf der Iberischen Halbinsel in Gefahr brächte?

Dazu kam noch die Sache mit unserer Garantie für die portugiesische Souveränität. Es war Salazar inzwischen sicher bekannt (die Briten mußten es ihm erzählt haben), daß man sie zurückhielt. In seinen Augen konnte das nur bedeuten, daß man mit ihm unter Drohungen verhandeln wollte: »Gib uns augenblicklich diese Anlagen, sonst nehmen wir sie uns.«

Und gesetzt den Fall, so mußte ich mich fragen, wir zwangen ihn wirklich zur Entscheidung. Was würde er dann tun? Natürlich würde er sich an die Engländer wenden – er würde sich an sie im Namen genau desselben Bündnisses wenden, das Portugal soeben honoriert hatte, honoriert auf britisches Verlangen, zum zweiten Mal in einem Jahrhundert, und honoriert unter Hinnahme eines beträchtlichen Risikos. Er würde sich an die Engländer wenden und sagen: »Wir haben soeben dieses Bündnis honoriert. Seid Ihr bereit, dasselbe zu tun? Sind Eure Ehre und Eure Treue gegenüber dieser ältesten Eurer Verpflichtungen geringer als die unsre? Wenn nicht, dann beschützt uns jetzt bitte vor den Amerikanern.« Auf Churchill, mit seinem starken Sinn für Geschichte und Tradition, hätte das enorm gewirkt.

Ich ging mit meinem Telegramm zum britischen Botschafter Sir Ronald Hugh Campbell, einem erfahrenen Kollegen, mit dem ich immer gut und angenehm zusammengearbeitet hatte. Auch er wurde bleich, als er las. Es war uns beiden klar, daß ein größeres und gefährliches Mißverständnis zwischen unseren beiden Regierungen drohte.

Und noch einmal: Was sollte ich tun? Die Weisung war mir »auf Anordnung des Präsidenten« erteilt worden. Mit Befehlen des Präsidenten war schon unter normalen Umständen nicht zu spaßen, viel weniger Befehlen, die militärische Angelegenheiten in Kriegszeiten betrafen. Aber es war nur zu wahrscheinlich, daß sie auszuführen gleichbedeutend wäre mit dem Öffnen der Büchse der Pandora.

Zunächst einmal beschlief ich das Problem. Am folgenden Tag drahtete ich Washington. Ich sagte, so ungern ich auch mit dem Ministerium über eine Weisung des Präsidenten diskutiere oder das Ministerium bäte, seinerseits darüber mit dem Präsidenten zu diskutieren, gebe es meiner Meinung nach doch zwingende Gründe, in diesem Falle die Weisung nicht auszuführen. Vielleicht würde das Ministerium, statt auf sofortiger Ausführung zu bestehen, mir erlauben, »unverzüglich nach Washington zurückzukehren und, falls notwendig, dem Präsidenten persönlich meine Ansichten zu erläutern«. Ich hätte, so erklärte ich, die Briten gebeten, keinen eigenen Kommentar nach Washington zu geben, bevor ich Gelegenheit gehabt hätte, meine Meinung vorzutragen, weil ich »nicht den Wunsch hätte, der direkten Verantwortung für die Ausführung dieser Weisungen auszuweichen[49]«. Aber den Wunsch zu remonstrieren hatte ich.

Darauf war zwei Tage lang ich mit dem Zittern an der Reihe. Dann kam die Antwort. Der Präsident sehe keinen Grund, mich nach Washington kommen zu lassen; er wünsche, daß ich meine Ansichten telegrafisch übermittle.

Ich setzte mich hin und schrieb einen langen Bericht, in dem ich die verschiedenen Gründe aufführte, weshalb das geplante Verfahren gegenüber den Portugiesen kaum gute, aber eine Reihe schlechter Resultate haben dürfte. Insbesondere wies ich darauf hin, daß ich den Portugiesen für ihr Abgehen von der Neutralität keine Gegenleistung anzubieten hätte; die Briten hätten, um ihre Anlagen in den Azoren zu erhalten, schon alle Trümpfe der alliierten Seite in bezug auf Maßnahmen der wirtschaftlichen Kriegführung und Probleme der Versorgung, Schiffahrt und dergleichen weggegeben. Diese Karten seien nicht mehr im Spiel. – Da ich wußte, daß es unklug sei, Washington nur mit negativen Argumenten zu kommen, skizzierte ich anschließend ein Vorgehen, mittels dessen meiner Ansicht nach die portugiesische Zustimmung zur Mitbenutzung der den Engländern bereits gewährten Anlagen durch uns zu erlangen wäre.

Die Antwort kam umgehend und erfüllte mich mit Freude und Erleichterung. Der Präsident wünsche, so hieß es, »die Verhandlungstaktik und den Umfang, in dem unsere Wünsche bei Dr. Salazar vorzubringen seien«, meinem »Urteil und Ermessen« zu überlassen. Ich solle mir nur bewußt bleiben, daß die Anlagen

[49] Diese Zitate aus dem amtlichen Schriftwechsel sowie die folgenden: Ebenda S. 556–562.

zwingend und dringend benötigt würden. – Das Ministerium nahm jedoch Anstoß an dem von mir vorgetragenen Argument, daß ich den Portugiesen für ihre Konzessionen keine Gegenleistung anzubieten hätte. Nach Auffassung des Ministeriums verfügte ich über eine Reihe von Gegenangeboten.

»Der Bedeutung nach steht an erster Stelle die Versicherung, die Souveränität Portugals und seines ganzen Kolonialreichs zu respektieren – eine Versicherung, die wir bisher zurückgehalten haben.«

Das beunruhigte mich. Sollte das heißen, daß die Versicherung nicht gegeben würde, wenn die Portugiesen keine genügend großen Konzessionen machten? Ich bezweifelte, daß Dr. Salazar angesichts einer Drohung sich überhaupt zu Besprechungen bereitfinden würde. Ich fragte Butterworth, der im Umgang mit Portugiesen reiche Erfahrung hatte, was Salazar wohl tun würde, wenn man von ihm verlangte, unter solchen Bedingungen zu verhandeln. »Meiner Ansicht nach«, erwiderte Butterworth, »würde Salazar sagen: ›Wenn ich mein Land in eine Lage gebracht habe, in der wir unsere auswärtigen Angelegenheiten nur noch unter erpresserischem Druck regeln können, dann bin ich nicht der geeignete Mann, um die Geschicke dieses Landes zu lenken‹; und dann würde er seinen Hut nehmen und vom Posten des Ministerpräsidenten zurücktreten.«

Das klang sehr einleuchtend, aber diesmal hatte ich keine Wahl. Ich setzte mich also wieder mit dem Außenministerium in Verbindung und bat um eine Unterredung mit dem Ministerpräsidenten. Die Reaktion war indessen leicht verändert. Durch einen Anruf wurde ich gebeten, den leitenden Beamten des Außenministeriums aufzusuchen, den altgedienten und erfahrenen Generalsekretär Dr. Luis Teixeira de Sampayo. Sampayo empfing mich freundlich, kam aber gleich zur Sache. Er erinnerte mich daran, was am vergangenen Sonntag bei meiner ersten Unterredung geschehen war. Er wisse, sagte er, daß ich ursprünglich beabsichtigt hätte, Dr. Salazar eine in Richtung Souveränitätsgarantie für Portugal zielende Erklärung abzugeben, und darauf dann infolge anderslautender Weisungen meiner Regierung verzichtet hätte. Nun bäte ich erneut um eine Unterredung. Die Portugiesen fänden sich da nicht mehr durch. Sie wüßten gerne, wie es um die Frage der Garantie bestellt sei. – Mit anderen Worten: keine Zusage, keine Unterredung mit Dr. Salazar.

Wieder einmal war die Seelenqual akut. Ich hatte spezifische

Weisung, die Zusage jetzt nicht zu geben. Aber es war klar, daß ich ohne sie noch nicht einmal vorgelassen werden würde. Und die Anlagen, war mir gesagt worden, würden »zwingend und dringend« benötigt. Zum Überlegen war keine Zeit. Ich wußte, daß schon der Anschein des Zögerns oder der Unsicherheit der Sache ernstlich schaden würde. Ich beschloß, das Risiko auf mich zu nehmen. »Ach, das«, sagte ich. »Ja, ganz recht: Wir *waren* drauf und dran, eine solche Zusicherung zu geben. Aber dann war uns eingefallen, daß es für die Portugiesen peinlich sein könnte, wenn Zusagen dieser Art von *uns*, einem Dritten, gerade zu einer Zeit kämen, in der die portugiesische Regierung sich Mühe gab, öffentlich zu betonen, daß ihre Abweichung von der strikten Neutralität allein mit Rücksicht auf das Bündnis mit den Engländern erfolgt sei.« Wenn unsere Vorsicht übertrieben sei, so fuhr ich fort, und der portugiesischen Regierung daraus keine Unannehmlichkeiten erwüchsen, dann wäre ich gern bereit, zur Gesandtschaft zurückzukehren, die Erklärung schriftlich fixieren zu lassen und sie noch am selben Tag zu überreichen. Dr. Sampayo sah sehr erleichtert drein und bat mich, genau das zu tun.

Ich kehrte zur Gesandtschaftskanzlei zurück, es war später Samstagnachmittag. Meine Sekretärin war endgültig fortgegangen. Ich setzte mich hin und tippte eigenhändig, in direkter Verletzung der schriftlichen Weisungen in meinem Safe, eine Erklärung, die der portugiesischen Regierung versicherte, daß »im Zusammenhang mit der kürzlich zwischen Portugal und Großbritannien geschlossenen Vereinbarung die Vereinigten Staaten von Amerika sich verpflichten, die portugiesische Souveränität in allen portugiesischen Kolonien zu respektieren«. Ich beförderte die Erklärung ins portugiesische Außenministerium, dann sandte ich Washington ein Telegramm, das im Detail darlegte, was ich getan hatte und warum.

Am nächsten Tag, Sonntag, dem 24. Oktober, wurde mir mitgeteilt, Salazar würde mich am folgenden Mittwoch empfangen. Ich begann sofort mit der Vorbereitung. Aber es sollte nicht sein – jedenfalls noch nicht. Bevor die Unterredung stattfinden konnte, kam ein neues Telegramm aus Washington. Es enthielt keinerlei Kommentar zu meinem Bericht über die Garantie. Es befahl mir schlicht und ominös, das nächste Flugzeug nach den Vereinigten Staaten zu nehmen.

Die Luftreise von Portugal nach der Ostküste der Vereinigten Staaten vollzog sich in jenen Tagen in den Resten von Pan

Americans Flotte großer Boeing-Flugboote, den ursprünglichen Pan American Clippers. Eine Reihe davon war auf Kriegsdauer den Engländern übergeben worden. Die übriggebliebenen Flugzeuge (eine Zeitlang waren es, glaube ich, nur neun) stellten die einzige zivile Luftverbindung zwischen Nordamerika und Europa dar. Mit heroischer Anstrengung hielt Pan American Airways sie ständig zwischen den Ufern des Nordatlantiks in einem Umkreis von etwa vierzehntausend Meilen in Betrieb. Die Maschinen konnten normalerweise den Atlantik nicht in westlicher Richtung überqueren, und die Reise von Lissabon nach New York ging deshalb über Afrika, die Westküste von Südamerika, die Karibische See und die Bermudas. Sie dauerte fünf Tage und Nächte. Die Besatzung wurde dreimal gewechselt, aber dasselbe kleine Häufchen von Passagieren saß Tag und Nacht auf seinen Plätzen und stieg nur alle paar Stunden einmal kurz aus, wenn aufgetankt werden mußte. Von einer Zwischenlandung zur anderen machte die Temperatur wilde Sprünge – im Winter gab es Differenzen bis zu hundert Grad[50] zwischen einigen der afrikanischen und südamerikanischen Häfen und New York. Ich habe die Reise zweimal gemacht; jedesmal fühlte ich mich am Ende etwa so, wie man sich vermutlich nach einer fünftägigen Zechtour fühlen würde: entnervt, übermüdet, zittrig, nicht man selbst.

Die langen Stunden dieser besonderen Reise verbrachte ich mit dem Versuch, mich über die zu erwartende persönliche Katastrophe zu trösten. Schließlich hatte ich einfach mein Bestes getan. Zumindest, überlegte ich, konnte ich als Zivilist wohl nicht vor ein Kriegsgericht kommen[51].

Bei Ankunft in New York nahm ich einen Zug nach Washington. Ich traf dort spät am Tage ein und rief sofort den Leiter der Europa-Abteilung, Mr. Harrison Freeman (Doc) Matthews[52] an. Dieser wartete mit keinerlei Erklärung auf, sondern beorderte mich für den nächsten Morgen um acht Uhr fünfzehn in sein Büro.

Ich erschien am nächsten Morgen, immer noch zittrig von der langen, schlaflosen Reise. Kein Mensch gab mir eine Erklärung für meine Rückberufung oder überhaupt irgendeine Erklärung. Wir bestiegen einfach ein Auto und wurden zum Pentagon

[50] Fahrenheit, also rund 55° C (AdÜ).

[51] Einige Jahre später erzählte man mir, daß es in militärischen Kreisen durchaus Leute gegeben habe, die darauf bestanden hätten, daß ich aufgehängt gehörte.

[52] Harrison Freeman Matthews, Berufsdiplomat, Leiter der Europa-Abteilung des State Department seit August 1943; später Botschafter in den Niederlanden, Schweden und Österreich.

gefahren. Dort gesellte sich der Staatssekretär zu uns, Edward R. Stettinius jr. Er war seit kurzem – wenn ich mich recht entsinne, seit drei Tagen – in Abwesenheit von Mr. Cordell Hull gleichzeitig amtierender Außenminister. Auch das Amt des Staatssekretärs hatte er, der über keinerlei diplomatische Erfahrung verfügte, erst etwa einen Monat vorher übernommen. Unter diesen Umständen konnte es nicht überraschen, daß er mit der komplizierten Materie nicht allzu gründlich vertraut war. Nach einer kurzen Wartezeit, während der wir nur über Belanglosigkeiten sprachen, wurden wir drei in einen großen Raum geführt, der, wie ich bald merkte, das Arbeitszimmer des Kriegsministers, Mr. Henry Stimson, sein mußte. Der Minister selbst, nach seinen Fotos leicht zu erkennen, saß an dem größten Schreibtisch. Außer ihm waren noch viele andere Leute im Zimmer, die meisten in Uniform. Ich konnte den Marineminister, Mr. Frank Knox, und General George Marshall erkennen. Ich glaube, die Vereinigten Stabschefs waren vollzählig anwesend; und nach den Rangabzeichen war es klar, daß noch eine Anzahl sehr hoher Offiziere zugegen war. Mit anderen Worten: eine eindrucksvollere Versammlung der obersten Kommandobehörden hätte sich überhaupt nicht denken lassen. Ich wurde jedoch keinem vorgestellt, nicht einmal dem Kriegsminister, und amtlich kannte ich niemand von ihnen. Wir drei Zivilisten setzten uns nebeneinander, wie Verbrecher auf dem Armsünderbänkchen, entlang einer Seitenwand. Dann folgte ein Vormittag, an den ich wegen seines puren Schreckens immer denken werde. Man mag sich erinnern, daß mir seit Beginn der ganzen Affäre von dem Tage, an dem die Engländer uns zum erstenmal von ihrer Absicht erzählten, mit den Portugiesen über die Azoren zu verhandeln, bis zu dem Moment meines Eintritts in dieses Zimmer von meiner Regierung nicht die geringste Orientierung gegeben worden war, mit der einzigen Ausnahme des kurzen Kommentars des Ministeriums zum Thema Gegenleistungen. Ich hatte nichts über unsere Berechnungen oder Absichten erfahren. Nichts hatte ich erfahren, was die phantastische Liste von Anlagen in den Azoren erklärte, die wir erwerben wollten. Ich hatte keinerlei Hintergrundinformation über die Gespräche unserer Regierung mit den Engländern über dieses Thema, obwohl mir klar war, daß umfangreiche Gespräche stattgefunden haben mußten. Ich hatte nicht erfahren, warum man mich zurückberufen hatte, noch zu welchem Zweck ich mich in dieser illustren Gesellschaft befand.

Geraume Zeit verging, während für den Kriegsminister Landkarten herbeigeschafft wurden und verschiedene Leute an seiner Seite verschiedentlich auf sie zeigten. Dann folgte ein längeres Palaver der Militärs untereinander über diverse Meldungen und Nachrichten. Man nannte sie immer nur bei ihrer Nummer oder bei den Kennbuchstaben, für die die Militärs eine solche Schwäche haben, und die Unterhaltung war für mich völlig ohne Sinn. Erst dann ergab sich eine allgemeine Diskussion, und selbst hier rauschte infolge meiner gänzlichen Sachfremdheit vieles über mich hinweg. Endlich war es soweit, daß man mich fragte, warum ich es für unklug gehalten hätte, unsere Forderungen vorzubringen? In der Annahme, daß ihnen mein Bericht, in dem das alles stand, vertraut sei, wiederholte ich im Telegrammstil nur die Hauptpunkte. (Später erfuhr ich, daß sie wegen eines Übermittlungsdurcheinanders den Bericht nie gesehen hatten; aber damals erklärte mir das keiner.) Dann trug ich nochmals meine Ansicht vor, daß wir vermutlich die Erlaubnis erhalten könnten, den Flugplatz mitzubenutzen, den die Engländer gerade in Ordnung brächten. »Welcher Flugplatz war das noch?« hieß es. »Lagens, auf der Insel Terceira«, erwiderte ich. »Verdammt nochmal«, bellte ein Herr, in dem ich den Chef der Luftwaffe zu erkennen glaubte – General Henry H. (Hap) Arnold –, »das ist doch nichts als ein verfluchter Sumpf.« In dieser Feststellung lag eine solche Endgültigkeit, daß ich mich nicht erinnere, hierüber auch nur diskutiert zu haben, obwohl mein eigener Eindruck völlig anders war[53]. (Tatsächlich begann die regelmäßige Benutzung dieses Flugplatzes durch amerikanische Transportflugzeuge genau drei Wochen nach jener Diskussion.)

Die Unterhaltung wurde scharf und gereizt. Ich habe den Verdacht, daß sie für den Kriegsminister genauso verwirrend war wie für mich. Jedenfalls wandte er sich schließlich zu Mr. Stettinius und fragte mit einer Kopfbewegung in meine Richtung: »Wer ist dieser junge Mann?« Stettinius wandte sich hilfesuchend an Matthews, und nach einem Moment geflüsterten Einsagens ließ er sich zu der Feststellung herab, es handle sich um unseren Geschäftsträger in Lissabon, Mr. Kennan. »Unseren

[53] Siehe Bericht über Besprechung des Präsidenten mit den Vereinigten Stabschefs am 18. November 1943 an Bord USS *Iowa* auf dem Wege zur Kairoer und Teheraner Konferenz (›Foreign Relations of the United States. The Conferences at Cairo and Teheran, 1943‹. Washington, D. C., Government Printing Office, 1961, S. 260). Admiral der Flotte Ernest J. King, damals Marinemitglied der Vereinigten Stabschefs, hat laut Protokoll bei dieser Gelegenheit bemerkt, daß »die Flugplätze auf den Azoren viel besser als erwartet« waren.

was?« wünschte Mr. Stimson zu wissen. Es wurde ihm erklärt, daß unser Gesandter verstorben sei und ich zur Zeit dort amtiere. »Also«, sagte der Kriegsminister, mit der Miene eines Mannes, der am Ende eines finstern Tunnels endlich ein Licht schimmern sieht, »ich glaube, es ist höchste Zeit, daß wir auf diesem wichtigen Posten einen ausgewachsenen Botschafter haben, der unsere Angelegenheiten dort richtig wahrnehmen kann. Wollen Sie das bitte veranlassen, Herr Staatssekretär?« Mr. Stettinius befahl Matthews, es sich zu notieren, und sagte dann zu mir gewandt: »Ich glaube, Sie können jetzt gehen.«

Kläglich schlich ich davon, wurde abermals durch endlose Gänge geleitet und fand mich bald darauf in der frischen Luft und der Normalität der freien Flächen um das Pentagon. Aus alter Gewohnheit nahm ich ein Taxi zurück in die Gegend des guten alten State Department. Weil ich dort aber offiziell nicht hingehörte und niemand wußte, mit dem ich hätte reden können, wanderte ich eine Weile herum und aß dann in einem der kleinen Restaurants auf der 17. Straße zu Mittag. Und während ich über meinem Essen saß, packte mich die Wut. Nicht nur war es unfair, von irgend jemand, sei er Geschäftsträger oder Botschafter oder sonst was, die Behandlung einer heiklen, komplizierten und lebenswichtigen Angelegenheit dieser Art zu verlangen, ohne ihm die geringste Information oder Instruktion zu geben. Aber noch erbitternder war die Erkenntnis, daß alle diese Männer trotz ihres hohen Ranges und ihrer enormen Macht unzweifelhaft im Unrecht waren. Ich wußte mehr über Portugal und die Wenns und Abers der Situation als sie alle zusammen. Aus der Art, wie ich befragt, und der Manier, in der ich entlassen worden war, konnte ich nur schließen, daß sie es irgendwie geschafft hatten, den Präsidenten davon abzubringen, mich dies auf meine Weise regeln zu lassen, und daß sie vorhatten, noch weiterzugehen und den Portugiesen durch einen neuernannten Botschafter doch noch die Forderungen zu stellen, gegen die ich bereits remonstriert hatte. Ich wußte, daß das nicht nur unnötig war, sondern auch die Gefahr ernster Komplikationen in sich barg, im Hinblick auf unser Verhältnis zu den Engländern ebenso wie im Hinblick auf die Einstellung der ganzen Iberischen Halbinsel zum Kriege. So beschloß ich denn, wenn ich schon untergehen müsse, mit fliegenden Fahnen unterzugehen. Ich ging zum State Department zurück und suchte Matthews auf, der inzwischen vom Pentagon zurückgekommen war. Ich sagte, daß ich die Sache nicht auf sich beruhen lassen würde.

An wen ich mich wenden könne? Er nannte Admiral William D. Leahy, den Chef des Stabes des Präsidenten. Ich stimmte sofort zu. Er rief den Admiral an und verabredete, daß ich gleich empfangen würde. Admiral Leahy hörte geduldig und, wie ich glaube, mit ziemlichem Erstaunen an, was ich zu sagen hatte. Der Mann, den ich sehen müsse, meinte er, sei Harry Hopkins[54], und er arrangierte, daß ich umgehend in dessen Büro geführt wurde. Hopkins verlor keine Zeit mit Höflichkeiten oder Konversation. Fast eine Stunde lang nahm er mich, auf- und abwandernd, ins Kreuzverhör, als wäre ich ein verdächtiger Krimineller. Die Fragen waren scharf und skeptisch und wurden in drohendem Ton vorgebracht. Ich merkte, daß es mir nicht gut bekommen würde, wenn ich bei diesem Test versagte. Als es ihm genug schien, überlegte er einen Augenblick und fragte dann: »Wo wohnen Sie?« Ich sagte es ihm. »Da gehen Sie jetzt hin«, sagte er, »und rühren sich nicht vom Telefon weg.« Ich war kaum in dem Haus, in dem ich zu Gast war, angekommen, da klingelte schon das Telefon. Es war Hopkins, der mich anwies, sofort ins Weiße Haus zurückzukehren. Dieses Mal wurde ich durch andere Gänge geführt, durch eine andere Tür gebeten, und fand mich zu meiner Bestürzung, aber auch zu meiner Erleichterung allein in einem Zimmer mit dem Präsidenten der Vereinigten Staaten.

Franklin D. Roosevelt winkte mich jovial auf einen Sitz an der andern Seite seines großen Schreibtischs. Ich brauchte ihm meine Geschichte nicht zu wiederholen. Hopkins hatte ihn schon unterrichtet. Er stellte keine Fragen, sondern setzte mir sofort seine eigenen Gedanken auseinander. Er könne nicht verstehen, sagte er, wie Salazar jemals auf den Verdacht verfallen könne, er, Franklin Roosevelt, würde nicht dafür sorgen, daß wir alle Anlagen, die man uns auf den Inseln zur zeitweiligen Benutzung überließe, nach Kriegsende evakuierten und den Portugiesen in gutem Zustand zurückgäben. Wie, hatte er nicht während des Ersten Weltkriegs als Unterstaatssekretär für die Marine persönlich das Schleifen der Flottenstützpunkte überwacht, die wir damals auf zwei von den Azoreninseln hatten? – Sein Gesicht hellte sich auf. »Ich werde Ihnen sagen, was ich tue«, sagte er. »Sie kommen morgen früh hierher, und ich gebe Ihnen einen persönlichen Brief, den können Sie nach Portugal mitnehmen

[54] Harry Lloyd Hopkins (1890–1946), amerikanischer Politiker, zeitweilig Handelsminister, verantwortlich für die Durchführung der Pacht- und Leihhilfe, Sonderbotschafter in Moskau und London, engster Vertrauter und Berater Roosevelts (AdÜ).

und Dr. Salazar übergeben; und dann machen Sie einfach weiter, so gut Sie eben können.«

Ich erwiderte, daß ich mir nichts Besseres wünschen könne, aber ich müsse mich fragen, ob hier nicht ein Mißverständnis vorliege. Nach dem im Pentagon verbrachten Vormittag hätte ich den Eindruck, daß man dort eine völlig andere Linie zu verfolgen gedenke.

»Ach«, sagte der Präsident mit einer lässigen Bewegung seiner Zigarettenspitze, »regen Sie sich doch über diese ganzen *Leute* da drüben nicht auf« (womit er natürlich niemand Geringeren als den Kriegsminister und den Marineminister und die Vereinigten Stabschefs meinte – kurz, das gesamte Oberkommando der amerikanischen Streitkräfte im Kriege).

Kein Befehl hätte mir lieblicher in den Ohren klingen können. Konfus wie zuvor, aber in dem Gefühl, nunmehr in einer unangreifbaren Position zu sein, holte ich am nächsten Morgen freudig seinen Brief ab und trat den Rückweg nach Portugal an. Sofort erbat und erhielt ich eine Unterredung mit Salazar. Sogar mit dem Brief des Präsidenten als Unterstützung war es nicht leicht, seine Vorbehalte und seinen Argwohn zu überwinden. Er war – und ist sicherlich noch – ein Mann von Grundsätzen, und er wollte Klarheit. Er eröffnete das Gespräch mit der Bemerkung, daß er von der amerikanischen Presse ein Faschist genannt worden sei und gerne wissen würde, was wir unter einem Faschisten verstünden. Aber diese Fragen fanden schließlich ein Ende, und bald war ich in der Lage, nach Washington zu berichten, daß er nicht nur bereit sei, uns die freizügige Mitbenutzung der den Briten auf den Azoren überlassenen Anlagen zu gestatten, wenn nur ein gewisses Dekorum gewahrt bliebe, sondern nicht einmal abgeneigt, Pan American Airways die Erlaubnis zum Bau eines zweiten Flugplatzes zu erteilen, der zwar auf Rechnung der portugiesischen Regierung gehen müsse, den wir aber zu gegebener Zeit unter günstigen Bedingungen würden benutzen dürfen.

Der Kern des Problems war damit gelöst, und von da an lief das Projekt glatt weiter – aber nicht lange mehr mit *meiner* Beteiligung. Die Räder der Washingtoner Bürokratie hatten sich unaufhaltsam weitergedreht, Präsident hin oder her. Gerade als ich die erste Unterredung mit Salazar wegen der Stützpunkte hatte, erschien auf dem Lissabonner Schauplatz der neue Missionschef, dessen Ernennung Mr. Stimson von Mr. Stettinius verlangt hatte, in Gestalt des Berufsdiplomaten Mr. Henry

Norweb. Ich mochte und respektierte Mr. Norweb. Unter normalen Umständen hätte ich gerne unter ihm gedient. Aber inzwischen war das ganze Thema der Anlagen auf den Azoren so sehr »mein Kind« geworden, daß wir alle – er, das Ministerium und ich – uns klar darüber waren, daß die Amtsübernahme und die zukünftige Verantwortung für diese Sache ihm leichter fallen würden, wenn ich ihm nicht über die Schulter sähe. Ich wurde daher nach Hause kommandiert und neu eingeteilt, noch bevor die Verhandlungen über die Azoren abgeschlossen waren.

Ein Großteil der Dokumentation über diese Episode ist in der Serie ›Foreign Relations of the United States‹ inzwischen veröffentlich worden[55]. In vielen Fällen sind die betreffenden Unterlagen erst auf diese Weise zu meiner Kenntnis gelangt. Für jemand, der mit den Einzelheiten meiner Erlebnisse vertraut ist, hellen sie den Hintergrund so ziemlich auf. Indessen würde niemand, der nur die Dokumente liest, je vermuten, wie sich die Sache damals dem amerikanischen Geschäftsträger in Lissabon darstellte, dessen Name sich gelegentlich auf ihren Seiten findet. Das ist einer der Gründe, weshalb ich die Geschichte erzähle.

Nachträglich habe ich erfahren (es geht nicht einmal aus den Dokumenten hervor), daß meine erste Rückberufung nach Washington mit der Garantie gar nichts zu tun hatte. Die Anregung kam von irgend jemandem im Pentagon, der zwar meinen ersten Bericht gelesen hatte, in dem ich unsere Forderungen an die Portugiesen kritisierte und anbot, nach Hause zu kommen und es dem Präsidenten selbst zu sagen, aber nicht den folgenden, der die Gründe für diese Opposition darlegte; und die Antwort des Präsidenten, mit der ich ermächtigt wurde, fortzufahren und nach eigenem Ermessen zu verhandeln, war ihm anscheinend auch nicht bekannt. Und das State Department, das sich damals als Laufburschen für das Pentagon betrachtete und gewohnt war zu niesen, wenn das Pentagon sich einen Schnupfen holte, hatte die Anregung, mich zurückzurufen, getreulich aufgegriffen, hatte darauf verzichtet, dem Mißverständnis nachzugehen und hatte anscheinend auch die Erkenntnis, daß es den Lauf der Verhandlungen empfindlich stören würde, wenn man mich jetzt und so nach Hause spedierte, mit Fassung getragen. Was die Garantie betrifft, so war

[55] ›Foreign Relations of the United States, 1943, Europe‹, Bd. II (Washington, D. C., Government Printing Office, 1964, S. 527–576).

die Idee, sie zurückzuhalten, anscheinend von Botschafter John Winant in London gekommen, der damit gegenüber den Portugiesen ein Druckmittel zu haben glaubte, und das Ministerium, zu eigener Initiative oder Verantwortlichkeit nach wie vor nicht bereit, hatte die Anregung einfach ohne Rücksicht auf die Wirkung weitergegeben. Offenbar hatte niemand in Washington etwas dagegen, daß ich mit der Garantieerklärung nach eigenem Ermessen verfuhr – es hatte sich bloß keiner die Mühe gemacht, es mir zu sagen.

Ein kleiner Epilog zu der Geschichte verdient noch überliefert zu werden: An dem Tag, als ich den Brief des Präsidenten abholte, benutzte ich die Gelegenheit, Matthews vor der Abreise aus Washington in seinem Büro im State Department einen Abschiedsbesuch zu machen. Er war nicht im Zimmer, als ich kam, und seine Sekretärin bat mich, zu warten und es mir inzwischen bequem zu machen. Ich setzte mich am hinteren Ende des Zimmers im Halbdunkel auf eines der schwarzen Ledersofas, die in dem alten State, War and Navy Building zur Standardausstattung gehörten. Im selben Moment, in dem Matthews wieder ins Zimmer kam, steckte auch Staatssekretär Stettinius, mit dem er über den Flur gekommen war, seinen Kopf noch mal zur Tür hinein, ohne mich zu sehen. Und sagte sinngemäß Folgendes: »Übrigens, Doc, der portugiesische Botschafter war gerade bei mir. Er hat mir für irgendeine idiotische Garantie gedankt und gesagt, er hätte schon immer gewußt, wir würden irgendwann Anlagen auf den Azoren haben wollen. Also was zum Teufel hat er damit gemeint?«

Nach Ablauf meiner Dienstzeit in Portugal wurde ich an die Londoner Botschaft versetzt. Dort war ich mit dem Rang eines Botschaftsrats unserem Botschafter John G. Winant in seiner Eigenschaft als amerikanischem Delegierten bei der neuerrichteten Europäischen Beratenden Kommission als politischer Berater beigegeben.

Der Beschluß, die Europäische Beratende Kommission zu schaffen, ging auf das Treffen der drei Außenminister Englands, Rußlands und der USA im Oktober 1943 in Moskau zurück. Der Vorschlag kam von den Engländern, die sich ursprünglich die Kommission mit den Worten von Lord Strang als »ein beratendes Gremium« dachten, »eine Clearingstelle für alle mit dem Krieg verbundenen europäischen Probleme von gemeinsamem Interesse (militärische Operationen ausgenommen)«[56]. Dieser Rahmen war indessen für den amerikanischen Geschmack viel zu weit gespannt. Insbesondere kollidierte damit Roosevelts Abneigung gegen alles, was ihn im voraus hätte festlegen oder seine Handlungsfreiheit bei der Neuordnung Nachkriegseuropas hätte beschneiden können, eine Aufgabe, von der er erkannte, daß sie für sein Land innenpolitisch genau so bedeutsam sein würde wie nach außen. Eigentlich wäre der Präsident wohl viel lieber ganz ohne die Kommission ausgekommen; aber das State Department mit seinem vernünftigen Wunsch, doch wenigstens in etwa für eine gemeinsame Grundhaltung der Alliierten bei den Problemen der deutschen Kapitulation und der Behandlung Deutschlands nach der Kapitulation zu sorgen (was ja mit dem Näherrücken des Termins für die Invasion des europäischen Festlands immer dringlicher wurde), schaffte es schließlich, ihm eine höchst widerwillig erteilte Zustimmung zur Bildung der Kommission abzuringen. Aus Rücksicht auf die Wünsche des Präsidenten – die vermutlich auch seine eigenen waren – bestand Außenminister Cordell Hull jedoch darauf, die Befugnisse dieses Gremiums im Vergleich mit den britischen Vorstellungen erheblich einzuschränken und es ausschließlich mit der Frage der Kapitulationsbedingungen, der Besatzungs-

[56] Lord Strang, ›Home and Abroad‹ (London, André Deutsch Ltd., 1956) S. 202.

zonen und der Durchführung der Kapitulationsbedingungen zu befassen. Selbst dieser bescheidene Aktionsradius der Kommission stieß, wie ich gleich zeigen werde, auf einen Widerstand der Abteilung für Zivilangelegenheiten im amerikanischen Kriegsministerium, der bis an die Grenze der Insubordination ging.

Die Kommission wurde in London um die Jahreswende 1943/44 gegründet. Anstelle eines besonderen Vertreters, der sich auf diese Arbeit hätte konzentrieren können, benannte die Regierung der Vereinigten Staaten als ihren Delegierten Mr. Winant, der als Botschafter in London eine Unmenge anderer Pflichten hatte und in dessen gehetzter amtlicher Existenz die Kommission nur eine nebensächliche und nicht immer willkommene Abwechslung sein konnte. Die sowjetische Regierung schloß sich uns an und benannte gleichfalls ihren Botschafter in London als Delegierten. Die Briten ordneten im Gegensatz dazu einen ihrer fähigsten Beamten, den Unterstaatssekretär im Foreign Office, Sir William Strang, ab und gaben ihm reichlich Zeit und Personal für seine Tätigkeit. Nur sie waren angemessen vertreten.

Die Briten waren bei ihrer Anregung davon ausgegangen, daß die Mitglieder der Kommission als unabhängige Gruppe von Sachverständigen auftreten, die anstehenden Probleme prüfen, unter sich beraten und ihren jeweiligen Regierungen übereinstimmende Empfehlungen zuleiten würde. Aber die amerikanische und die sowjetische Regierung bestanden beide darauf, ihre Vertreter so kurz an der Leine zu führen, daß ihre Tätigkeit mit der von Strang überhaupt nicht vergleichbar war. Der amerikanische Vertreter durfte keine Gedanken vorbringen und seinen Kollegen keine Vorschläge unterbreiten, die ihm nicht vorher als Weisungen aus Washington übermittelt worden waren; und da Washington überhaupt keine Gedanken zu produzieren schien und Vorschläge nur höchst säumig und ungern, waren die Wirkungsmöglichkeiten des amerikanischen Vertreters entsprechend eingeengt. Außerdem bestanden alle drei Regierungen darauf, daß die »Beratende Kommission« keinerlei »Empfehlungen« ausspräche, die nicht zuvor mit ihnen abgestimmt seien. Von beratender Tätigkeit des Gremiums konnte demnach kaum die Rede sein. Was blieb, war weniger ein Gremium als eine Stelle – eine Stelle, bei der man amtliche Auffassungen einreichen und notieren lassen konnte, wobei es den betreffenden Regierungen überlassen blieb, diese Auffassungen einander anzugleichen oder auch nicht, ganz nach Lust und Laune. Einem Delegierten, dessen eigene Meinung weder eingeholt wurde noch erwünscht war und der seinen Kollegen in der Kommission nur Dinge unterbreiten konnte, die seine Regierung bereits genehmigt hatte, fehlte natürlich jeder eigene Ermessensspielraum, und er hatte, in diesem Falle wie Mr. Winant, entsprechend wenig Bedarf für einen politischen Berater.

In den letzten Tagen des Jahres 1943 kehrte ich von Lissabon zunächst nach Washington zurück, um vor Antritt meines neuen Postens in Erfahrung zu bringen, was die Behörde von meiner Londoner Tätigkeit erwarte. Wenn ich meine Dienstvorgesetzten richtig verstanden habe, hegten sie vor allem die lebhafte Besorgnis, das neue Gremium würde zu irgendeiner Zeit aus einem unglücklichen Zufall heraus wirklich etwas tun und die amerikanische Delegation könne womöglich durch Übereifer oder Unachtsamkeit zu einem so bedauerlichen Ereignis beitragen. Das Unbehagen bezog sich vor allem auf meine Person, ein Ergebnis meiner soeben erst überstandenen Abenteuer in der Frage der Azoren-Stützpunkte, die trotz ihrem im ganzen günstigen Ausgang im Ministerium großenteils mit einem an Entsetzen grenzenden Mißfallen betrachtet wurden. Vermutlich aus diesem Grunde wurde ich von Unterstaatssekretär James Clement Dunn vor der Abreise nach London noch besonders ermahnt, mir stets darüber klar zu sein, daß das Außenministerium in Kriegszeiten in politischen Fragen lediglich eine beratende Funktion ausübe und auch seinen Rat nur dann gebe, wenn man es frage.

Ich traf in London gerade rechtzeitig für die auf den 14. Januar 1944 anberaumte erste Arbeitssitzung der Europäischen Beratenden Kommission ein. Was sich dann abspielte, ähnelte so sehr dem, was kurz zuvor in Portugal vorgefallen war, wenn es dabei auch weniger dramatisch zuging, daß ich es nur in ganz groben Umrissen schildern werde.

Die gut vorbereiteten Briten legten sofort den Entwurf einer Kapitulationsurkunde und detaillierte Vorschläge über die künftigen Besatzungszonen Deutschlands auf den Tisch. (Die dort skizzierten Zonengrenzen wurden mit geringfügigen Abweichungen später übernommen, und die damals vorgeschlagene Westgrenze der sowjetischen Zone existiert heute noch.) Wir Amerikaner hatten natürlich zu keinem der beiden Punkte irgendwelche Weisungen – zu anderen übrigens ebensowenig.

Wir leiteten die britischen Vorschläge nach Washington weiter und warteten auf Antwort.

Mehrere Wochen vergingen. Kein Wort aus Washington. Wiederholte telegrafische Bitten um Weisung blieben ungehört. Unsere britischen Kollegen wurden ungeduldig; wir selbst gerieten in akute Verlegenheit.

Am 18. Februar legte der sowjetische Delegierte den Kommentar seiner Regierung zu den britischen Anregungen vor. Die Russen unterbreiteten zu den Kapitulationsbedingungen einen eigenen Alternativentwurf. Die britischen Vorschläge über die Besatzungszonen nahmen sie dagegen praktisch im ganzen an. Wir Amerikaner hatten immer noch keine Weisungen und konnten Washington nur über die Reaktion der Russen unterrichten.

Aber das russische Verhalten erstaunte uns. Über das, was auf der Teheraner Konferenz vor sich gegangen war, hatten wir keine offiziellen Informationen (das State Department übrigens auch nicht). Jetzt kam uns der Verdacht, in Teheran sei zwischen Russen und Briten bereits irgendeine Übereinkunft zum Thema Besatzungszonen zustande gekommen. In Wirklichkeit war dieser spezielle Verdacht unbegründet. Viele Jahre später erfuhr ich, daß die britischen Vorschläge einige Monate zuvor in britischen Regierungskreisen ausgearbeitet und Mitte November 1943, um die Zeit der Kairoreise des Präsidenten, unsern Militärbehörden übermittelt worden waren. Der Präsident hatte sie auf dem Weg nach Kairo mit den Vereinigten Stabschefs erörtert. Die Kombinierten – anglo-amerikanischen – Stabschefs hatten sie in Kairo erneut erörtert[57]. Von alledem war weder aus dem Weißen Haus noch aus militärischen Kreisen zu irgendeiner Zeit auch nur der kleinste Krümel offizieller Information an uns, und offenbar nicht einmal ans State Department, weitergereicht worden, ungeachtet dessen, daß wir jetzt mit der britischen und der sowjetischen Regierung über eben dieses Thema verhandeln sollten.

Bei der amerikanischen Delegation in London tappten wir infolgedessen bis Ende Februar völlig im Dunklen. Anfang März brach Washington endlich sein Schweigen und schickte uns zunächst den Entwurf einer Kapitulationsurkunde. Er war völlig verschieden von den beiden anderen Vorschlägen, war aber, soweit ich mich entsinne, von keinem Wort der Erläute-

[57] William M. Franklin, ›Zonal Boundaries and Access to Berlin‹. World Politics, Bd. XVI, Nr. 1 (Oktober 1963).

rung oder des Kommentars begleitet. Wir konnten nichts weiter tun, als ihn den anderen Delegationen auf den Tisch legen und die Achseln zucken. Am 8. März erreichte uns eine höchst merkwürdige Kommunikation zum Thema Besatzungszonen. Sie war abgefaßt nicht wie eine Verhandlungsunterlage für Regierungsgespräche, sondern wie eine militärische Weisung der amerikanischen Vereinigten Stabschefs (die als Quelle genannt wurden) an irgendeine ungenannte nachgeordnete Einheit. Meiner Erinnerung nach bestand sie aus einem einzigen Satz, der in abgehackten geographischen Ausdrücken das Gebiet beschrieb, das die Vereinigten Staaten in Norddeutschland zu besetzen gedachten. Die Ostgrenze dieser Zone gab, soweit sie sich nach der halb unverständlichen Beschreibung rekonstruieren ließ, überhaupt keinen Sinn. Sie schnitt scheinbar völlig willkürlich mitten durch geographische und Verwaltungsgrenzen. Und da sie ein Stück vor der tschechoslowakischen Grenze verlief, war ein Streifen Land übrig, von dem ungeklärt blieb, wie darüber verfügt werden sollte.

Auch diese merkwürdige Ein-Satz-Direktive wurde von keinem Wort der Erklärung oder der Hintergrundinformation begleitet; ebensowenig von irgendeinem Kommentar zu den von Russen und Engländern bereits vorgeschlagenen Zonengrenzen. Wenn man überhaupt etwas daraus entnehmen konnte, dann höchstens den Vorschlag, die russische Zonengrenze erheblich weiter östlich zu ziehen, als sie jetzt verläuft. Es ließ sich berechnen, daß die amerikanische Zone danach 51 Prozent der deutschen Bevölkerung und 46 Prozent des deutschen Territoriums umfaßt haben würde. Es war klar, daß es sehr überzeugender und fundierter Argumente, vermutlich gekoppelt mit fühlbarem Druck, bedürfen würde, um die Russen, die sich mit den Briten bereits auf eine weiter westlich gelegene Linie geeinigt hatten, zur Annahme einer für sie so erheblich weniger vorteilhaften Grenzziehung zu bewegen[58]. Aber wir hatten noch nicht einmal Argumente erhalten, die wir vorbringen konnten, geschweige denn Druckmittel. Wir hatten keine Ahnung,

[58] Man muß sich erinnern, daß die gegenwärtige Grenze der sowjetischen Zone, die 1944 von den Engländern vorgeschlagen wurde, den Westmächten damals viel günstiger erschien, als sie das heute tut. Nur wenige sahen voraus, daß die westlichen Streitkräfte weit genug vorrücken würden, um sich mit den sowjetischen Streitkräften im Moment des deutschen Zusammenbruchs auf dieser Linie zu treffen. Die sowjetische Zusage, die jetzige Ostzone zu besetzen, wurde besonders von denjenigen mit Erleichterung begrüßt, die bis dahin gefürchtet hatten, die Russen könnten sich überhaupt weigern, nach Deutschland vorzustoßen, und würden statt dessen die ganze Last der endgültigen Bezwingung Hitlers den Streitkräften des Westens überlassen (Strang, ebenda, S. 213). Wie wenig diese Leute die politischen Ambitionen der Sowjets kannten.

was die von den Vereinigten Stabschefs vorgeschlagene Linie bedeutete, was ihre Begründung sein sollte und weshalb wir ausgerechnet diese Linie und keine andere wünschten.

Mein Argwohn gegen dieses seltsame Dokument verstärkte sich, als mir einer der Offiziere, die mit dem Präsidenten bei der Kairoer Konferenz gewesen waren, vertraulich erzählte, unsere Weisung sehe aus wie der Versuch, etwas in Worte zu fassen, was Präsident Roosevelt auf der Reise nach Kairo einmal beiläufig auf einem Zettel gezeichnet habe. Er vermute, irgendein Militär habe den Zettel aufgelesen und verwahrt und habe nun unter Berufung auf die Urheberschaft des Präsidenten die Vereinigten Stabschefs überredet, ihn als amerikanischen Vorschlag zu unterbreiten. Aber wenn das stimmte, dann war es auch klar, daß der Entwurf aus der Zeit vor der Errichtung der Europäischen Beratenden Kommission stammte, aus einer Unterhaltung, die zu der Arbeit der Kommission in keiner näheren Beziehung stand und bei der der Präsident die britischen und sowjetischen Vorschläge noch gar nicht gekannt haben konnte. Würde er wirklich ungeachtet der Vorschläge von Engländern und Russen diese beiläufige Skizze zur amerikanischen Verhandlungsbasis machen wollen? War er überhaupt in letzter Zeit noch einmal gefragt worden? Das war höchst unwahrscheinlich.

Ich wehrte mich entschieden dagegen, diese merkwürdige Instruktion als amerikanischen Verhandlungsvorschlag bekanntzumachen. Es wollte mir einfach nicht in den Kopf, daß dies eine ordentliche und angemessene Instruktion für einen diplomatischen Vertreter sein sollte, der in eine wichtige und heikle Phase internationaler Verhandlungen trat. Mein Kollege, Mr. Winants militärischer Berater, General Corneiius W. Wickersham, im Zivilleben ein hochangesehener Anwalt und ein sehr vernünftiger Mann, mit dem ich jederzeit gut und freundschaftlich zusammengearbeitet hatte, fühlte sich verständlicherweise verpflichtet, die Sache anders anzusehen. »Die Vereinigten Chefs haben es genehmigt«, sagte er. »Wir müssen dafür kämpfen, mein Junge; wir müssen dafür kämpfen.« Ich widersprach: »Wie kann man für etwas kämpfen, das keinen Sinn gibt und das man selber nicht versteht?«

Wir lösten das Problem, indem wir beschlossen, General Wickersham und mich selbst nach Washington zu schicken mit dem Auftrag, Licht in das Dunkel zu bringen Wir flogen in einem Militärtransporter. Die Heizung der Maschine versagte mitten in der Nacht über dem winterlichen Ozean, irgendwo zwischen Island und Neufundland, die Temperatur in der Kabine sank auf viele Grade unter Null, und unter anderem froren auch die Bremsen ein. Als die Maschine in der Morgendämmerung auf dem schneebedeckten Rollfeld von Gander aufsetzte, schlitterte sie umher wie ein Rodel und kam mit ihrer Ladung halberfrorener Passagiere schließlich am äußersten Ende des Rollfeldes, knapp drei Meter vor der offenen See, zum Stehen. Trotzdem starteten wir nach ein oder zwei Stunden erneut zu dem für damalige Flugzeuge langen Endstück der Reise nach Washington.

Wieder einmal zog ich also dank der Tücken interkontinentaler Kriegsreisen halb betäubt und mit zerrütteten Nerven in Washington ein. Wieder einmal hatte das State Department mir weder Rat noch Hilfe anzubieten. Wieder einmal blieb mir keine Wahl, als zum Präsidenten zu gehen und ihm nach besten Kräften zu erklären, warum eine von unseren Militärbehörden stammende Anweisung nicht ausführbar war.

Vielleicht sollte ich hier zunächst klarstellen, daß ich keineswegs den Wunsch hatte, die Grenze zwischen der sowjetischen Zone und den Westzonen weiter westlich als unbedingt nötig zu ziehen. Hätte man mich gefragt, so wäre ich selbstverständlich für eine Grenze eingetreten, die den westlichen Zonen zumindest einen direkten Landzugang nach Berlin verschafft hätte. Aber es hatte mich nie einer gefragt. Und es war mir außerdem klargemacht worden, daß das State Department auf unerbetene Meinungsäußerungen keinen Wert lege. Unter den Umständen konnte ich nichts weiter tun als, so gut es ging, dafür sorgen, daß unsere Position wenigstens verständlich und vertretbar war – von der uns anbefohlenen konnte man das nicht behaupten.

Wieder empfing der Präsident mich leutselig. Aber diesmal war es nicht so einfach, ihm verständlich zu machen, weshalb ich eigentlich zu ihm gekommen war. Er hatte sich bereits in seinen berühmten Streit mit den Engländern über die Frage verbissen, wer die nördliche und wer die südliche der beiden geplanten Westzonen haben sollte. Das ging ihm im Kopf herum, darüber wollte er reden. Als ich schließlich damit durchdrang, daß es mir in erster Linie um ein Problem der Grenzziehung der *sowjetischen* Zone ging, war er völlig überrascht. Und als ich ihm das Durcheinander näher erläutert und ihm die Instruktion gezeigt hatte, die uns nach London übermittelt worden war, lachte er vergnügt und sagte, ganz wie ich es von ihm erwartet hatte: »Ach, das ist bloß etwas, was ich einmal auf die Rückseite eines

Briefumschlags aufgemalt habe.« Ich fragte ihn, ob er die Bereinigung des Wirrwarrs selber veranlassen würde oder ob ich noch etwas dazu tun solle. Er sagte, ich könne mich beruhigen – er würde dafür sorgen, daß die Sache in die Reihe käme. (Am 1. Mai ging die Weisung an Botschafter Winant, die Grenzen der Ostzone, wie von Engländern und Russen vorgeschlagen, zu genehmigen.)

Das war das Ende meiner kurzen Dienstzeit als Mr. Winants Berater in Angelegenheiten der Europäischen Beratenden Kommission. Ich war physisch erschöpft; eine Ruhepause war notwendig geworden. Das State Department, das mit diesem neuesten Beispiel meiner beklagenswerten Vorliebe für die Bereinigung der Irrungen und Wirrungen der Kriegsdiplomatie seine schlimmsten Befürchtungen bestätigt sah, vernahm die Nachricht von meinen körperlichen Unzulänglichkeiten, wie ich vermute, mit einiger Erleichterung, drängte mich, einen schönen langen Urlaub zu nehmen, und versicherte eindringlich, ich brauche mir um die Angelegenheiten der Kommission nicht länger den Kopf zu zerbrechen – sie würden umgehend jemand anderen als Ersatz für mich schicken. Mithin zog ich mich auf meine Farm zurück, pflanzte fünf herrliche Wochen lang Bäume und kam erst Anfang Mai wieder nach Washington.

Der Hintergrund der ganzen Episode, der hartnäckigen Schweigsamkeit des Ministeriums sowie der seltsamen Art, wie uns unsre Weisungen erteilt wurden, ist mittlerweile nach den historischen Quellen rekonstruiert worden, und zwar in den ausgezeichneten Veröffentlichungen Philip E. Moselys, meines Freundes und Nachfolgers als Mr. Winants Berater in der amerikanischen Delegation der Europäischen Beratenden Kommission, und Mr. William M. Franklins, des jetzigen Direktors der Historischen Abteilung des State Department[59]. Der eigentliche Unruhestifter war eindeutig die Abteilung Zivilangelegenheiten des Kriegsministeriums, die sich anfangs weigerte, an interministeriellen Besprechungen über Instruktionen für den amerikanischen Vertreter bei der Europäischen Beratenden Kommission überhaupt teilzunehmen. Später, als sie sich widerwillig zur Teilnahme bereiterklärt hatte, gab sie sich so unaufrichtig und desinteressiert, daß man den Eindruck hatte, sie wolle das Unternehmen torpedieren. Ihre Beauftragten trieben es so weit, daß sie sich nicht damit begnügten, zu gewissen Zeiten alle

[59] Philip E. Mosely, ›The Occupation of Germany‹. Foreign Affairs, Bd. XXVIII, Nr. 4 (Juli 1950), S. 580–604; William M. Franklin, ›Zonal Boundaries and Access to Berlin‹, op. cit.

Instruktionen für Botschafter Winant abzulehnen; nach Mr. Mosely »stimmten sie sogar solche Schreiben nieder, die ihn davon benachrichtigen sollten, daß mit einer baldigen Antwort nicht zu rechnen sei«. Anscheinend waren sie darauf aus, jede Verbindung mit Mr. Winant zu verhindern. Und als übergeordnete Regierungsstellen sie unter Druck setzten, warteten sie schließlich mit den orakelhaften Vorschlägen über Kapitulationsbedingungen und Besatzungszonen auf, von denen ich berichtet habe, waren aber nicht zu bewegen, irgendwelche Erläuterungen dazu abzugeben. Da es hier darum ging, Instruktionen für den amerikanischen Sprecher bei wichtigen internationalen Verhandlungen auszuarbeiten, erscheint mir das Verhalten dieser Leute doppelt verantwortungslos und verwerflich. Aber die Schuld liegt nicht ausschließlich beim Kriegsministerium und seiner Abteilung für Zivilangelegenheiten; das State Department hat auch seinen Teil daran. Ich glaube zu wissen, in welch schwieriger Lage das Außenministerium während des Zweiten Weltkriegs steckte. Der verstorbene Mr. Cordell Hull hat in seinen Memoiren beschrieben, wie Präsident Roosevelt während der Kriegsjahre mit politischen Problemen verfuhr. 1942 hatten sich die Dinge so eingependelt, daß, wie Mr. Franklin in dem eben erwähnten Artikel schreibt, »Roosevelt zusammen mit Churchill, Tschiangkaischek, Stalin und den Kombinierten und Vereinigten Stabschefs daran arbeitete, den Krieg zu gewinnen, während das State Department die mehr routinemäßigen Auswärtigen Angelegenheiten erledigte und Pläne für die Zeit nach dem Kriege machte«. In der Praxis sah das so aus, daß der Außenminister über lebenswichtige Fragen der amerikanischen Außenpolitik wiederholt weder informiert noch konsultiert wurde, daß er aber von Zeit zu Zeit – sei es vom Präsidenten oder durch die Umstände – plötzlich die Verantwortung für Aktionen und Entscheidungen in Fragen aufgepackt bekam, mit denen er nicht einmal richtig vertraut war.

Die Hauptverantwortung für diesen bedauerlichen und gefährlichen Zustand trug natürlich der Präsident selbst. Aber ich finde, man sollte sich doch einmal fragen, ob die verantwortlichen Beamten des Außenministeriums recht daran taten, das einfach über sich ergehen zu lassen und darüber hinaus noch an dem absurden und fast tragischen Durcheinander mitzuwirken, das wiederholt die Folge war. Ich finde es zum Beispiel schwer verständlich, wie sie sich im Falle Portugal mit einer derart passiven Rolle zufriedengeben konnten – wie sie sich so weitgehend von der aktiven Teilnahme an einem Regierungsvorgang selber ausschalten konnten, daß sie einen Repräsentanten der Vereinigten Staaten auf Wunsch des Kriegsministeriums plötzlich nach Hause zerrten, obwohl dieser Repräsentant mitten in wichtigen internationalen Verhandlungen stand; daß sie es in einem Augenblick taten, als ihnen bereits klar sein mußte, daß der Wunsch des Kriegsministeriums nur mangelnder Koordination entsprang; und daß sie das alles überdies ohne ein Wort der Erklärung an den Betroffenen taten. Ich kann nicht begreifen, wie ein Außenministerium, das für die diplomatischen Vertretungen im Ausland eindeutig die Verantwortung trägt, es über sich bringen konnte, einen Ernennungsvorschlag des Kriegsministers mechanisch an den Präsidenten weiterzuleiten, obwohl es wissen mußte, daß der Kriegsminister bei seinem Vorschlag von falschen Voraussetzungen ausgegangen war. Und schließlich ist mir unverständlich, wie leitende Beamte des State Departments es fertig brachten, mit einem Achselzucken und ohne jeden Kommentar Botschafter Winant ein von den Vereinigten Stabschefs stammendes Dokument weiterzuleiten, das weder in sich einen Sinn gab noch der allgemein bekannten Situation entsprach – und wie sie dem Botschafter zumuten konnten, es als ernstzunehmenden amerikanischen Vorschlag auf den Verhandlungstisch zu legen.

Vermutlich gab der Geschäftsverteilungsplan dem State Department damals formal nicht das Recht, bei derartigen Anlässen einzugreifen. Aber Passivität und das Abschieben von Verantwortung müssen irgendwo doch auch eine Grenze haben. Ich selbst bin der beste Beweis, daß der Präsident es weder ablehnte, von Fehlleistungen dieser Art Notiz zu nehmen noch für ihre Korrektur zu sorgen, wenn er davon erfuhr. Warum es einem jüngeren Beamten wie mir überlassen blieb, sich beide Male direkt an den Präsidenten zu wenden und damit die eigene Laufbahn aufs Spiel zu setzen – warum das State Department diese minimale Verantwortung nicht selbst übernehmen konnte –, war mir damals unerfindlich und ist mir bis heute unerfindlich geblieben.

Die Arbeit der Europäischen Beratenden Kommission bezog sich natürlich fast ausschließlich auf Deutschland, also auf ein Land, in welchem ich nicht nur als Kind und später privat als Student gelebt, sondern danach in amtlicher Eigenschaft noch mehr als fünf Jahre gelernt und gearbeitet hatte, davon fast drei

Jahre während des jetzigen Krieges. Ich kann mich aber nicht erinnern, bei meiner Tätigkeit als politischer Berater Mr. Winants oder zu irgendeiner anderen Zeit je bei einem wichtigeren Detail der zukünftigen Behandlung Deutschlands zu Rate gezogen worden zu sein oder auch nur Gelegenheit erhalten zu haben, ihm oder der Regierung irgendeine eigene Ansicht über dieses Thema zu entwickeln.

Nach der Rückkehr nach Washington im Jahre 1943 nahm mein inzwischen verstorbener Freund und Kollege Henry P. Leverich, mit dem ich Anfang des Krieges an der Berliner Botschaft zusammen gewesen war und der sich jetzt im State Department mit der Nachkriegsplanung für Deutschland befaßte, mich einmal als Gast mit zu einer Sitzung des sogenannten Deutschland-Komitees, in dem diese Fragen untersucht wurden. Dabei zeigte er mir eine damals zur Beratung anstehende grundsätzliche Weisung über die Verwendung deutschen Personals bei einer künftigen Militärregierung. Das veranlaßte mich zu einem schriftlichen Memorandum über die solcher Planung zugrunde liegenden Prinzipien, die in meiner Sicht über die Personalpolitik der künftigen Militärregierung im engeren Sinne hinausgingen und das Problem der Entnazifizierung und ganz allgemein unseres politischen Verhaltens gegenüber dem Nachkriegsdeutschland einschlossen. Ich habe keinen Grund anzunehmen, daß mein Memorandum jemals diejenigen erreichte, die in der Zeit unmittelbar nach dem Ende der Feindseligkeiten für unsere Deutschlandpolitik verantwortlich waren. Zwar hatten die damals von mir vertretenen Ansichten sich, wie mir scheint, nach 1947 in der amerikanischen Politik allgemein durchgesetzt – während der ersten zwei oder drei Jahre nach der deutschen Kapitulation jedoch wurde größtenteils genau die Taktik verfolgt, gegen die meine Aufzeichnung gerichtet war.

Da eine vernünftige Deutschlandpolitik in meinen Augen die erste Voraussetzung für eine solide Nachkriegspolitik gegenüber der Sowjetunion bildete, beobachtete ich unser Verhalten in Deutschland unmittelbar nach dem Kriege (zum Beispiel den Nürnberger Kriegsverbrecherprozeß) mit einem an Verzweiflung grenzenden Entsetzen. Es erweckte in mir ein noch stärkeres Gefühl der Hoffnungslosigkeit und Vergeblichkeit als selbst die Meinungsverschiedenheiten mit der Regierungsspitze wegen unserer bilateralen Beziehungen zu Moskau. Unter diesem Aspekt sind die folgenden Auszüge aus meinem Memorandum für Leverich – dem einzigen Beitrag zur Meinungsbildung über die Behandlung Deutschlands nach dem Kriege, zu dem ich Gelegenheit hatte – in diesem Bericht vielleicht nicht fehl am Platze.

Ich begann mit einer kurzen Zusammenfassung des Grundgedankens, von dem die mir gezeigte Konferenzvorlage ausgegangen war. Danach

»hielten wir es für unsere Pflicht, dafür zu sorgen, daß in der Verwaltung beschäftigte Deutsche keine Feinde des demokratischen Wiederaufbaus seien, und müßten folglich danach trachten, aus dem Verwaltungsapparat des deutschen Staates alle Angehörigen bestimmter großer Kategorien der Bevölkerung auszuschalten, zu denen insgesamt mindestens drei Millionen Menschen gehören«.

Ich erläuterte sodann meine Einwände gegen diese Zielsetzung.

»Erstens läßt sich das nicht durchführen. Es bedingt ein Maß an Wissen und an Koordinierung in Personalsachen, das auf einer Drei-Mächte-Basis niemals zu erreichen ist. In der Außenpolitik gibt es keine dornigere oder undankbarere Aufgabe als den Versuch, die politische Vergangenheit und die politischen Motive unzähliger Einzelpersonen in einem fremden Land zu durchleuchten. Ungerechtigkeiten, Irrtümer und Ressentiments lassen sich unmöglich vermeiden. Ein riesiger und notwendigerweise unpopulärer Untersuchungsapparat wird benötigt. Unsere eigenen Nachrichtendienste wären von einem solchen Deutschlandprogramm ganz klar überfordert. Der Versuch, es auf Drei-Mächte-Basis anzupacken, würde lediglich Meinungsverschiedenheiten unter den Alliierten auslösen. Es ist wenig wahrscheinlich, daß die Alliierten sich auch nur nach außen hin darauf einigen könnten, welche Gruppen ausgeschaltet werden müßten. Weder Engländer noch Russen halten beim Umgang mit fremden Völkern ideologische Unterschiede für besonders wichtig; beiden dürfte die unmittelbare Brauchbarkeit jedes einzelnen für ihre Zwecke wichtiger sein als irgendwelche Ansichten, zu denen er sich früher einmal bekannt haben mag.

Bei dem Versuch, dies Programm durchzuführen, werden wir scheitern. Die Leute werden entweder unserer Aufmerksamkeit völlig entgehen; oder sie werden ihre Unentbehrlichkeit aus technischen Gründen beweisen; oder sie werden verschwinden und anderswo unter falschem Namen auftauchen; oder sie werden für die Vernichtung der Unterlagen sorgen; oder sie werden sich bei einem der Alliierten einschmeicheln und ihn gegen die beiden andern ausspielen. Schließlich werden wir uns in einem Gestrüpp von Denunziationen, Verwirrung und Uneinigkeit verfangen, das keinem außer den Deutschen selbst nützen kann.

Zweitens würde das Projekt, auch wenn es durchführbar wäre, nicht den Zweck erfüllen, für den es bestimmt ist. Wir würden keine andere Schicht von Menschen finden, die imstande wäre, die Verantwortlichkeiten der von uns ausgeschalteten zu übernehmen. Ob es uns nun paßt oder nicht: Neunzig Prozent alles dessen, was in Deutschland kraftvoll, fähig und geachtet ist, gehört in die einschlägigen Kategorien[60]. Die Entfernung all dieser Leute aus ihren Ämtern wäre für jede spätere Regierung – vermutlich eine aus Besatzungsoffizieren und den Alliierten genehmen liberalen Deutschen zusammengesetzte – eine Aufgabe, die ihre Kräfte weit übersteigen und sie gleichzeitig einer erbitterten, verantwortungslosen Opposition von noch nicht dagewesenem Format und Ansehen aussetzen müßte. Das könnte nur das Ergebnis haben, in Deutschland alles, wofür die Westmächte eintreten, endgültig in Mißkredit zu bringen, die nationalistischen Elemente mit einer Märtyrerkrone zu schmücken und damit schließlich ihrer triumphalen Rückkehr als Befreier Deutschlands von einer stümperhaften, scheindemokratischen Marionettenregierung Vorschub zu leisten. Wir dürfen keinen Augenblick vergessen, daß die Verfechter des Liberalismus in Deutschland jammervoll dünn gesät und schwach sind. Ihnen eine derartige Verantwortung aufzubürden, bevor ihre Schultern stark genug sind, sie zu tragen, könnte leicht zu ihrer völligen Vernichtung führen.

Schließlich möchte ich behaupten, daß die Ausschaltung nationalistischer Elemente durch Aktionen von unserer Seite nicht

[60] Zwanzig Jahre später gab Mr. Robert Murphy, unser erster politischer Vertreter in Deutschland nach dem Kriege, in seinen Memoiren den folgenden Bericht über die praktischen Erfahrungen unserer Militärregierung in der ersten Zeit nach dem Ende der Kampfhandlungen (das ›JCS 1067‹, auf das er Bezug nimmt, war die im Kriegsministerium ausgearbeitete grundsätzliche Direktive für unsere Besatzungspolitik):

»... JCS 1067 verbot die Beschäftigung aller Deutschen, die mehr als bloß nominelle Mitglieder der Nazipartei gewesen waren, in leitenden Funktionen oder als Facharbeiter. Und prompt mußten wir feststellen, daß die große Mehrheit der leitenden Angestellten und der Facharbeiter in Deutschland einwandfrei Nazis gewesen waren. Wir waren gezwungen, Tausende von tüchtigen Arbeitern zu entlassen, weil ihre Personalakten die Einstufung in eine der Gruppen notwendig machten, die nach JCS 1067 automatische Sperrung bedeuteten ... Daß viele der von uns notgedrungen Entlassenen umgehend in der Russischen, Französischen oder Britischen Zone Arbeit fanden, machte uns auch nicht glücklicher.«

Aus: Robert Murphy, ›Diplomat Among Warriors‹, (Diplomat unter Kriegern), New York, Doubleday and Co., 1964, S. 284.

nur undurchführbar und unwirksam, sondern darüber hinaus unnötig ist. Der Hauptzweck unserer postmilitärischen Operationen in Deutschland ist es doch wohl, dafür zu sorgen, daß das Land nicht noch einmal zum Ausgangspunkt eines Systems militärischer Aggressionen wird, die unsre Sicherheit gefährden könnten. Aus diesem Grunde muß – darüber sind sich alle einig – den Deutschen vor Augen geführt werden, daß Aggression kein gewinnbringendes Geschäft ist. Aber ich sehe nicht, inwiefern das gleichbedeutend sein sollte mit der künstlichen Entfernung irgendeiner gegebenen Bevölkerungsschicht aus ihren öffentlichen Ämtern. Unterstellen wir doch lieber (wozu wir völlig berechtigt sind), das nationalistische Deutschland *sei* Deutschland; und gehen wir dann daran, dem nationalistischen Deutschland nicht etwa ausgerechnet die Verantwortlichkeiten abzunehmen, die es mit Fug und Recht selber tragen sollte, sondern es strikt zur Arbeit anzuhalten und ihm die Lektionen zu erteilen, die es verdient hat. Die beste Medizin für die derzeit in Deutschland herrschende Schicht ist nicht die zuvorkommende Entfernung aus ihren Ämtern gerade zu dem Zeitpunkt, an dem die Amtsausübung eine widerwärtige Bürde geworden ist, sondern der unerbittliche Anschauungsunterricht darüber, daß Deutschland nicht stark genug ist, die Interessen anderer Großmächte ungestraft zu bedrohen, und daß jeder Versuch in dieser Richtung unausweichlich zur Katastrophe führt. Gerade die starke nationalistische Führungskaste muß sich davon überzeugen. Wenn sie es erst einmal begriffen hat, wird die Erkenntnis ihrem Nationalismus den Garaus machen. Vermutlich wird das früher oder später auch für sie selbst den politischen Tod bedeuten, denn eigentlich hat sie kein Programm außer Deutschlands Größe und Deutschlands Macht. Aber wenn sie dann abtritt, wird es wegen der Logik der Geschichte und wegen der organischen Entwicklung des deutschen politischen Lebens sein, nicht wegen voreiliger und notgedrungen stümperhafter Einmischung von außen. Die politische Entwicklung großer Völker wird von ihren eigenen nationalen Erfahrungen gelenkt und bestimmt, niemals von den Manipulationen fremder Mächte in internen Angelegenheiten.

Lassen wir also den Schock der Niederlage so überwältigend wie nur möglich sein. Gestalten wir den unmittelbaren Eindruck des Fehlschlags so eindringlich und unvergeßlich, daß er für alle Zeiten Bestandteil des nationalen Bewußtseins des deutschen Volkes wird. Wenn das aber getan ist, dann sollte die Idee der

Bestrafung aus unserem Behandlungskonzept für Deutschland gestrichen werden. Denn anhaltende Bestrafung eines ganzen Volkes kann doch nie etwas ausrichten. Und verwischen wir nicht gegenüber jedermann die klaren Linien der Verantwortlichkeit, indem wir versuchen, die natürlichen Folgen zu verändern, die eine totale Niederlage unausweichlich haben muß. An uns ist es, den unvergeßlichen Eindruck hervorzurufen. An den Deutschen aber ist es, darauf zu reagieren.«

Aus diesen Zitaten geht eine der Ursachen meines Mangels an Vertrauen in die Pläne für die Behandlung Nachkriegsdeutschlands klar hervor, nämlich ihre starke Abhängigkeit von der guten Zusammenarbeit mit den Russen. Nicht nur war meiner Ansicht nach jeder Versuch einer solchen Zusammenarbeit zum Scheitern verurteilt; noch gefährlicher war, daß wir aus Rücksicht auf dieses Gaukelbild unterlassen würden, eigene konstruktive Ideen für die Behandlung der Westzonen zu entwickeln und so den psychologisch richtigen Moment verpassen könnten, das Leben in Deutschland in neue und hoffnungsvollere Bahnen zu lenken. Ich betonte nachdrücklich die Notwendigkeit konstruktiver Sofortmaßnahmen mit dem Ziel der Wiederbelebung der Wirtschaft und der öffentlichen Moral und hielt es für wichtiger, mit den eigenen Plänen weiterzukommen, als den Luftschlössern einer Zusammenarbeit mit den Russen nachzuhängen. Allerdings hatte ich bei meinen Überlegungen wohl die negativen Wirkungen der Zustände unmittelbar nach dem Zusammenbruch, soweit sie damals vorhersehbar waren, einigermaßen überbewertet: den ungeheuren Flüchtlingsstrom, die wirtschaftliche Zerrüttung, den Zusammenbruch der bestehenden Verwaltung und das politische Klima, in dem die alliierte Militärregierung zu operieren haben würde, hatte ich eindeutig zu negativ eingeschätzt.

Andererseits darf man nicht übersehen, daß die unentschlossenen und konfusen Methoden, deren wir uns in der ersten Zeit nach dem Kriege in Deutschland bedienten, sich binnen ein oder zwei Jahren als unzulänglich und ungeeignet erwiesen; und hätte man sie nicht aufgegeben und 1947 durch andere ersetzt, so hätten die von mir befürchteten Konsequenzen sehr leicht Wirklichkeit werden können.

Mein Unbehagen wegen unserer Pläne für Nachkriegsdeutschland entzündete sich vor allem an der Frage der Bestrafung von Kriegsverbrechern. In einer Aufzeichnung, die ich in meiner

Londoner Zeit einmal für Botschafter Winant begann (sie war von ihm nicht angefordert worden, und ich kann mich nicht erinnern, sie ihm je gezeigt zu haben), finde ich folgende Sätze:

»In dem Personenkreis, der sich bei uns mit Außenpolitik befaßt, dürfte sich kaum jemand finden, der von den deutschen Greueltaten eine intimere Kenntnis oder stärkere persönliche Gründe für Empörung hat als ich. Von der deutschen Besatzung habe ich in vielen Ländern vielerlei gesehen; einige mir sehr nahestehende Menschen sind der abscheulichsten Art von Gestapo-Brutalität zum Opfer gefallen. Was ich zu diesem Thema sage, sage ich daher weder in Unkenntnis noch in sentimentaler Beschönigung der Exzesse, die von Deutschen in diesem Krieg begangen worden sind. Aber an dem Tage, an dem wir uns mit den Russen als unseren Verbündeten im Kampf gegen Deutschland einverstanden erklärten, da erklärten wir uns – selbst wenn wir sie uns nicht zu eigen machten – stillschweigend auch mit der Art der Kriegführung einverstanden, wie sie in Osteuropa und Asien Jahrhunderte hindurch geübt worden ist und vermutlich auch in Zukunft geübt werden wird.

Diese Bräuche – ich betone das – sind allgemein verbreitet: nicht etwa nur bei den Deutschen. Wenn die Geschichte über die Grausamkeiten dieses Krieges ihr Urteil fällt, wird sie zwischen Siegern und Besiegten nicht unterscheiden. Das gilt es zu bedenken, wenn uns daran liegt, daß unsere Urteile vor der Geschichte Bestand haben. Wollen andere dennoch in dem üblen Morast wühlen, in dem die Scheußlichkeiten dieses Krieges versunken sind, so sei es ihnen unbenommen. Ich als Amerikaner ziehe es vor, von dem relativen Maß an Schuld, das sie dabei an den Tag zerren, nicht Kenntnis zu nehmen.«

So war ich alles in allem von schweren Bedenken erfüllt, als ich nach dem kurzen Einblick, den mir die Londoner Tätigkeit in unsere Deutschlandpolitik gegeben hatte, im Frühjahr 1944 nach Hause zurückkam. Die Hoffnung auf Zusammenarbeit mit den Russen bei der Regierung Deutschlands hielt ich für wirklichkeitsfremd. Teilweise aus diesem Grund, teilweise aber auch aus umfassenderen Erwägungen heraus war ich gegen jedes komplizierte Entnazifizierungsprogramm. Ich hatte keinerlei Mitleid mit den Naziführern; aber der Gedanke, uns mit den Russen zusammenzutun, um ihr Verhalten zu richten und zu bestrafen, ging mir sehr gegen den Strich. Die spätere Erfahrung hat gelehrt, daß meine Bedenken zwar etwas übertrieben, aber nicht ganz unbegründet waren. Jedenfalls trugen sie ein gutes Teil zu dem tiefen Unbehagen über die amerikanische Deutschlandpolitik bei, das mich während der anschließenden Dienstjahre in Moskau beherrschte.

Als ich nach meinem Urlaub im Frühjahr 1944 nach Washington zurückkam, hatte das Ministerium wohl keine rechte Vorstellung davon, was es mit mir anfangen sollte. Chip Bohlen, mittlerweile Verbindungsmann zwischen State Department und Weißem Haus, erfuhr, daß der Gesandte an der Moskauer Botschaft, Maxwell M. Hamilton, vor der Versetzung stand und daß Botschafter Averell Harriman nach einem neuen Gesandten Ausschau hielt. Bohlen stellte mich Harriman vor; wir drei aßen eines Abends zusammen in Harrimans Apartment im Mayflower Hotel; wir kamen überein, daß ich den Posten erhalten sollte, und zwar in voller Kenntnis der von mir besonders hervorgehobenen Tatsache, daß meine Ansichten über Rußlandpolitik nicht gerade die der Regierung waren.

Die Aufgaben des Gesandten in Moskau schienen uns damals vor allem auf administrativem Gebiet zu liegen. Die Botschaft war in zwei Abteilungen gegliedert, die etwa gleich stark besetzt waren: die eigentliche Botschaft, die den zivilen Stab umfaßte und die ich leiten sollte, und die Militärmission unter General John R. (Russ) Deane. Da Mr. Harriman, wie es sich für einen Botschafter gehört, die Auffassung seines Präsidenten teilte, nach der in Kriegszeiten Ratschläge in Fragen der hohen Politik vorzugsweise vom Militär kommen müßten, verspürte er damals (wenn ich seine Ansichten im Rückblick richtig erfasse) wenig Neigung, sich wegen solcher Dinge an die zivile Seite seiner Mission zu wenden. Vom Gesandten verlangte er die Überwachung der eigentlichen Botschaftsroutine unter den ungewöhnlichen Umständen der Kriegszeit, und meine früheren Erfahrungen und meine Vertrautheit mit der Landessprache ließen mich für die Stelle geeignet erscheinen.

Anfang Juni 1944 verließ ich Washington und flog nach Lissabon, wo meine Familie sich aufhielt. Ich bereitete ihr baldiges Nachkommen vor (es war nur ausnahmsweise gestattet worden; normalerweise durften Ehefrauen nicht nach Moskau hinein, außer wenn sie bereit waren, regelrecht als Angestellte der Botschaft Dienst zu tun) und reiste dann allein auf dem Wege über das Mittelmeer und den Iran an meinen neuen

Dienstort. Die Reise schloß einen Besuch im Hauptquartier des Oberbefehlshabers Mittelmeer in Caserta in Italien ein und erbrachte eine reiche Ernte von Tagebuchnotizen. Sie können in ihrer Masse dem Leser erspart bleiben. Als Abwechslung von der rein politischen Kost jedoch füge ich die Beschreibung von Zwischenlandungen in Kairo und Bagdad und die dadurch angeregten Gedanken ein.

Doch sollte ich dazu vielleicht bemerken, daß meine gesamte diplomatische Tätigkeit sich in ziemlich hohen nördlichen Breiten abgespielt hat. Lissabon, das auf der Breite von Washington, D. C., liegt, war der südlichste meiner verschiedenen Posten. Ich sehe darin eine bedauerliche Einengung sowohl meiner Erfahrungen als auch meines geistigen Horizonts. Meine negativen Reaktionen bei gelegentlichen kurzen Begegnungen mit weiter südlich gelegenen Gegenden Afrikas und des Mittleren Ostens, um nur diese zu nennen, waren sicherlich weitgehend ein Ergebnis dieser blinden Flecken. Zweifellos beruhten sie auf oberflächlichen und irreführenden Eindrücken. Aber auch sie beeinflußten zum Guten oder zum Bösen künftige Gedanken und Meinungen über internationale Fragen. Und ich füge somit diese beiden flüchtigen Impressionen ein als bezeichnend für die Vorbehalte, die ich viel später gegen das hatte, was eine neue Generation »Hilfe für unterentwickelte Länder« nennt.

Am 19. Juni verließ ich in der Frühe Caserta auf dem Luftwege. Es wurde, wie ich damals notierte, der unangenehmste Reisetag meiner Erinnerung. In Caserta war ich Gast des Oberbefehlshabers gewesen und war in seinem Wagen mit wehender Standarte und Sirenengeheul zum Flugplatz gebracht worden. In Malta indessen war die Magie seiner hohen Gönnerschaft nicht mehr wirksam; mein minderer Status als Zivilist wurde wieder fühlbar; in der Offiziersmesse – ebenso übrigens in der Mannschaftskantine – verweigerte man mir eine Tasse Tee verächtlich mit der Begründung, daß ich kein britisches Militärgeld hätte. Hungrig und durstig kehrte ich auf die Kübelsitze der ebenso langsamen wie unermüdlichen DC-3s zurück, die ihre mühselige Reise nach Kairo antrat. In Benghasi traf ich die schlimmste Hitze an, die ich je erlebt hatte.

›Es war wie in einem Backofen. Die Luft schwamm und flimmerte in der Hitze. Drüben in der Wüste erblickte man als Fata Morgana die See. Den ganzen Nachmittag dröhnte die Maschine über die Cyrenaica und die westliche Wüste. Der Hellfire Pass zog langsam unter uns vorbei – still und verlassen in der Glut des Nachmittags, nichts als ein Grat aus Fels und Sand. Die Spuren der eben erst vergangenen Kämpfe und Qualen sind von der Wüste bereits aufgesogen, und sie verharrt, unbesiegbar wie das Meer, in ihrer ungeheuren, grenzenlosen Eintönigkeit. In El Alamein finden sich noch Reste von Gräben und Geschützstellungen, aber in ein oder zwei Jahren werden auch sie verschwunden sein.

Es war Abend und dunkelte schon, als wir unser Ziel, den Flughafen dreißig oder vierzig Meilen außerhalb Kairos, erreichten. Auf einen Lastkraftwagen gepfercht, rumpelten wir weitere anderthalb Stunden durch die Dunkelheit, während das diffuse Glühen des Sonnenuntergangs in der Wüste hinter uns den Himmel erfüllte. Um zehn Uhr abends stand ich mehr tot als lebendig in der Halle vom Shepherd's Hotel. Sie hatten kein Zimmer für mich. Sie wollten weder meine Dollars noch meine Pfundschecks. In der Gesandtschaft gab es anscheinend keinen, der am Telefon etwas Sinnvolles zu sagen wußte. Die Träger in ihren Burnussen, die meine Koffer geschleppt hatten, standen herum und schauten mich ungeduldig an, in Erwartung des Trinkgelds, das ich ihnen nicht geben konnte. Draußen war nichts als eine völlig fremde verdunkelte Stadt. Es war einer der Tiefpunkte meines Lebens. In den frühen Morgenstunden fand ich nach verzweifelten Bemühungen um ein Nachtquartier schließlich ein Sofa in der Wohnung eines freundlichen Amerikaners vom Christlichen Verein Junger Männer.

Dienstag, 20. Juni 1944
Mittwoch, 21. Juni

Die beiden Tage glichen einander zu sehr, als daß man sie einzeln beschreiben könnte. Ägypten, dies Dreieck bewässerter Wüste um das Delta eines verseuchten Stroms, stöhnte unter einer Hitzewelle. Der heiße Atem der Sahara hüllte Meile um Meile brauner Mauern ein. Die Schlammbänke am Stadtrand dampften und stanken unter dem feurigen afrikanischen Himmel. In den Straßen des Ausländerviertels lag der Glast weiß und stechend zwischen den blinden Betonmauern der Villen. Die Leute verbarrikadierten sich in ihren Häusern gegen die Hitze, die Limousinen parkten sie in schattigen Kellergaragen, damit sie nicht zu heiß würden, um darin zu sitzen.

Als am Abend des ersten Tages die Sonne untergegangen und der Himmel abgekühlt war, konnte man spüren, wie die

Hitze gleich Dampf wieder aus der ausgedörrten Erde stieg. Ältliche Engländer schlenderten zum Golfplatz, noch taumelig von ihrer Siesta. Herumziehende Araber, die das Abklingen der Tageshitze im Schatten einer Mauer auf dem Pflaster liegend erwartet hatten, erhoben sich, schüttelten einen Teil des Schmutzes aus den Kleidern und begannen, auf ihre trägen Esel einzuschlagen, um sie zur Fortsetzung der endlosen Reise von Nirgendwo nach Nirgends zu bewegen. Jeeps und Stabslimousinen, die aus Richtung der Pyramiden die Straße hinunterfuhren, begegneten einer Dromedar-Karawane, die langsam und gemessen den zeitlosen Hügel hinauf in die zeitlose Wüste stakste. Im Hotel Mena wurden die Türen zu den Terrassen geöffnet. Die Bar fing an, Getränke draußen zu servieren. Im Musikzimmer spielte, von kunstvollem maurischem Gitterwerk umrankt, die blasse polnische Emigrantin, die mit dem Hund, auf dem Klavier Chopin; und eine einzelne hitzekranke und verirrte Ratte duckte sich ängstlich auf die Fliesen unter den Zimmerpalmen auf der Suche nach einem Ausschlupf in die Dunkelheit und Frische des Gartens.

Am Abend des zweiten Tages endete die große Hitze in einem Sandsturm. Die trockenen Wolken rollten und drehten sich beim Durchzug durch die Stadt. Der Wind pfiff in den Fensterläden des Hotels wie in der Takelage eines Schiffes auf See; und man hörte das ständige Zischen des gegen Mauern und Fenster schlagenden Sands. Die Palmen im Garten schwankten und ächzten, ihre langen Wedel rasselten wild unter der Peitsche des Winds. Die Gäste in der Hotelhalle saßen bei geschlossenen Läden und elektrischem Licht, wie Eingeschneite bei einem Blizzard, und horchten auf das Heulen des Sturms.

Der Wind legte sich während der Nacht. Als ich im Morgengrauen aufstand, um zum Flugplatz zu fahren, war es kühl geworden; und eine klare, frische Luft lag über der schlafenden Stadt. Aber groß und ominös stieg die Sonne am wolkenlosen Himmel empor; und ich wußte: nur allzu bald würden die Hitze und Verderbnis des Tages sich erneut über das fruchtbare, unheimliche Land ergießen.

Freitag, Samstag, Sonntag,
23.–25. Juni 1944. Bagdad

Den ganzen Tag über blieben wir in der Gesandtschaft – in der die Temperatur niemals unter 90 Grad Fahrenheit sank –, um der viel schlimmeren Hitze draußen zu entgehen. Wir konnten aus dem Fenster sehen (wie man im Norden bei Frostwetter aus dem Fenster sieht) und beobachten, wie der heiße staubige Wind an den Eukalyptusbäumen zerrte und der farblose Sonnenschein der Wüste das flache, ausgebleichte Land umfing; ein Sonnenschein ohne Abstufungen, ohne Schattierungen und ohne Schatten – ein Sonnenschein, der nicht einmal die Haut bräunt, sondern mit erbarmungsloser Feindseligkeit zuschlägt und eindringt und auflöst. Außer ›tollen Hunden und Engländern‹, wie Noel Coward sang, würde niemand im Traum daran denken, sich in dieses Inferno von Hitze zu wagen. Nachts kühlte es erheblich ab, und wir schliefen einigermaßen bequem auf dem Dach. Aber inzwischen hatte es die wirklichen tollen Hunde und die Schakale aus der Wüste hergetrieben, und es war nicht ungefährlich, in dem Außenbezirk herumzuwandern, in dem die Gesandtschaft lag. Die einzige erträgliche Zeit des Tages, während derer man aus dem Gefängnis ausbrechen konnte, war der frühe Morgen.

Die Trockenheit der Hitze war zermürbend. Man mußte von morgens bis abends Wasser trinken; und selbst dann drohten die Nieren ihre Tätigkeit einzustellen.

Gesund bleiben konnte man überhaupt nur, indem man das Privatleben einer sehr strengen, wissenschaftlich begründeten Disziplin und Routine unterwarf.

So viel über die Widrigkeiten des Dienstes in Bagdad; aber wie stand es um die Möglichkeiten einer erfolgreichen Tätigkeit? In einem Lande, in dem menschliche Selbstsucht und Dummheit die natürliche Fruchtbarkeit fast gänzlich zerstört haben; wo die Vegetation nur an den Ufern der großen Flüsse überleben kann, die seine Wüsten durchqueren; wo das Klima der menschlichen Gesundheit und Spannkraft schädlich geworden ist?

Eine Bevölkerung mit unsauberen Gewohnheiten, von Seuchen geschwächt und entkräftet; anfällig für jede Art von religiöser Bigotterie und Fanatismus; durch die Gebote des am meisten verbreiteten Glaubens dazu verdammt, genau die Hälfte ihrer Mitmenschen – nämlich die weibliche Hälfte – mittels unbefristeten Hausarrests gegen die andere abzukapseln, sie von den Bestrebungen der Gesellschaft auszuschließen; geprägt – notwendigerweise geprägt – von den Gewohnheiten des Hirtenlebens, die sich seit eh und je mit bäuerlicher oder industrieller Kultur schlecht vertragen. Dies Volk ist jetzt mit westlichen Lebensformen gerade soweit in Berührung gekommen, daß seine Oberschicht nach vielen Dingen dürstet, die nur im Westen erhältlich sind. Den Briten gegenüber voller Argwohn und ressentimentgeladen, würden sie diese Dinge gerne von uns bekommen. Sie würden uns gerne zwischen sich und die Briten schieben und so die Beschränkungen umgehen, die die Briten ihnen auferlegen.

Wenn wir ihnen geben, was sie haben wollen, können wir damit vielleicht vorübergehend die Gunst der Empfänger erkaufen. Aber in dem Maße, in dem wir geben, schwächen wir den britischen Einfluß und bürden uns selbst – ob wir wollen oder nicht – die Verantwortung für das Handeln der eingeborenen Politiker auf. Wenn sie dann anfangen, Dinge zu tun, die nicht in unserem Interesse liegen, die die Weltsituation auf eine unserer Sicherheit abträgliche Weise verändern, und wenn die Briten sie dann nicht mehr zügeln können, dann müssen wir wenigstens teilweise uns selbst die Schuld geben: an uns ist es dann, die geeigneten Maßnahmen zu ergreifen.

Sind wir willens, eine solche Verantwortung zu übernehmen? Ich weiß – jeder realistisch denkende Amerikaner weiß –, wir sind es nicht. Unsere Regierung ist technisch nicht in der Lage, in Gebieten, die von ihrem eigenen Territorium so weit entfernt sind, eine langfristige, folgerichtige Politik zu treiben. Unsere Aktionen auf außenpolitischem Gebiet sind krampfartige Re-Aktionen der Politiker auf ein von lautstarken Minderheiten beherrschtes innenpolitisches Leben.

Die paar Amerikaner, die noch über die Pionierzeit ihres eigenen Landes Bescheid wissen, werden die Wüsten hier kaum ansehen können, ohne aufregende Möglichkeiten von Urbarmachung und wirtschaftlicher Entwicklung zu wittern. Wenn hier einst Bäume wuchsen, könnten sie nicht wieder wachsen? Wenn hier einst Regen fiel, könnte er nicht aus den unerschöpflichen Reserven der Natur wieder herangeholt werden? Könnte das Klima nicht verändert, Krankheit nicht ausgerottet werden?

Wenn es ihnen um die Flucht aus der Wirklichkeit zu tun ist, werden diese Amerikaner, auf den Spuren ihrer Träume wandelnd, sich vielleicht auf den langen und steinigen Weg machen, der zu ihrer Verwirklichung führt. Sind sie aber willens, darüber nachzudenken, wie sehr das Problem des Bodenschutzes in ihrem eigenen Land im argen liegt – wieviel in dem weiten Bereich sozialer Verbesserungen daheim zu tun bleibt –, welch enge Grenzen gleichzeitig unsrer außenpolitischen Durchschlagskraft durch unsre Art von Demokratie gezogen sind –, dann werden sie ihre Erregung über die Möglichkeiten in den schweigenden, erwartungsvollen Wüsten des Mittleren Ostens zügeln und wie enttäuschte, aber pflichtbewußte Kinder sich um die bedauerlichen Mängel und Probleme ihres eigenen Landes kümmern.«

Am 28. Juni reiste ich nach Teheran weiter und war überrascht, mich dort – mindestens atmosphärisch – wieder halbwegs in Rußland zu finden.

»Auf dem Teheraner Flugplatz holte mich ein Beamter der Gesandtschaft ab: ein kummervoller Herr, der erklärte, krank zu sein, und alle Fragen über Persien entweder in Tönen schwärzester Verzweiflung oder mit so mysteriösem Ausweichen beantwortete, daß offensichtlich Schreckliches gemeint war. Indessen war er sehr freundlich, lieh mir Geld und besorgte mir ein Hotelzimmer. Das Hotel war schmutzig und laut. Abends spielte im Garten ein Orchester, und Autos mit Offizieren und Beamten von mindestens vier verschiedenen Nationalitäten fuhren vor und wieder ab.

Abends machte ich einen Spaziergang. Zu meinem Erstaunen fand ich mich in einer Stadt, die alles in allem sehr russisch wirkte. Die geraden, katzenkopfgepflasterten Straßen, die hohen Zäune, die russischen Schilder, die im Abenddunkel flanierenden Menschenmengen und das kosmopolitische Sprachengewirr brachten das vertraute Gefühl von Sommerabenden früherer Jahre in Reval zurück. Es beeindruckte mich, wie diese beiden Hauptstädte, so weit voneinander entfernt, dennoch durch den großen, amorphen Einfluß zusammengeknüpft waren, der Rußland heißt.

Am nächsten Morgen besorgte unser Geschäftsträger mir im amerikanischen Armeelager eine Wohngelegenheit, und ich zog um. Ich bekam eine Wohnkabine für mich allein. Dort ließ ich mich mit einem Stapel Bücher nieder, um ein beschauliches und eingezogenes Leben zu führen, bis die Russen bereit sein würden, mir ein Einreisevisum nach Rußland zu erteilen.

Samstag, 1. Juli 1944

Reise von Teheran nach Moskau.

Um fünf Uhr morgens trafen wir auf dem russischen Flugplatz ein. Wir warteten fast eine Stunde auf den Abflug. Ein gesatteltes, aber zügelloses Pferd mit einem Offizierssäbel, der am Sattel hin und her sprang und klapperte, hatte sich losgemacht und sauste auf dem Rollfeld zwischen den großen abgestellten Maschinen herum. Als es unter großem Geschrei und Gelächter mit Hilfe von zwanzig oder dreißig Flugplatzbediensteten eingefangen war, fehlte ein russischer Leutnant, der mit uns fliegen sollte. Er schien eine Art Kurier zu sein. Schließlich wurde ein Jeep nach ihm ausgeschickt, und er erschien bleich vor Angst wegen seiner Verfehlung, verwirrt stotternd, daß es ›das erstemal‹ sei.

Der erste Teil unserer Reise brachte uns über Berge und Meer nach Baku. Dann flogen wir direkt nach Stalingrad: Wieder über das Kaspische Meer bis Machatschkala, dann über Land. Dies Stück der Reise war ziemlich öde, vor allem die hundert oder zweihundert Meilen nördlich von Machatschkala, die offensichtlich in der Hauptsache aus Salzsümpfen bestanden.

In Stalingrad war außer dem Flughafengebäude (an dem auch noch gearbeitet wurde) anscheinend alles zerstört. In der Nähe des Rollfelds befanden sich Schrottplätze für zerstörte Flugzeuge und Panzer, aber es herrschte eine Atmosphäre geschäftigen Wiederaufbaus. Das Mittagessen wurde in einer kleinen Stalòwaja (Speisehalle) serviert, die nur ein Glas besaß und nicht genug Stühle; aber alle benahmen sich freundlich und hilfsbereit. Wie sehr man mit den Russen sympathisiert, wenn man der Wirklichkeit ihres Alltags begegnet und nicht der anmaßenden Propaganda ihrer Regierung.«

Die ersten Moskauer Wochen waren seltsam und beunruhigend. Oft kam ich mir vor, als wäre ich aus dem Reich der Toten zurückgekehrt – so als hätte ich eine Sondergenehmigung, den Fortgang des Lebens an der Stätte meines irdischen Wirkens zu beobachten, sei aber zugleich durch unüberwindliche Schranken, des Taktes mehr als des Gebots, daran gehindert, mit den anderen über mein früheres Leben und meine Erinnerungen zu sprechen. Keine Menschenseele in der Botschaft oder im Diplomatischen Korps war so wie ich in den dreißiger Jahren in Moskau gewesen. Im Alter von vierzig war ich bereits das an Rußlandjahren älteste Mitglied des Korps[61]. Meine Kollegen gehörten einer neuen Generation mit neuen Interessen an. Das galt besonders für unsre eigene Botschaft. Dort waren die Gedanken und Erinnerungen an die Anfangszeit durch den Krieg und den starken Personalwechsel ausgelöscht, nicht zuletzt auch durch die frischen Eindrücke der kürzlich vorgenommenen Ausquartierung nach Kuibischew, wohin die ausländischen diplomatischen Missionen sich hatten flüchten müssen, als die Deutschen vor den Toren Moskaus standen.

Da mein Vorgänger in den ersten vier Wochen nach meiner Ankunft noch in Moskau und die Gesandtenwohnung mithin noch belegt war, ließ Mr. Harriman mich freundlicherweise im Spaso-Haus, der Botschafter-Residenz, wohnen. Die normalerweise mit dem Leben in einer Residenz verbundenen Annehmlichkeiten waren allerdings in Anpassung an die Erfordernisse der Kriegszeit weggefallen. Das Gebäude beherbergte außer der persönlichen Entourage des Botschafters zahlreiche jüngere Militärs und Zivilangestellte; und Kathleen Harriman, die Tochter des Botschafters, leitete mit zwangloser Liebenswürdigkeit eine Art Kasino, das für die Dauer des Krieges ebenfalls dort installiert war.

Für mich war das Spaso-Haus natürlich voller Erinnerungen.

61 Wäre ich diesmal etwas länger in Moskau geblieben, so hätte ich diese Würde wieder verloren. Das Korps erhielt binnen kurzem in der Person des schwedischen Botschafters Mr. R. Solman Verstärkung durch einen erfahrenen und begabten Diplomaten, dessen erster russischer Turnus als junger Beamter weit vor dem meinen lag.

1933 hatte ich Bullitt beim Aussuchen des Gebäudes geholfen. Wenig später hatte ich auf die Entfernung der sowjetischen Funktionäre dringen müssen, die dort noch residierten, als man uns das Haus anbot – unter ihnen der wegen seiner früheren Tätigkeit in China berühmte und kurze Zeit später bei den Säuberungen hingerichtete Diplomat Karachan. In Vorbereitung der Ankunft Bullitts 1934 hatte ich den Umbau und die Generalüberholung des Hauses überwacht. Gemeinsam mit Charlie Thayer hatte ich eigenhändig die ersten Stücke der schauderhaften Büroausstattung ausgepackt und aufgestellt, die Washington uns für die Kanzlei schickte. Später, zur Zeit von Joe Davies, hatten Thayer und ich während einer seiner zahlreichen Abwesenheiten von Moskau in dem leeren Haus Detektiv gespielt und hatten eine lange ungemütliche Nacht darangesetzt – er auf dem großen gesandeten Speicher und ich im ehemaligen Billardzimmer versteckt –, um die Individuen zu erwischen, die in Erwartung der Rückkehr unsres Botschafters nur allzu merkbar primitive Abhörvorrichtungen installierten.

Das waren nur einige meiner ganz persönlichen Erinnerungen an das Spaso-Haus. Zu ihnen gesellten sich Hunderte von anderen an offizielle oder gesellschaftliche Ereignisse, die sich alle in dem großen Gebäude abgespielt hatten. Kurz gesagt: Spaso-Haus gehörte in gewisser Weise mir. Aber nun, bei meiner Rückkehr nach Moskau, fand ich es von einer Sorte Mensch bewohnt, der diese ganze Vergangenheit wenig oder nichts bedeutete. Meine Erzählungen aus früheren Tagen hörten sie bestenfalls ungläubig und gelangweilt an, und ich merkte bald, daß es besser sei, den Mund zu halten.

Jenseits der kleinen Oase unsrer Diplomatenkolonie dehnten sich jetzt wie damals faszinierend und verheißungsvoll Landschaft und Leben des großen Rußlands, und sie interessierten mich mehr als irgend etwas sonst auf der Welt. Aber ich konnte nicht daran teilhaben. Das Kriegsbündnis zwischen Rußland und den Vereinigten Staaten hatte, wie ich bald merkte, an der Isolierung der amerikanischen Diplomaten von der Bevölkerung nichts geändert. Ganz offensichtlich waren wir in den Augen der Geheimpolizei ungeachtet unsres nominellen Status als Alliierte immer noch gefährliche Feinde, die man mit Argwohn belauern und auf Armeslänge von den Sowjetbürgern fernhalten mußte – vermutlich damit wir sie nicht mit trügerischen Vorspiegelungen eines anderen Lebens verdürben oder ihnen Geheimnisse entlockten, von deren Bewahrung selbst den sogenannten Verbündeten gegenüber Rußlands Sicherheit irgendwie abzuhängen schien. Das schloß jedoch Spaziergänge in Stadt und Umgebung nicht aus, noch den Besuch der Parks und der Theater; und von Neugier verzehrt und voller Sehnsucht nach erneuter Vertrautheit mit dem Fluidum des Landes, stürzte ich mich auf diese Möglichkeit wie ein Dürstender über einen klaren Quell: abends streifte ich auf den Boulevards und in den Parks umher; wochenends machte ich Ausflüge ins Blaue, einfach aus Freude daran, mich unerkannt unter gewöhnliche Menschen zu mischen und in ganz bescheidenem Maße an ihnen und ihrem Leben teilzuhaben. Es gehörte natürlich zu den Spielregeln, meine Identität nicht preiszugeben, wenn es nur irgend zu vermeiden war, weil das die andern erschreckt und gehemmt hätte; aber solange sie nicht wußten, wer ich war, konnte man ihnen kaum vorwerfen, sich mit mir unterhalten zu haben.

Für die sowjetischen Behörden war zu Stalins Zeiten (und leider nicht nur damals) jeder Wissensdurst von Ausländern, der über das hinausging, was das Regime von sich aus zu zeigen gewillt war, in hohem Maße suspekt. Ich zweifle keinen Augenblick daran, daß meine verschiedenen Ausflüge und Forschungsreisen in ihren Augen nichts anderes waren als eine verfeinerte Form der Spionage. Wieweit ihr Argwohn berechtigt war, möge der Leser selbst aus dem anschließenden Bericht über einen Sonntagsausflug entnehmen, den ich eine knappe Woche nach meiner Rückkehr nach Moskau machte. Der Bericht schildert auch die Kriegsatmosphäre, in der ich mich in Moskau fand.

»9. Juli 1944

Ein herrlicher Julimorgen – Moskauer Sommerwetter von seiner besten Seite. Ich machte mich in aller Frühe auf, um die eine der beiden Kirchen zu suchen und zu zeichnen, welche – wie es heißt (außer der Basiliuskathedrale auf dem Roten Platz natürlich) – die einzigen im Moskauer Oblast (Regierungsbezirk) sind, die noch aus der Zeit Iwans des Schrecklichen stammen.

Die Sonne erscheint in Moskau früh in dieser Jahreszeit. Als ich hinüber zur U-Bahn ging, flutete sie schon über die Pflastersteine und vergoldete die bröckelnden Fassaden der schäbigen alten Häuser, die einst der Moskauer Oberschicht gehörten und die auch heute noch trotz Überfüllung und Verfall den Charme der russischen Architektur der Empirezeit besitzen.

Vom U-Bahnausgang beim Brijansker Bahnhof strömten Massen von Menschen – viele bewaffnet mit primitiven Hacken und anderen merkwürdigen Gerätschaften – auf die weite asphaltierte Leere vor dem Bahnhof, blinzelten gegen das grelle Sonnenlicht, erblickten in der Entfernung, am anderen Ende des Platzes, die Fahrkartenschalter der Vorortbahn – und starteten wie zu einem Hundert-Meter-Ausscheidungslauf diesem ersten Ziel entgegen. Dort quirlte und drängelte bereits eine aufgeregte Menge, und die Neuankömmlinge warfen sich mit militanter Begeisterung ins Getümmel.

Der Vorortzug wartete am Bahnsteig. Obwohl die Lokomotive noch nicht angekuppelt war, waren alle Plätze besetzt, alle Gänge verstopft, alle Außenperrons voller Leute, und jeder Puffer hatte seinen Besitzer. Selbst auf den Stufen zu den Perrons hatten sich Trauben von Menschen installiert. Nachzügler wie ich hasteten suchend den Bahnsteig auf und ab, um irgendwo in der langen Wagenreihe noch ein Plätzchen für ihre Zehenspitzen zu finden. Endlich entdeckte ich eine Stufe – eine untere Stufe –, die noch für einen einzelnen Fuß Raum zu haben schien, und hüpfte hinauf. Ein junges Mädchen sah, daß ich es geschafft hatte, sprang sofort hinter mir auf und warf beide Arme um mich herum, um das Geländer zu erreichen. Weit auf den Bahnsteig überhängend, rief sie einer unsichtbaren Begleiterin triumphierend zu: ›Sonja, Sonja – ich hab' einen Platz!‹

Wir warteten. Endlich kam die Lokomotive und wurde festgemacht. Das Herumbalgen der Nachzügler bekam etwas Verzweifeltes. Die Lokomotive pfiff. Im selben Moment tauchte über der Mauer, die das Bahngelände einfriedet, eine Horde zerlumpter kleiner Jungen auf mit Jutesäcken über den Schultern wie gelernte Landstreicher. Unter der Nase des bewaffneten Wachtpostens huschten sie über den leeren Nebenbahnsteig, und sowie der Zug sich in Bewegung setzte, ließen sie sich mit der hochnäsigen Lässigkeit von Profis auf den Bremsschläuchen nieder. Wir fuhren.

Langsam und fast geräuschlos schob der lange schwere Zug sich den Abhang am jenseitigen Ufer der Moskwa hinauf. Der Rock des Mädchens hinter mir klatschte im Vorbeifahren gegen alle Schalter und Signalmasten, aber sie bemerkte es gar nicht, sondern winkte immer wieder voll Begeisterung der unsichtbaren Sonja zu, die anscheinend weiter hinten einen ähnlichen ›Platz‹ gefunden hatte. Jenseits des Schienenstrangs dehnten sich meilenweit die ›Endsieg-Gärten‹, meist mit Kartoffeln bepflanzt. Die ganze Gegend war getupft mit den Rücken der Frauen, die, über ihre unhandlichen viereckigen Hacken gebückt,

Kartoffeln häufelten. An einer Stelle passierten wir Panzerfallen und Gräben. Hier hatten die Russen 1941 wohl die Eisenbahn gegen die vorrückenden Deutschen verteidigen wollen. Der Himmel war von einem unglaublich tiefen Blau und in der Ferne gesäumt von den üppigen weißen Wolken der russischen Ebene. Hier und dort stand eine Pappel in den Feldern, ihre Blätter zitterten im Lufthauch; und hinten am Horizont lag unveränderlich der kalte schwarze Schatten der Kiefernwälder.

Auf unserem vollgepfropften Perron summte es von Gesprächen. Ich verstand nur Fetzen davon. Jemand hatte in der Morgenzeitung das neue Dekret über Eheschließungen und Scheidungen gelesen, und die Idee, an kinderreiche Familien Prämien zu zahlen, gab den Frauen Anlaß zu einer Reihe höchst munterer Kommentare. Ein Stück über mir berichtete ein Bauernmädchen, wie sie und ihr Heimatdorf von den Deutschen behandelt worden waren. Die Geschichte begann mit dem Verstecken eines Honigfasses und endete mit dem Ableben ihres Mannes und ihrer Verwandtschaft. Ich konnte den Schluß hören, der den mitfühlenden Zuhörern mit der ganzen kehligen Beredsamkeit der russischen Sprache zugerufen wurde: ›Wer braucht mich jetzt noch? Wem bin ich jetzt nötig?‹

Ich versuchte mehrfach, mich umzuwenden und etwas weiter hinaufzuklimmen, weil ich hoffte, dann mehr von der Unterhaltung zu verstehen, aber dabei bekam die alte Bäuerin, die eins höher stand, einen Puff ab. Giftig stieß sie auf mich nieder. ›Was ist denn mit Ihnen los, Genosse?‹ schrie sie. ›So was Gewöhnliches. Ich muß schon sagen. Das ist jetzt das zehntemal, daß Sie mich geknufft haben. Dabei sehen Sie aus wie ein kultivierter Mensch!‹ Eine passende Antwort darauf fiel mir nicht ein, und so blieb ich auf meiner Stufe, bis ich am Ziel war.

Den Turm der Kirche, derentwegen ich gekommen war, konnte man vom Bahnhof aus sehen. Ich fand den Weg ohne Schwierigkeit. Das alte Gebäude stand in einem kleinen Waldstück, das von ländlichen Villen umgeben war. Trampelpfade liefen kreuz und quer durch den Wald, und ein gleichmäßiger Strom von Sonntagsspaziergängern zog auf ihnen dahin. In der Kirche wurde Gottesdienst gehalten. Die Töne des Chors drangen hinaus in die sonnige Außenwelt und vermischten sich dort mit dem Summen der Insekten, den Stimmen der Spaziergänger und dem Sausen des Winds in den Wipfeln. Es war kein aufregend schöner Kirchengesang, aber er klang sauber und geradezu. Ich fragte mich, wer aus der zusammengewürfelten

Einwohnerschaft dieses Vororts sich wohl die Mühe gemacht hatte, die langen, teils hinreißenden, teils einschläfernden Variationen Gregorianischer Choräle zu lernen.

Ich ließ mich auf einer kleinen Anhöhe nieder und verbrachte ein oder zwei Stunden mit Zeichnen. Wären nicht die Bäume gewesen, die mich dazu zwangen, in einem Winkel von genau 45 Grad zu zeichnen, dann hätte die Kirche ein gutes Objekt abgegeben. Ich glaube zwar, daß sie erst nach Iwan dem Schrecklichen entstanden ist, aber trotzdem war sie ein ehrwürdiges und beachtliches altes Gemäuer.

Der Gottesdienst dauerte lange. Gerade als ich mit Zeichnen fertig war, ging er auch zu Ende. Die Gemeinde, meist alte Frauen, kam schwatzend heraus und zerstreute sich. Eine alte Bettlerin und zwei Frauen mit Kindern standen noch im Vorbau. Dann kam der Pope in hohen Stiefeln und einem neu aussehenden blauen Gewand durch die Seitenpforte, schloß sie hinter sich ab, jagte die Frauen aus dem Vorbau und stapfte davon, übellaunig seinen wuscheligen grauen Bart schüttelnd und halblaut vor sich hinmurrend, daß er nichts zu essen habe.

Ich ging zurück zum Bahnhof, um mich nach Zügen zu erkundigen und nach etwas Trinkbarem zu fahnden. Der Bahnhof war brechend voll. Ein Zug in Richtung Stadt schien bald fällig zu sein. Sie hatten eine kleine Bude, wo Mineralwasser und Kwass verkauft wurden; aber da man sein eigenes Trinkgefäß mitbringen mußte, gab ich es auf.

Auf dem Bahnsteig versammelten sich schon die Leute in Erwartung des Zuges. Am Ende des Bahnsteigs, auf dem Aschenweg, saß eine Blinde, eine alte blinde Bettlerin. Sie saß geduldig da und schilderte in einem unaufhörlichen Singsang, mit hoher, gebrechlicher Stimme und geradezu kirchlicher Intonation den Ursprung ihres Leidens und die daraus herrührenden Kümmernisse. Drückte ihr einer einen Rubel in die Hand, dann fuhr sie hoch, tastete nach ihrem Täschchen, steckte das Geld hinein und erweiterte ihre Rezitation um ein paar Worte des Dankes, die sie des größeren Nachdrucks wegen mehrmals wiederholte: ›Dank dir, mein Lieber, du mein Eigen, Dank dir, du mein Versorger, möge der Herr dir Gesundheit geben‹, und fuhr dann mit der Aufzählung ihrer Gebresten fort.

Ich fand, daß es noch zu früh sei für die Rückfahrt und ging meines Wegs. Beim Überqueren der Gleise hörte ich immer noch die dünne Leierstimme: ›Ich sehe nicht das große weiße Licht; Gottes Licht sehe ich nicht.‹

Nahe der Kirche stand ein kleines Haus aus Ziegeln, im altrussischen Stil gebaut, mit einer Ziegelmauer drumherum und Türmchen auf den Mauerecken, so als hätte ihm ein alter Kreml, eine befestigte Burg, als Vorlage gedient. Es war alles sehr verkommen. Der winzige Innenhof stand hoch im Unkraut. Ein Soldat mit nur einem Bein und auf Krücken lehnte an der Tür. Ich fragte ihn, was für ein Haus das sei. Eine Frau im weißen Kleid, mit einem Einkaufsnetz in der Hand, kam dazu und sagte: ›Wie soll er das wissen? Es ist alt, das Haus. Es ist aus der Zeit von Iwan dem Schrecklichen. Es hat mal einem Bojaren gehört. Wir wohnen da. Wollen Sie sehen, wie es innen ist?‹

Ich folgte ihr die dunkle Wendeltreppe hinauf in einen Raum im Obergeschoß. Darin saß ein Mann an einem Tisch und tat nichts. Sie stellte ihn als ihren Ehemann vor. Auch er war lahm und hatte den undefinierbaren Ausdruck des ausgedienten Soldaten, gelangweilt und befremdet von der Eintönigkeit des Zivillebens nach soviel Abenteuern und Kameradschaft an der Front. Der Raum war entlang der Mitte durch einen großen Schrank zweigeteilt. Mir schien, als ob hinter dem Schrank jemand anders wohnte. Die Zimmerhälfte, in der wir saßen, war Schlafzimmer, Wohnzimmer, Eßzimmer und Bad in einem und war so vollgestopft mit Sachen, daß sie einem Lagerhaus glich. Die Fülle war derart, daß man jeden Gedanken, es sich nett zu machen, hatte aufgeben müssen. Die Wände waren dick. Die Fensterbögen hatten eine merkwürdig naive Form. Ich fing an zu glauben, daß sie wirklich alt wären, obwohl ich die Spielzeug-Kremlmauer draußen immer noch im Verdacht hatte, sie sei ein Ergebnis der wohlbekannten Vorliebe unsrer Großväter für Miniaturen.

Wie sie es fände, im Haus eines Bojaren zu leben, fragte ich. Es sei feucht, meinte meine Gastgeberin und zeigte auf die großen nassen Flecken an der Decke. Außerdem täte es der Ofen nicht. Dieser Ofen sei eine Pest.

Ich betrachtete das kleine Bauwerk aus Kacheln und Backsteinen mit Respekt. Daß es ein Museumsstück war, schien über allen Zweifel erhaben; daß es zum Wärmen nichts taugte, desgleichen. Ob sie noch mehr über das Haus wisse?

Nicht viel. Es hätte früher mal der Kirche gehört. Beide Gebäude seien einmal Teil des Bojarenbesitzes gewesen. Später hätte ›gleich da drüben‹ ein großes Gutshaus gestanden. Vor dem Ersten Weltkrieg – ›in Friedenszeiten‹ – hätte es darin ein historisches Museum gegeben. Aber es sei abgebrannt, und jetzt erinnere sich niemand mehr so recht daran. Ob ich ein Künstler sei? Sie hätte gesehen, wie ich die Kirche zeichnete.

Nein, ich sei kein Künstler. Zum Beweis zeigte ich ihnen mein Skizzenbuch. Dann verabschiedete ich mich.

Ich ging nordwärts: einen Feldweg entlang, durch einen Wald, in eine Schlucht hinunter, über ein Flüßchen und auf der andern Seite wieder hinauf. Irgendwo im Wald sang eine Frau mit reiner, kräftiger Stimme, einer Stimme, wie man sie nur in Rußland hört. Jenseits der Schlucht arbeiteten zwei Frauen auf einem kleinen Kartoffelacker, und ein Mann lag im Gras auf dem Rücken und sah ihnen zu. Die Frauen hatten die breiten Gesichter, die braunen muskulösen Arme und die kräftigen mütterlichen Schenkel der slawischen Frauen. Sie lachten und scherzten bei der Arbeit, und es war zu spüren, wie ihre Körper den Sonnenschein und ihre nackten Füße die Berührung mit der dunklen kühlen Erde genossen. Ich fragte sie nach dem Weg zur Minsker Bahn. Sie zeigten ihn mir und wendeten sich dann wieder mit der ganzen mühelosen, gelassenen Kraft ihrer Rasse ihrer Arbeit zu.«

Ich muß sagen, daß die Isolierung des Diplomatischen Korps durch die sowjetischen Behörden in diesen ersten Wochen nach meiner Rückkehr kurz vor Kriegsende so schwer auf mir lastete und mein Denken so tief beeinflußte wie nie zuvor und – mit der vielleicht einzigen Ausnahme meiner späteren Arbeit als Botschafter – niemals wieder. Sie paßte gleich schlecht zu dem äußeren Anschein von Waffenbrüderschaft und Zusammenstehen von Verbündeten, den jedenfalls die Westmächte zu erhalten trachteten, wie auch zu den innersten Gefühlen vieler meiner Moskauer Kollegen. Wir waren ehrlich bewegt angesichts der Leiden des russischen Volkes und bewunderten seinen heldenhaften Mut und seine Geduld unter den Prüfungen des Krieges. Wir wünschten ihm nur Gutes. Und so war es doppelt hart, behandelt zu werden, als hätten wir die Pest im Leibe.

In meinen Notizen finde ich eine Unterhaltung verzeichnet, die ich Ende Juli 1944 mit einem sowjetischen Bekannten führte. Wir hatten zunächst von ihrer Ideologie gesprochen und von deren Verschiedenheit von der unsern, und ich hatte meinen Widerwillen gegen die Vorstellung geäußert, unter einer Diktatur leben zu sollen. Daraus ergab sich das folgende Gespräch:

»Hierzulande«, sagte mein Freund, »brauchen wir die Diktatur. Blieben unsre Leute sich selbst überlassen, dann würden sie Maß und Ziel vergessen. Sie kennen keine Hemmungen. Sie würden über die Stränge schlagen.«

»Zu eurem Regierungssystem will ich keine Anmerkungen machen«, erwiderte ich. »Das ist eure Angelegenheit. Im Guten wie im Bösen ist es das Ergebnis eurer Geschichte und eurer Traditionen, der Denkgewohnheiten und des Lebensstils eures Volkes. Darüber will ich mir kein Urteil erlauben. Ich wünschte bloß, ihr würdet es nicht für nötig halten, eure Freunde ständig auf Armeslänge wegzudrücken. Ich komme nach all den Jahren hierher zurück und finde dasselbe alberne System der Fremdenisolierung wie vor zehn Jahren. Da sind wir nun Verbündete, und ihr behandelt uns nach wie vor als Spitzel.«

»Wir müssen unsern Leuten beibringen, daß im Zweifel jeder Ausländer Spionage zu treiben versucht. Nur so können wir sie zu der Zurückhaltung erziehen, die sie als Angehörige einer Großmacht bewahren sollten.«

»Nun hör aber mal zu«, sagte ich. »Diese Spionageidee ist ja bei euch schon krankhaft. Ihr habt mehr Angst vor Spionage als irgendein anderer Staat. Man sollte fast meinen, ihr wäret irgendein kleines schwaches Land, dessen Weiterbestehen davon abhängt, ob es ausländischen Einfluß abwehren kann. Haben eure Siege euch denn kein Selbstvertrauen gegeben? Wo bleibt denn der Sinn der Sache? Glaubt ihr, wir würden eure Kriegführung unterstützen, euch Jahr für Jahr Industrieprodukte im Wert von Milliarden Dollar geben, die wir in harter Arbeit geschaffen haben, wenn wir euch feindlich gesonnen wären? Glaubt ihr im Ernst, unsere Regierung würde euch diese gewaltige Hilfe bewilligen und dann ihre Diplomaten anweisen, allerhand schmutzige kleine Intrigen gegen euch zu spinnen?«

»Unser Volk«, antwortete mein Freund, »darf keinen Augenblick vergessen, daß es in einer kapitalistischen Umwelt lebt, daß ein Freund heute Freund und morgen Feind sein kann. Wir dürfen euch nicht erlauben, euch eng an unsre Leute anzuschließen. Ihr würdet ihnen alles mögliche über eure Länder erzählen, über euren höheren Lebensstandard, euer sogenanntes glückliches Leben. Ihr würdet sie durcheinander bringen. Ihre Loyalität gegenüber dem eigenen System würde darunter leiden.«

»Na schön«, sagte ich. »Ihr könnt ja so weitermachen. Handelt ruhig weiter nach der These, daß die Welt euer Feind sei.

Schickt nur weiter Generation nach Generation verbitterter und gekränkter Absolventen eures kleinen Lehrgangs der Diplomatie in die Welt hinaus. Aber wundert euch dann nicht über das Ergebnis. Richtet euch darauf ein, daß Verärgerung und Ressentiments unausweichlich ihren politischen Widerhall finden werden.« Mein Freund lachte. »Davor haben wir keine Angst«, sagte er. »Wir sind ganz zufrieden mit dem derzeitigen Arrangement.«

Er schwieg einen Augenblick. Ich stand auf, um zu gehen. An der Tür hielt er mich zurück.

»Wir haben viel Erfolg in diesen Tagen«, sagte er. »Je mehr Erfolg wir haben, desto weniger kümmert uns die Meinung des Auslands. Das ist etwas, das du dir beim Russen merken solltest. Je besser seine Sache steht, um so anmaßender tritt er auf. Das gilt für uns alle, für die Regierung wie für die andern. Nur wenn es uns dreckig geht, sind wir sanft und milde und versöhnlich. Sind wir obenauf, dann geh uns aus dem Weg!«

An einem anderen Sonntagmorgen desselben Sommers 1944 hatte ich das unerfreuliche Erlebnis, am Bordstein eines der großen Boulevards in der Nähe von Spaso-Haus stehend, an die fünfzigtausend deutsche Gefangene auf ihrem meilenweiten Marsch quer durch die Stadt von einem Bahnhof zum andern an mir vorbeiziehen zu sehen. Der Zweck des Unternehmens war ganz einfach, den Einwohnern der Stadt ein Schauspiel zu bieten.

Es war ein heißer Tag. Die Sonnenstrahlen tanzten auf der riesigen Asphaltwüste, in die man die Boulevards verwandelt hatte[62].

Die Männer, vermutlich gerade erst aus Güterwaggons entladen, waren offensichtlich erschöpft und zweifellos hungrig. Sie wurden, wie es schien, absichtlich im Geschwindmarsch vorbeigeführt. Hier und da stießen berittene sowjetische Wachen – offenbar Angehörige der Grenz- und Sicherheitstruppen des Polizeiapparats – ihre Pferde brutal in die hinteren Reihen der dicht formierten Abteilungen und brachten die Männer zum Stolpern und zum Laufen. Gelegentlich wurde einer ohnmächtig, und man schleppte ihn in den Rinnstein, um ihn später aufzulesen. Gemessen an anderen Kriegsgreueln war das bloß eine kleine Brutalität. Die Deutschen waren weiß Gott im ersten

62 Die Boulevards, einst richtige Alleen mit Parkanlagen in der Mitte, waren angeblich auf Stalins Befehl ihrer Grünstreifen beraubt worden. Sie bildeten nunmehr außergewöhnlich breite Bänder schieren Asphalts und waren für Fußgänger und Autofahrer gleichermaßen gefährlich.

Kriegssommer mit viel mehr russischen Gefangenen um ein Vielfaches schlimmer umgesprungen, hatten Hunderttausende, wenn nicht Millionen, in den Lagern an Hunger und Seuchen sterben lassen und die Überlebenden auf tausenderlei Arten gequält. Und selbst im Vergleich mit dem Schicksal, das diesen selben Deutschen an ihren unbekannten Bestimmungsorten in Gestalt von Zwangsarbeit und Inhaftierung bevorstand, war das, was ihnen jetzt auf dem Boulevard widerfuhr, wohl nur ein kleineres Übel.

Dennoch erfüllte mich das Schauspiel mit Trauer, Erschütterung und Unbehagen. Die Gefangenen waren junge Menschen, viele gewiß nicht älter als unsre College-Studenten. Vor fünf Jahren, bei Ausbruch des Krieges, waren sie Kinder gewesen. Alle hatten irgendwo ein Zuhause und eine Mutter, und auch der heftigste Abscheu vor dem Nazisystem konnte einen nicht vergessen machen, daß dies Zuhause sehr oft anständig gewesen war, von Zuneigung und Zärtlichkeit regiert und politisch durch Hilflosigkeit, wenn nicht Unschuld, gekennzeichnet. Wie diese jungen Männer sich benommen haben würden, wenn sie älter geworden wären und persönliche Macht und Verantwortung erworben hätten, konnte niemand wissen. Aber sicherlich hatte man zu den großen Entscheidungen dieses Krieges nie ihre Meinung eingeholt, viel weniger zu den Scheußlichkeiten des Naziregimes. An die Front waren sie ohne eigenes Zutun gekommen. Und da sie zur kämpfenden Truppe an der Front gehörten, war kaum anzunehmen, daß sie an den Greueln maßgeblich beteiligt waren, die hinter der Front von Gestapo und SS und von den polizeilichen Strafexpeditionen verübt wurden. War es dann richtig, so fragte ich mich, sie für die Taten einer Regierung zu strafen, in deren Gewalt ihre Väter sie bereits als Kinder gegeben hatten und gegen deren Verhalten nie die geringste Möglichkeit der Auflehnung bestand? Wurde Roheit dadurch annehmbar, daß man sie als Akt der Vergeltung betrieb? Wenn man vorgab, seinen Feind *wegen* seiner Methoden zu bekämpfen und sich dann in der Hitze des Gefechts dazu hinreißen ließ, genau dieselben Methoden anzuwenden – wer war dann der Sieger? Wer hatte dann dem andern seine Methoden aufgezwungen? Von wessen Haltung konnte man sagen, sie habe sich behauptet?

Mit diesem Erlebnis kam mir zum Bewußtsein, daß ich gefühlsmäßig außerhalb der durch den Krieg erweckten Leidenschaften stand und immer stehen würde. Es gab Augenblicke des Zorns für mich – viele sogar, und die Tage des Gleichmuts waren wahrlich rar. Wo ich auch lebte, sei es in Berlin, Moskau oder Washington – immer hatten die Beispiele für Heuchelei, bewußte Fälschung, Rachsucht und Kleingeist, die die Tagespresse füllten, bei mir ausgeprägte physische Reaktionen hervorgerufen, im Verein mit empörtem Geknurr, und meine Familie hatte gelernt, die unveränderlichen Symptome zu deuten. Aber mein Zorn richtete sich bei solchen Anlässen viel mehr gegen die Methoden als gegen die Ziele. Ziele hatten gemeinhin etwas Prahlerisches, Unwirkliches, Übertriebenes, ja sogar Rührendes – ihre Verwirklichung war nicht sehr wahrscheinlich, man konnte sie kaum ernst nehmen. Die Leute mußten sie eben haben oder sich wenigstens einbilden können, welche zu haben. Das gehörte nun mal zur menschlichen Schwachheit. Methoden waren da ganz etwas anderes. Die waren wirklich. Ihre unmittelbaren Wirkungen machten das Leben zu dem, was es war. Im Krieg wie im Frieden interessierte mich viel weniger das, wofür die Leute glaubten, daß sie sich einsetzten, als vielmehr die Art und Weise, wie sie es taten. Und ob man es nun Charakterschwäche nennt oder das Gegenteil – an diesem Punkt werden sich die Geister wohl immer scheiden –, für Kreuzzüge bin ich nie zu haben gewesen.

Trotz aller guten Vorsätze erwies es sich für den Botschafter genau wie für mich selbst als undurchführbar, mich von dem politischen Geschehen völlig fernzuhalten. Gleich in den ersten Wochen überfiel uns ein Problem, das während des ganzen folgenden Jahres die amerikanisch-sowjetischen Beziehungen stärker belastete als alle anderen: Polen.

Ein kurzer Rückblick auf die vorangegangenen Ereignisse scheint hier angebracht, denn es handelte sich um einen vielschichtigen Komplex, und nicht alle Leser werden sich der Einzelheiten noch klar erinnern. Während der Dauer des deutsch-sowjetischen Nichtangriffspaktes hatte die sowjetische Regierung, die sich mit den Nazis über die Vernichtung des polnischen Staatsgebildes und die Aufteilung seines Gebiets unter Rußland und Deutschland einig war, es naturgemäß abgelehnt, die in London etablierte polnische Exilregierung anzuerkennen, die ihrerseits ebenso naturgemäß die Teilung ihres Landes nicht als legitim betrachtete. Zur selben Zeit hatten die sowjetischen Polizeibehörden aus dem sowjetisch besetzten Teil Polens mehrere hunderttausend – vermutlich über eine Million[63] – Menschen mit äußerster Grausamkeit und Härte nach Innerrußland und nach Sibirien deportiert. Diese Menschen hatten sich in der überwiegenden Mehrzahl der Fälle überhaupt keines spezifischen Vergehens gegen die sowjetischen Besatzungsbehörden schuldig gemacht. Sie wurden entfernt, weil sie Kreisen der Bevölkerung angehörten, oder weil man glaubte, daß sie Kreisen der Bevölkerung angehörten, deren Verbleib die Festigung des kommunistischen Regimes in ihrer Heimat vielleicht hätte erschweren können – und das betraf bei weitem nicht nur Reaktionäre. Die Begleitumstände ihrer Deportierung und ihre anschließende Behandlung in der Sowjetunion waren so grauenvoll, daß man von einem Großteil von ihnen – manchmal wird behauptet, von jedem zweiten – nie wieder etwas hörte. Darüber hinaus hatten die sowjetischen Behörden an die 200000 Angehörige der polnischen Streitkräfte in Gewahrsam genommen – alles Männer, deren einziges Vergehen, soweit man sehen konnte, darin bestanden hatte, ihr Land zu verteidigen, als es 1939 angegriffen worden war. Und von diesen Soldaten waren fast zehntausend Offiziere, darunter viele Reserveoffiziere: Ärzte, Anwälte, in mancher Hinsicht die geistige Elite Polens, im Frühjahr 1940 im Wald von Katyn einzeln umgebracht worden. Sowjetische Polizeieinheiten, die für diesen Zweck bereitgestellt worden waren, gaben die Genickschüsse am Rande von Massengräbern ab, in die die Leichen dann hineingestoßen wurden. All dies geschah, ich wiederhole es, obwohl die polnische Armee sich keines Angriffs auf die Sowjetunion schuldig gemacht, ja sogar der Besetzung durch die Sowjets kaum Widerstand geleistet hatte. Man machte auch nicht den Versuch, bei der Abschlachtung der Offiziere irgendwelche Maßstäbe individueller Schuld anzulegen. Sie wurden einfach »als Klasse« ausgerottet.

Das ungeheuerliche Verbrechen wurde erst Anfang 1943 aufgedeckt, als die Deutschen auf die Gräber stießen. Über die Deportationen wußte man natürlich schon früher eine ganze Menge; aber solange der Krieg dauerte, wurde der öffentlichen Meinung im Westen niemals ganz deutlich, welche Scheußlichkeiten die sowjetische Polizei in der Ära des Nichtangriffspakts

[63] Die zuständigen Stellen der Exilregierung haben die Zahl von 1,6 Millionen genannt, darunter etwa 180000 Kriegsgefangene. Wyschinskij gab im Oktober 1944 zu, 387932 Polen seien ursprünglich in Rußland »interniert« gewesen, aber das schloß offensichtlich Juden, Ukrainer etc. genauso wenig ein wie diejenigen, die nicht »interniert« waren. Nach meinem eigenen Eindruck lag die Zahl der deportierten Zivilisten etwa bei einer Million, vielleicht bei 1,2 Millionen.

sowohl an der Zivilbevölkerung Ostpolens wie an den kriegsgefangenen Offizieren verübt hatte.

Im Sommer 1941, nach dem deutschen Angriff, gab das Stalinregime, das zu der Zeit in einer gefahrvollen, ja verzweifelten militärischen Situation steckte, dem Drängen der westlichen Alliierten nach und erklärte sich bereit, die polnische Exilregierung anzuerkennen, die in Rußland eingekerkerten oder sonstwie zurückgehaltenen Polen zu amnestieren und auf sowjetischem Territorium die Aufstellung einer polnischen Armee zu gestatten, die unter dem Befehl von Generalleutnant W. Anders stehen und aus polnischen Kriegsgefangenen und anderen in der Sowjetunion lebenden Polen gebildet werden sollte. Man muß sich fragen, ob Stalin bei der Zustimmung zu diesen Plänen wirklich wußte, welches Schicksal seine eigene Polizei den zehntausend Offizieren bereitet hatte. Denn bei der Aufstellung einer solchen Streitmacht war es doch nicht zu vermeiden, daß das Fehlen dieser Männer bemerkt und daß verlangt werden würde, sie herbeizuschaffen und ihnen zu gestatten, in die neue Armee einzutreten. Wie dem auch sei – dem alliierten Drängen auf anständige Behandlung der polnischen Exilregierung wurden damals erhebliche Konzessionen gemacht. An einem Punkt jedoch war es aus mit der Nachgiebigkeit. Selbst in der Zeit seiner ärgsten militärischen Bedrängnis weigerte Stalin sich, den Polen nach Kriegsende die Gebiete zurückzugeben, in die die Sowjets 1939 auf Grund des Abkommens mit den Nazis eingerückt waren, und das, obwohl er bereit war, einzuräumen, daß das Abkommen hinfällig geworden war. Und die Briten, die sich damals von allen Westmächten am intensivsten um die Interessen der Exilregierung kümmerten, bestanden nicht darauf, weil ihnen der Widerstand der russischen Armeen als die einzige Chance für einen Sieg über Hitler erschien.

Bereits Ende 1941, nur wenige Wochen nach seinen Zugeständnissen an die Polen, scheint Stalin sich anders besonnen zu haben, was wahrscheinlich mit Rußlands günstigerer militärischer Lage zusammenhing. Jedenfalls ging er daran, die Konzessionen, wo er nur konnte, ihres Sinns zu entkleiden. Das ging ohne Schwierigkeiten. In den kommenden fünfzehn Monaten wurde eine Verfügung nach der andern in Kraft gesetzt, die die Bedeutung der Zugeständnisse immer mehr aushöhlte und sie schließlich ganz aufhob. Als erstes lehnten die sowjetischen Behörden es ab, diejenigen Deportierten aus dem seinerzeit sowjetisch besetzten Teil Polens als polnische Staatsbürger anzuerkennen, die nicht nachweisen konnten, daß sie ethnisch Polen waren, und nahmen somit alle diejenigen, die als Juden, Ukrainer, Bjelorussen oder sonstwie ethnisch als Nichtpolen klassifizierbar waren, ganz einfach ohne die geringste Rücksicht auf eigene Wünsche als Sowjetbürger in Anspruch. Das engte den Kreis der Personen, zu denen die in Rußland ansässigen Vertreter der Exilregierung Zutritt hatten, ganz erheblich ein. Bei der Rekrutierung und Formierung der polnischen Streitkräfte in Rußland machte man alle möglichen Schwierigkeiten; und die Einheiten, die es schließlich aufzustellen gelang, wurden im gegenseitigen Einverständnis aus der Sowjetunion wegverlegt. Man gestattete – und förderte zweifellos – die Bildung eines Komitees polnischer Kommunisten, das die Anerkennung der Exilregierung strikt ablehnte und ganz offensichtlich auf sowjetischem Hoheitsgebiet als mögliche Alternative zur Exilregierung in Reserve gehalten wurde. Die Bemühungen der Exilregierung, in der Sowjetunion eine offizielle Dienststelle zu unterhalten und eine Hilfsaktion für die Überlebenden der Deportationen in die Wege zu leiten, begegneten mit der Zeit immer größeren Schwierigkeiten und wurden zum Schluß völlig sinnlos. Im Januar 1943 endlich entzog die sowjetische Regierung dieser Dienststelle die Daseinsberechtigung vollends durch die Ankündigung, daß alle bis dahin noch in Rußland verbliebenen Polen von nun an als Sowjetbürger betrachtet würden. Das bedeutete, daß die Vertreter der Londoner polnischen Regierung sich nicht einmal mehr nach dem Schicksal dieser Menschen erkundigen, geschweige denn ihnen Hilfe bringen konnten. Und als dann im April 1943 die Entdeckung der Leichen in Katyn von den Deutschen bekanntgegeben wurde und die polnische Exilregierung eine Untersuchung durch das Internationale Rote Kreuz verlangte (weniger hätte sie wohl kaum verlangen können), da reagierte die sowjetische Regierung mit dem prompten und vollständigen Abbruch der Beziehungen.

Kurz bevor ich 1944 wieder nach Moskau ging, verbrachte ich einen Abend mit dem Botschaftsrat der polnischen Botschaft in Washington, dem verstorbenen Jan Wszelaki. Gemeinsam gingen wir die ganze üble Geschichte durch und versuchten, uns über die Beweggründe und die Ziele der sowjetischen Regierung klarzuwerden. Am Ende unserer Unterhaltung hatte ich stark den Eindruck, als sei Stalins Feindseligkeit gegenüber der Exilregierung zwar teilweise der verbesserten militärischen und politischen Lage Rußlands zuzuschreiben, werde aber erst dann voll verständlich, wenn man unterstelle, daß die Exzesse der sowjetischen Polizei gegen die Polen in den Jahren 1939 und 1940 die Sowjets in höchste Verlegenheit gebracht und sie sich infolgedessen entschlossen hätten, im Nachkriegspolen keine Regierung zu dulden, die geneigt oder in der Lage sein könne, in der Vergangenheit herumzuwühlen und die Untaten der Sowjets öffentlich anzuprangern. Das hieß, wenn meine Überlegungen stimmten, daß es um die polnische Exilregierung sehr viel schlechter stand, als die Westmächte damals glauben wollten, daß die Situation schlimmer war und schwieriger zu meistern sein würde, als man gemeinhin annahm. Worum es Stalin ging, war nicht, wie viele unserer Leute meinten, der Wunsch, auf der andern Seite der polnischen Grenze eine »befreundete Regierung« zu wissen. Es ging ihm um die Notwendigkeit, mit der zukünftigen politischen Führung Polens, wer sie auch sei, bei der Unterdrückung des Beweismaterials und der Erinnerung an die in jeder Weise unentschuldbaren Taten der sowjetischen Polizei in den Jahren 1939 bis 1941 Hand in Hand zu arbeiten. Und es war klar, daß eine zu solcher Gemeinsamkeit bereite polnische Regierung eine von den Sowjets scharf kontrollierte kommunistische Regierung zu sein hätte.

Während ich in Teheran auf mein russisches Visum wartete, hatte ich in meinem Tagebuch einige Gedanken zum Thema Polen notiert. Ich wußte, daß ich von der persischen Grenze bis Moskau durch sowjetisches Gebiet reisen würde, und da ich nicht sicher sein konnte, daß meine Papiere nicht irgendwo von wißbegierigen Mitgliedern der sowjetischen Geheimpolizei durchstöbert würden, drückte ich mich so aus, daß der Text notfalls vor sowjetischen Augen hätte bestehen können; aber wie sich zeigte, brauchte ich nur recht wenig umzuformulieren. Hier der Abschnitt aus meinem Tagebuch:

»Während meines Aufenthalts im Irak hatte ich Gelegenheit, über die polnisch-russische Frage nachzudenken. Das hätte sich auch kaum vermeiden lassen, denn es steht für mich außer Frage, daß das Problem sich bei meiner Moskauer Tätigkeit immer wieder als Störfaktor in den Beziehungen zwischen den Vereinigten Staaten und der Sowjetunion bemerkbar machen wird. Es ist ja gut und schön, wenn Genosse Borisow an die Redaktion von ›Der Krieg und die Arbeiterklasse‹ schreibt, dies Problem könne von der Sowjetunion und Polen ohne Einmischung Dritter direkt gelöst werden. Das schafft aber die Tatsache nicht aus der Welt, daß Millionen Menschen bei uns zu Hause es als Probe darauf ansehen, ob Rußland wirklich gewillt ist, in Europa eine anständige, humane und kooperative Politik zu betreiben. Ist es dazu bereit, dann steht der Verwirklichung der großartigen latenten Möglichkeiten amerikanisch-russischer Zusammenarbeit nichts mehr im Wege. Wenn nicht, dann bleibt den angelsächsischen Staaten keine Wahl, als Westeuropa in Einflußsphären aufzuteilen und zur Sowjetunion die Sorte Beziehungen zu unterhalten, die keiner Seite nützt. Viele meiner Landsleute werten Rußlands Haltung gegenüber dem polnischen Problem als Präzedenzfall für seine Haltung gegenüber dem Westen.

Ich glaube, ich sehe ziemlich genau, wo für die Russen die Schwierigkeiten liegen. In der Hauptsache geht es natürlich nicht um Gebietsansprüche, sondern um die Frage, wer Polen regieren soll. Aber hier macht die Sowjetregierung sich die Sache unnötig schwer; und die verantwortlichen sowjetischen Politiker sind entweder von ihren eigenen Leuten falsch informiert oder haben ihre Informationen falsch bewertet.

Jeder vernünftige Mensch wird einsehen, daß die derzeitige sowjetische Politik bei ihrer ungeheuren Wichtigkeit für die Zukunft Europas nicht durch Auseinandersetzungen über zurückliegende Fehlurteile einzelner Gruppen oder Individuen innerhalb des sowjetischen.Regierungsapparats kompromittiert werden darf. Ich bin überzeugt, daß auch die polnische Regierung heute so denkt, trotz ihrer taktischen Fehler in den vergangenen Jahren. Die in Rußland erhobene Forderung nach vollständiger Unterdrückung und Auflösung der Exilregierung – Akten, Archive und Erinnerungen einbegriffen – dient vielleicht den Interessen gewisser Gruppen innerhalb der Sowjetregierung, die für die begangenen Fehler verantwortlich sind. Sie dient weder der Regierung noch dem Volke insgesamt. Denn wenn man die polnische Regierung ruiniert und zur Verzweiflung treibt, macht man sie damit zum Kristallisationspunkt einer polnischen Emigration, die auf Jahre hinaus die angeblichen Exzesse russischer Behörden gegenüber den polnischen Streitkräften und Zivilisten während der Zeit des russisch-deutschen Nichtangriffspakts für Propagandazwecke ausnutzen wird. Käme man dagegen zu einem vernünftigen Arrangement mit dieser Regierung (und das schlösse umfangreiche territoriale Umdispositionen genausowenig aus wie die Umbildung der polnischen Regierung, um für Leute wie Witos und andere Platz zu schaffen), dann könnte es kaum zweifelhaft sein, daß die polnischen Führer sich bereitfinden würden, die Vergangenheit ruhen zu lassen; und für die Einhaltung des Abkommens böte die gewaltige Stärke der russischen Regierung Garantie genug. Wenn es so weitergeht wie bisher, dann setzt man die gesamte internationale Zukunft Rußlands aufs Spiel, um einige wenige Personen, die früher einmal unangebrachte Entscheidungen getroffen haben, intern abzusichern.«

Als ich Rußland Ende Juni 1944 wieder betrat, strebte die polnische Krise dem Höhepunkt zu, nachdem sowjetische Truppenverbände erstmalig auf Gebiete vorgerückt waren, deren Zugehörigkeit zu Polen nicht einmal die Sowjetregierung zu bestreiten gesonnen war. Statt der Exilregierung zu gestatten, eigene Beamte in diese Zone zu entsenden, die die zivile Verwaltung in die Hand nehmen oder sich zumindest an ihr hätten beteiligen können, taten die Sowjets ihre Absicht kund, die politischen Befugnisse in dem befreiten Landesteil an das Polnisch-Sowjetische Komitee zu übertragen, das sich inzwischen zu einem »Nationalen Befreiungskomitee« gemausert und in Lublin etabliert hatte.

Die Exilregierung war über diese Entwicklung natürlich zutiefst beunruhigt. Auch die westlichen Regierungen fühlten jetzt, nach drei Jahre langem Vor-sich-her-schieben des Problems, daß sie Stellung nehmen müßten. Der Premierminister der Londoner polnischen Regierung, Stanislaw Mikolajczyk, wurde anläßlich seines Juni-Besuchs bei dem amerikanischen Präsidenten sowohl von Roosevelt wie von Churchill gedrängt, nach Moskau zu reisen und an Stalin direkt zu appellieren. Stalin ließ sich am Ende auch herbei, ihn zu empfangen, wenngleich offensichtlich ungern. Am 27. Juli verließ Mikolajczyk London in Richtung Moskau. Am selben Tag brachte die sowjetische Presse die eindeutig auf den bevorstehenden Besuch gemünzte Meldung vom Abschluß eines Abkommens zwischen der Sowjetregierung und dem polnisch-kommunistischen Nationalen Befreiungskomitee, das diesem gestattete, in allen Teilen Polens »sämtliche Aufgaben der zivilen Verwaltung selbständig zu übernehmen«, sobald die betreffenden Gebiete nicht mehr zum direkten militärischen Operationsbereich gehören würden. Damit gab Stalin in aller Deutlichkeit zu verstehen, daß er nicht beabsichtige, die polnische Exilregierung in irgendeinem Teil

Polens Fuß fassen zu lassen, der von der Roten Armee überrannt worden war – und das bedeutete früher oder später ganz Polen[64].

Am 26. Juli, dem Tag vor der Bekanntgabe des Abkommens, hatte Botschafter Harriman mich vertraulich über Mikolajczyks bevorstehenden Besuch informiert und mich gefragt, ob und was wir als eine Art Vorauskommentar dazu nach Washington drahten sollten. Wir einigten uns darauf, die Sache zunächst zu beschlafen. Am nächsten Morgen schrieb ich meine Ansichten nieder, vor mir die Morgenzeitung mit der Meldung über das Abkommen mit den »Lublinpolen«, wie man die Mitglieder des Nationalen Befreiungskomitees jetzt nannte. Ich erklärte dem Botschafter, ich hielte es für höchst unwahrscheinlich, daß der Besuch zur Aussöhnung der Exilregierung mit der Lublin-Gruppe führen würde. Zur Stützung dieser Ansicht trug ich folgende Überlegungen vor:

»1. Die Russen haben in letzter Zeit an der Front mit beispiellosem Erfolg gekämpft und tun es noch. Ihr Stolz und ihre Erregung darüber gehen bis an die Grenze der Hysterie. Sie werden es sich zutrauen, die Dinge in Osteuropa ohne allzu große Schwierigkeiten nach eigenem Gutdünken zu regeln, und werden nicht geneigt sein, uns oder den Polen zuliebe große Umstände zu machen.

2. Mikolajczyk hat in letzter Zeit keine Einladung nach Moskau erhalten. Der Besuch wurde auf Verlangen der Briten, nicht der Russen, arrangiert. Er hat nichts in der Hand als das widerwillig gegebene Versprechen Stalins, daß er sich nicht weigern werde, ihn zu empfangen, wenn er käme – das und die Warnung, er würde besser daran tun, die von Moskau kontrollierten Polen aufzusuchen. Stalin scheint sich demnach für seinen Besuch nicht wirklich zu interessieren und sich auch nichts davon zu versprechen.

3. Moskau hat deutlich gemacht, daß die Umbildung der polnischen (Londoner) Regierung Vorbedingung für die Bereinigung des polnisch-russischen Verhältnisses sei. Eine Umbildung hat nicht stattgefunden.

4. Das neue polnische Befreiungskomitee hat bereits eine der Exilregierung völlig entgegengesetzte Position bezogen. Eine

[64] Am letzten Tag des Jahres 1944 verkündete die Sowjetregierung schließlich die Anerkennung des Nationalen Komitees in Lublin als der rechtmäßigen polnischen Regierung, und dieses wurde so zum Kern des gegenwärtigen kommunistisch-polnischen Regimes.

Änderung dieser Position werden allein schon Prestige-Erwägungen verhindern.«

Ich fügte hinzu, daß Mikolajczyk allerhöchstens einen Posten in einem großenteils aus Mitgliedern des Befreiungskomitees und ein paar prosowjetischen Auslandspolen wie Lange gebildeten polnischen Kabinett zu erwarten habe – und auch das nur, wenn er bereit sei, sich von seinen jetzigen Gefährten loszusagen und bei der Denunzierung einer Reihe von Exilpolen, darunter seines Präsidenten und Sosnkowskis, mitzutun.

Zur Grenzfrage schließlich meinte ich, daß für den Verlauf der Grenze selbstverständlich die politischen und strategischen Erwägungen Moskaus bestimmend sein würden und daß man das Ergebnis hinter dem Schleier der im polnischen Manifest niedergelegten ethnologischen Formel verstecken werde, die ja so flexibel war, wie man es sich nur wünschen konnte.

Meine düsteren Vermutungen über die tieferliegenden Ursachen der Ablehnung der Exilregierung durch die Sowjets glaubte ich in diesem Memorandum nicht erwähnen zu sollen. In den Kreisen der Alliierten zeigte man damals allgemein sehr wenig Neigung, sich mit Aktionen der Sowjets aus der jüngsten Vergangenheit, insbesondere aus der Zeit des Nichtangriffspakts, zu befassen oder gar daraus politische Probleme zu machen. Und was die Ermordung der Offiziere betraf, so hatte ich keine Beweise – nur eine aus der Erfahrung und den damals zugänglichen begrenzten Informationen entstandene Vorstellung davon, wie die Dinge sich wahrscheinlich zugetragen hatten und wie wahrscheinlich nicht. Der Augenblick schien mir auch deshalb besonders ungünstig, weil der Botschafter, soweit ich mich erinnere, gerade in jenen Tagen einige seiner jüngeren Beamten nach Katyn entsandt hatte, wo sie gemeinsam mit ausländischen Journalisten die Gräber besichtigten. Die Einladung dazu war von den sowjetischen Behörden gekommen, die ängstlich bemüht waren, die Schuld an der Ermordung der Offiziere auf die Deutschen abzuwälzen. Ich selbst war bei dem Unternehmen nicht zu Rate gezogen worden. Auch mit dem Beweismaterial war ich nicht vertraut, von dem abgesehen, was man zur Veröffentlichung in der sowjetischen Presse für geeignet befunden hatte. Ich konnte mir nicht selber den Auftrag aufbürden, von meiner bescheidenen Warte aus das Material für eine fürchterliche Anklage gegen die Sowjetregierung zu erbringen, besonders nicht für eine Anklage, die meine eigene Regierung weder zu erheben noch zu diskutieren wünschte. Zumindest im amtlichen Schriftverkehr hielt ich mich deswegen an das Schweigegebot, das damals unausgesprochen über dem ganzen unerfreulichen Thema lag.

Da ich überzeugt war, daß Mikolajczyks Leute für eine bereits verlorene Sache kämpften, bereiteten mir die gesellschaftlichen Zusammenkünfte mit ihnen während ihres Moskauer Aufenthalts größtes inneres Unbehagen. In meinen Augen waren sie zum Untergang verurteilte Repräsentanten eines zum Untergang verurteilten Regimes, aber niemand hätte so grausam sein können, ihnen das zu sagen; auch hätte es meinen Wert für Moskau nicht eben gesteigert, wenn die sowjetischen Behörden darauf aufmerksam geworden wären (und das wären sie vermutlich), daß ich derartige Ansichten zum besten gab. Am 1. August, drei Tage nach Ankunft der polnischen Besucher, vertraute ich meine Gefühle dem Tagebuch an. Ich überschrieb die Eintragung mit einigen Auszügen aus Bernard Pares' ›Geschichte Rußlands‹, in denen die Haltung der russischen Regierung gegenüber den Polen nach den Napoleonischen Kriegen zum Ausdruck kommt.

»Nur noch ein wenig Geduld, meine Herren, und sie werden mit mir mehr als zufrieden sein.

Rede Alexanders I. vor den Polen
in Wilna, Juli 1814

Alexander verwirklichte loyal sein Versprechen, Polen eine Verfassung zu geben.

Pares über das Jahr 1815

Die Russen ... empfanden es als Widerspruch, daß man Polen Rechte zubilligte, die in Rußland noch unbekannt waren.

Pares über das Jahr 1830

Die polnische Verfassung wurde durch ein Organisches Statut ersetzt, das den polnischen Reichstag und die Armee abschaffte und die Verfassung praktisch aufhob ... Polen unterstand fortan völlig der russischen Bürokratie ... Es schien, als könne Rußland Polen nur halten, indem es das Land entzivilisierte.

Pares über das Jahr 1832«

Dann folgten meine eigenen Beobachtungen:

»Gestern abend in der Britischen Botschaft, zum Diner mit Premierminister Mikolajczyk und seiner Begleitung. Sie sind jetzt zwei Tage hier. Der Premierminister hatte Molotow schon besucht. Stalin hatte er noch nicht gesehen. Die Unterhaltung mit Molotow schien ihn selbst ermutigt zu haben. Seine Begleiter hatte sie deprimiert.

Der Britische Botschafter brachte einen Trinkspruch auf den Erfolg ihrer Mission aus; und da Mikolajczyk von unserm Präsidenten und vom britischen Premierminister zu dieser Reise bewogen worden war, mußten wir uns natürlich zuversichtlich und vergnügt geben.

Ich fand den Abend schwer zu ertragen. Ich war wahrscheinlich der einzige anwesende Nichtpole, der sich in Osteuropa gut genug auskannte, um alle Einzelheiten der Situation zu erfassen. Ich wußte, daß ein Abkommen zwischen Polen und Russen möglich war. Ich wußte, daß ein solches Abkommen auch feste Zusicherungen über die Unabhängigkeit Polens enthalten könnte. Ich wußte, daß die Russen sich möglicherweise feierlich zur Nichteinmischung in innerpolnische Angelegenheiten verpflichten würden. Ich wußte, daß auch die Rote Armee sich während der Besatzungszeit vollkommen würdig und anständig gegen die Polen betragen würde.

Aber ich wußte auch, daß ganz unabhängig von den augenblicklichen Absichten die Macht der Umstände dieses Abkommen früher oder später für die Polen aus einem Freibrief in eine Fessel verwandeln würde; daß die Russen heute genauso wenig wie vor hundert Jahren bereit sein würden, den ›Widerspruch‹ zu dulden, ›daß man Polen Rechte zubilligte, die in Rußland noch unbekannt waren‹; daß die russischen Vorstellungen von Toleranz nicht weit über das hinausgehen würden, was in Rußland selbst üblich war; daß das russische Polizeisystem unausweichlich in das polnische öffentliche Leben einsickern würde, wenn nicht von polnischer Seite scharfe Gegenmaßnahmen ergriffen würden; und daß solche Gegenmaßnahmen in Moskau als provokatorisch und antirussisch verurteilt werden würden. Kurz gesagt: ich wußte, daß es für die Russen Übergangsbezirke der Macht nicht gibt. Das eifersüchtige und unduldsame Auge des Kremls kann nur zwischen Vasallen und Feinden unterscheiden; und Rußlands Nachbarn müssen, wenn sie das eine nicht sein wollen, sich damit abfinden, für das andere zu gelten.

In der Beschwernis dieses Wissens kam mir unsre eigene Handlungsweise in der polnischen Frage eher frivol vor. Ich sinnierte darüber, wie schnell Großmächte doch gegenüber kleineren Staaten mit Ratschlägen bei der Hand sind, unbekümmert darum, daß es um lebenswichtige Interessen dieser kleinen

Staaten geht. Ich bedauerte, nun auch selber Mitwirkender bei einem solchen Verfahren zu sein. Und ich wünschte uns genügend Urteilsvermögen und Geschmack, um nicht in Ausdrükken des amtlich vorgeschriebenen Optimismus daherzuplätschern, sondern schweigend die Köpfe zu senken vor der Tragödie einer Nation, die unser Verbündeter gewesen war; die wir vor unsern Feinden hatten retten können, aber die vor unsern Freunden zu bewahren uns nicht möglich ist.«

Zwei Tage später mußte ich das ganze Elend höflicher Konversation mit Mikolajczyk und seinen Leuten erneut durchstehen – diesmal beim Mittagessen in unsrer eigenen Botschaft. Wieder sprechen meine Notizen für sich:

»Einer der Polen fragte mich rund heraus, wie ich ihre Chancen beurteile. Ich sagte ihm, ich glaube, daß die Russen alles in allem ein Abkommen wünschten, aber nicht so dringend, daß sie sich danach verrenken würden. Meiner Meinung nach könnten die Polen sich beglückwünschen, wenn sie erreichten, daß die Emigranten in die Heimat zurückkehren und dort für den Wiederaufbau ihres Landes arbeiten dürften. Aber ich warnte ihn, daß ich von Natur Pessimist sei – er möge das berücksichtigen.«

Mikolajczyk war noch in Moskau, als das tragische Zwischenspiel des Warschauer Aufstands begann. Dieser Aufstand zeigte den Westmächten klarer als alles Vorhergegangene, was sie von Stalins Polenpolitik zu erwarten hatten. Und wem die Untätigkeit der Roten Armee, die gelassen am andern Ufer des Flusses saß und zusah, wie die Helden der polnischen Rebellion von den Deutschen niedergemetzelt wurden, als Beweis für die sowjetische Haltung noch nicht genügte, dem wurde sie unmißverständlich klargemacht, als Stalin und Molotow die Unverschämtheit besaßen, Botschafter Harriman die Benutzung des amerikanischen Nachschubflughafens in der Ukraine zwecks Versorgung der belagerten Polen mit Waffen und Verpflegung aus der Luft zu verweigern – und gleichzeitig, bezeichnenderweise, die Auflösung des Nachschubflughafens verlangten.

Ich selbst hatte an diesem schicksalsschweren Treffen mit Stalin und Molotow nicht teilgenommen; aber ich weiß noch, wie der Botschafter und General Deane aussahen, als sie in den frühen Morgenstunden völlig verstört zurückkehrten. Keiner von uns gab sich irgendwelchen Illusionen darüber hin, was das

Benehmen der sowjetischen Führer zu bedeuten hatte. Es war ein Fehdehandschuh, der den Westmächten da mit heimtückischem Vergnügen vor die Füße geschleudert wurde. Gemeint war: »Wir wollen Polen, und wir wollen es mit Haut und Haar. Die polnischen Untergrundleute, die sich der kommunistischen Autorität nicht gebeugt haben, scheren uns einen Dreck. Für uns sind sie nicht mehr wert als die Deutschen, und wenn sie und die Deutschen sich gegenseitig abschlachten, um so besser. Was ihr Amerikaner darüber denkt, ist uns völlig egal. Von jetzt an habt ihr in Polen nicht mehr mitzureden, und es ist Zeit, daß ihr das kapiert.«

Ich war damals und bin heute der Meinung, daß das der Augenblick war, in dem wir mit den Sowjets zu einer grundsätzlichen politischen Auseinandersetzung hätten kommen sollen. Wir hätten ihnen anheimgeben müssen, entweder ihre Politik völlig umzustellen und sich auf wirkliche Zusammenarbeit mit wirklich unabhängigen osteuropäischen Staaten einzurichten oder aber für den Rest des Krieges auf die Hilfe und das Wohlwollen der westlichen Alliierten zu verzichten. Wir waren ihnen schließlich nichts mehr schuldig (falls wir ihnen überhaupt je etwas geschuldet hatten). Die zweite Front stand fest. Die Westmächte standen auf dem europäischen Kontinent. Das sowjetische Hoheitsgebiet war wieder völlig frei. Bei den militärischen Operationen der Sowjets ging es jetzt nur mehr um die Zukunft der nichtsowjetischen Gebiete, die ursprünglich von den Deutschen überrannt worden waren. Wir im Westen waren völlig berechtigt, die Verantwortung für weitere militärische Maßnahmen der Sowjets abzulehnen, wenn sie im Geiste und unter den Voraussetzungen der Hilfeverweigerung für die Warschauer Aufständischen durchgeführt würden.

All diese Ereignisse begaben sich im Sommer 1944: fünf Monate vor Jalta, acht oder neun Monate vor der polnischen Krise, die um die Zeit des Todes von Präsident Roosevelt ausbrach. Es ist wohl verständlich, daß man mit Ansichten wie den meinen unsere Polenverhandlungen mit den Sowjets in den Jahren 1944 und 1945 nur mit Skepsis, wenn nicht gar mit Verzweiflung verfolgen konnte. Die Erklärung von Jalta mit ihren Hinweisen auf die Umstellung des bestehenden kommunistisch-polnischen Regimes »auf eine breitere demokratische Basis« und auf die Abhaltung »freier und ungehinderter Wahlen . . . auf der Grundlage des allgemeinen und geheimen Wahlrechts« erschien mir als ein besonders schäbiges Beispiel für Doppelzüngigkeit, das zwar wahrscheinlich die westliche Öffentlichkeit nicht völlig täuschen, aber doch seine Wirkung tun würde. Gelangweilt und angeekelt tat ich im Frühjahr 1945 meinen Dienst als Botschafter Harrimans Gehilfe und Dolmetscher während der vielen Stunden irrealen und sich stets im Kreise drehenden Ringens mit Molotow und Wyschinskij um die alleinige Frage, wer von den nichtkommunistischen Polen zu den vorbereitenden Gesprächen über die Bildung einer polnischen Koalitionsregierung zugezogen werden sollte[65]. Es schien mir nie zweifelhaft, daß das alles vergeblich sei.

Meine letzte dienstliche Begegnung mit dem polnischen Problem hatte ich, als kurz nach Franklin Roosevelts Tod Harry Hopkins, der selber nur noch wenige Wochen zu leben hatte, nach Moskau kam, um zu erkunden, ob aus den Trümmern von Roosevelts Rußland- und Polenpolitik noch etwas zu retten sei.

Irgendwann während seines Besuchs, sicher nach der ersten, vielleicht sogar nach der zweiten seiner Zusammenkünfte mit Stalin, zitierte Hopkins mich ins Spaso-Haus, um meine Meinung einzuholen. Ich war darüber höchlichst erstaunt. Ich kannte ihn nicht gut. Ich war über seine Verhandlungen mit Stalin nicht informiert worden, und ich hatte nicht erwartet, in diesen Dingen zu Rate gezogen zu werden. Er beschrieb mir Stalins Bedingungen für die Bereinigung der polnischen Frage, so wie sie in den Gesprächen im Kreml entwickelt worden waren, und fragte mich, ob ich glaube, daß man bessere herausschlagen könne. Ich sagte, ich glaube das nicht. Ob ich denn fände, daß wir die Bedingungen annehmen und sie zur Grundlage eines Abkommens machen sollten? Das fand ich nicht; ich fand, wir sollten keinerlei Mitverantwortung für das übernehmen, was die Russen in Polen vorhatten.

»Also finden Sie es einfach sündhaft«, sagte er, »und da sollten wir dagegen sein.«

»So ungefähr«, sagte ich.

»Ich respektiere Ihre Ansicht«, meinte er traurig, »aber es steht mir nicht frei, sie zu übernehmen.«

Es gab noch einen weiteren Aspekt des polnischen Problems, der mir in diesen ersten Moskauer Monaten schwer auf der

[65] Es handelte sich dabei um Sitzungen einer Kommission, deren Bildung in Jalta beschlossen worden war und der der sowjetische Außenminister sowie die Botschafter Großbritanniens und der USA angehörten. Sie sollte Besprechungen mit der »gegenwärtigen Regierung« (Polens) führen. Mein Widerwille wäre noch stärker gewesen, hätte ich gewußt, daß die Sowjets noch während dieser Gespräche unauffällig eine Reihe der von uns vorgeschlagenen polnischen Politiker verhafteten und sie unter Druck setzten, um sie, ohne daß wir es ahnten, zu Agenten der Sowjets zu pressen.

Seele lag. Das war die Frage der Westgrenzen des zukünftigen polnischen Staates. Am 18. Dezember 1944 überließ die ›Prawda‹ fast die Hälfte ihrer außenpolitischen Seite einem Artikel von Dr. Stefan Jedrichowski – dem Propagandachef des Lubliner Komitees und seinem wichtigsten Vertreter in Moskau –, der die zukünftige deutsch-polnische Grenze zum Thema hatte. In diesem Artikel schlug Jedrichowski vor, die künftige polnische Grenze von Stettin südwärts entlang der Oder und der Unteren Neiße bis ungefähr zum nördlichsten Punkt der tschechischen Grenze, in der Nähe von Görlitz, zu ziehen. Stettin selbst sollte ein polnischer Hafen werden. Das Erscheinen des Artikels in der ›Prawda‹ bedeutete, daß die Sowjets mit den darin erhobenen Forderungen übereinstimmten – daß das im wesentlichen die sowjetische Ansicht vom wünschenswerten Verlauf der Grenze war.

Ich wußte damals nicht, daß diese Ansicht ein Jahr zuvor auf der Konferenz von Teheran bereits generell gebilligt worden war[66] – von Churchill ausdrücklich und stillschweigend von Roosevelt –, und da ich es nicht wußte, nahm ich mir die Freiheit, gleich im Anschluß an die Lektüre von Jedrichowskis Artikel für den Botschafter ein paar eigene Gedanken über die Konsequenzen einer solchen Grenzziehung zu notieren. Die Polen, schrieb ich, würden sicherlich nicht genügend Arbeitskräfte haben, um aus dem neuerworbenen Gebiet im Westen technisch oder administrativ viel zu machen, noch würden sie imstande sein, es aus eigener Kraft zu verteidigen. Im Ergebnis müßte es ihre Abhängigkeit von der Sowjetunion vergrößern. »Die Russen«, fuhr ich fort,

»wissen das sehr genau. Sie wissen, daß die ökonomisch-militärische Abhängigkeit Polens von der Sowjetunion immer mehr zunehmen und daß die Wichtigkeit seiner Ostgrenze, wie sie auch schließlich verlaufen mag, immer mehr abnehmen muß, je weiter die Grenze im Westen nach Deutschland hinein verschoben wird. Sie wissen, daß eine Fixierung der Grenze entlang der Oder diese Abhängigkeit bis zu dem Punkt steigern muß, an dem kein polnisches Regime im Gebiet östlich der Oder mehr als eine reine Lokalverwaltung aufrechterhalten kann, wodurch

[66] In den Teheraner Abmachungen war der Südabschnitt der künftigen deutsch-polnischen Grenze noch nicht genau festgelegt worden. Man hatte offengelassen, ob sie entlang der östlichen oder der westlichen der beiden Neißen verlaufen sollte. (Vgl. Herbert Feis: ›Churchill, Roosevelt, Stalin‹, Princeton University Press, Princeton 1957, S. 287.)

es logischerweise militärisch, ökonomisch und politisch in die Verantwortlichkeit der Sowjetunion fallen muß.

Die Veröffentlichung eines solchen Artikels [nämlich des Jedrichowski-Artikels] in einer solchen Aufmachung [nämlich an so hervorragender Stelle der ›Prawda‹] kann nur bedeuten, daß die Russen endgültig beschlossen haben, ihre strategische Grenze – das heißt die Linie, bis zu welcher ihre militärische, ökonomische und politische Verantwortung reicht – von Stettin über die Oder und die Untere Neiße bis zum nördlichsten Teil der tschechischen Grenze zu ziehen, und daß ihnen der Moment gekommen scheint, dies der Weltöffentlichkeit mitzuteilen . . .

Das wiederum hat außerordentlich weitreichende Folgen. Es macht jeden Glauben an ein freies und unabhängiges Polen unrealistisch. Es richtet in Mitteleuropa eine Grenze auf, die sich nur verteidigen läßt, wenn an ihrer ganzen Länge dauernd starke Truppenverbände unterhalten werden. Es macht die Lösung der wirtschaftlichen und sozialen Probleme im restlichen Deutschland außerordentlich schwierig – trotz Churchills unüberzeugender Zuversicht, es werde nicht schwerfallen, in Deutschland für 6 Millionen Menschen eine neue Heimstatt zu finden (übrigens halte ich die Zahl für zu niedrig). Mit anderen Worten erschwert es eine Stabilisierung der Verhältnisse gerade in den Teilen Deutschlands, die für die atlantische Gemeinschaft besonders wichtig sind, und kann sich also nur zu unsren und der Briten Ungunsten auswirken.

Die Verwirklichung dieses Plans mag sich nicht verhindern lassen . . . aber ich glaube, daß es geboten wäre, ihn für das zu nehmen, was er ist, und unsere Überlegungen über die Zukunft Europas danach einzurichten. Vor allem aber sehe ich keinen Grund für uns, die Mitverantwortung für die Komplikationen zu übernehmen, die unausweichlich daraus entstehen müssen.«

Das Memorandum entstand volle sechs Wochen vor den Diskussionen über Polen auf der Konferenz von Jalta. Ich zitiere es hier, weil ich glaube, daß sich daraus ganz deutlich der fundamentale Mangel an Realismus ablesen läßt, den Roosevelt während der letzten Kriegsmonate gegenüber allen Problemen Osteuropas bewies. Es hätte schon seit mehr als einem Jahr, nämlich seit der Teheraner Konferenz klar sein müssen, daß die Alliierten, indem sie sich auf Kosten Deutschlands mit der Verlagerung Polens um gut dreihundert Kilometer nach Westen einverstanden erklärten, gleichzeitig für die Errichtung eines polnischen Staates stimmten, der nichts anderes sein konnte als ein militärisches und politisches Protektorat der Sowjetunion. Eine so unnatürliche Grenze wie die Oder-Neiße-Grenze konnte nur mit Waffengewalt aufrechterhalten und verteidigt werden – und dazu bedurfte es größerer Kraft, als Polen selbst aufzubringen imstande sein würde. Man konnte von den Polen aber auch nicht erwarten, daß sie die Verteidigung dieser Grenze den Westmächten anvertrauten. Das hatten sie schon einmal probiert, in den Jahren 1938 und 1939. Selbst damals schon hatten sich die Westmächte als eine schwache Stütze gezeigt. Angesichts der Oder-Neiße-Grenze würde ein künftiges Deutschland irredentistische Ansprüche viel nachhaltiger und überzeugender geltend machen können als die von Hitler im Jahre 1939 vorgetragenen (und selbst für dessen Forderungen ließ sich einiges sagen, wie die Westmächte eingesehen hatten). Das aus einem guten Stück Deutschland herausgeschnitzte Polen müßte sich schon aus reinem Selbsterhaltungstrieb des ständigen Wohlwollens der Russen versichern, und zwar zu deren Bedingungen. Unter diesen Umständen war es wenig sinnvoll, weiter mit Stalin und Molotow über die Zusammensetzung der künftigen polnischen Regierung zu disputieren und so zu tun, als läge die polnische Unabhängigkeit noch im Bereich des Möglichen. Es war höchstens ein Versuch, und noch nicht einmal ein geglückter, den Brunnen abzudecken, nachdem das Kind hineingefallen war.

Die Aufzeichnungen, aus denen ich im vorhergehenden Kapitel zum Thema Polen zitiert habe, waren sämtlich entweder ganz privater Natur und wurden damals überhaupt niemandem gezeigt, oder sie waren Memoranden für den Botschafter. Dieser gab normalerweise keinen Kommentar zu derartigen Meinungsäußerungen; und ich kann mich nicht erinnern, daß er sie je nach Washington weitergeleitet hätte. Abgesehen von der kurzen Unterhaltung mit Harry Hopkins hatte ich damals keine Gelegenheit, diese Dinge mit einem dafür zuständigen Mitglied der Regierung zu besprechen oder eine Gegenäußerung zu hören. Hätte ich sie gehabt, so wäre mir auf meine Überlegungen zur Westgrenze Polens und zu vielen anderen Problemen, die mich im Sommer und Herbst 1944 beschäftigten, vermutlich entgegnet worden, daß in der Nachkriegszeit weder Polen noch sonst ein osteuropäisches Land auf russische Protektion angewiesen sein würde, weil geplant sei, eine neue internationale Organisation zu gründen, deren Aufgabe die Erhaltung des Weltfriedens sei, und daß es dieser Organisation obliegen würde, die Unantastbarkeit der Nachkriegsgrenzen zu garantieren.

Ich kannte natürlich die Idee der »Vereinten Nationen«. Das State Department hatte sie nicht geheimgehalten. Für den Außenminister war sie wohl so etwas wie ein Ersatz dafür, daß er während des Krieges von der aktuellen Politik ausgeschlossen blieb. Wenn er schon keinen Einfluß auf die Kriegsdiplomatie hatte, so konnte er sich wenigstens damit amüsieren (und seinem Amt gleichzeitig einen Anstrich von Bedeutung geben), daß er die Planungen für die Nachkriegszeit ankurbelte und dirigierte. Folglich zeigte das Ministerium hier eine Kühnheit und einen Schwung wie auf keinem anderen Feld der Politik. Just um die Zeit meiner Rückkehr nach Rußland war unsre Regierung zusammen mit den Briten angelegentlich damit beschäftigt, die argwöhnischen und wenig begeisterten Russen zum Mittun bei den Vorberatungen für die künftige Friedens- und Sicherheitsorganisation zu bereden. Ich hielt diese Überredungstaktik für unklug und bedauerlich, weil sie wieder einmal wie schon so oft bei den Sowjetführern den Eindruck hervorrief, daß *wir* es waren, die sich um *ihre* Freundschaft und Mitarbeit bemühten, *wir*, die etwas von *ihnen* wollten, *wir*, die aus irgendwelchen Gründen sich nicht trauten, die Nachkriegsprobleme anzupakken, ohne der öffentlichen Meinung ein wenigstens äußerliches Zusammengehen der Großen Drei vorzuweisen. All das mußte, so wie ich es sah, die Russen immer fester an die Stärke ihrer Position glauben lassen und ihre Gegenforderungen für die von uns so dringend erbetene Zusammenarbeit hinaufschrauben. Aber bei meinen Vorgesetzten kamen in Washington solche Überlegungen damals nicht an. Die Russen willigten endlich ein, sich an Dreimächtegesprächen über die vorgeschlagenen Themen zu beteiligen, und zwischen dem 21. August und dem 28. September fand dann der erste Teil der Konferenz von Dumbarton Oaks statt, der der Sondierung des Terrains gewidmet war.

Ganz abgesehen von meinen Befürchtungen, daß es taktisch unklug sei, den Russen unsere Pläne aufzudrängen, war mir auch bei der Idee selbst unbehaglich. Sie schien mir kein Ausweg aus den Gefahren zu sein, die die Kriegsentwicklung im Verein mit unserer eigenen Politik heraufbeschworen hatte. Ich wußte aber keinen, dem ich das hätte sagen können, und so schrieb ich am 4. August, nur zur Klärung meiner eigenen Gedanken, folgende ersten Reaktionen auf die Konferenz von Dumbarton Oaks nieder:

»Der Plan einer internationalen Sicherheitsbehörde ist auf der einfachen Überlegung aufgebaut, daß man nur den Status quo strikt aufrechtzuerhalten brauche, um weitere Kriege in Europa zu vermeiden und damit das europäische Problem, soweit es unser Land betrifft, zu lösen. Diese Überlegung, die die Symptome mit der Krankheit verwechselt, ist nicht neu. Sie war der Grundgedanke der Heiligen Allianz, des Völkerbunds und zahlreicher anderer politischer Konstruktionen, die jeweils von Völkern errichtet wurden, denen der augenblickliche Stand der Dinge behagte und die ihn nicht geändert sehen wollten. Diese Konstruktionen haben den Zweck, für den sie entworfen waren, immer gerade so lange erfüllt, wie die Interessen der Großmächte sie wirksam und lebendig erhielten. Änderte sich aber die Lage, wurde es für eine der beteiligten Großmächte wünschenswert, den Status quo aufzuheben, dann haben solche Vertragswerke noch nie vermocht, die Änderung zu verhindern.

Das internationale politische Leben ist keine Maschine. Es ist lebendig, und sein Wesen ist der organische Wechsel. Es läßt sich nur dann über längere Zeiträume hinweg regulieren, wenn die dafür verwendeten Instrumente fein und geschmeidig genug sind, um sich den ständigen Änderungen der Interessen und des Machtvolumens der einzelnen Länder anzupassen.

Eine internationale Organisation zur Erhaltung von Sicherheit und Frieden kann eine wohldurchdachte und realistische Außenpolitik nicht ersetzen. Je mehr wir die Politik vernachlässigen, um uns in ein legalistisches System zur Erhaltung des Status quo zu verspinnen, um so eher und um so unsanfter wird die Wirklichkeit des internationalen Lebens dies System in Stücke brechen.

Diejenigen unserer Vorschläge, die darauf abzielen, eine Großmacht zu hindern, eine kleine Nation zu erobern und zu beherrschen, sind naiv und altmodisch. Sie übersehen vollkommen das uralte Konzept des Marionettenstaats, das das politische Denken in Rußland und Asien bestimmt und das gelegentlich auch in Ost- und Mitteleuropa auftaucht. Das allein schon gibt alle legalistischen Formeln für die Regulierung internationalen Lebens der Lächerlichkeit preis. Versucht einmal, den Regierungschef der Äußeren Mongolei zu fragen, ob er gegen Rußland Beschwerden habe. Er wird erbleichen bei dem Gedanken. Er ganz persönlich ist in der Gewalt der russischen Polizei, und sein Volk lebt im Schatten der Roten Armee . . .

Natürlich sollte der Begriff der Gesetzlichkeit in unserm Land jede nur denkbare Unterstützung und Förderung erhalten. Aber in einem großen Teil der Welt kann er die Macht als entscheidende Treibkraft noch nicht ersetzen. Und die Realität der Macht wird schnell jede legalistische Konstruktion durchdringen, mit deren Hilfe wir das internationale Leben regulieren wollen. Die Konstruktion wird nur noch die Hülle sein – den Inhalt werden die Machtverhältnisse bilden. Und von *ihnen* wird die internationale Sicherheit abhängen, nicht von der Form, in die sie gekleidet sind. Es wäre eine fast verbrecherische Vernachlässigung der Interessen unseres Volkes, wenn wir die Pläne für eine internationale Organisation zum Vorwand nähmen, die reinen Machtverhältnisse in Europa nicht aufs ernsthafteste und genaueste zu studieren.«

Gegen eine neue Weltorganisation als solche hatte ich 1944 nicht viel einzuwenden. Ich fand nicht, daß sie dringend benötigt würde; aber wenn man sie realistisch, in klarer Erkenntnis ihrer Grenzen handhabte, würde sie nichts schaden. Beunruhigend fand ich die Meinung, die bevorstehende Gleichschaltung Osteuropas und teilweise auch Mitteleuropas könne in ihren Folgen durch eine solche Organisation fühlbar abgemildert werden – sie könne die politischen Fieberzacken beruhigen, die auf die militärischen Operationen notwendig folgen mußten. Woodrow Wilson hatte 1919 vom Völkerbund ähnliches erwartet und war bitter enttäuscht worden. In Washington würde man dagegen natürlich einwenden, daß die USA ja auch abgelehnt hätten, dem Völkerbund beizutreten. Das war ein Argument, dachte ich, aber selbst die amerikanische Mitgliedschaft wäre kein Ausgleich für die strukturellen Schwächen solch einer Organisation, besonders nicht, wenn amerikanische Staatsmänner selbst zugaben, daß das ganze Konzept auf freundschaftlich-enger Zusammenarbeit der Großmächte nach Kriegsende beruhe – denn die würde es, soweit man in Moskau sehen konnte, gewiß nicht geben. Schließlich legte Stalin ja auf eine friedliche Welt um ihrer selbst willen keinen Wert. Ihm lag an einer Welt, in der seine eigenen, persönlichen Machtbestrebungen gedeihen könnten. Wenn sie im »Frieden« besser gediehen als im Krieg, dann würde er für Frieden sein. Aber der lebensgefährliche politische Kampf würde weitergehen; und wenn der Tag käme, an dem Gewaltanwendung – vor allem Gewaltanwendung der anderen gegeneinander, von der Rußland sich distanzieren könnte – seinen Zwecken dienlicher wäre, dann würde keine internationale Organisation ihn davon abhalten, eine Politik der Provokation und der Brandstiftung zu betreiben.

Die Bedeutung der zu gründenden internationalen Organisation lag für Stalin darin, daß er erwarten durfte, man werde sich ihrer bei internationalen Fragen zur Erhaltung der Großmächte-Hegemonie, einer amerikanisch-britisch-sowjetischen Hegemonie nämlich, bedienen können. Diese Vormachtstellung würde, so wie er es sich vorstellte, einer weitreichenden politischen Übereinstimmung der Drei Mächte entspringen, die ihrerseits wieder auf der britisch-amerikanischen Zustimmung zur Erweiterung der sowjetischen Einflußsphäre nach Ost- und Mitteleuropa beruhen müsse; und die Weltorganisation wäre dann ein Mittel, um sich zur Erhaltung dieser Einflußsphäre der britischen und amerikanischen Unterstützung zu versichern.

Unter diesen Umständen ist es nicht verwunderlich, daß Stalin Unrat witterte, als die amerikanische Regierung im Verlauf der Gespräche in Dumbarton Oaks die Meinung vertrat, daß bei einem Streitfall, in den ein ständiges Mitglied des Sicherheitsrats verwickelt wäre, dies Mitglied nicht mit abstimmen dürfe. Er hielt es für durchaus möglich, daß das eine oder andere Land innerhalb seiner Einflußsphäre versuchen könnte, den Kreml aus seiner beherrschenden Stellung zu verdrängen. Falls die Sache dann internationales Format annähme und vor die Weltorganisation käme, würde die sowjetische Regierung kein legales Hilfsmittel besitzen. Die sowjetischen Unterhändler wurden deshalb instruiert, den amerikanischen Vorschlag abzulehnen und darauf hinzuweisen, daß derartige Dinge überhaupt nicht vorzukommen brauchten, wenn die Großmächte sich nur ihre politische Solidarität erhielten. Der Streit wurde zu einem der beiden wesentlichen Punkte, über die in Dumbarton Oaks keine Einigung zu erzielen war. In Washington gab man Alarm. Das State Department fürchtete, das ganze Projekt einer internationalen Organisation würde im eigenen Lande unter Beschuß genommen werden, falls man den Großmächten erlaube, in eigener Sache ihre Stimme – und damit auch ihr Veto – abzugeben. Vom Präsidenten ging ein besorgtes Telegramm an Stalin ab mit der Bitte, seine Delegation zum Nachgeben zu veranlassen; aber die Antwort, die in Washington am 15. Dezember einging, war negativ. Stalin sagte, wenn er in diesem Punkt nachgebe, würde damit die in Teheran getroffene Vereinbarung, derzufolge die Nachkriegspolitik auf dem Prinzip der alliierten Einigkeit aufgebaut sein solle, null und nichtig. Überdies gebe es in der Welt eine Menge antisowjetischer Vorurteile; selbst die kleineren Staaten seien schließlich verpflichtet, sorgfältig die Konsequenzen abzuwägen, die sich aus einer Entzweiung der Großmächte ergeben könnten. Diese Antwort steigerte die Washingtoner Befürchtungen und gab Anlaß zu vielerlei Beratungen über die Zweckmäßigkeit eines erneuten Appells. Die Wellen der Aufregung schlugen bis hinein in Botschafter Harrimans Arbeitszimmer im Spaso-Haus, wo die Beamten der Botschaft das Problem ebenfalls berieten und sich die Köpfe zerbrachen, was man tun könne und solle. An Einzelheiten der Diskussion kann ich mich nicht erinnern, aber es muß wohl einen Vorschlag gegeben haben (vermutlich aus Washington), Stalins Großmut anzurufen, ihm zu erklären, in welch mißliche innenpolitische Lage er die Regierung bringe, und ihn damit indirekt zu bitten, uns aus unsern internen Schwierigkeiten hinauszuhelfen.

Ich widersetzte mich dieser Idee mit aller Entschiedenheit. Es war mir immer unweise und unschicklich erschienen, wenn amerikanische Staatsmänner innenpolitischen Druck oder den Druck der öffentlichen Meinung als Argument für ihr Verhalten gegenüber anderen Regierungen benutzten. Meiner Meinung nach war es unsre eigene Aufgabe, nicht die der anderen, solche inneramerikanischen Zerwürfnisse zu bereinigen, und Fremde sollten in dieses innenpolitische Verfahren nicht eingeschaltet werden. Ich war entsetzt gewesen, als ich, bei früherer Gelegenheit, erzählt bekam, Roosevelt sei einmal an Stalin mit der privaten Bitte herangetreten, seinen Einfluß bei der amerikanischen Kommunistischen Partei geltend zu machen, um sie davon abzuhalten, ihn, Roosevelt, bei den Präsidentenwahlen zu unterstützen, weil ihn das in Verlegenheit bringen könne. Jetzt war ich genauso entsetzt bei der Vorstellung, Stalins Hilfe anzurufen, um in der Frage der künftigen internationalen Organisation die Position unserer Regierung gegenüber der Öffentlichkeit und dem Kongreß zu stärken. Ich konnte mir vorstellen, daß man die Russen warnte; ich konnte nicht gutheißen, daß man ihnen erneut als Bittsteller gegenübertrat. Also setzte ich mich am nächsten Morgen, dem 16. Dezember 1944, hin und verfaßte ein Memorandum für den Botschafter, das die folgenden Absätze enthielt:

»Wir sollten uns ganz klar machen, worum es geht. Nämlich darum, daß die sowjetische Regierung nie aufgehört hat, die Grenzstaaten als ihre Interessensphäre zu betrachten. Sie erwartet von uns, daß wir jede ihrer Aktionen in diesen Gebieten unterstützen, ganz gleich, ob sie uns oder dem Rest der Welt rechtens scheinen oder nicht. Es ist auch nicht verlangt, daß wir über den Wert oder Unwert solcher Aktionen Erkundigungen einziehen. Ich bin sicher, daß die Sowjets es dabei subjektiv ganz ehrlich meinen und daß sie selbst sich auch kein Urteil erlauben würden, wenn es zum Beispiel um amerikanische Aktionen in der Karibischen See ginge. Die amerikanische Bevölkerung hat das aus Gründen, die wir nicht näher zu untersuchen brauchen, bisher nicht gewußt. Man hat sie in dem Glauben gelassen, daß die Sowjets bereit sein würden, einer internationalen Sicherheitsorganisation beizutreten, die wirklich die Macht besäße, Aggressionen in der ganzen Welt zu verhindern. Wir sehen nun kommen, daß unserm Volk diese Illusion zerstört und es dadurch zu bitteren Äußerungen gereizt wird, die, ob sie nun ehrlich gemeint oder nur aus Gründen des innenpolitischen Vorteils vorgetäuscht wären, das überempfindliche Moskau beleidigen und sich auf unsere Beziehungen sehr nachteilig auswirken könnten. Unsere Aufgabe ist es, die Umstellung zu erleichtern, so sehr wir nur können. Es ist für uns absolut entscheidend, in dieser Situation einen kühlen Kopf und eine würdige Haltung zu bewahren. Es gibt nur eines, das wir nicht tun dürfen: Wir dürfen vor den Russen nicht zugeben, daß ihr Benehmen bei uns zu Hause politische Rückwirkungen haben könnte und sie damit in eine Lage bringen, in der sie sich gebeten fühlen, auf unsere innenpolitischen Verhältnisse Rücksicht zu nehmen. Sowie wir das täten, würden wir ihnen das Gefühl geben, uns in der Defensive zu haben, und dann würden sie uns die Peitsche fühlen lassen. Vielleicht würden sie in der Frage des Stimmrechts im Sicherheitsrat der geplanten Organisation ein wenig nachgeben oder unserer Öffentlichkeit wenigstens die Pille durch eine entwaffnende Erklärung verzuckern. Aber sie würden einen hohen Preis dafür verlangen. Sie würden ihr Entgegenkommen vermutlich auch so verklausulieren, daß sie es jederzeit rückgängig machen könnten. Auf diese Weise würden sie dauernd die Oberhand über uns haben. Und das Entgegenkommen selbst würde nur ein scheinbares sein. Es würde an ihrer grundsätzlichen Haltung kaum etwas ändern. Statt als Bittsteller sollten wir zu den Russen gehen wie jemand, der eine freundschaftliche Warnung ausspricht, etwa auf diese Art: Wir sähen uns bedauerlicherweise gezwungen, unsere Öffentlichkeit darüber aufzuklären, daß Rußland als einzige der Großmächte nicht gewillt sei, seine Unternehmungen in Zukunft internationaler Kontrolle zu unterwerfen. Wir bedauerten das deshalb, weil es in unserer öffentlichen Meinung das Mißtrauen gegen Rußland verbreiten und verstärken müsse, das auszuräumen wir uns bemüht hätten. Unserm Volk würde der Glaube genommen, daß internationale Zusammenarbeit wirklich Früchte tragen könne, und es würde dann die vielen großen Hoffnungen begraben, die es in die künftigen Beziehungen beider Völker gesetzt habe. Das würde unserer Regierung die Durchführung all der geplanten Hilfeleistungen an Rußland außerordentlich erschweren. Die Entscheidung liege allein bei den Sowjets. Wenn sie auf ihrem Standpunkt beharrten und sich das auf die amerikanische öffentliche Meinung ungünstig auswirke, müßten sie die Schuld allein bei sich selber suchen.«

Die akute Krise wurde dadurch bewältigt, daß man sich einigte, den strittigen Punkt in Dumbarton Oaks auszuklammern; später lösten dann in Jalta die Staatsoberhäupter das Problem bekanntlich durch die inzwischen wohlvertraute Unterteilung in Verfahrens- und politische Fragen. Trotzdem empfand ich weder über die Beilegung des Streits noch über andere Fortschritte, die man bei den Vorbereitungen der neuen internationalen Organisation machte, eine besondere Befriedigung. Die Ideen, die Mr. Hull und seine Mitarbeiter bei ihrer Tätigkeit mit so überwältigender Begeisterung erfüllten, waren mir gedanklich und gefühlsmäßig fremd. Was ich über die Gespräche in Jalta und andere Zusammenkünfte in dieser Sache erfuhr, machte mich skeptisch und bitter. Meiner Meinung nach wurden dadurch die nicht ausgeräumten Mißverständnisse nur vertieft, und ich gestehe, daß ich hoffte, aus der ganzen Sache würde nichts werden. Nicht, weil ich gegen internationale Freundschaft gewesen wäre, noch nicht einmal, weil ich gegen eine Weltorganisation als solche etwas einzuwenden gehabt hätte, sondern weil ich glaubte, daß angesichts der vorhandenen Mißverständnisse keine wichtige Vereinbarung, die man damals mit den Russen traf, anders als tragisch enden könne.

In den Wochen vor meiner Rückkehr nach Rußland im Jahre 1944 war ich mir selber nicht sicher gewesen, ob meine Zweifel wegen unserer Rußlandpolitik berechtigt seien. Es schien mir, wie gesagt, als fuße diese Politik auf schrecklichen Mißverständnissen – aber wußte ich das wirklich? Ich war mehrere Jahre nicht in Rußland gewesen. Ich war vor allem während des Krieges nicht dort gewesen. Vielleicht hatte sich vieles von Grund auf geändert. Vielleicht waren meine Eindrücke von damals überholt. Vielleicht hatten die umwälzenden Ereignisse der Kriegszeit – der enge Zusammenschluß von Volk und Regierung und der Zusammenschluß mit fremden Verbündeten zu gemeinsamen militärischen Unternehmungen – bei der sowjetischen Führung das bewirkt, was noch kein anderes Ereignis hatte bewirken können, nämlich die Erkenntnis, wie sehr die Menschen doch allerorten von den gleichen Sorgen geplagt seien; ein Gefühl dafür, wie wenig doch die von der marxistischen Lehre konstruierten Gegensätze der Wirklichkeit entsprächen; die Einsicht, daß es so etwas wie Vertrauen und Zusammenarbeit auch zwischen Ländern, die sich kommunistisch nannten, und anderen, die das nicht taten, geben könne; eine Bereitwilligkeit zu glauben, daß die Verschiedenheiten im sozialen Gefüge die Beziehungen zwischen souveränen Staaten nicht allein bestimmten, sondern daß es noch andere Vergleichsmaßstäbe gebe, die Besseres erhoffen ließen.

Es schien mir, wie gesagt, nicht *wahrscheinlich*, daß es so sein würde. Ich hatte keinerlei Beweis dafür. Aber konnte ich denn wissen, ob mein Material nach so langer Abwesenheit von Rußland vollständig war? Ich hatte Kollegen, die mit Rußland in Fühlung geblieben und deren Ansichten über die Zustände dort recht ermutigend waren.

Also war ich bereit, mit der Urteilsfindung zu warten, bis ich mich selbst überzeugen könnte.

Es genügten wenige Wochen des Lebens und Arbeitens in Moskau, um meine Unsicherheit zu beheben. Was ich im Sommer 1944 sah, war ausreichend, um mich davon zu überzeugen, daß nicht nur unsere Rußlandpolitik, sondern auch all unsere Pläne für die Gestaltung der Nachkriegswelt und die von uns eingegangenen Verbindlichkeiten auf einer gefährlichen Fehleinschätzung der sowjetischen Führer, ihrer Absichten und ihrer politischen Situation beruhten.

Natürlich war ich nicht verpflichtet, irgend etwas zu unternehmen, um diesen Irrtum auszuräumen. Als ich mein Amt antrat, war ausgemacht, daß ich keine politische Verantwortung haben sollte; und Gott weiß, daß die während des Krieges gemachten Erfahrungen auf anderen Posten nicht dazu angetan waren, mich glauben zu machen, meine Ansichten würden dem amtlichen Washington wertvoll oder willkommen sein. Aber es war hart, eine solche Erkenntnis schweigend mit sich herumzutragen. Mein Gewissen zwang mich zu dem Versuch, meine Ansichten über den Charakter der sowjetischen Führer und über ihre politische Situation im jetzigen Endstadium des Krieges in Worte zu kleiden und diese Aufzeichnung den für die amerikanische Politik Verantwortlichen wenigstens vorzulegen. Sie würden dann selbst zu entscheiden haben, was für Folgerungen daraus zu ziehen wären, falls sie sich zufällig dafür interessierten.

Das Resultat lag im September 1944 vor – ein Essay von etwa 35 Seiten Länge mit dem Titel ›Rußland nach sieben Jahren‹. Den Text, der noch nie im vollen Wortlaut veröffentlicht worden ist, habe ich dem Anhang dieses Buches beigefügt.[67] In diese 35 Seiten strömte alles, was ich über Rußland im allgemeinen und Stalins Rußland im besonderen gelernt hatte; viel mehr als je in eine andere Aufzeichnung. Es war eine bessere Arbeit – ausgewogener, umfassender und gleichzeitig detaillierter – als der zwei Jahre später geschriebene sogenannte ›Artikel von

[67] Ein großer Teil der Aufzeichnung ist in ›Foreign Relations of the United States, 1944, Europe‹, abgedruckt. (Band IV, Seiten 902–912, Washington, D. C., US Government Printing Office, 1966.)

Mr. X‹, der sich teilweise mit denselben Dingen befaßte und sich tatsächlich stark an den Essay anlehnte.[68] Der Essay enthielt meine Deutung der Entwicklung der sowjetischen Außenpolitik in der stalinistischen Ära, versuchte, die augenblickliche Position zu bestimmen, und gab in großen Zügen eine Vorschau auf die Nachkriegszeit.

Ich versuchte zunächst, die Wirkung abzuschätzen, die der Krieg auf das Verhältnis von Regime und Volk gehabt hatte, ging auf die kriegsbedingten Veränderungen in der Bevölkerungsstatistik ein und auf ihre vermutlichen Folgen und befaßte mich sodann mit der bevorstehenden Ausweitung der russischen Interessensphäre in Osteuropa. Die Veränderungen würden nicht groß genug sein, um die These zu stützen, daß das alte Europa »erledigt« oder »demnächst mit einer russischen Vorherrschaft auf dem ganzen Kontinent« zu rechnen sei. Aber innerhalb des Machtgefüges sei doch eine erhebliche Verschiebung zugunsten der Russen eingetreten.

»Zweihundert Millionen Menschen, die in der starken und zielstrebigen Führung Moskaus zusammengefaßt sind und eins der großen Industrieländer der Welt bewohnen, stellen eine Machtballung dar, die nach Beendigung des Krieges jede andere auf dem europäischen Kontinent weit hinter sich lassen wird; und es wäre Wahnsinn, die daraus erwachsenden Möglichkeiten im guten wie im bösen zu unterschätzen.«

Zum Thema der vermutlichen wirtschaftlichen Entwicklung Rußlands in der Nachkriegszeit meinte ich, das Problem würde für das Regime nach wie vor in der Aufteilung seiner Einnahmen auf die drei hauptsächlichen Ausgabengebiete Militärhaushalt, Vermehrung der Kapitalgüter und Hebung des Lebensstandards der Bevölkerung bestehen. Hierbei würde das Ziel der »Vergrößerung von Macht und Ansehen des russischen Staates gegenüber dem Rest der Welt« den Vorrang vor allem anderen haben, und der Weg dorthin würde über steigende Investitionen, mit anderen Worten über die forcierte Weiterentwicklung der Schwerindustrie, führen. Was den Außenhandel anginge, so würde die sowjetische Regierung nach dem Krieg weder davon abhängig noch gewillt sein, um seinetwillen irgendein anderes Projekt aufzugeben, das ihr für Rußlands Sicherheit oder Weiterentwicklung notwendig oder wichtig erschiene. Kredite aus-

[68] Wie es zu dem ›Artikel von Mr. X‹ kam und was er enthielt, ist im XV. Kapitel beschrieben.

ländischer Regierungen würde sie gerne annehmen, aber sie würde dabei unterstellen, daß die betreffende Regierung die Vergabe dieser Kredite »im wohlverstandenen Eigeninteresse und mit wachem Verstand« beschlossen habe, und würde nach Kräften zu verhindern suchen, daß derlei Hilfe von außen etwa »ein allgemeines Gefühl der Dankbarkeit oder überschwengliche Begeisterung bei der russischen Bevölkerung auslöse«. (Ich betonte diesen Punkt besonders wegen der bei den amerikanischen Liberalen weitverbreiteten Ansicht, die sowjetische Regierung würde für eine Finanzhilfe der USA nach dem Kriege dankbar sein und aus Erkenntlichkeit für genossene finanzielle Unterstützung sich auch der politischen Zusammenarbeit zugänglicher zeigen.)

Nach einem Streifzug durch das kulturelle Gebiet kam ich dann zu den politischen, vor allem den außenpolitischen Fragen, dem Kernstück der Aufzeichnung. Ich begann mit einem Rückblick auf die Geschichte. Ich umriß den Ursprung der übersteigerten Furcht vor äußeren Einflüssen und der Sicherheitsmanie, die schon von jeher für die sowjetische Bürokratie bezeichnend gewesen waren, wies auf das allmähliche Schwinden der alten sowjetischen Hoffnung hin, die Sicherheitsprobleme dadurch zu lösen, daß man die Revolution in andere Länder trüge, und kam dann zu Stalins Reaktion auf die Machtergreifung Hitlers in Deutschland und die Entstehung der Politik der dreißiger Jahre, die sich von der Hoffnung nährte, die Westmächte mit Hitler in Streit zu verwickeln und Rußland damit vor einem deutschen Angriff zu sichern, wenigstens aber die Gewalt eines derartigen Angriffs abzuschwächen, falls er sich nicht ganz vermeiden ließe. Ich untersuchte, wie Stalin reagierte, als sich gegen Ende der dreißiger Jahre immer deutlicher zeigte, daß die Westmächte den Köder nicht schlucken und die deutsche Expansion im Osten nicht verhindern würden; und ich zeigte, wie er sich dadurch schon damals zu einer Politik der territorialen und politischen Expansion nach zaristischem Muster bewogen fühlte, um Rußland zu seinem Schutze im Westen ein breiteres Vorfeld zu verschaffen. Das hieß meiner Ansicht nach

»Wiederaufrichtung der russischen Macht in Finnland und im Baltikum, in Ostpolen, in der nördlichen Bukowina und in Bessarabien. Es bedeutete ein Protektorat über Westpolen und einen Zugang zur See für das russische Reich irgendwo in Ostpreußen. Es hieß Kampf um den dominierenden politischen Einfluß bei allen Slawen Mitteleuropas und des Balkans ... und schließlich auch die russische Kontrolle der Dardanellen durch eben dort zu errichtende Stützpunkte.«

Das, behauptete ich, sei das Programm, das den Nichtangriffspakt mit Hitler inspiriert habe. Die sowjetischen Erwartungen und Pläne für die Zeit nach dem Kriege bauten auch jetzt noch darauf auf. Wenn es sich durch »Kollaboration« mit den Westmächten verwirklichen lasse, werde man kollaborieren; wenn nicht, werde man andere Wege finden. Die militärische Entwicklung gebe allen Anlaß zu der Vermutung, daß der Kreml bei Beendigung der Kampfhandlungen in der Lage sein würde, den größten Teil seiner Ziele zu verwirklichen, ob es dem Westen nun passe oder nicht. Schließlich würden sowjetische Truppen bei Kriegsende ja die betreffenden Gebiete sämtlich besetzt halten. Unter den Umständen riskiere Stalin wenig, wenn er liebenswürdig über »Kollaboration« plaudere.

»Wie hätte Kollaboration auch ein Land gefährden können, das die greifbaren Garantien seiner Sicherheit bereits in Händen hielt? Im Gegenteil könnte man durch Mitarbeit an Maßnahmen für die Weltsicherheit bei geschickter Handhabung sogar eine Art von Rückversicherung für die russischen Interessen erreichen, ganz abgesehen davon, daß Rußland schon aus Prestigerücksichten einem Rat der Weltmächte nicht fernbleiben durfte.«

Unter diesen Vorzeichen schien es mir müßig, darüber zu grübeln, ob die sowjetische Führung nun vorhätte, die von ihren Truppen überrannten Länder zu »kommunisieren« – sie kommunistisch zu machen. Ihr Interesse galt der Macht; welche Erscheinungsform diese Macht annehmen solle, war erst in zweiter Linie wichtig; man würde das jeweils nach der Zweckdienlichkeit entscheiden.

»Für die kleineren Länder Ost- und Mitteleuropas geht es nicht um Kommunismus oder Kapitalismus. Es geht darum, ob sie ein unabhängiges nationales Leben bewahren können oder sich unter die Herrschaft einer Macht ducken müssen, die sich noch nie durch Kompromißfreudigkeit gegenüber Rivalen ausgezeichnet hat. ... Es geht nicht um Grenzen oder um Verfassungen oder um formale Unabhängigkeit. Es geht um reale Machtverhältnisse, wenn das auch meist sehr sorgfältig maskiert oder versteckt wird.«

Ich untersuchte sodann die Persönlichkeiten Stalins und der Männer seiner Umgebung. Keiner der wichtigeren Ratgeber Stalins hatte, wie ich nachwies, eine persönliche Beziehung zur Politik der Kollaboration mit den Westmächten. Es war keiner darunter, der nicht schon in den dreißiger Jahren und beim Abschluß des Nichtangriffspakts mit Deutschland in führender Stellung gewesen wäre. Jeder von ihnen war schon an politischen Bestrebungen beteiligt gewesen, die eine deutliche Feindseligkeit gegenüber Großbritannien und den Vereinigten Staaten hatten erkennen lassen. Es war nicht leicht, sich einzureden, daß sie ihre Ansichten wirklich geändert hatten. Es waren Leute, die nur wenig von der Welt außerhalb Rußlands kannten. »Die unendliche Vielfalt des politischen und ökonomischen internationalen Lebens ist ihnen verschlossen und hat nur insoweit Bedeutung für sie, als sie Probleme der russischen Sicherheit oder der russischen Innenpolitik berührt.« Was für merkwürdige Bilder und Gedanken mochten in den Köpfen dieser Männer entstehen, wenn sie vom Leben jenseits der russischen Grenzen reden hörten, und was mochten sie daraus folgern? Es müßte wundernehmen, wenn sie nicht bis zu einem gewissen Grade Opfer ihrer eigenen Propaganda würden.

Die Beziehungen der Westmächte zu Rußland schienen mir daher sehr gefährdet. Bei den extremen Geheimhaltungsmaßnahmen, die das Zustandekommen jedweder Entscheidung im Kreml umgaben, konnten westliche Staatsmänner niemals sicher sein, daß nicht »ohne ihr Wissen ihnen unbekannte Personen aus völlig ungeklärter Ursache mit irreführenden Informationen oder unvorteilhaften Berichten zu Stalin gehen – mit Informationen, die sie nicht richtigstellen, und Berichten, die sie nicht widerlegen können«. Und es war ziemlich ungewiß, ob man sich selbst auf die freundschaftlichsten Beziehungen würde verlassen können. Die »Chinesische Mauer des Geistes«[69], durch die der Kreml sich und seine Leute von der Außenwelt abschloß, müßte erst durchbrochen werden, bevor gutwillige Ausländer sicher sein könnten, daß ihre Bemühungen um bessere Bezie-

[69] Das war ein Wortspiel. Das dem Kreml unmittelbar benachbarte Gebiet von Moskau war ursprünglich von dem Rest der Stadt durch eine Mauer getrennt gewesen, die die »Chinesische Mauer« genannt wurde.

hungen zu Rußland nicht anstatt zu den gewünschten Resultaten zu einer Tragödie führten.

Ich vervollständigte meine Abhandlung mit einer Betrachtung über die Schwierigkeiten, auf die ein Amerikaner bei dem Versuch stoßen würde, das Wesen russischen Lebens und russischen Denkens zu verstehen, und ich schloß mit folgenden melancholischen und zugleich für mich selbst höchst prophetischen Sätzen:

»Räumliche Entfernung, Eigennutz und gesunder Menschenverstand werden es uns zum Glück wohl auch in Zukunft ermöglichen, die unsichere und mühevolle, aber immerhin friedliche Koexistenz weiterzuführen, in der wir bisher mit den Russen gelebt haben. Doch das wird nicht etwa einem Verständnis der Dinge unsererseits zuzuschreiben sein, Kräfte jenseits unseres Begriffsvermögens werden unsere Schritte lenken und unser Verhältnis zu Rußland gestalten. Man wird viel darüber reden, wie nötig es sei, ›Rußland zu verstehen‹; aber für einen Amerikaner, der gewillt wäre, sich dieser verwirrenden Aufgabe zu widmen, würde kein Platz sein. Das Hineinversetzen in die russische Welt und ihre Wertmaßstäbe ist der amerikanischen Mentalität zu beunruhigend und deshalb zuwider. Wer sich damit abgeben wollte, könnte nicht auf die Befriedigung rechnen, für sein Volk etwas Brauchbares geleistet zu haben, und noch weniger darauf, amtliche oder öffentliche Anerkennung zu finden. Er kann nichts Besseres erwarten als das einsame Vergnügen dessen, der endlich einen kalten und ungemütlichen Berggipfel erklommen hat, auf dem wenige vor ihm gestanden haben, auf den ihm wenige folgen können und von dem wenige glauben werden, daß er oben gewesen sei.«

Soviel über den Essay ›Rußland nach sieben Jahren‹. Es wäre ungehörig gewesen, wenn ich die Arbeit mit ihren weitreichenden Folgerungen für die amerikanische Außenpolitik an irgend jemanden in Washington direkt übermittelt hätte. Vorrecht und Verantwortung des Botschafters war es, zu entscheiden, ob sie überhaupt nach Washington gehen sollte. Also übergab ich sie ihm. Nach ein paar Tagen gab er sie mir kommentarlos zurück. Ob er sie ganz gelesen hatte oder nur teilweise oder gar nicht, weiß ich bis heute nicht. Aber nach Washington geschickt hatte er sie offenbar, denn ein Auszug daraus wurde vor kurzem in einem der Bände diplomatischer Korrespondenz abgedruckt, die das State Department herausgibt. Ich möchte bezweifeln, daß er selbst sich heute noch an die Episode erinnert. Damals war ich erstaunt und mäßig enttäuscht, daß er so gar nicht reagierte. Daß er sich zu dem politischen Inhalt nicht äußern wollte, konnte ich verstehen. Aber ich fand, er hätte wenigstens sagen können, die Arbeit sei stilistisch in Ordnung, falls er das meinte. Ich selber merkte zwar, daß ich technisch und stilistisch Fortschritte in der sonderbaren Kunst des Ohne-Echo-Schreibens machte. Aber eine Bestätigung wäre mir lieb gewesen.

Es scheint angebracht, hier den ungewöhnlichen Mann zu beschreiben, der in Moskau mein Chef war: Averell Harriman. Ich war, wie schon erwähnt, seine »Nummer zwei« für die Zivilangelegenheiten der Botschaft. Ich arbeitete rund zwei Jahre lang eng mit ihm zusammen. Von der beruflichen, vielleicht sogar von der persönlichen Seite her hatte wohl kaum jemand sonst Gelegenheit, ihn so genau kennenzulernen. Die Umstände waren dem reibungslosen Miteinander keineswegs nur förderlich. Er verspürte damals wohl geringe Zuneigung und geringes Zutrauen zum Auswärtigen Dienst und ging darin mit dem Präsidenten und mit Harry Hopkins einig. Man merkte sofort, daß die militärische Abteilung der Botschaft für ihn mit seinen Kriegsaufgaben und Kriegssorgen wichtiger war als die zivile; und er neigte dazu, wenigstens im Anfang, sich Rat und Gesellschaft bei den Militärs zu holen. Man konnte ihm das auch kaum übelnehmen. In der Person des Generals John Deane hatte er einen ganz erstklassigen militärischen Berater, einen bescheidenen, durch und durch ehrlichen, gerecht denkenden und klarsichtigen Mann. Und die militärische Zusammenarbeit mit den Russen stand ja auch immer noch an erster Stelle der Liste unsrer offiziellen Aufgaben.

Aber auch davon abgesehen ließen die Feinheiten unseres diplomatischen Trainings ihn völlig kalt. Ich bin überzeugt, daß er sie wie viele andere Leute auch für affektiert und für in Kriegszeiten höchst unangebracht hielt. Die gesellschaftlich-repräsentative Seite der diplomatischen Tätigkeit interessierte ihn nicht – weder seine noch unsre. Für Eleganz hatte er jene seltsame Verachtung, die sich im allgemeinen nur die Reichen leisten können, und soweit Stil ihm überhaupt etwas bedeutete, bezog er ihn eher auf Reitkunst oder Malerei als auf Wortwahl oder Lebensgewohnheiten. Einzigartig war die Unbeirrbarkeit, mit der er seine Ziele verfolgte; es war seine Art, immer nur eine Sache auf einmal zu betreiben. Während unserer gemeinsamen Moskauer Zeit war sein Ziel verständlicher- und lobenswerterweise das Gedeihen der amerikanischen Kriegspläne und der amerikanischen Diplomatie, so wie Präsident Roosevelt sie sah und verstand. Um zu seiner Verwirklichung beizutragen, entwickelte er eine Hingabe, eine Zähigkeit, eine nie erlahmende Energie und Achtsamkeit, die mir derart ausgeprägt nie wieder begegnet sind. Nichts existierte für ihn außer seiner Arbeit. Privatleben gab es nicht. Sein hagerer und manchmal protestierender Leib war für ihn ein unwillkommenes Anhängsel; ich hatte den Eindruck, daß er nur mit ärgerlicher Ungeduld von den gelegentlichen Ansprüchen des Körpers auf Nachsicht Notiz nahm, ihn bei der Erfüllung seiner täglichen Pflichten widerwillig mitschleppte und ihm die Hilfeleistungen abtrotzte, wenn es sein mußte. Wie mein früherer Chef Kirk in Berlin arbeitete er täglich 18 bis 20 Stunden. Keine Einzelheit war zu gering für seine Beachtung. Er wollte alles über alles wissen. Es gab Zeiten, da meldete er sich, nachdem wir in den frühen Morgenstunden die Arbeit, angeblich dem meuternden Bruder Leib zuliebe, unterbrochen hatten, schon wieder am Telefon, fast ehe ich überhaupt eingeschlafen war, und verlangte zu wissen, wie weit die Durchführung der in der Nacht getroffenen Entscheidungen gediehen sei.

Von mir, seinem ranghöchsten Untergebenen, verlangte er eine genauso umfassende Kenntnis aller Einzelheiten unseres Arbeitsgebiets, wie er selbst sie besaß. Der normale gemächliche Trott einer Auslandsvertretung und die Koordinierung der Büroarbeit mit anderen zur diplomatischen Existenz gehörenden Anforderungen gesellschaftlicher oder persönlicher Art waren nichts für ihn. Von jeder einmal gegebenen Anordnung – ganz gleich, wie nebensächlich sie der Sache nach sein mochte – erwartete er (nicht unbilligerweise, wie ich aus der zeitlichen Distanz erkenne), daß sie unverzüglich ausgeführt würde. Was sonst noch auf der Warteliste stand, was man sonst noch geplant hatte, war unerheblich. Ich denke oft, welche Plage doch jemand wie ich für ihn gewesen sein muß, der ich den Kopf ständig in den Wolken philosophischer Betrachtungen hatte, lauter Dinge betrieb, die für meine Arbeit unwichtig waren, gerne Zuständigkeiten delegierte und mich nicht mehr um sie kümmerte, solange alles glatt lief, und ihn mit Bündeln schöngeistiger Ergüsse bombardierte, sämtlich über Themen, die, wie er sicher meinte, den Präsidenten angingen und nicht mich – und das alles, obwohl eine Menge Sofortsachen warteten. Kein Wunder, daß er oft herrisch war. Er brüllte einen nicht nieder, denn er brüllte nie. Aber er konnte unerbetene Vorschläge auf recht schroffe Weise abtun. Hundertmal bin ich aus seinem Zimmer gekommen und habe mich vergebens gefragt: Warum mag ich diesen Mann?

Die Gegensätzlichkeit unserer Temperamente machte die Dinge noch schwieriger. Da, wo ich beobachtete, fühlte er sich gedrängt, einzugreifen. Für die normale Auslandsberichterstattung der Diplomaten hatte er nicht viel übrig. Gewohnt, Dinge im großen Stil zu tun, und mit einem ausgeprägten Sinn für persönliche Macht begabt, genoß er die Nähe der Großen dieser Welt und verhandelte nur mit den Leuten ganz oben. Zweifellos glaubte er, in einem einzigen Interview mit Stalin mehr Wissenswertes erfahren zu können als wir andern aus monatelangem mühseligem Studium sowjetischer Publikationen – und in einem Land, in dem die Macht so sehr auf die Person zugeschnitten war wie damals in der Sowjetunion, hatte er wohl nicht unrecht damit. Er konzentrierte sich auf das, was in der Tat die vornehmste Tätigkeit des Diplomaten ist: hellhöriger, gescheiter und präziser Mittler zu sein zwischen der eigenen Regierung und der des Gastlands, und er entledigte sich dieser Aufgabe auf ganz hervorragende Weise. Kein Diplomat hat sich je an seine Instruktionen mit so peinlicher Genauigkeit gehalten. Keiner hat je die Ergebnisse von Interviews und Gesprächen so sorgfältig registriert und so vollständig und gewissenhaft über sie berichtet. Keiner – zu seinem Ruhme sei es gesagt – ist weniger versucht gewesen, seine Berichte zu verzerren, sei es auch noch so unmerklich, um die eigene Person und das eigene Auftreten in vorteilhaftem Licht zu präsentieren. Nichts hätte ihm ferner liegen können. Seine Integrität bei der Erfüllung seiner Pflichten war monumental und durch nichts zu erschüttern.

Es ist charakteristisch, daß meine Betrachtung über Averell Harriman, soweit sie Kritik enthält, sich immer nur auf Details bezieht, die Anerkennung dagegen nicht, denn die gebührt seinen Tugenden, und seine Tugenden hatten etwas Großartiges. Auf dem Moskauer Schauplatz war er eine überragende Figur, eine trotz unaufdringlichen Auftretens dominierende Erscheinung, frei von kleinlicher Eitelkeit, ernsthaft ohne Pathos, herrisch nur dann, wenn Dinge oder Leute ihn an der Erfüllung seiner Pflichten hinderten. Die Vereinigten Staaten haben nie einen treueren Diener gehabt. Er bemühte sich niemals um unsere Zuneigung und ließ auch nicht erkennen, daß er sie erwidert hätte; aber seltsamerweise waren wir ihm trotzdem zugetan, wenigstens diejenigen, die ständig in seiner Umgebung waren. Auf jeden Fall zollten wir ihm wie jeder, der ihn kannte, Anerkennung und Respekt. Ich fragte einmal eine russische Freundin, was die Russen von ihm hielten. »Sie sehen ihn an«, sagte sie, »und sie denken: ›*Wot Muschina* – das ist ein Mann.‹« Das war es wohl, was wir alle fanden.

Ich jedenfalls kann nichts anderes tun, als ihm meine Dankbarkeit bezeugen – für seine Geduld mit mir, für das, was er mich lehrte, für das Beispiel, das er gab. Daß er die besorgten politischen Warnrufe, mit denen ich ihn in den Monaten nach meinem Dienstantritt plagte, mit Schweigen quittierte, hatte seinen guten Grund. Es war nicht seine Sache, nicht Sache des persönlichen Beauftragten des Präsidenten in einem anderen Land, noch dazu im Kriege, mit einem Untergebenen Ansichten zu diskutieren, die die Gedanken und die Politik dieses Präsidenten so stark in Zweifel zogen. Daß die Zeichen, die mich besorgt machten, von ihm selbst ebenfalls nicht unbemerkt geblieben waren, zeigte sich schon bald in seinen Amtshandlungen. Und das war sicher eine bessere Art, etwaiger Übereinstimmung mit meinen Überlegungen und Argumenten Ausdruck zu verleihen, als wenn er mich sozusagen mit Worten gestreichelt hätte.

Herbst und Winter 1944/45 vergingen, und die Aktionen der russischen Streitkräfte näherten sich rapide dem siegreichen Ende. Unsre Fenster öffneten sich auf den Roten Platz. Alle paar Abende dröhnten dort die Kanonen und barsten die Feuerwerkskörper zur Feier eines Sieges irgendwo an der unendlich langen Front, und die blitzenden Lichter spiegelten sich gespenstisch in den überdimensionalen goldenen Sternen, die jetzt statt der zaristischen Doppeladler auf den Wachtürmen der Kremlmauer stehen.

Das Näherrücken des Sieges brachte für uns in der Botschaft neue Probleme. Nacheinander wurden in dieser Zeit in Moskau mit Finnen, Rumänen und Bulgaren Waffenstillstandsabkommen geschlossen. Ich war an ihnen allen in bescheidenem Maße beteiligt. Ich erregte mich und wütete und plagte Averell, weil die Russen bei ihrer Besitzergreifung von den amerikanischen Ölfeldern in Rumänien sich ungeniert daranmachten, das bewegliche amerikanische Eigentum, um dessen Schutz sie ausdrücklich gebeten worden waren, für ihre eigenen Zwecke in den

Kaukasus zu verfrachten. Ähnlich unglücklich ließ sich das Wirken der Dreimächte-Kontrollkommissionen an, die in den von der Roten Armee überrannten Feindländern auf dem Balkan als provisorische Regierungen eingesetzt waren. Die sowjetischen Kommandeure, die auf Grund von Regierungsvereinbarungen *ex officio* den Vorsitz in den Kommissionen führten, begannen unverzüglich, ihre britischen und amerikanischen Kollegen auszuschalten. Sie hielten Informationen zurück und kümmerten sich weder um die Ansichten der Kollegen noch um die Wünsche ihrer Regierungen, während gleichzeitig das NKWD und seine örtlichen Agenten, über die die sowjetischen Kommandeure keine Macht hatten oder haben wollten, die Vertreter der Westmächte von der Bevölkerung in einer Weise isolierten, als wären sie nicht Verbündete, sondern gefährliche Feinde (was sie in sowjetischer Sicht in der Tat waren).

Das Benehmen der sowjetischen Kommandeure in den Kommissionen war insofern gerechtfertigt, als die westlichen Verbündeten es in der Alliierten Kontrollkommission für Italien mit umgekehrtem Vorzeichen genauso gemacht hatten. Aber ich konnte nicht einsehen, weshalb uns das verpflichtete, uns weiter in den Kommissionen vertreten zu lassen; mir persönlich schien es gar nicht wünschenswert. Wie ich in einem Memorandum vom 5. Dezember 1944 über die Pläne für das Waffenstillstandsabkommen mit Ungarn betonte, würde uns damit nur »die moralische Verantwortung für eine Übergangsregierung aufgebürdet, auf deren Tätigkeit wir keinen Einfluß hätten«. Die Regierung der Vereinigten Staaten zeigte sich jedoch unbeeindruckt von diesem Argument. Unseren militärischen Vertretern bei den Balkankommissionen blieb nichts übrig, als sich weiter mehr schlecht als recht über die Runden zu bringen und dabei der einheimischen Bevölkerung ihre Hilflosigkeit täglich vor Augen zu führen, während die Vereinigten Staaten dieser Bevölkerung gegenüber einen Teil der Verantwortung für die hochpolitischen und nur dem Kreml dienlichen Maßnahmen trugen, die die Kommissionsvorsitzenden und andere sowjetische Beamte ausgearbeitet hatten.

Im Februar und März erreichte uns der Widerhall von Jalta, und es begannen die endlosen, unergiebigen Dispute mit Molotow, bei denen es um die Frage ging, wen man zu den Vorbesprechungen über die Bildung einer neuen polnischen Regierung zuziehen solle und wen nicht. Im April gab es Anzeichen für starke und sich verstärkende Besorgnis auf seiten des Präsidenten wegen des sowjetischen Verhaltens, und dann, gleich nach den ersten wirklich unerfreulichen Zusammenstößen zwischen den beiden Regierungschefs, kam die niederschmetternde Nachricht vom plötzlichen Tode Roosevelts. Danach entwickelten die Dinge sich in raschem und für uns hektischem Tempo bis hin zu dem endgültigen Zusammenbruch des deutschen Widerstandes Anfang Mai.

Mitte April 1945 besuchte uns für die Dauer einer kurzen Zwischenlandung unser damaliger Botschafter in China, Generalmajor Patrick G. Hurley. Er hatte in Washington mit dem Präsidenten und dem State Department Besprechungen geführt und war auf dem Rückweg zu seinem Dienstort Chungking.

Botschafter Hurley war schon einmal, bei seiner ersten Reise nach China im September 1944, in Moskau gewesen. Damals hatte ihn Mr. Donald Nelson, der Vorsitzende der Rüstungskommission, begleitet. Die beiden Männer hatten mit Molotow gesprochen, und General Hurley hatte nach seiner eigenen Aussage aus dem Gespräch einen bemerkenswert ermutigenden Eindruck von den sowjetischen Absichten gegenüber China gewonnen. Später, im Februar 1945, hatte er Molotows Ansichten, so wie sie sich aus der Unterhaltung ergeben hatten, wie folgt zusammengefaßt:

1. Die sogenannten chinesischen Kommunisten sind in Wahrheit überhaupt keine Kommunisten.
2. Die sowjetische Regierung gewährt den chinesischen Kommunisten keine Unterstützung.
3. Die Sowjets wollen in China weder Parteienzwist noch einen Bürgerkrieg.
4. Die Sowjets beschweren sich über schlechte Behandlung sowjetischer Bürger durch die Chinesen, aber erstreben ganz offen engere und harmonischere Beziehungen.[70]

Jetzt, im April 1945, las man es anders. Die Konferenz von Jalta war schon vorbei. Wir hatten es übernommen, die chinesischen Nationalisten mit den Gebietsansprüchen und den anderen in Jalta erhobenen Forderungen der Sowjetunion zu versöhnen. Die Russen ihrerseits hatten sich zum Abschluß eines Freundschafts- und Beistandspakts mit Nationalchina bereiterklärt. Es war nun Zeit für direkte chinesisch-sowjetische Gespräche. Die Chinesen jedoch waren verständlicherweise verwirrt und

70 ›United States Relations with China‹, Department of State Publication 3573, S. 93. Washington, D. C., US Government Printing Office, 1949.

skeptisch wegen der früheren optimistischen Berichte General Hurleys über die sowjetischen Absichten. Sie wollten Näheres wissen, bevor sie ihren eigenen Abgesandten nach Moskau schickten. Und vermutlich war das der Grund für General Hurleys zweiten Besuch.

General Hurley wollte mit Stalin sprechen und traf auch am 15. April mit ihm zusammen. Botschafter Harriman war bei diesem Gespräch anwesend, aber er reiste unmittelbar danach nach Washington ab, wohin er zur Beratung gerufen worden war. Den telegrafischen Bericht schrieb daher General Hurley nach der Abreise des Botschafters und kurz bevor er selbst nach Chungking aufbrach. Dieser Bericht wurde uns zur Weiterleitung in die Botschaft gegeben, und ich konnte nicht umhin, ihn zu lesen, weil ich ihn gegenzeichnen mußte. Als ich ihn zu Gesicht bekam, war der General bereits abgereist. Der Inhalt beunruhigte mich sehr, denn er paßte so ganz und gar nicht zu den Informationen, die wir in der Botschaft über die Haltung der Sowjets gegenüber China hatten. Er war wieder viel optimistischer, als die Situation das unserer Meinung nach zuließ. Ich studierte den Bericht gemeinsam mit Mr. John Paton Davies, demjenigen unserer Botschaftssekretäre, der sich am besten in chinesischen Dingen auskannte, und wir waren beide der Meinung, daß wir einen ganz falschen Eindruck erwecken würden, wenn wir ihn, so wie er war, weitergaben. Wir glaubten auch nicht, daß er sich mit Botschafter Harrimans Ansichten deckte, und wir meinten, es nicht verantworten zu können, einen seinen eigenen Auffassungen entgegengesetzten Bericht ohne Kommentar weiterzuleiten. Folglich taten wir uns zusammen und setzten eine persönliche Botschaft von mir an Mr. Harriman auf, die General Hurleys rosige Schilderung in etwa korrigieren sollte:

»Ich beziehe mich ausdrücklich auf die Stalin zugeschriebenen Äußerungen, nach denen 1. unsere Chinapolitik, so wie Botschafter Hurley sie skizziert hat, Stalins uneingeschränkten Beifall findet, 2. diese Politik von der sowjetischen Regierung gefördert werden wird und daß Stalin 3. eine baldige Demarche unsererseits mit dem Ziel der Einigung der chinesischen Streitkräfte bei Anerkennung der nationalchinesischen Regierung und ihres Führers Tschiangkaischek voll unterstützen wird ...

General Hurleys Bericht über das, was er Stalin gesagt habe, enthielt natürlich nichts, was Stalin nicht aus ehrlicher Überzeugung hätte gutheißen können – wobei man sich darüber klar sein muß, daß Worte für die Russen einen anderen Sinn haben als für uns. Selbstverständlich ist Stalin mit der Einigung der chinesischen Streitkräfte einverstanden. Er weiß ja, daß die Einigung in Wirklichkeit nur unter Bedingungen vollzogen werden kann, die für die chinesische Kommunistische Partei annehmbar sind.

Meiner Meinung nach wird die sowjetische Politik gegenüber China genauso bleiben, wie sie in der jüngsten Vergangenheit gewesen ist: eine nicht festgelegte, geschmeidige Politik mit dem Ziel maximalen Einflusses bei minimaler Verantwortung für die Gebiete des asiatischen Kontinents jenseits der russischen Grenzen. Wieviel Druck man dabei in den verschiedenen Ländern ausübt, wird in direktem Verhältnis zu ihrer strategischen Bedeutung und ihrer Nähe zur sowjetischen Grenze stehen. Ich bin überzeugt, daß Moskau im Rahmen dieser Politik im einzelnen folgende Ziele anstrebt: 1. *de facto* wenn nicht *de jure* alle Gebiete und Vorrechte zurückzugewinnen, die das Rußland der Zaren auf dem asiatischen Festland einst besaß; 2. diejenigen zentralasiatisch-chinesischen Provinzen zu beherrschen, die an die sowjetischen Grenzen stoßen; dieses Ziel ergibt sich schon aus der strategischen Notwendigkeit, den Schutzstreifen um das industrielle Kernstück der UdSSR zu verbreitern; 3. in allen derzeit von den Japanern beherrschten nordchinesischen Bezirken die eigene Kontrolle soweit zu verstärken, daß keine fremde Macht den japanischen Einfall wiederholen kann. In russischer Sicht heißt das, alle fremden Mächte einschließlich Amerikas und Englands so vollständig wie nur möglich von diesen Gebieten fernzuhalten . . .

Es wäre tragisch, wenn unser verständliches Bemühen um sowjetische Unterstützung im Verein mit Stalins vorsichtiger Leutseligkeit und seiner Benutzung von Formulierungen, die jedem alles bedeuten, uns dazu verleitete, allzu sehr auf die Hilfe der Sowjets oder auch ihre Duldsamkeit zu bauen, wo es um unsre eigenen langfristigen Ziele in China geht.«[71]

Botschafter Harriman war im großen und ganzen, wie aus dem Weißbuch über China ersichtlich, mit dieser Beurteilung einverstanden.

Ich erwähne die Sache, weil sie ein anschauliches Beispiel für das ironische Element abgibt, das in der Geschichte der Diplomatie so häufig anzutreffen ist. Davies mit seinem brillanten und phantasievollen Verstand und seiner langjährigen Kenntnis

[71] Ebendort, S. 96–97.

Chinas war zu jener Zeit ein Eckpfeiler unsrer Moskauer Botschaft. Meine Einsichten in das Wesen der sowjetischen Chinapolitik verdanke ich größtenteils ihm. Er war ein Mann mit einem gleichzeitig umfassenden, subtilen und kritischen politischen Verständnis, ohne ein Gran von Sympathie für den Kommunismus, und an Loyalität unserer Regierung gegenüber stand er niemand nach. Wenn man darüber nachdenkt, daß derselbe Mann, der sich hier mühte, General Hurleys Ideen von den Zielen der Sowjets mit einem Schuß Nüchternheit und Realismus zu versehen, schon kurz danach Jahre dauernden Verfolgungen und Demütigungen durch parlamentarische Untersuchungskomitees und Loyalitätsausschüsse der Regierung ausgesetzt wurde, und das weitgehend auf Grund von Beschuldigungen desselben Generals Hurley, er müsse entweder sehr leichtgläubig oder aber ein Kommunistenfreund sein – wenn man darüber nachdenkt, denn spürt man das Alptraumhafte der Scheinwelt, in die das amtliche Washington und große Teile unserer öffentlichen Meinung sich hineinsteigern können, wenn statt der Vernunft Leidenschaft, Ärger und Furcht unser nationales Leben beherrschen.

Daß das Ende des Krieges in Europa mich in besondere Hochstimmung versetzt hätte, ist mir nicht erinnerlich. Genau wie alle andern war ich froh darüber, daß das Blutvergießen und die Zerstörungen aufhörten. Daß es notwendig sei, den deutschen Nazismus restlos zu vernichten, hatte ich nie bezweifelt. Aber die Umstände, unter denen der Krieg zu Ende ging, waren wenig tröstlich. Wie bereits gesagt, war mir völlig klar, daß eine Dreimächte-Zusammenarbeit bei der Regierung Deutschlands nicht funktionieren würde. Aber wir Amerikaner bauten unsere Pläne nach wie vor auf solchen Träumen auf. Realistische Pläne hatten wir nicht, und auch mit den Briten hatten wir uns nicht hinlänglich über eine konstruktive Neuordnung in den Westzonen verständigt, die, wie mir schien, das einzige Mittel war, den politischen Druck aufzufangen, dessen man von seiten der deutschen Kommunisten, mit Unterstützung der Sowjets, gewärtig sein mußte. Mittlerweile erreichte uns eine deprimierende Vielzahl von Berichten über die wilden Roheiten und Scheußlichkeiten, die ein Teil der sowjetischen Truppen – wohl nicht so sehr die Kampftruppen selbst, sondern mehr die nachrückenden Verbände – beim Einzug in Deutschland und in die von den Deutschen befreiten Gebiete verübten. Manchmal waren es anständige Angehörige der sowjetischen Streitkräfte selbst, die davon erzählten und sich von dem Benehmen ihrer Kameraden angewidert zeigten. War das, fragte ich mich, die Sorte Sieg, die wir erträumt hatten? Machte nicht der hohe Preis einen großen Teil des Sieges fragwürdig?

Erst am 9. Mai, einen Tag nach Beendigung der Kämpfe im Westen, gaben die bis dahin trotz der Kapitulation der Deutschen vor Briten und Amerikanern immer noch mißtrauischen Russen zu, daß auch im Osten der Widerstand aufgehört habe und der Krieg in Europa damit beendet sei, und teilten das ihrem Volke mit. Die Nachricht verbreitete sich in Moskau in den ersten Morgenstunden des Zehnten; und bei Tagesanbruch war die Stadt von einer Feiertagsstimmung gepackt, deren überschäumende Begeisterung alle üblichen Gebote der Disziplin hinwegschwemmte.

Natürlich zeigten wir die amerikanische Flagge von unserm kombinierten Kanzlei- und Wohngebäude im Zentrum der Stadt, und vom Hotel National, das Wand an Wand mit unserm Haus stand, wehten die Fahnen derjenigen Verbündeten, deren unglückselige Vertreter in Moskau keine eigene Bleibe hatten finden können und die deshalb ihre amtlichen Geschäfte immer noch vom Hotelzimmer aus besorgten, so wie wir es 1934 mehrere Monate lang getan hatten.

Gegen 10 Uhr morgens marschierten Gruppen junger Leute, vielleicht Studenten, singend und fahnenschwenkend die Straße entlang, erblickten die Flaggen der Alliierten am Hotel National und brachen in herzliche Hochrufe aus. Als sie dann hinter dem Hotel das Sternenbanner entdeckten, malte sich in den Gesichtern und Gesten der meisten von ihnen Überraschung und Entzücken; sie stoppten den Vorbeimarsch, stellten sich vor dem Botschaftsgebäude auf und demonstrierten in einem wahren Taumel der Begeisterung ihre freundschaftlichen Gefühle. Der Platz vor dem Gebäude war geräumig – er hätte zweihunderttausend Menschen gefaßt – und bald hatten sich unsern ursprünglichen Gönnern Tausende von anderen zugesellt, die in die Hurras einstimmten und winkten und keine Lust hatten, weiterzuziehen. Uns selbst bewegte und freute dies Zeichen der Volksstimmung, nur wußten wir nicht recht, wie wir darauf reagieren sollten. Wenn einer von uns sich auf der Straße zeigte, wurde er sofort ergriffen, begeistert in die Luft geworfen und von Hand zu Hand über den Köpfen der Menge weitergereicht, bis er sich irgendwo am äußeren Rand des wonnetrunkenen

Durcheinanders verlor. Kaum einer von uns war erpicht auf ein Erlebnis dieser Art, und so versammelten wir uns auf den Balkonen und winkten, was die Arme hergaben. Als Geste der Erwiderung schickte ich einen von uns übers Dach zum Hotel National und besorgte von dort eine sowjetische Fahne, die wir neben die unsere hängten. Das veranlaßte die Menge erneut zu Jubelrufen. Aber auch das schien nicht genug. Als Geschäftsträger – der Botschafter war außer Landes – fühlte ich mich verpflichtet, mit ein paar Worten unsere Dankbarkeit zu zeigen. Die Balkone waren zu hoch, als daß man mich von dort verstanden hätte; also stieg ich hinunter ins Hochparterre und kletterte auf den Sockel einer der großen Säulen, die die Fassade des Gebäudes schmückten. Ein paar andere kamen noch mit, darunter (aus irgendeinem in dem fröhlichen Durcheinander dieses Tages untergegangenen Grund) ein Sergeant unserer Militärmission in Uniform, der, wie ich glaube, in Wirklichkeit Pastor war. Unser Erscheinen löste eine neue Woge der Begeisterung aus. Die Polizei, die die Leute bis dahin von den Mauern des Gebäudes ferngehalten hatte, und ein Partei-Agitator, der offensichtlich ausgeschickt worden war, um sich zum Sprecher der Leute zu machen und sie zum Weitergehen zu bewegen, wurden jetzt gutmütig beiseite gedrängt, und die Menge schob sich über das kleine Geländer am Bürgersteig in den grasbewachsenen Vorgarten und umdrängte den Sockel. Ich brüllte auf Russisch: »Wir gratulieren zum Tag des Sieges. Ruhm und Ehre unsern sowjetischen Verbündeten!« – was mir das Äußerste dessen schien, was ich sagen konnte. Daraufhin tobten sie vor Freude und hoben einen Sowjetsoldaten so hoch, daß er den Sockel erreichen konnte. Er zog sich zu uns hinauf, küßte und umarmte den verdutzten Sergeanten und riß ihn erbarmungslos hinunter in die ausgestreckten Arme der Menge. Dort schaukelte er hilflos auf einem Meer von Händen und entschwand bald unsern Blicken. (Wie man mir sagte, kam er erst am folgenden Tag zurück.) Mir selbst glückte die Flucht zurück ins Haus. Den ganzen Tag lang bis spät in den Abend verharrte die riesige Menschenmenge winkend und hochrufend vor dem Haus. Die sowjetischen Behörden waren naturgemäß nicht besonders entzückt davon, zumal dies, wie man uns berichtete, der einzige Ort in ganz Moskau war, wo sich eine Demonstration auch nur einigermaßen vergleichbaren Umfangs abgespielt hatte. Ein einmaliges, höfliches aber zurückhaltendes Hurra der Menge hätte man vielleicht tragbar gefunden, vor allem, wenn es von dem Ausdruck der Entschlossenheit begleitet gewesen wäre, die »Überreste des Faschismus« (nämlich jede Art des Widerstands gegen die politischen Absichten der Sowjets) auszurotten; keinesfalls aber diese Wärme, diese Freundlichkeit, diese Begeisterung, die den Repräsentanten einer Regierung gezeigt wurde, von deren Schändlichkeit als bourgeoiser Institution die sowjetischen Propagandisten das Volk schon seit mehr als zwei Jahrzehnten zu überzeugen versuchten. Man kann sich unschwer ausmalen, welche Demütigung die Demonstration für Partei und Polizei gewesen sein muß. Siebenundzwanzig Jahre lang war ohne ihre geflissentliche Vorsorge nicht einmal ein Spatz auf eine Moskauer Straße gefallen, und nun, plötzlich – dies! Sie ließen sich allerlei einfallen, um die Menge zum Weitergehen zu bewegen, errichteten sogar in Windeseile einen Musikpavillon am entgegengesetzten Ende des Platzes und schickten eine Blaskapelle hin. Aber es nützte alles nichts. Die Leute blieben. Es war sogar uns selbst ein wenig unangenehm. Wir hatten nicht beabsichtigt, an einem solchen Freudentag Anlaß zur Verärgerung zu geben. Wir hatten wahrhaftig nichts dazu getan, die Demonstration zustande zu bringen oder sie zu verlängern, nachdem sie begonnen hatte. Aber wir waren noch hilfloser als selbst die Behörden.

Am Abend dieses denkwürdigen Tages spielte sich eine kleine Episode ab, die im Verein mit dem Nachspiel, das sie vier Jahre später hatte, die Mentalität von Stalins Propagandisten treffend illustriert. Mrs. Winston Churchill war zufällig in Moskau. Zu ihren Ehren war für jenen Abend im Haus des Staatskomitees für kulturelle Beziehungen mit dem Ausland (WOKS) ein Empfang angesetzt, zu dem ich in meiner Eigenschaft als Chargé d'Affaires eingeladen war. Kurz bevor ich mit meiner Frau das Haus verließ, rief mich ein englischer Journalist an, Mr. Ralph Parker, ehemals Prager Korrespondent der ›New York Times‹, und fragte, ob er und seine russische Frau zu uns in die Wohnung kommen dürften, um die Demonstration vom Balkon aus zu beobachten. Ich kannte Parker ziemlich gut. 1939, beim Einmarsch der Deutschen nach Prag, hatte ich ihm und seiner tschechischen Freundin geholfen, aus der Stadt zu verschwinden, weil sie wegen ihrer linksgerichteten Tätigkeit bei den Nazis übel beleumdet waren. In Moskau unterhielten wir freundliche, wenn auch nicht enge Beziehungen. Von ihm wußte man, daß er in seinen Ansichten sehr weit links stand. Von seiner sowjetischen Frau glaubte man im Diplomatischen Korps, zu

Recht oder Unrecht, sie sei nicht nur eine überzeugte Kommunistin, sondern auch ein Polizeispitzel. Aber Moskau war eine kommunistische Stadt, und wir waren es gewohnt, gesellschaftlich mit Leuten zu verkehren, die Parteimitglieder oder sogar Polizeispitzel waren. Und was Parker selbst betraf, so hatte das politische Bündnis der Kriegszeit die Unterschiede zwischen ehrlichem Antifaschismus und kommunistischen Sympathien verwischt, und ich hatte deshalb keine Bedenken, ihm und seiner Frau zu gestatten, heraufzukommen und in unsrer Abwesenheit den Balkon zu benutzen.

Sie kamen, als wir gerade aufbrechen wollten. Er trat kurz auf den Balkon hinaus und kam dann zurück ins Zimmer, um sich von uns zu verabschieden. »Ist das nicht großartig?« fragte er mich. Ich sagte, das sei es wohl, aber gleichzeitig stimme es mich traurig. Er wollte wissen, wieso, und ich bemerkte, die Leute draußen hätten soviel durchgemacht und erhofften sich jetzt naturgemäß soviel vom Siege; und doch sei die Welt immer noch voller Unruhe; Rußland müsse riesige Wiederaufbau-Probleme bewältigen; das Leben werde nicht sofort wieder normal werden; der Friede werde kaum den Wunschvorstellungen dieser Menschen entsprechen.

Soviel über das Vorkommnis selbst. Vier Jahre später kam in Moskau ein Buch heraus, als dessen Verfasser Parker zeichnete und das den Titel trug ›Sagowor Protif Mira‹ – Verschwörung gegen den Frieden. Parker hatte seine Tätigkeit für nichtkommunistische westliche Zeitungen in der Zwischenzeit aufgegeben, sich mit Haut und Haar der Sowjetregierung verschrieben und alle Brücken zum Westen hinter sich abgebrochen. Welches dabei sein Status war – Sowjetbürger oder Mitglied irgendeiner kommunistischen Partei –, weiß ich nicht, aber offensichtlich stand er vollkommen unter sowjetischem Einfluß. Ich vermute, daß er damals bereits in irgendeiner Form erpreßt wurde. Sein Buch jedenfalls war eine niederträchtige Attacke auf die Regierung der Vereinigten Staaten und speziell auf ihre Botschaft in Moskau, eins der widerwärtigsten Beispiele für die gewissenlose, verlogene und Übelkeit erregende stalinistische Propaganda. Es war nicht leicht zu glauben, daß er es selber geschrieben hatte, denn immerhin war er intelligent. Aber sein Name stand darunter. Im Vorwort zu diesem Buch schilderte Parker zunächst die Szenen, die sich am Victory Day auf den Straßen und Plätzen in der Nähe der Botschaft abgespielt hatten, und beschrieb dann seinen Besuch in unserer Wohnung am Abend desselben Tages wie folgt (in Klammern meine eigenen Kommentare):

»In der Mochòwaja-Straße drängte ich mich durch die vorbeiflutende Menge (Der Leser wird bemerken, daß es vor der Botschaft nicht etwa eine Menschenansammlung gegeben hatte, sondern nur Passanten) und betrat die Amerikanische Botschaft. Hinter einem geschlossenen Fenster (Die Fenstertüren waren den ganzen Tag weit offen gewesen, und die Botschaftsangehörigen waren zwischendurch immer wieder auf die Balkone getreten) stand die hochgewachsene Gestalt von George F. Kennan, dem Botschaftsrat der Botschaft der Vereinigten Staaten in Moskau. Er stand so, daß er von unten nicht gesehen werden konnte, und beobachtete die Menge. (Diese Ausdrucksweise hatte man offenbar gewählt, um die Tatsache, daß ich vor die Menge hingetreten war und zu ihr gesprochen hatte, als ein »Nicht-Ereignis« aus den Annalen zu löschen; die amtliche Version mußte jeweils das genaue Gegenteil sein: Weit entfernt davon, mich der Menge zu stellen, hatte ich versucht, mich vor ihr zu verbergen; weit entfernt davon, zu ihr zu sprechen, hatte ich in mürrischem Schweigen verharrt.) Der Lärm von der Straße wurde schwächer und verebbte in einem dumpfen Dröhnen.

Während wir die bewegende Szene betrachteten, bemerkte ich in Kennans Gesicht einen seltsam unglücklichen und gereizten Ausdruck. Und dann trat er nach einem letzten Blick auf die Menge vom Fenster weg und sagte bitter: ›Sie jubeln . . . Sie glauben, der Krieg sei zu Ende. Dabei hat er gerade erst angefangen.‹

Ehe ich die Botschaft verließ, bemerkte ich noch, daß dort, wo früher Roosevelts Porträt gehangen hatte – sein strahlendes Lächeln hatte früher den Raum beherrscht –, jetzt ein Bild von Truman hing. (Das war kompletter Unsinn. Die Porträts beider Präsidenten hingen im Büro; in unserer Wohnung hatten wir von keinem ein Bild. Aber man arbeitete bereits an der Legende, daß Truman vom Tag des Sieges an damit begonnen habe, Roosevelts Politik der Zusammenarbeit zu sabotieren und den Kalten Krieg zu eröffnen.)

An jenem Tag hatte ich Kennans Worte kaum beachtet. Aber heute, vier Jahre danach, erinnere ich mich ihrer so klar wie aller anderen Vorkommnisse am Tag des Sieges: der Menschenmengen, die sich aus den Vororten nach Moskau ergossen; der

Wiedersehensfeiern derjenigen, die einander feierlich gelobt hatten, zusammenzukommen, ›wenn der Krieg vorüber ist‹; des aufrichtigen und freundschaftlichen Wunsches des Sowjetvolkes, mit seinen früheren militärischen Verbündeten auch im Frieden zusammenzuarbeiten.

Was seit jenem feierlichen, strahlenden Tage geschehen ist, hat mir gezeigt, was der wahre Sinn der Worte war, die der amerikanische Diplomat am Tage des Sieges sprach: sie waren eine Absage an die Politik der friedlichen Koexistenz.«

An der hier zitierten Textstelle läßt sich anschaulich der Verfälschungsprozeß aufzeigen, dem die politische Wirklichkeit in den meisten Fällen unterzogen werden mußte, ehe sie in das Bild paßte, das die russische Kommunistische Partei von sich selbst entworfen hat. Es gibt Zehntausende von Beispielen dafür, wie im Lauf der Jahre wirkliche Geschehnisse geleugnet und durch falsche ersetzt oder echte Daten bis zur Unkenntlichkeit entstellt werden mußten, um eine Darstellung zu ermöglichen, die mit den neurotischen Vorstellungen der Partei von ihrer Umwelt und von ihrer eigenen Reaktion auf diese Umwelt in Einklang stand. Wie ein überlebensgroßer kollektiver Walter Mitty[72], sah sie sich selbst in furchtlosem, heldenhaftem Kampf gegen unzählige Bedrohungen, vereitelte und zerstörte sie die finsteren Pläne unzähliger Drachen in Menschengestalt. Mit dem Ergebnis, daß es für jede Situation, für jedes Ereignis von politischer Tragweite zwei Fassungen gab: eine wahre und eine fabrizierte. Gewöhnlich gab es noch irgendwo eine Verbindung zwischen beiden; oft aber war sie so schwach, daß man sie nur noch mit Mühe entdecken konnte. War die fabrizierte Fassung einmal fertig, so war fortan sie die allein maßgebende und wurde mit demselben Respekt und Ernst behandelt, als wäre sie die reine Wahrheit. Lud sie zur Empörung gegen die Schändlichkeiten böser Feinde ein, so zeigte man Empörung; heischte sie Bewunderung für die unübertreffliche Weisheit und Geschicklichkeit, den Mut und die Selbstlosigkeit der Führer der russischen Kommunistischen Partei, so zollte man Bewunderung. Die sowjetischen Funktionäre, und in der Tat wohl der größere Teil der gebildeten Bevölkerung, kannten beide Fassungen

[72] Walter Mitty, Titelheld einer Geschichte von James Thurber, besteht in Wachträumen haarsträubende Abenteuer zum Ausgleich für die Banalität seines Alltags als braver Bürger und folgsamer Ehemann (›The Secret Life of Walter Mitty‹ Deutsch in ›Von Hawthorne bis Thurber, Amerikanische Kurzgeschichten‹, Europäische Verlagsanstalt, o. J.) (AdÜ).

gewöhnlich sehr genau, die echte wie die zum Gebrauch bestimmte, und war imstande, ganz nach Wunsch und Bedarf sich an die eine oder die andere zu halten. Allerdings schien es nur selten tunlich, die Kenntnis des wahren Sachverhalts zuzugeben, wenn die bereinigte Fassung einmal publiziert war. Und so beherbergte dieselbe Brust jeweils zwei Abbilder der Wirklichkeit: eines, das in Anwesenheit der Partei, auch der vermuteten oder möglichen Anwesenheit der Partei vorzeigbar war, und ein anderes, das fest im Innern eingeschlossen blieb und wenn überhaupt, dann nur im engsten Familienkreis betrachtet wurde.

Indem Parker Ereignisse beschrieb, die am Tag der Siegesproklamation zwar nicht vorgekommen waren, jedoch eine gewisse, traumähnliche Verwandtschaft mit Dingen aufwiesen, die sich wirklich begeben hatten, und die zugleich den Eindruck hervorriefen, der der Partei genehm war, handelte er einfach als Beauftragter der Partei für die Ausarbeitung der zweiten, bevorzugten und von nun an verbindlichen Fassung. Ich habe nie aufgehört, mich darüber zu wundern, wie es möglich war, daß ein aus Männern von so unzweifelhaft gesunder und robuster Seelenverfassung zusammengesetztes politisches Regime in seiner Gesamtheit so deutlich die typischen Merkmale einer fortgeschrittenen Psychose aufwies.

Mit der Beendigung der Kämpfe in Europa vollzog sich klar erkennbar eine historische Wende in der sowjetischen Diplomatie. Die internationale Stellung der Sowjetunion hatte sich mit dem Vorrücken sowjetischer Armeen ins Herz Europas und der damit verbundenen Ausweitung ihres Machtbereichs ganz entscheidend gewandelt. Stalins Traum vom Erwerb eines schutzgewährenden Vorfelds entlang der Westgrenze Rußlands war Wirklichkeit geworden – sicherlich in größerem Maßstab, als er je zu hoffen gewagt hätte, vielleicht gar als ihm selber geheuer war. Die sowjetische Außenpolitik würde sich dementsprechend nach neuen Erwägungen auszurichten, würde neue Verantwortlichkeiten zu übernehmen haben. Die Dinge würden nie wieder so werden, wie sie vor dem Krieg gewesen waren.

Beim Nachdenken darüber, welche Folgen das wohl für Rußland, für den Westen und für ihre Beziehungen zueinander hätte, packte mich wieder der Drang, meine Überlegungen zu Papier zu bringen. Das Ergebnis war ein weiteres umfängliches Dokument, diesmal mit dem Titel ›Rußlands internationale Stellung am Ende des Krieges gegen Deutschland‹. Weil auch es bisher unveröffentlicht ist, füge ich den vollen Wortlaut ebenfalls dem Anhang bei. Im Gegensatz zu der ersten Abhandlung ›Rußland nach sieben Jahren‹, die sich hauptsächlich mit internen Angelegenheiten der Sowjetunion befaßt, geht es hier um Gebiete, für die sich wenig später die Bezeichnung »Satelliten« durchsetzte. Ich fixierte darin zum erstenmal die Gedanken – zum Teil erst durchs Hinschreiben angeregte Gedanken –, die den Grund legten für meine Beurteilung Rußlands und seiner Probleme in späterer Zeit.

Die ersten Worte der Aufzeichnung spiegelten die Besorgnis, die ich am Abend der Siegesproklamation auch Parker gegenüber geäußert hatte: »Friede und Frühling«, schrieb ich,

> »sind endlich in Rußland eingezogen; und der des russischen Kriegs und des russischen Winters gleich überdrüssige Fremde wünscht matt, die kommende politische Jahreszeit möge nicht zu sehr wie der russische Sommer sein: kurz und flüchtig und mit dem doppelten Beigeschmack soeben vergangener und demnächst zu erwartender Unbill.«

Ich hob hervor, daß der russische Machtzuwachs nicht so sehr einer Zunahme der eigenen Stärke zu danken sei (Bevölkerungsdichte und Industriepotential hatten sich gegenüber der Vorkriegszeit wenig verändert) als vielmehr »dem Zerfall der Macht der Nachbarn«. Wenn der fernöstliche Krieg vorüber sei, werde Rußland zum erstenmal in seiner Geschichte »ohne einen einzigen ernstzunehmenden Machtrivalen auf dem eurasischen Landblock dastehen« und weite Gebiete innerhalb dieses Landblocks kontrollieren, darunter manche, die sein Einfluß nie zuvor erreicht hatte. Eine so erhebliche Zunahme an greifbarer Macht müsse für Rußland außer Vorteilen auch Verpflichtungen und Probleme mit sich bringen. Einige der jetzt von sowjetischen Streitkräften überrannten nichtrussischen Gebiete waren bereits früher einmal Teil des zaristischen Empires gewesen und hatten sich im Endergebnis für das Empire nicht als Kraftquell sondern als Belastung erwiesen. Die auffallend starke Beteiligung von Minderheiten-Vertretern an der revolutionären Bewegung, die zum Zusammenbruch von 1917 geführt hatte machte das deutlich. Der Sowjetstaat, der während der ersten beiden Jahrzehnte seines Bestehens ohne diese Gebiete hatte auskommen müssen, war deswegen wahrscheinlich nur um so stärker gewesen. Aber jetzt schickte er sich an, die Bürde dieses Besitzes erneut auf die Schultern zu packen – und noch mehr dazu. In seiner Eigenschaft als imperialistischer Staat war Rußland gegenüber den kleineren europäischen Staaten natürlich in vieler Hinsicht stark, aber zugleich mit fühlbaren Schwächen und Nachteilen behaftet. Da war zunächst die in der Natur der Sache liegende Schwierigkeit, Völker unterschiedlicher Sprache, unterschiedlicher Tradition und unterschiedlichen Nationalgefühls zu beherrschen. Auch eine Regierung kommunistischen Typs mußte aus Menschen gebildet werden. Nahm man dazu Russen, so würden sie entweder für die Andersartigkeit ihrer Umgebung keinen Sinn haben und deshalb versagen; hätten sie aber Sinn dafür, dann würden sie sich Rußland bald entfremden. Nahm man Einheimische, dann würde man das Gefühl der Vertrautheit entbehren; nationalistische Tendenzen würden sich früher oder später Bahn brechen, die eigene Autorität schwinden. Und dann gab es noch das Problem des Sympathieerwerbs für die Ideologie. Eine Landreform nach kommunistischem Muster würde bei den Bauern der osteuropäischen Staaten vielleicht Anklang finden, aber das war eine Karte, die man nur einmal ausspielen konnte, und ihre Wirkung würde nicht lange vorhalten. Zumal die russische Oberaufsicht sich auf den Lebensstandard vermutlich abträglich auswirken würde. Die Russen hatten sich als Wirtschaftsadministratoren noch nie hervorgetan. Jeder industrielle Fortschritt im eigenen Land war fürchterlich teuer erkauft worden. Würde die ideologische Anziehungskraft stark genug sein, um diese Hindernisse zu überwinden? Der sowjetische Marxismus war ja eine veraltete Doktrin. Sogar in Rußland war seine politisch-emotionelle Zündkraft großenteils schon verbraucht.

»Was noch da ist, genügt, um Patriotismus und nationalistische Gefühle zu wecken, sowohl zu Verteidigungszwecken wie für imperialistische Ausdehnungsbestrebungen. Es erreicht aber nicht den innersten Quell des menschlichen Idealismus, der die Revolution einst speiste, so wie er immerwährend die Religionen speist. Das ganz tiefe Vertrauen, die allergeheimsten Hoffnungen, die himmelstürmende Begeisterung kann der Kreml nicht länger erwecken. Vor seinen Toren stehen Massen fügsamer Gefolgsleute, aber keine verzückten mehr.«

Wenn das schon in Rußland selbst so war – wie würde diese Ideologie dann in Osteuropa ankommen, wo ihr der Nationalismus genauso im Weg sein müßte wie die natürlichen Vorbehalte gegen importierte Lehrmeinungen aus dem Ausland?

In Anbetracht so vieler Schwächen sah ich voraus, daß es den Russen schwerfallen würde, ihre neugewonnene Macht in Osteuropa ohne die moralische und materielle Unterstützung des Westens aufrechtzuerhalten. Wäre es nicht merkwürdig, solche Unterstützung zu erwarten und zu erbitten? Nicht in sowjetischer Sicht. Die Sowjetführer wußten, daß man der amerikanischen Öffentlichkeit beigebracht hatte, eine enge Zusammenarbeit mit der Sowjetunion sei sowohl möglich als auch nötig; ohne sie ließen Kriege sich auch in Zukunft nicht vermeiden; um sie zustande zu bringen, bedürfe es nur eines entsprechend herzlichen und vertrauensvollen Verhaltens gegenüber den politischen Führern Rußlands; Schwierigkeiten könne es nur geben, wenn die westlichen Staatsmänner sich nicht ernsthaft genug bemühten. Diese Behauptungen waren natürlich nicht wahr. Die Russen wußten das auch. Im besonderen war es nicht wahr, daß der Frieden von der Sorte enger Gemeinsamkeit abhing, die man den Amerikanern als Zukunftsvision vorgegaukelt hatte. In Wirklichkeit bedurfte es zur Wahrung der Stabilität zwischen den Großmächten nur »der Erhaltung eines echten Gleichgewichts der Kräfte und eines klaren Begriffs davon, welches die wirklich lebenswichtigen Interessen des anderen« waren. Auch das wußten die Russen. Aber die amerikanischen Vorurteile wirkten sich naturgemäß zu ihren Gunsten aus und boten sich zu weiterer Ausbeutung an. Das erklärte ihre Hoffnung, daß der Westen, vor allem aber Amerika, sich bereitfinden würde, ein sowjetisches Empire in Osteuropa zu stützen, das sich mit den mutigen Erklärungen der Atlantikcharta schlecht vertrug. Sollte der Westen die Unterstützung verweigern, dann könnte

»Rußland vermutlich auf die Dauer nicht das *ganze* Gebiet, das es sich heute abgesteckt hat, im Griff behalten . . . die Markierungen müßten *wenigstens teilweise zurückgenommen werden*[73]«.

Und gleichzeitig würde der Westen die sowjetische Verärgerung in aller Schärfe zu spüren bekommen. Moskau würde, wie Trotzki einst gedroht hatte, »die Tür zuknallen, daß ganz

[73] Der Rückzug fand bekanntlich in den folgenden Jahren wirklich statt: In Jugoslawien, Nordgriechenland, Triest, Österreich, und in gewisser Weise auch in Finnland.

Europa wackelt«. Aber wenn die Leute im Westen nur die Nerven behielten und sich nicht beirren ließen, dann würde Moskaus Ärger dennoch nicht zur Katastrophe führen. Auch die Macht der Sowjets hätte Grenzen.

»Wenn der Westen fest bliebe ... wenn die Demokratien sich fähig zeigten, auch die übelsten Provokationen geschulter und gewissenloser, den politischen Interessen der Sowjetunion verschriebener Minderheiten gelassen durchzustehen, dann hätte Moskau seine allerletzte Karte verspielt ... Weitere militärische Vorstöße nach Westen würden nur die Verbindlichkeiten noch vergrößern, denen die Russen schon jetzt nicht mehr nachkommen können. Moskau besitzt weder eine Marine noch eine Luftwaffe, die imstande wäre, die See- oder Luftwege der Erde zu bedrohen.«

So also sah meine Beurteilung der internationalen Stellung Rußlands bei Beendigung des Krieges mit Deutschland aus. Drei darin enthaltene Gesichtspunkte empfehle ich der besonderen Aufmerksamkeit:

1. Daß die Russen aus Gründen ihrer inneren Machtstruktur die Hegemonie wahrscheinlich nicht über das gesamte von ihnen zunächst kontrollierte osteuropäische Gebiet würden aufrechterhalten können, es sei denn mit Zustimmung und Unterstützung des Westens; daß ohne solche Unterstützung gewisse politische Positionen zurückgenommen werden müßten.
2. Daß das übertrieben enge Hand-in-Hand-Arbeiten mit Rußland, das man unser Volk zu erhoffen gelehrt hatte, für die Erhaltung des Weltfriedens nicht wirklich entscheidend war – daß ein vernünftiges Ausbalancieren der Macht und das Respektieren der gegenseitigen Interessensphären dasselbe erreichen würden. Und
3. daß Moskau keinen Anlaß habe, ein weiteres militärisches Vordringen in Europa zu erwägen; daß dem Westen nicht von einer russischen Invasion Gefahr drohe, sondern von den im Westen selbst bestehenden kommunistischen Parteien und von den irrealen Hoffnungen und Befürchtungen, mit denen man die Völker im Westen gefüttert hatte.

Wer die politische Entwicklung der Nachkriegszeit verfolgt hat, wird diese drei Thesen unschwer als das Kernstück der Theorie des Containment – der Eindämmung – erkennen, die zwei Jahre später in dem Artikel von »Mr. X« dargelegt wurde.

Ich hebe sie hier besonders hervor, um zu zeigen, daß meine Auffassung von den Problemen, die dem Westen nach dem Krieg aus der sowjetischen Machtentfaltung erwachsen würden, ob nun richtig oder falsch, jedenfalls nicht erst aus den Ängsten und Enttäuschungen des Jahres 1947 hergeleitet war, als sie zum erstenmal öffentlich diskutiert wurde, sondern vielmehr aus den Erfahrungen meiner Moskauer Tätigkeit noch während des Krieges und aus dem Bestreben, den Blick über den Sieg der Alliierten hinaus auf die unsichere Zukunft der Beziehungen Rußlands zum Westen zu richten.

Auch diese Aufzeichnung übergab ich dem Botschafter. Auch sie wurde mir, soweit ich mich erinnere, ohne Kommentar zurückgegeben. Ich habe keinen Anhaltspunkt dafür, daß sie je nach Washington gelangte. Ganz dunkel glaube ich mich zu erinnern, daß Harry Hopkins sie las, als er in demselben Monat Mai des Jahres 1945 nach Moskau kam. Aber bei seiner Rückkehr in die Vereinigten Staaten war er ein todkranker Mann und spielte in der amerikanischen Außenpolitik eigentlich schon keine Rolle mehr.

x. Von der deutschen Kapitulation bis Potsdam

In einem Bericht unserer Moskauer Botschaft vom 19. Mai 1945 über die Haltung der sowjetischen Presse in den letzten Wochen vor der deutschen Kapitulation finden sich folgende Beobachtungen:

»Man kann getrost behaupten, daß kein anderer Personenkreis irgendwo auf der Welt sich der entscheidenden Wichtigkeit der Zeit nach dem Waffenstillstand, ihrer Möglichkeiten und Gefahren stärker bewußt ist als die Führer der Sowjetunion. Selber Träger eines Regimes, das aus dem chaotischen Nachspiel des Ersten Weltkriegs erwuchs, sehen sie in aller Klarheit, daß es die jetzt während des auf die Militäraktionen folgenden allgemeinen Durcheinanders gezogenen Linien sind, die sich verfestigen und Bestand haben und das Gesicht der Zukunft bestimmen werden. Die Entscheidungen der nächsten paar Wochen halten sie für wichtiger als selbst die Beschlüsse zukünftiger Friedenskonferenzen. Denn diese werden nach Auffassung der Sowjets wenig mehr ergeben als eine Bestätigung der Landmarken, die aufgestellt wurden, als alles im Fluß war.«

Ich selber, der ich an der Abfassung des Berichtes nicht ganz unbeteiligt war, hegte verständlicherweise den Wunsch, unsere Regierung möge schon jetzt die Probleme analysieren, die das Nachkriegsrußland uns bescheren würde, und eine Politik entwerfen, die den Schaden möglichst klein hielte, der der erhofften Stabilität Europas aus der letzten militärisch-politischen Entwicklung im Gebiet der russischen Front erwachsen war. Aus diesem Grund füllte ich nicht nur meine privaten Notizbücher mit meinen Sorgen und Nöten, sondern plagte auch alle, von denen ich Verständnis erhoffte, in erster Linie den Botschafter, mit Protesten und Appellen und ständigem Drängen. Und meiner Feder entflossen, wie ich errötend gestehe, derart viele Aufzeichnungen, daß ihre Wiedergabe diesen Band sprengen würde. Andererseits haben die darin ausgeführten Gedanken in einigen meiner späteren, von der Öffentlichkeit vielbeachteten Publikationen eine große Rolle gespielt, und deshalb möchte ich sie hier zusammenfassen. Ich werde mich dabei im wesentlichen auf Fragen der amerikanischen Politik beschränken. Meine Analyse der russischen Situation ist in den beiden langen Abhandlungen enthalten, auf die ich schon verwiesen habe.

Während der ganzen ersten Nachkriegszeit befürwortete ich – wohl als einziger in den oberen Rängen der Regierungsbeamten – die sofortige und klare Anerkennung der Aufteilung Europas in Einflußsphären und eine darauf aufbauende Politik.

Dafür hatte ich zwei Gründe. Erstens war ich noch genauso davon überzeugt wie schon vor der deutschen Kapitulation, daß es müßig wäre, uns in der Hoffnung zu wiegen, wir könnten den Gang der Dinge in dem bereits der russischen Herrschaft anheimgefallenen Gebiet noch irgendwie beeinflussen. Ich fand, daß wir nur uns selbst und die Öffentlichkeit im Westen täuschen würden, wenn wir uns weiter einredeten, der Großteil dieser Länder habe in absehbarer Zukunft etwas anderes zu erwarten als vollständige Beherrschung durch den Kommunismus und vollständige Isolierung vom Westen nach sowjetischem Muster. Unter diesen Umständen sah ich nicht ein, weshalb wir uns besonders anstrengen sollten, um es den Russen bequemer zu machen, sei es durch Hilfsaktionen der einen oder anderen Art, sei es durch Mitübernahme der Verantwortung für ihr Vorgehen. Es schien mir besser, wenn wir an dem, was sich jetzt nur allzu offensichtlich ereignen würde, nicht beteiligt wären.

Als zum Beispiel im Februar und März 1945 die Schwierigkeiten mit Rumänien wegen Wyschinskijs plötzlicher Reise nach Bukarest und seiner brutalen Umbildung der rumänischen Regierung anfingen, da opponierte ich gegen den Ton der Protestnoten, die wir an Molotow schickten: Noten, in denen gekränktes Erstaunen sich mit sinnlosen Appellen an die Sowjets verband, sich doch anders aufzuführen, als sie es taten. »Ich sehe nicht«, schrieb ich am 8. März,

»was es nützen sollte, diese fruchtlose Polemik mit Molotow weiterzuführen. Sein Text ist ihm vorgeschrieben von denen, die die sowjetische Politik machen, und er wird ihn nicht verändern, wenn man ihn nicht überzeugen kann – und er seine Genossen überzeugen kann –, daß zwingende Gründe dafür vorliegen. Eine bloße Meinungsäußerung von unserer Seite würde kein solcher Grund sein. Solange unsere Regierung nicht bereit ist, konkrete Maßnahmen zu ergreifen, etwa sich öffentlich von der ganzen Sache zu distanzieren oder unsere Vertreter aus der

Kontrollkommission abzuziehen, darf sie kaum erwarten, daß die Russen sich veranlaßt fühlen, unsere Ansichten zu respektieren. Selbst *wenn* wir etwas unternähmen, wäre keineswegs sicher, daß sie ihre . . . Politik gegenüber Rumänien ändern würden.«

Einen Monat später ging es um die Tschechoslowakei. Im Gegensatz zu den Balkanländern Ungarn, Rumänien und Bulgarien hatte die Tschechoslowakei nicht gegen die Sowjetunion Krieg geführt. Offiziell galt sie als befreiter Verbündeter. Aus irgendeinem von mir nie ganz begriffenen Grund – vielleicht wegen Beneschs großer Popularität in den westlichen Ländern – war dort der Eindruck entstanden, man sei dabei, ihr wieder eine unabhängige Regierung zu geben. Für eine solche Annahme schienen mir keine Anhaltspunkte vorzuliegen. Die persönliche Begegnung mit dem tschechischen Botschafter in Moskau, Zdenek Fierlinger, hatte in mir den Eindruck hinterlassen, daß wir es nicht mit dem Repräsentanten einer freien Tschechoslowakei zu tun hatten, sondern praktisch mit einem Agenten der Sowjets, und ich bezweifelte, daß eine Regierung, die sich in der russischen Hauptstadt von einem solchen Mann vertreten ließ, wirklich unabhängig sei. Auch genügte schon das Wenige, das wir über die Ereignisse in dem russisch besetzten Teil der Tschechoslowakei erfuhren, um uns davon zu überzeugen, daß man dort mit allen Mitteln der Infiltration, Einschüchterung und Intrige arbeite, um das Land für die alleinige Machtübernahme durch die Kommunisten reif zu machen. Die Überzeugung verstärkte sich, als unsere Regierung um die Zeit des deutschen Zusammenbruchs durch russisches Dazwischentreten daran gehindert wurde, zu der nun offiziell wieder auf eigenem Hoheitsgebiet amtierenden tschechischen Regierung amerikanische Vertreter zu entsenden. Washington ersuchte uns, bei der sowjetischen Regierung vorstellig zu werden und mit der Begründung, daß es »in hohem Maße wünschenswert« sei, unsere Vertreter umgehend am Sitz der tschechischen Regierung zu haben, um die sofortige Durchreisegenehmigung für sie nachzusuchen. Auch hiergegen opponierte ich. Ich fand, das gehe allein die tschechischen Behörden etwas an. Wenn sie nicht in der Lage seien, es zu arrangieren – wenn sie, mit anderen Worten, von den Russen so schandbar abhängig seien, daß sie Vertreter ausländischer Regierungen nur dann empfangen könnten, wenn die Sowjets es gnädigst gestatteten –, dann sei das in sich schon »so bezeichnend für die Art ihres Verhältnisses zur Sowjetunion, daß ich glaube . . ., daß man es in Betracht ziehen sollte, wenn man die generelle Nützlichkeit der Entsendung von Vertretern erwägt«. Die nichtkommunistischen tschechischen Regierungsmitglieder, fuhr ich fort, seien in Wirklichkeit nichts als russische Gefangene mit Vorzugsbehandlung. Die amerikanischen Vertreter bei der tschechischen Regierung würden enttäuscht sein und nichts ausrichten können.

»Ihre Anwesenheit würde nur dazu mißbraucht werden, einer Regierung von Strohmännern Ansehen zu verleihen, und würde diejenigen entmutigen, die noch auf die Wiederkehr demokratischer Regierungsformen hoffen; denn die Russen würden sie überall herumzeigen, um zu beweisen, daß der Westen das Vorgehen der Russen billige und mit ihnen liiert sei.«

Selbst im Fall Jugoslawien machte es mich böse, wie besorgt Washington sich wegen der Frage gab, ob Marschall Titos Regime auch »repräsentativ« sei, und auch, daß man für den Fall, daß die Opposition gegen ihn wirklich nur klein sei, vorschlug, sofort Schritte zu unternehmen, um uns bei ihm beliebt zu machen. Ich fand weder die Frage gerechtfertigt noch die Folgerung.

»Letzten Endes kümmern wir uns ja auch nicht darum, ob Stalin die Mehrheit der russischen Bevölkerung hinter sich hat oder nicht, und es wäre unlogisch . . ., wollten wir uns gegen eine Regierung, die der in Moskau so ähnlich ist, anders verhalten. . . . Tito ist streng marxistisch geschult. Er wird die kapitalistische Welt genau so behandeln, wie es das Interesse der kommunistischen Revolution seiner Meinung nach erfordert. Dabei wird er sich nicht von der persönlichen Liebenswürdigkeit der westlichen Vertreter in Belgrad beeinflussen lassen, sondern nur von der Stärke und Entschiedenheit der Regierungen, die hinter ihnen stehen.« (Tagebuchnotiz vom 3. Dezember 1945.)

Der erste Grund, weshalb ich für eine »Politik der Interessensphären« eintrat, war demnach die Überzeugung, daß wir in dem sowjetisch kontrollierten Gebiet doch keinen wirklichen Einfluß würden geltend machen können und daß es würdelos und sogar irreführend wäre, so zu tun, als glaubten wir das. Der zweite

Grund war, daß ich den Eindruck hatte, wir würden aus Rücksicht auf unseren Wunschtraum von der Zusammenarbeit aller Europäer und noch mehr aus Furcht, die Russen durch einen Alleingang zu verärgern, eigene Wiederaufbaumaßnahmen in dem Teil von Europa verschleppen, der unserm Einfluß wirklich offenstand. Wenn wir dort zu lange mit der Schaffung angemessener Lebensbedingungen warteten, würden wir nur den westlichen kommunistischen Parteien in die Hände arbeiten, denen ihr Zusammengehen mit den Widerstandsbewegungen kürzlich ohnehin erst großen Auftrieb gegeben hatte. Es würde uns dann vielleicht so gehen wie dem Hund, der sein Spiegelbild im Dorfteich erblickt, und wir würden den Knochen, den wir schon im Maul hätten, fallen lassen, den im Wasser erspähten aber auch nicht erwischen. Möglicherweise hatte ich die Verzögerungen überschätzt, die aus der Rücksichtnahme auf das Phantom der Zusammenarbeit mit den Russen entstanden. Ich hatte dabei unter anderem die Aktionen der UNRRA im Sinn, der United Nations Relief and Rehabilitation Administration[74], desgleichen die sehr ins einzelne gehenden Pläne unseres Finanzministeriums für die Gründung eines Weltwährungsfonds und einer Internationalen Bank für Wiederaufbau und Entwicklung (Weltbank), die zum erstenmal auf der Internationalen Konferenz von Bretton Woods im Juli 1944 erörtert worden waren. Die Motive, aus denen die Russen sich unter Umständen für die UNRRA interessiert hätten, schienen mir mit der altruistischen Zielsetzung des Wiederaufbaus in Europa, der unsere eigenen Leute bewegte, wenig gemein zu haben. Die Führer der Sowjets würden ihre Mitgliedschaft in der Organisation vor allem zu politischen Zwecken benutzen und, so gut sie konnten, dafür sorgen, daß die Hilfeleistungen der kommunistischen Sache zugute kämen. Und daß der internationale Geldmarkt in ihnen geeignete Partner fände, schien bei ihrer eifersüchtig abgeriegelten und kontrollierten Wirtschaft und ihrer Währung ohne Weltmarktstatus, bei ihrem völlig willkürlichen und künstlichen Preisgefüge und dem totalen Außenhandelsmonopol eine mehr als abwegige Hoffnung, selbst für den Fall, daß die Ziele identisch gewesen wären, und das waren sie nicht. Aber der Punkt, in dem alle meine Besorgnisse zusammenliefen, war wie immer Deutschland. Die Kämpfe waren beendet. Jetzt würden unsere

[74] Die 1943 gegründete UNRRA war eine internationale Hilfsorganisation namentlich zur Betreuung verschleppter Personen (D. P.'s). 1947 wurde sie aufgelöst; ihre Nachfolge hat in etwa die IRO – International Refugee Organization – mit Sitz in Genf angetreten (AdÜ).

Ideale und unsere Politik die Probe zu bestehen haben. Nach allem, was mir zu Ohren kam, waren die amerikanischen Militärbehörden immer noch stark von den mich empörenden antibritischen und prosowjetischen Vorurteilen geprägt, die einige unserer führenden Militärs während des Krieges entwickelt hatten. Die Gespenster der Azorenkrise und der Europäischen Beratenden Kommission erstanden vor meinen Augen, als ich eines denkwürdigen Herbstabends im Jahre 1945 in Botschafter Robert Murphys Haus in Berlin allein mit einem sehr hohen amerikanischen Offizier zusammensaß und die Vorwürfe anhörte, die er mir, und uns »State-Department-Leuten« allgemein, wegen unserer antisowjetischen Haltung und unserer Unfähigkeit machte, »mit den Russen klarzukommen« – ein Fehler, der sich, wie er mir zu verstehen gab, leicht beseitigen ließe, wenn wir uns nur an den Militärs ein Beispiel nähmen. Das verstärkte noch meine Unruhe, wir könnten in Erwartung des Unmöglichen versäumen, in den Westzonen, in denen wir Handlungsfreiheit hatten, rechtzeitig für gesunde Verhältnisse zu sorgen. Für die Russen war bei einer Mitarbeit am Wiederaufbau Europas wenig zu holen, um so mehr dagegen bei einer Politik, die uns die verführerische Aussicht darauf vor der Nase baumeln ließ und so den Aufschub unsrer eigenen Aufbaumaßnahmen erreichte. Denn das fortgesetzte Elend im Westen mußte ja den ungeduldig wartenden kommunistischen Parteien dieser Länder in die Hände arbeiten.

In einem undatierten Entwurf, der zwischen anderen privaten Papieren steckte und allem Anschein nach aus dem Sommer 1945 stammt, finde ich den folgenden Abschnitt:

»Die Idee, Deutschland gemeinsam mit den Russen regieren zu wollen, ist ein Wahn. Ein ebensolcher Wahn ist es, zu glauben, die Russen und wir könnten uns eines schönen Tages höflich zurückziehen, und aus dem Vakuum werde ein gesundes und friedliches, stabiles und freundliches Deutschland steigen. Wir haben keine andere Wahl, als unseren Teil von Deutschland – den Teil, für den wir und die Briten die Verantwortung übernommen haben – zu einer Form von Unabhängigkeit zu führen, die so befriedigend, so gesichert, so überlegen ist, daß der Osten sie nicht gefährden kann. Das ist eine gewaltige Aufgabe für Amerikaner. Aber sie läßt sich nicht umgehen; und hierüber, nicht über undurchführbare Pläne für eine gemeinsame Militärregierung, sollten wir uns Gedanken machen.

Zugegeben, daß das Zerstückelung bedeutet. Aber die Zerstückelung ist bereits Tatsache, wegen der Oder-Neiße-Linie. Ob das Stück Sowjetzone wieder mit Deutschland verbunden wird oder nicht, ist jetzt nicht wichtig. Besser ein zerstückeltes Deutschland, von dem wenigstens der westliche Teil als Prellbock für die Kräfte des Totalitarismus wirkt, als ein geeintes Deutschland, das diese Kräfte wieder bis an die Nordsee vorläßt.

... Wenn wir auch unsere bereits übernommenen Verpflichtungen bei der Kontrollkommission loyal erfüllen sollten, so dürfen wir uns doch über die Möglichkeiten einer Dreimächtekontrolle keine Illusionen machen ... Im Grunde sind wir in Deutschland Konkurrenten der Russen. Wo es in unserer Zone um wirklich wichtige Dinge geht, sollten wir in der Kontrollkommission keinerlei Zugeständnisse machen[75].«

Es versteht sich – bei solchen Überzeugungen –, daß ich die Arbeit der Konferenz von Potsdam mit Skepsis und Entsetzen verfolgte. Ich kann mich an kein politisches Dokument erinnern, das mich je so deprimiert hätte wie das von Truman unterzeichnete Kommuniqué am Ende dieser wirren und verwirrenden Verhandlungen. Nicht nur weil ich wußte, daß die Idee einer gemeinsamen Viermächtekontrolle, die man jetzt zur Grundlage für die Regierung Deutschlands gemacht hatte, abwegig und undurchführbar sei. Auch die unpräzise Ausdrucksweise, die Verwendung so dehnbarer Begriffe wie »demokratisch«, »friedlich«, »gerecht« in einem Abkommen mit den Russen lief allem direkt zuwider, was siebzehn Jahre Rußlanderfahrung mich über die Technik des Verhandelns mit der sowjetischen Regierung gelehrt hatten. Die Behauptung zum Beispiel, wir würden zusammen mit den Russen das deutsche Erziehungssystem »nach demokratischen Richtlinien« umformen, ließ Rückschlüsse zu, die nach allem, was wir von der Geisteshaltung der sowjetischen Führer und den damaligen russischen Erziehungsgrundsätzen wußten, völlig ungerechtfertigt waren[76].

Noch erschreckender las sich die von uns verkündete Absicht, in Zusammenarbeit mit den Russen das deutsche Rechtswesen so

[75] Ich gestehe, daß dieser Abschnitt verblüffend den Argumenten ähnelt, die 1947 von meinen gefeierten Widersachern bei ihren Attacken auf die Reith Lectures der BBC gegen mich vorgebracht wurden. Ich werde in einem späteren Kapitel zu erklären versuchen, warum ich mich zwölf Jahre danach auf der andern Seite des Zaunes wiederfand.

[76] Daß eine meiner Töchter damals gerade eine normale sowjetische Schule besuchte, verstärkte sicher noch mein Interesse an diesem Thema. Ich bestätige gern, daß sie von ihren russischen Lehrern, vorzüglichen und aufopferungsvollen Pädagogen, stets mit viel Takt und Rücksichtnahme behandelt wurde; dennoch kann man schlechterdings behaupten, die Schule sei bestrebt gewesen, ihren Schülern »demokratisches Gedankengut« in unserm Sinne mitzugeben.

umzugestalten, daß es »den Prinzipien der Demokratie, der Urteilsfindung nach Recht und Gesetz und der gleichen Behandlung aller Bürger ohne Ansehen von Rasse, Nationalität oder Religion« entspräche. Für die weitere Behauptung, man werde die politische Tätigkeit »demokratischer Parteien und die dazugehörige Versammlungsfreiheit und öffentliche Diskussion« nicht nur gestatten, sondern »ermutigen«, würden mildernde Umstände schwer zu finden sein. Jeder Mensch in Moskau hätte unsern Unterhändlern sagen können, was die sowjetische Führung unter »demokratischen Parteien« verstand. Die Irreführung der Öffentlichkeit in Deutschland und im Westen durch die Verwendung eines solchen Ausdrucks in einem Dokument, das außer von Stalin auch von den Herren Truman und Attlee unterzeichnet war, ließ sich selbst mit allergrößter Naivität nicht entschuldigen.

Was die Reparationen betraf, so schienen mir die Potsdamer Beschlüsse zu diesem Thema nichts als eine weitere Extrapolation der in Teheran eingeleiteten Politik des Wunschdenkens, die nicht anders als mit einem völligen Fehlschlag enden konnte (daß sie das schließlich tat, zeigt General Clays Befehl vom 3. Mai 1946, alle Lieferungen von Reparationsgütern aus der Amerikanischen Zone in den Osten zu stoppen). Ein paar Monate davor hatte ich schon einmal in einem Privatbrief geschrieben, es wäre albern, sich einzubilden, daß wir ein solches Vorhaben gemeinsam mit den Russen verwirklichen könnten. Es würde in den einzelnen Zonen einfach auf ein *Catch-as-catch-can* hinauslaufen. Wir würden an Reparationen gerade so viel erhalten, wie wir in unserer Zone nehmen könnten und wollten, und sonst nichts. Bei den Russen könne man unterstellen, daß sie in ihrem Besatzungsgebiet ganz nach eigenem Belieben verfahren würden, ohne Rücksicht auf irgendwelche Abkommen mit uns. Da ich diese Meinung schon seit 1944 vertreten hatte und die Ereignisse der Zwischenzeit mich immer wieder darin bestärkten, ist leicht zu verstehen, warum ich die hinhaltende Behandlung des Reparationsproblems in Potsdam ohne Begeisterung registrierte.[77]

[77] Meine Ansichten wurden übrigens, soviel ich weiß, von Botschafter Harriman weitgehend geteilt. Am 6. April 1945 drahtete er nach Washington, es stehe für ihn »außer Zweifel, daß die Russen bereits eifrig dabei sind, ohne jede Hemmung alles – ich wiederhole alles –, was ihnen brauchbar erscheint, aus Deutschland abzutransportieren«. Und nach Walter Mills, dem Herausgeber der ›Forrestal Diaries‹ (New York, Viking Press, 1951, S. 40–41) war der Botschafter damals der Auffassung, »es würde noch lange dauern, bis feste Abmachungen mit den Russen über Reparationen und Wiedergutmachungsleistungen zustande kämen«.

Schließlich ging es in Potsdam noch um die Frage der Aburteilung von Kriegsverbrechern. Auch hierüber hatte es schon lange vorher Dreimächtegespräche gegeben; aber nach dem Potsdamer Kommuniqué, in dem sich die drei Regierungschefs noch einmal mit dem ganzen Gewicht ihrer Namen für einen baldigen gemeinschaftlichen Prozeß gegen einige der Hauptfiguren verbürgten, war keine Umkehr mehr möglich. Meine Abneigung gegen eine gemeinsame Aktion mit den Russen in dieser Angelegenheit habe ich schon erwähnt. Ich möchte aber nicht mißverstanden werden. Die Naziführer hatten unermeßliche Verbrechen begangen. Sie hatten sich in eine Lage gebracht, wo ihre Weiterexistenz auf Erden weder für sie selbst noch für irgend jemand anderen eine positive Bedeutung haben konnte. Ich persönlich hätte es für das Beste gehalten, die alliierten Befehlshaber anzuweisen, jeden dieser Männer, der ihnen in die Hände fiel, nach zweifelsfreier Identifikation sofort zu exekutieren.

Aber den Naziführern öffentlich den Prozeß zu machen, war etwas anderes. Ein solches Verfahren konnte ihre Verbrechen weder sühnen noch ungeschehen machen. Es hätte sich nur rechtfertigen lassen, wenn man damit der Weltöffentlichkeit hätte zeigen können, daß die zu Gericht sitzenden Völker und Regierungen Massenverbrechen jeder Art mit ihrem Gewissen für unvereinbar hielten. An diesem Verfahren aber einen sowjetischen Richter als Repräsentanten eines Regimes zu beteiligen, das nicht nur für die grenzenlosen Grausamkeiten der Russischen Revolution, der Kollektivierung und der russischen Säuberungen der dreißiger Jahre verantwortlich war, sondern darüber hinaus während des Krieges vielfältige Scheußlichkeiten gegen die Polen und gegen die Bevölkerung des Baltikums begangen hatte, hieß den einzigen Sinn verhöhnen, den die Prozesse überhaupt haben konnten, und hieß für uns zudem, einen Teil der Verantwortung für die stalinistischen Verbrechen durch Assoziation mitzuübernehmen. Es ließ sich daraus nur schließen, daß Verbrechen dieser Art gerechtfertigt und verzeihlich seien, wenn sie von einer bestimmten Regierung unter bestimmten Umständen begangen würden, jedoch ungerechtfertigt und unverzeihlich, ja todeswürdig, wenn eine zweite Regierung sie unter abweichenden Umständen verübe. Eine andere Interpretation war kaum möglich. Es war auch nicht möglich, unsere Regierung damit zu entschuldigen, daß sie bedauerlicherweise in Unkenntnis der im Namen des Sowjetstaates von der stalinistischen Polizei begangenen Untaten gehandelt habe. Die Akten waren ziemlich vollständig. Auch das flüchtigste Studium hätte genügend Beweise erbracht. Mehr als einer von uns hätte sie aus eigenem Wissen und Erleben bestätigen können, wäre er dazu aufgefordert worden.

Ich weiß, daß diese Bemerkungen, genau wie die vorangegangene Erwähnung der Deportationen aus Ostpolen und der Erschießung der polnischen Offiziere, heute in Moskau auf Empörung stoßen werden. Nach dem Motto: »Kein wahrer Freund Rußlands würde über uns die Wahrheit sagen«, werden die sowjetischen Führer oder ihre Propagandisten meine Worte als »gemeine Verleumdung« abstempeln und sie mit meiner bösartigen Feindschaft gegen sie selbst und alles Russische erklären. Ich möchte deshalb Folgendes hinzufügen:

Es gibt wohl kaum jemanden im Westen, der von den guten Eigenschaften des russischen Volkes tiefer berührt ist als ich oder der größere Ehrerbietung vor dem Heldenmut und den Opfern empfindet, mit denen es sich aus der Schmach der alten Despotie befreit und dem Ideal der Menschenwürde und der Verantwortung gegenüber der Gesellschaft nähergebracht hat. Ich kenne kein Volk mit einem wacheren Sinn für moralische Werte und keines, das in unseren Tagen mehr dazu beigetragen hat – durch die Thematik seiner großen literarischen Werke ebenso wie durch den unerhörten Ernst seiner politischen und philosophischen Debatten –, die Grundprobleme der politischen und der Sozialethik zu klären. Daß vor einigen Jahren fürchterliche Verbrechen von Leuten begangen worden sind, die in seinem Namen auftraten, ist eine tragische Ironie, die wir alle lieber vergessen würden. Aber sie ist eine Tatsache, und nicht nur das Volk, sondern auch die Führer der Sowjetunion werden sich ihrer bewußt bleiben und sich damit auseinandersetzen müssen, wenn sie nicht die große historische Entwicklung stören wollen, der sich alles, was im modernen geistigen und politischen Leben Rußlands wertvoll war, seit den Tagen der Dekabristen verschrieben hat. Es besteht nicht mehr Anlaß, diese Verbrechen zu vertuschen als die Ungerechtigkeiten des Zarismus. Im Gegenteil wird es ohne die Auseinandersetzung mit ihnen keinen Zugang zu den Problemen der Zukunft geben. Und ich im besonderen habe nicht mehr Grund, sie mit Schweigen zu übergehen, als mein Verwandter, der ältere George Kennan, Grund hatte, die Fehler der zaristischen Behörden bei der Errichtung und Handhabung des Systems der Verbannung nach Sibirien vor den Augen der Amerikaner zu verbergen.

Die überwältigende Mehrheit der Menschen in der Sowjetunion ist von Natur nicht grausam. Sie haben nicht mehr Freude an Grausamkeit als irgend jemand sonst auf der Welt. Im Gegenteil, sie besitzen in ungewöhnlichem Maße die Gabe der Herzensgüte, der Zartheit, in besonderen Fällen sogar eine Art Heiligmäßigkeit, die im Spiegel ihrer Dichtung große Teile der Menschheit bewegt und beeinflußt hat. Daß in ihrem Namen Dinge getan worden sind, die diese großartigen Charakterzüge für den Außenstehenden verzerren und aufheben, ist ein Problem der geschichtlichen Deutung und der Verarbeitung im nationalen Bewußtsein, ein Problem, dessen Lösung die Völker der Sowjetunion selber finden müssen. Je eher sie damit anfangen, um so besser. Der Fremde, der Veranlassung hat, die Ereignisse der dreißiger und vierziger Jahre nachzuzeichnen, seine eigene Reaktion darauf festzuhalten und ihren Einfluß auf die spätere Entwicklung zu vermerken, erweist den Russen keinen Dienst, wenn er diese unglückseligen Umstände übergeht.

Von den deprimierenden Ergebnissen der Potsdamer Konferenz berührte mich besonders die Bekräftigung der früheren Beschlüsse über die Trennung Ostpreußens von Deutschland, die Teilung dieser Provinz zwischen Rußland und Polen und die ausdrückliche Zuerkennung des Verwaltungszentrums und Hafens Königsberg an die Sowjetunion. Man kann den allgemeinen Inhalt der Vereinbarungen Mr. Truman gerechterweise nicht zum Vorwurf machen. Roosevelt und Winston Churchill hatten sie im Prinzip schon vorher gutgeheißen. Aber die frivole Lässigkeit, mit der man die Entscheidungen traf, die offenkundige Gleichgültigkeit der Amerikaner, damals wie heute, gegen ihre ökonomischen und sonstigen Auswirkungen, desgleichen die Irreführung der amerikanischen Öffentlichkeit sind mir allesamt schwer entschuldbar erschienen.

Nehmen wir nur den Fall Königsberg. Erstens ist mir unerfindlich, warum es nötig war, im Potsdamer Kommuniqué die Abtretung der Stadt an die Sowjetunion noch ausdrücklich zu betonen, nachdem aus der Beschreibung der neuen Grenzlinie bereits deutlich hervorging, daß Königsberg auf sowjetischem Territorium liegen würde. Aber darüber hinaus fragt man sich, wieso die amerikanischen Unterhändler es nötig hatten, kritiklos die ungenauen und sogar unsinnigen Behauptungen zu übernehmen, auf die Stalin seine Forderung auf

Überlassung der Stadt stützte, und sich noch zur Weitergabe dieses Unsinns an die amerikanische Öffentlichkeit bereitzufinden.

Laut Konferenzprotokoll wiederholte Stalin das bereits in Teheran Gesagte und »beklagte sich, daß alle baltischen Häfen einfrören. Sie frören nicht alle gleich lange ein, aber sie frören ein . . . Es sei notwendig [für Rußland nämlich] von Deutschland zumindest einen eisfreien Hafen zu bekommen.«[78]

Diese Behauptung, die besagte, daß Rußland Königsberg als eisfreien Hafen brauche, war vollkommen unsinnig. Rußland besaß an der Ostsee (immer vorausgesetzt, man billigte ihm die Baltischen Staaten als rechtmäßigen Besitz zu, und in Potsdam schien niemand gesonnen, das nicht zu tun) bereits drei tadellose Häfen, die im wesentlichen eisfrei waren: das frühere Windau (jetzt Ventspils), Libau (jetzt Liepaja) und Baltischport (jetzt Baltisky). Königsberg dagegen liegt neunundvierzig Kilometer von der offenen See entfernt, am Ende eines künstlichen Kanals, der mehrere Monate im Jahr zufriert und wenn überhaupt, dann nur mit Eisbrechern offengehalten wird. Zudem ist Königsberg nur für mäßig große Schiffe mit einem Tiefgang von nicht mehr als siebeneinhalb Metern erreichbar. In beidem unterscheidet es sich nicht wesentlich von dem größeren Hafen Riga, der bereits durch die Annektierung des Baltikums an die Sowjetunion gefallen war. Demnach stimmte weder, daß es Rußland an eisfreien Häfen mangelte, noch, daß mit Königsberg dieser Mangel, hätte es ihn gegeben, behoben gewesen wäre. Und doch hat, soviel ich sehe, niemand gegen Stalins Behauptung protestiert; und Mr. Truman übernahm den Unsinn, indem er der amerikanischen Öffentlichkeit bei seinem persönlichen Rechenschaftsbericht über die Konferenz feierlich mitteilte, er habe sich bereiterklärt, die jahrhundertealte russische Sehnsucht nach einem eisfreien Hafen zu erfüllen[79].

Die territoriale Änderung schien mir um so bedenklicher und die gleichgültige amerikanische Einwilligung darein um so weniger verzeihlich, weil man mit ihr wie mit den anderen

[78] Foreign Relations of the United States. Diplomatic Papers. The Conference of Berlin‹, 1945, Bd. II, S. 305. Washington, D. C., US Government Printing Office, 1960.

[79] Interessant ist im Zusammenhang mit dieser Geschichte ein Blick in die zweite, die Nachkriegsauflage der großen ›Sowjetischen Enzyklopädie‹, die 1953 herauskam. Dort wird Königsberg ausdrücklich »eisfrei« genannt, obwohl in der vorhergehenden Auflage nichts Derartiges behauptet war. Der Grund für die Neufassung kann nur in Stalins Äußerungen liegen. Dem Leser drängt sich der Schluß auf, daß geographische Fakten sich im Einzelfall nach dem Belieben der sowjetischen Führung zu richten haben. Falls also nach 1945 jemand glaubte, im Königsberger Kanal Eis gesehen zu haben, so hatte er sich geirrt. Es war eine Sinnestäuschung, hervorgerufen durch antisowjetische Vorurteile.

Gebietsabtretungen an die Russen einfach wichtige Produktionsgebiete aus der europäischen Wirtschaft herausschnitt und den Russen gestattete, sie aus Gründen ihrer eigenen militärischen und politischen Konvenienz dem allgemeinen europäischen Wiederaufbau zu entziehen. Das galt nicht nur für die Tage von Potsdam: in den folgenden Monaten und Jahren zeigte sich immer klarer, daß das gesamte Gebiet nie so entwickelt werden würde, daß es zu unsern Lebzeiten im Wirtschaftskreislauf des europäischen Kontinents noch einmal eine Rolle spielen könnte. Obwohl beispielsweise Stalin die Stadt Königsberg mit der Begründung gefordert hatte, daß Rußland den Hafen benötige, ist sie danach auch nicht annähernd mehr in dem gleichen Umfang als Hafen benutzt worden wie zu der Zeit, als sie zu Deutschland gehörte. Und das ist typisch für die Lage in ganz Ostpreußen. Die Katastrophe, die über dies Gebiet mit dem Einzug der sowjetischen Truppen hereinbrach, hat in der modernen europäischen Geschichte keine Parallele. Es gab weite Landstriche, in denen, wie aus den Unterlagen ersichtlich, nach dem ersten Durchzug der Sowjets von der einheimischen Bevölkerung kaum noch ein Mensch – Mann, Frau oder Kind – am Leben war, und es ist einfach nicht glaubhaft, daß sie allesamt in den Westen entkommen wären[80]. Die Wirtschaft der Gegend war total zerstört. Ich selbst flog kurz nach Potsdam mit einer amerikanischen Maschine in ganz geringer Höhe über die gesamte Provinz, und es bot sich mir der Anblick eines vollständig in Trümmern liegenden und verlassenen Gebietes: vom einen Ende bis zum andern kaum ein Zeichen von Leben.

Es war völlig unglaubwürdig, wenn die Russen behaupteten, sie könnten und würden dies einstmals blühende Land wieder in die Höhe bringen, vor allem den Teil davon, der jetzt ihnen gehörte und aus dem sie die einheimische Bevölkerung in einer Manier hinausgefegt hatten, die seit den Tagen der asiatischen Horden nicht mehr dagewesen war. Aber wer ein solches Gebiet an sich reißt, der übernimmt, so will mir scheinen, vor der Welt eine gewisse Verantwortung für die Erhaltung seiner Produktivität. Das gilt besonders, wenn es sich um ein landwirtschaftlich wertvolles Gebiet handelt in einer Zeit, in der die Beschaffung von Lebensmitteln für Europa riesige Probleme aufwirft.

[80] Stalin selbst bestätigte in Potsdam gutgelaunt, daß »in dem für Polen bestimmten Gebiet kein einziger Deutscher mehr« sei. (›Foreign Relations of the United States, Diplomatic Papers, The Conference of Berlin‹, 1945, Bd. II, S. 211. Washington, D. C., US Government Printing Office, 1960.) Das war zum Glück übertrieben. In dem fraglichen Gebiet lebten damals noch über hunderttausend Deutsche. Aber auch sie waren nur ein Bruchteil der früheren Bevölkerung.

Es gab sicher Leute, denen die zweieinhalb Millionen Ostpreußen entbehrlich schienen. Aber wie stand es mit den 500000 Pferden, den 1,4 Millionen Rindern, den 1,85 Millionen Schweinen, die es dort einmal gegeben hatte? Und den fast 4 Millionen Tonnen Weizen, den 15 Millionen Tonnen Roggen, den 40 Millionen Tonnen Kartoffeln, die dort jährlich produziert worden waren? Augenscheinlich hatte den sowjetischen Generälen, deren Truppen das Land überfluteten, nichts ferner gelegen als der Gedanke an die Erhaltung seiner Produktionskapazität oder ein Gefühl der Verantwortung gegenüber dem Rest Europas. Derlei Dinge überließ man uns Amerikanern. Wir konnten ja das Defizit ausgleichen, wenn uns daran lag.

Ich habe die Gleichgültigkeit unserer Politiker und unserer öffentlichen Meinung diesen Zuständen gegenüber nie begreifen können. Es ist doch nicht dasselbe, ob ein großes Land ein Gebiet erschließt, um dann selbst zu nutzen, oder ob es das Gebiet erst verwüstet und es dann in seine Gewalt oder seinen Einflußbereich bringt, ohne fähig oder willens zu sein, es auch nur auf den Stand der Entwicklung wieder hinaufzuführen, auf dem es fünfzig Jahre vorher bereits gewesen war. Es ist doch nicht einerlei, wenn jemand fruchtbares Land nur an sich reißt, um es aus militärischen Gründen in eine Wüste zu verwandeln.

Eine andere Frage, die uns in der Amerikanischen Botschaft in Moskau zu jener Zeit auf der Seele lag, war die nach der Zukunft der wirtschaftlichen und finanziellen Beziehungen zwischen Amerika und der Sowjetunion.

Man hat unsern damaligen Regierungen, sowohl der von Roosevelt wie der von Truman, oft zum Vorwurf gemacht, daß sie das Pacht- und Leihabkommen mit Rußland im Sommer 1945 so abrupt außer Kraft setzten und es unterließen, den Sowjets den Riesenkredit anzubieten, den wir ihnen nach Auffassung einiger Leute in Aussicht gestellt hatten. Es schien uns damals, daß man diese Fragen im Zusammenhang mit dem Gesamtkomplex der zukünftigen Handelsbeziehungen zwischen den Vereinigten Staaten und der Sowjetunion betrachten müsse, genau wie die Überlegungen, in welchem Umfang die Hilfsmaßnahmen der UNRRA für Europa, die damals anliefen, der UdSSR zugute kommen sollten.

Ich gestehe: wenn die Regierung der Vereinigten Staaten wegen ihrer Härte in der einen oder anderen oder sogar in allen diesen Fragen Tadel verdient, dann verdiene ich schärferen Tadel, weil ich noch härter war, weil ich es schon früher war, und weil ich Washington zu seiner starren Haltung veranlaßt und es darin bestärkt habe.

Weit entfernt davon, die Annullierung des Pacht- und Leihvertrages nach Beendigung unserer militärischen Partnerschaft mit Rußland im Sommer 1945 zu bedauern, hatte ich bekanntlich schon ein Jahr vorher, zur Zeit des Warschauer Aufstands, dafür plädiert, unser Hilfsprogramm zum wenigsten stark einzuschränken, wenn es nicht gelänge, ein besseres politisches Einvernehmen mit der Sowjetunion herzustellen. Und was unsere Handelsbeziehungen zu Rußland und den möglichen Kredit betraf, so hatte ich meine Meinung dazu bereits am 3. Dezember 1944 in einem Memorandum für den Botschafter dargelegt, das ich zusammen mit zwei anderen Beamten unterschrieb und das eine damals in den Washingtoner Planungskomitees vielberedete Anregung untersuchte, der Sowjetunion gleich nach Kriegsende einen Kredit von 3,5 Milliarden Dollar zu gewähren.

Die Russen hatten offenbar bereits zu erkennen gegeben, daß sie an einem solchen Kredit interessiert seien, und hatten unter anderem eine zweieinhalbprozentige Verzinsung und eine erst nach zehnjähriger Laufzeit einsetzende Amortisation als erwünscht bezeichnet. In unserm Memorandum unterstellten wir, daß die Bedingungen angenommen würden, unterstellten ferner, daß die sowjetischen Exporte in die Vereinigten Staaten in den Nachkriegsjahren höchstens 100 Millionen Dollar jährlich erreichen würden (was wir schon recht optimistisch fanden)[81] und kamen dabei am 3. Dezember 1944 zu folgendem Ergebnis:

»Wir halten bei einem gleich nach Kriegsende zu gewährenden Kredit anderthalb bis zwei Milliarden für das Maximum des Vertretbaren – vorausgesetzt, daß die noch aus dem Kriege stammenden Verbindlichkeiten wie etwa Lieferungen aus dem Pacht- und Leihabkommen hierin einbezogen werden . . .

Wir betrachten dementsprechend Kredite in Höhe von dreieinhalb Milliarden über die bereits protokollarisch festgelegten Leistungen hinaus . . . als ungesund. Vermutlich würden sie bei Fälligkeit großenteils nicht zurückgezahlt werden können und prolongiert werden müssen, mit dem Ergebnis, daß die zu erwartenden sowjetischen Exporte in die Vereinigten Staaten auf weitere Jahrzehnte hinaus verpfändet wären und die Frage

[81] In Wirklichkeit erreichten die sowjetischen Exporte in die Vereinigten Staaten von 1947–1959 einschließlich nur einen Jahresdurchschnitt von 15,74 Millionen Dollar.

der Bezahlung zukünftiger Exporte der Vereinigten Staaten nach Rußland kompliziert würde.«

Wir untersuchten sodann die Einstellung der Sowjets zur Außenwirtschaft im allgemeinen und die Folgerungen, die sich daraus für unsere Regierung und ihre Wirtschaftsplanung ergaben:

»Wir sind nicht der Meinung, daß die Absichten der Sowjetregierung aus ihren Handlungen bereits genügend klar hervorgehen, um die Annahme zu rechtfertigen, wir würden nicht wieder, wie schon bei Japan und Deutschland, durch die Förderung der sowjetischen Rüstungsindustrie ein Militärpotential schaffen helfen, das eines Tages zu unserm Nachteil verwendet werden könnte . . .

Die Sowjetregierung betrachtet den Außenhandel grundsätzlich als eine politisch-ökonomische Waffe, um die Macht ihres Landes im Verhältnis zu anderen Ländern zu vergrößern. Importe aus den USA sind für sie nur ein notwendiges Mittel zur beschleunigten Herbeiführung einer vollständigen militärisch-ökonomischen Autarkie. Sowie diese Autarkie im wesentlichen erreicht ist, wird es ungewiß, ob die Sowjetregierung im selben Umfang wie zuvor am Import aus den Vereinigten Staaten interessiert bleibt, außer vielleicht zu Bedingungen, die für uns völlig unannehmbar sind. Im Gegenteil: sollte unsere Privatindustrie eines Tages infolge einseitiger Forcierung des Exports von Maschinen und Werkzeugmaschinen in die Sowjetunion zur Erhaltung ihres Produktions- und Beschäftigungsstandes auf die Aufträge des sowjetischen Staatshandels angewiesen sein, so würden die Russen, sofern es in ihre Pläne paßt, nicht zögern, diese Abhängigkeit zusammen mit ihrem Einfluß auf Teile der organisierten Arbeiterschaft zur Verwirklichung von politischen und wirtschaftlichen Zielen zu benutzen, die nicht im Interesse unseres Volkes liegen[82].«

In einem anderen Entwurf, der allem Anschein nach aus dem Spätsommer 1945 stammt, finde ich dieselben Ansichten noch deutlicher formuliert. Er entspricht ziemlich genau der Auf-

[82] Diese letzte düstere Prophezeiung entsprang meinen Erinnerungen an die unglückselige Abhängigkeit von sowjetischen Aufträgen, in der die deutschen, vor allem die sächsischen, Werkzeugmaschinenhersteller sich während der Wirtschaftskrise zu Anfang der dreißiger Jahre befunden hatten. Es war eine Gefahr, die in unserm Fall nicht Wirklichkeit geworden ist, deren man sich aber beim Handel mit einem Land mit Außenhandelsmonopol immer bewußt bleiben sollte.

fassung, die ich damals dem Botschafter und dem State Department gegenüber vertrat.

»Ich kenne kein politisches oder wirtschaftliches Argument, mit dem man es rechtfertigen könnte, der Sowjetunion weiterhin Pacht- und Leihhilfe zu gewähren, ihr aus dem UNRRA-Fonds, zu dem sie selbst nichts beisteuert, größere Unterstützungen zukommen zu lassen oder ihr zusätzliche amerikanische Regierungskredite zu bewilligen, ohne daß wir selber davon entsprechende politische Vorteile haben. Dabei ist mir bewußt, daß

1. die Russen auf ausländische Hilfe nicht unbedingt angewiesen sind, es sei denn, sie überanstrengten ihre Wirtschaft durch die Aufrechterhaltung einer Militärmacht, die über die Erfordernisse ihrer eigenen Sicherheit weit hinausgeht. Ihre landwirtschaftlichen und industriellen Hilfsquellen und Produktionsmöglichkeiten reichen aus, um eine ziemlich schnelle Erholung auch ohne Hilfe von außen zu gewährleisten.

2. Das derzeitige sowjetische Wirtschaftsprogramm erstrebt den Ausbau der Rüstungsindustrie auf Grund einer politischen Zielsetzung, die unseren Interessen zuwiderläuft. Unsere Regierung hat keinen Anlaß, ein solches Programm zu fördern.

3. Die einzige reale Möglichkeit, einen Kredit zurückzuzahlen, liegt in den russischen Exporten nach den Vereinigten Staaten. Auch bei einer Steigerung auf ein Mehrfaches ihres Vorkriegswertes würden diese Exporte nicht ausreichen, um davon Zinsen und Amortisation großer langfristiger Kredite zu bezahlen und gleichzeitig die laufenden Einkäufe der Sowjets in den USA auf einer gesunden Höhe zu halten ...

4. Der Außenhandel ist in der Sowjetunion ein Staatsmonopol. Obwohl bei uns so ablehnend über Trusts, Monopole und Kartelle gesprochen wird, scheinen wir bei dem größten aller Trusts, der Sowjetunion, eine Ausnahme machen zu wollen ... Ich bin für Handel mit Rußland. Aber er müßte so gehandhabt werden, daß eine Abhängigkeit größerer Teile der amerikanischen Geschäftswelt vom staatlichen Außenhandelsmonopol der Sowjetunion dabei nicht entstehen kann.«

Ich möchte hinzufügen, daß meine Ansichten in diesem und vielen anderen Fällen nach kritischer Überprüfung durch Botschafter Harriman von diesem umsichtig und wirkungsvoll unterstützt und von Washington im allgemeinen übernommen wurden. Aus der Rückschau empfinde ich keinerlei Bedauern, weder über meine eigene Handlungsweise noch über die des Botschafters oder der Regierung. Unter den damaligen Umständen wäre ein großer Kredit an die Sowjetunion in keiner Weise vertretbar gewesen und hätte mit Sicherheit zu einem späteren Zeitpunkt bittere Fehden und Vorwürfe ausgelöst, sowohl zwischen den beiden Regierungen als auch in der amerikanischen Innenpolitik. Was die Leihpacht betrifft, so erreichte ein großer Teil unserer Lieferungen im Gesamtwert von 11 Milliarden Dollar, darunter Sendungen im Werte von 244 Millionen Dollar nach dem Zusatzprotokoll vom 15. Oktober 1945 (für die bis heute keine Zahlungen geleistet worden sind), Rußland erst nach dem Ende der Kämpfe gegen Deutschland und wurde großenteils für Zwecke verwendet, die mit dem Krieg gegen unsere gemeinsamen Feinde nichts zu tun hatten. Damit nicht genug, erhielten die Russen UNRRA-Hilfe in Höhe von weiteren 249 Millionen Dollar; und wir übergaben ihnen nochmals Werte von mehreren Millionen Dollar in Gestalt von Reparationsleistungen aus unsrer Besatzungszone in Deutschland (darunter, wie ich zu meinem großen Zorn 1947 feststellte, sogar eine Herde Karakulschafe, die unsere Militärbehörden wegen der Beschaffenheit des Fells als deutsche Kriegsbeute deklariert hatten). Alles in allem scheinen mir die Russen in der ersten Nachkriegszeit nicht schlecht weggekommen zu sein; und ich sehe nicht, was es an der Tatsache zu bereuen geben sollte, daß ich meinen Einfluß benutzte, um unserer Freigebigkeit Einhalt zu gebieten, bevor sie ins Uferlose ging.

Meine Ansichten zum Problem der Wirtschaftshilfe für Rußland waren gewiß auch von dem Eindruck einer Reise durch die Sowjetunion beeinflußt, zu der ich kurz nach dem Ende der Kämpfe in Europa Gelegenheit bekam.

Nach meiner Ankunft in Rußland, im Sommer davor, hatte ich beim sowjetischen Außenministerium eine Reiseerlaubnis nach Westsibirien beantragt, vor allem nach dem Stahlzentrum, das damals Stalinsk-Kusnezk hieß, rund dreihundert Kilometer südöstlich von Nowosibirsk und ungefähr ebensoweit nordwestlich der damaligen Grenze von Tannu-Tuva. Das große Hüttenwerk dort war eines der beiden großen Projekte dieser Art, die in den dreißiger Jahren fertiggeworden waren; das andere, bekanntere, war Magnitogorsk im Ural. Obwohl schon viele Ausländer in Magnitogorsk gewesen waren, hatte meines Wissens in den letzten Jahren kein Westler Kusnezk besucht. Ich hatte noch keines der ganz großen sowjetischen Industriewerke gesehen und dachte es mir interessant, eines zu besichtigen, in das nicht so viele Ausländer kämen. Außerdem lockte mich auch hier wieder das Vorbild meines berühmten Namensvetters aus dem neunzehnten Jahrhundert. Ehe ich Rußland wieder verließ, wollte ich wenigstens einen kleinen Zipfel des riesigen sibirischen Gebietes sehen, in dem er so viel umhergereist war und mit dem sein Name so mannigfach verknüpft blieb.

Monatelang hatte das Außenministerium auf meinen Antrag nicht reagiert. Als das Frühjahr nahte, war ich überzeugt, er würde das Schicksal der vielen, vielen ähnlichen Anträge teilen, zu denen die sowjetischen Behörden nicht ja, aber auch nicht nein hatten sagen wollen und deshalb überhaupt nichts gesagt hatten. Ich hatte die Sache schon fast vergessen, als ich im Frühjahr 1945 plötzlich ins Außenministerium gerufen wurde und gesagt bekam, ich dürfe fahren. Ich machte die Reise irgendwann im Sommer, wann genau weiß ich nicht mehr. Meine Erlebnisse beschrieb ich in einer wortreichen literarischen Arbeit, die dem Leser glücklicherweise erspart bleiben wird, weil sie nicht mehr zu finden ist. Die Reise nach Nowosibirsk ging per Eisenbahn vor sich: vier Tage und vier Nächte im Schlußabteil eines Schlafwagens, in dem ich von den übrigen Passagieren durch zwei NKWD-Beamte getrennt war, die »zufällig« neben mir hausten.

In Nowosibirsk verbrachte ich einige Tage mit der Besichtigung dieses im Entstehen begriffenen sibirischen Chikagos. Am Nachmittag vor der auf den frühen Morgen festgesetzten Weiterfahrt nach Kusnezk nahm man mich mit zu einem in Stadtnähe gelegenen Staatsgut. Es war in der Tat ein sehenswertes Gut, mit großen Herden stattlichen Viehs in einer weiten Landschaft von atemberaubender Schönheit und Fruchtbarkeit. Nach Beendigung des Rundgangs schlug ich vor, gleich in die Stadt zurückzufahren, weil ich wegen der Weiterreise am nächsten Morgen früh zu Bett müsse. Aber wie es hieß, wurde im Obstgarten gerade mir zu Ehren zum Tee gedeckt, und man gab mir zu verstehen, daß meine Teilnahme *de rigueur* sei.

Der »Teetisch« erwies sich als eine lange hölzerne Tafel, die unter der Last aller nur denkbaren Speisen buchstäblich ächzte. An die zwanzig Personen machten die Honneurs und achteten streng darauf, daß die verschiedenen Gänge mit dem ausgezeichneten Wodka hinuntergespült würden, aber nicht etwa schnapsglas-, sondern gleich becherweise. Wir tafelten bis zum Abend. Einer meiner Gastgeber war ein stämmiger junger Parteisekretär aus Nowosibirsk, ein unverkennbar einflußreicher und fähiger Mann und so zwanglos in seinem Auftreten, daß er im weiten amerikanischen Westen (mit dem Sibirien wirklich viel Ähnlichkeit hat) sofort heimisch gewesen wäre. Als der »Teetisch« geräumt wurde, hatten er und ich ganz außergewöhnlich gute Laune. Er bot an, mich in seinem Jeep in die Stadt zurückzubringen, und so geschah es. Bis zur Ankunft dort war unsere Laune womöglich noch besser geworden. Wir fanden beide, daß Schlafengehen eine langweilige Idee sei; er führte mich statt dessen in das Nachtleben von Nowosibirsk ein. Er tat es mit Begeisterung; die Tour dauerte die halbe Nacht. Meine Erinnerung daran ist bedauerlicherweise nicht ganz klar. Meine NKWD-Eskorte wurde gleich zu Anfang von meinem Begleiter mit barschen Worten entlassen. Einen köstlichen Abend lang gehörte ich praktisch zur sowjetischen Regierungskaste. Wir gingen in mehrere Theater, verschafften uns Zugang durch Seitentüren, starrten eisig durch jeden hindurch, der sich uns in den Weg zu stellen wagte, und ließen uns ganz selbstverständlich in der Regierungsloge nieder. Ich habe auch noch eine dunkle Erinnerung an eine Tanzgruppe in einem Park, daß wir ihr zusahen und daß sie miserabel war. Wir besuchten einen Zirkus, wo eine Dame ihren Kopf in den Rachen eines Löwen legte, und waren uns nach genauerer Betrachtung der Dame zu unser beider Entzücken darin einig, daß wir schrankenlose Bewunderung für den Mut des Löwen hegten. Wir beendeten das Unternehmen in den frühen Morgenstunden damit, daß wir einen ganz verschlafenen und zerknautschten Bahnhofsvorsteher aus dem Bett holten und ihn zwangen, uns sein Reich zu zeigen. Nach Auskunft meines Gastgebers handelte es sich um einen der größten Bahnhöfe Rußlands, der in keinem gut organisierten Besichtigungsprogramm fehlen dürfe. Die Tage in Kusnezk vergingen auf ähnlich angenehme Weise. Nach rund achtzehnstündiger Bahnfahrt (während welcher der im Sowchos genossene »Tee« immer noch so stark wirkte, daß der Gedanke an Essen mich schaudern machte) kam ich um drei Uhr in der Frühe dort an und fand mich umgehend wieder vor einer Tafel, die unter *sakuski* fast zusammenbrach; nur daß das Getränk diesmal sibirische Liköre waren – made in Kusnezk, der Stolz der Stadt; und erneut mußte ich den gutgemeinten, aber manchmal anstrengenden Refrain aller russischen Gastfreundschaft über mich ergehen lassen: »Sie essen ja nichts – es schmeckt Ihnen wohl nicht, wie?«

Dasselbe Buffet mit den gleichen Speisen, von Zeit zu Zeit nach Bedarf aufgefüllt, blieb während unseres ganzen Aufenthalts stehen; es bildete unsere einzige Verpflegung, aber eine sehr üppige; und dreimal täglich machten meine Gastgeber sich freudig darüber her und drängten mich, es ihnen gleichzutun. Seit Krieg war, hatten sie solche Delikatessen wohl nicht oft gesehen. Auch sie waren, wie mein Freund in Nowosibirsk, vergnügt und außerordentlich freundlich.

Das Beste von allem war die Rückreise per Luft nach Moskau. Sie dauerte drei Tage, mit Übernachtungen in Tscheljabinsk und Kasan. Irgendwie schien das NKWD meine Spur verloren zu haben. Vermutlich waren sie in Nowosibirsk mit mir fertig, und die Moskauer Zentrale hatte noch nicht übernommen. Mit dem Ergebnis, daß ich – endlich – einmal nicht das Gefühl hatte, ein Fremder zu sein, sondern zu den normalen Sowjetmenschen um mich herum zu gehören. Den andern Reisenden im Flugzeug jedenfalls schien an mir nichts aufzufallen. Auf dem Flugplatz von Omsk saß ich mit einer Gruppe von ihnen wegen der Hitze des Tages unter dem Schatten spendenden Flügel der Maschine im Gras und las ihnen auf ihre Bitte laut aus Alexej Tolstois Buch über Peter den Großen, meiner Reiselektüre, vor. Nachts teilte ich mit ihnen die kleinen Schlafstellen am Flugplatz, ganz als wäre ich ein Durchschnittsbürger wie sie. Ich fühlte mich ganz und gar zu Hause unter ihnen, und nie sind mir die künstlichen Barrieren, die in Moskau Leute wie mich von den Sowjetbürgern trennten, alberner und erbärmlicher vorgekommen.

Am letzten Tag der Reise, als ich im Heck einer DC-3 auf einer Kiste saß und die weite Ebene westlich der Wolga langsam unter uns hinwegzog, verfiel ich beim Anblick meiner freundlichen Mitreisenden wieder einmal in Gedanken über das Problem der amerikanischen Rußlandhilfe, dieses Problem, das uns mit seinen vielen Aspekten, von der Leihpacht über die Rote-Kreuz-Hilfe und die UNRRA bis hin zu den Gesprächen über einen Großkredit an die sowjetische Regierung, in den vergangenen Monaten so stark beschäftigt hatte. Die Russen waren großartige und rührende Leute – die Erlebnisse auf meiner Reise hatten es mir gerade erst wieder bewiesen. Sie hatten Fürchterliches durchgemacht, zum Teil auch für uns. Man hätte ihnen so gern geholfen – aber konnte man das denn? Ich fand, daß man als Amerikaner für Leute, die einem stark autoritären Regime unterstanden, noch dazu einem amerikafeindlichen Regime, sehr wenig tun konnte, ohne gleichzeitig dem Regime zu helfen, das sie beherrschte. Wollten wir zum Beispiel Wirtschaftshilfe in Gestalt von Verbrauchsgütern leisten, so würde das Regime uns zunächst unedle Motive vorwerfen, sich sodann an die Bevölkerung wenden und sagen: »Wer, wenn nicht wir, würde wohl geschickt genug gewesen sein, den bösen Imperialisten diese Hilfe für euch zu entlocken?« Und schließlich würde es einfach die entsprechende Menge von Verbrauchsgütern aus der eigenen Produktion, die es sonst der Bevölkerung hätte geben müssen, für andere Zwecke verwenden, und die Gesamthöhe der Zuteilungen an die Zivilbevölkerung würde sich kein bißchen ändern. Wollten wir andererseits versuchen, dem Regime durch irgendwelche wirtschaftlichen Pressionen zu schaden, so würde es Mittel und Wege finden, diese Unannehmlichkeiten auf die Zivilbevölkerung abzuwälzen, und sie zum Beweis sowohl für die Feindseligkeit des Auslands gegen das Volk als auch für die eigene Unentbehrlichkeit als Beschützer des Volkes benutzen. Anders ausgedrückt: Volk und Regime waren durch eine dialektische Beziehung aneinander gebunden, so daß man dem Volk nicht helfen konnte, ohne dem Regime zu helfen, und dem Regime nicht schaden, ohne dem Volk zu schaden. Unter diesen Umständen war es sicherlich besser, gar nicht den Versuch zu machen, zu helfen oder zu schaden, sondern das Volk in Ruhe zu lassen. Schließlich war das Verhältnis zu ihrer eigenen Regierung Sache der Russen und nicht unsere Sache. Wir konnten also nichts tun – nichts in guter und nichts in böser Absicht –, ohne unbeabsichtigte und unerwünschte Wirkungen hervorzurufen und Zweifel an unseren Beweggründen zu wecken.

In den Nachkriegsjahren, als in der öffentlichen Diskussion über unsere Außenpolitik Fragen der Auslandshilfe allmählich immer mehr in den Vordergrund rückten, hatte ich noch oft Anlaß, mich auf diese Überlegungen zu besinnen. Jene Stunden im Flugzeug legten den Grund für die Unschlüssigkeit und die Skepsis, die ich bis heute beim Gedanken an die Auslandshilfe empfinde – das heißt an die Möglichkeit, durch einen Eingriff von außen, und sei er noch so gut gemeint, das Leben anderer Völker entscheidend zu ändern und zu bessern.

Nach Beendigung des Krieges mit Japan wurde Botschafter Harriman wiederholt zur Erfüllung von Sonderaufgaben von Moskau abgerufen. Das wirkte sich auf meine eigene Stellung insofern aus, als ich nunmehr von Zeit zu Zeit genötigt war, meine Ansichten dem Außenministerium direkt zu übermitteln und mich selber um die offiziellen amerikanischen Besucher zu kümmern, die jetzt immer zahlreicher in der sowjetischen Hauptstadt erschienen.

Im September, als der Botschafter gerade wieder nicht da war, besuchte uns eine Gruppe von Mitgliedern des Kongresses. Sie wollten Stalin sehen. Ich war nicht begeistert von der Idee, auch nicht sehr optimistisch, daß es gelingen würde, aber es blieb mir nichts übrig als einen Termin zu erbitten. Ich wußte, daß solche Wünsche gewöhnlich nicht erfüllt wurden. In diesem Fall waren die Aussichten besonders schlecht, weil ich gerade erst einen ganz ähnlichen Antrag hatte stellen müssen – für Senator Claude Pepper aus Florida, ein Mitglied des Außenpolitischen Ausschusses des Senats, der zufällig zur selben Zeit in Moskau war wie die Abgeordneten. Zu meinem großen Erstaunen wurden beide Besuche angenommen und die Termine auf zwei aufeinanderfolgende Tage gelegt. Ich begleitete beide Parteien in den Kreml und dolmetschte bei beiden Gesprächen.

Um was es bei der Unterhaltung zwischen den Abgeordneten und Stalin ging, weiß ich nicht mehr – in den Washingtoner Archiven würde es sicher nachzulesen sein –, aber was davor passierte, ist mir noch in lebhafter Erinnerung. Der Besuch sollte um sechs Uhr nachmittags in Stalins Büro im Kreml stattfinden. Vorher sollten die Abgeordneten noch die Moskauer Untergrundbahn besichtigen. Die hatte ich schon sehr oft gesehen, und deshalb beschloß ich, die Rundfahrt nicht mitzumachen, und vereinbarte statt dessen, daß ich meine Landsleute um halb sechs am Ausgang der U-Bahn-Station Mossowjet abholen würde, die als letzte auf dem Programm stand. Ich war beizeiten da und wartete. Halb sechs war längst vorüber, keiner der Abgeordneten war erschienen, und ich begann unruhig zu werden. Rückfragen ergaben, daß die Besucher irgendwo im Erdinnern mit »Tee« bewirtet würden. Wo genau das vor sich ging, habe ich nie ermittelt, aber meine zu größter Eile angetriebenen Boten förderten die Gesellschaft schließlich zutage. Es war zehn vor sechs. Entgeistert stellte ich fest, daß der »Tee«, mit dem die liebenswürdigen Gastgeber von der Moskauer Untergrundbahn meine Schützlinge gelabt hatten, genausowenig alkoholfrei gewesen war wie der in Nowosibirsk: Ausgerechnet in dem Moment, in dem sie dem großen Sowjetherrscher gegenübertreten sollten, hatte man sie – je nach Charakterstärke und Geistesgegenwart mehr oder weniger ausgiebig – mit Wodka vollgefüllt.

In zwei Limousinen brausten wir in Richtung Kreml, ich saß in der ersten auf dem Vordersitz. Als wir uns dem Eingang zum Kreml näherten, der wahrscheinlich der am schärfsten und genauesten bewachte Eingang der Welt ist, drangen zu meinem Entsetzen aus dem Wageninnern die heiseren Worte an mein Ohr: »Wer zum Teufel ist denn schon dieser Stalin, he? Warum soll ich da eigentlich hin und ihn mir ansehn? Ich steig lieber aus.« Es hatte umständlicher Vorbereitungen, darunter der Vorlage sämtlicher Pässe beim Außenministerium, bedurft, um sicherzustellen, daß die Gruppe in den Kreml eingelassen würde, und ich wußte, wenn jetzt einer fehlte, würde es einen Riesenaufstand geben. Deshalb sagte ich sehr energisch: »Auf gar keinen Fall steigen Sie aus. Sie bleiben auf Ihrem Platz und trennen sich nicht von der Gruppe.« Dann kamen die Einlaßformalitäten am Tor. Die Wagentüren wurden geöffnet, die Identitäten festgestellt, unter die Sitze geblickt. Ein Wagen voll Bewaffneter setzte sich vor uns, ein zweiter hinter uns. So bewacht fuhren wir die kurze Steigung hinauf ins Allerheiligste des Kreml. Da ließ sich hinter mir die heisere Stimme von neuem hören: »Wie wär's, wenn ich dem alten Knaben mal eins auf die Nase gäbe?« Mein Herzschlag setzte aus. Ich weiß nicht mehr, was ich sagte, aber sicherlich habe ich mich nie im Leben mit größerem Nachdruck geäußert, und ich glaube mich zu erinnern, daß die nüchterneren Mitglieder der Gruppe mir dabei halfen. Jedenfalls kam unser Kamerad lammfromm mit. In Stalins Büro saß er am Ende des langen Tisches, Stalin genau gegenüber, und beschränkte sich darauf, den erstaunten Diktator von Zeit zu Zeit anzufeixen und ihm zuzuzwinkern; und die unsichtbaren Gewehrmündungen, die zweifellos von allen Seiten auf uns gerichtet waren, verharrten in finsterem Schweigen.

Es war nur ein kleines Erlebnis, aber eines von der Sorte, die es im Auswärtigen Dienst häufiger gab und die mich allmählich immer stärker zweifeln ließ, ob direkte Kontakte von Mensch zu Mensch denn wirklich der Verbesserung der zwischenstaatlichen Beziehungen dienen. Aber ich muß dazu sagen, daß bei unsern Besuchern aus dem Kongreß die Fähigkeit, aus der Reise für sich selbst und für die Interessen unserer Regierung Gewinn zu ziehen, zwischen ungenügend und hervorragend schwankte. Es waren scharfsinnige und ernstzunehmende Männer darunter, die uns nicht nur nach ihrer Rückkehr nach Washington wertvolle Unterstützung gaben, sondern uns auch während ihres Aufenthalts in Moskau manchen nützlichen und dankbar befolgten Rat erteilten.

Die Unterredungen mit Stalin verliefen beide glatt, wenngleich es auch bei Senator Pepper nicht ganz ohne Komplikationen abging. Ich hatte seinen Wunsch, Stalin zu sprechen, ganz selbstverständlich und ohne nachzudenken mit seiner Zugehörigkeit zum Außenpolitischen Ausschuß des Senats begründet – mit seinem Status als Staatsmann sozusagen. Unter diesem Vorzeichen war er auch vorgelassen worden. Und dann gestand er mir am Vorabend der Unterredung zu meiner Bestürzung, seine Reise diene nicht ausschließlich offiziellen, sondern zugleich auch journalistischen Zwecken – er schreibe nämlich Artikel für ein Zeitungssyndikat in Florida. Ob ich wohl glaube, daß er die Unterhaltung mit Stalin verwerten könne, und wenn ja, ob er das Manuskript in Moskau zur Post geben oder besser warten solle, bis er aus Rußland heraus sei?

Hätte ich gewußt, daß er als Journalist kommen wollte, dann hätte ich das natürlich in meinem Gesuch deutlich machen und es über andere Dienststellen leiten müssen. Wie die Sache schließlich in Ordnung gebracht wurde, ist mir entfallen. Ich weiß nur noch, mit welchem Gefühl der Vergeblichkeit ich versuchte, den Russen zu erläutern, was wohl einen hochangesehenen Politiker, der schwerwiegende internationale Probleme mit einem fremden Regierungschef besprochen hat, zu dem Wunsch veranlassen könnte, dies Gespräch gegen sehr mäßige Entlohnung für die kommerziellen Massenmedien auszuschlachten. Ich wußte, daß zehn Jahre nicht reichen würden, um sie davon zu überzeugen, daß dies ein rühmliches Verhalten sei; und ich wäre für die Aufgabe auch nicht der Richtige gewesen, denn diesmal stand ich, wie ich zugebe, auf seiten der Russen.

An dieser Stelle scheint mir ein Wort über Stalin angebracht. Die persönliche Begegnung mit einem Mann der Öffentlichkeit vermittelt natürlich einen anderen – und viel weniger klaren – Eindruck als ein gründliches Studium seiner Laufbahn. Über den Staatsmann Stalin habe ich an anderer Stelle gesprochen[83]. Hier ein paar Bemerkungen über die Person:

Von Gestalt war er gedrungen und ziemlich kurz, weder besonders dick noch dünn, aber eigentlich eher schlank. Sein eckig geschnittener Rock schien immer ein wenig zu groß für ihn; man spürte den Wunsch, die Schmächtigkeit der Gestalt zu korrigieren. Die Gesichtszüge, grob, aber gutgeschnitten, deuteten auf ruhige, gesammelte Kraft. Die Zähne waren verfärbt, der Schnurrbart ungepflegt und zottig. Das gab ihm, zusammen mit der pockennarbigen Haut und den gelben Augen, das Aussehen eines alten, kampferprobten Tigers. Sein Benehmen, wenigstens uns gegenüber, war einfach, ruhig und unaufdringlich. Er war nicht auf Wirkung aus. Er machte wenig Worte. Meist klangen sie vernünftig und verständig; sie waren es auch oft. Ein uneingeweihter Besucher hätte nie erraten, welche Abgründe von Berechnung, Ehrgeiz, Machtgier, Eifersucht, Grausamkeit und hinterlistiger Rachsucht hinter dieser unauffälligen Fassade lagen.

Stalins Verstellungskunst war ein wesentlicher Teil seiner Größe als Staatsmann, genau wie seine Gabe, sich simpel, einleuchtend und scheinbar völlig harmlos auszudrücken. Obwohl völlig unoriginell im schöpferischen Sinne, war er immer ein außerordentlich gelehriger Schüler gewesen. Er besaß ein unglaublich entwickeltes Beobachtungs- und, wenn es ihm paßte, auch Nachahmungstalent (und wenn er seine Lehrmeister

[83] ›Russische Außenpolitik unter Lenin und Stalin‹, Kapitel 17 (1961, Steingrüben Verlag, Stuttgart).

anschließend umbrachte, was er meistens tat, dann war das im Grunde ein Zeichen seiner Hochachtung). Gleichzeitig war er natürlich selbst ein großer, wenn auch fürchterlicher (teilweise großer, *weil* fürchterlicher) Lehrmeister der Politik. Das Allereindrucksvollste an ihm aber war seine unerhörte, diabolische Geschicklichkeit. Einen größeren Meister in der Kunst der Taktik hat es in der Neuzeit noch nicht gegeben. Die unauffällige, ruhige Fassade, so unschuldsvoll entwaffnend wie der erste Zug des Schachweltmeisters, war Teil dieser genialen, beängstigenden taktischen Überlegenheit.

Kollegen, die ihn öfter sahen als ich, haben berichtet, daß sie gelegentlich auch andere Seiten an ihm beobachten konnten: das Aufleuchten der gelben Augen in einem Anfall von Wut und Drohung, wenn er sich zwischendurch an irgendeinen unglückseligen Untergebenen wandte; die teuflische Freude am Quälen, die bei den großen Diplomatenessen der Kriegszeit aus den höhnischen Trinksprüchen klang, mit denen er seine Untergebenen in Anwesenheit der Ausländer demütigte, nur um seine Macht über sie zu zeigen. Ich selbst habe solche Dinge nicht erlebt. Aber als ich ihm zum erstenmal begegnete, war ich schon lange genug in Rußland, um einigermaßen Bescheid zu wissen. Doch zweifelte ich während meiner Besuche keinen Augenblick daran, daß ich einen der bedeutendsten Männer dieser Erde vor mir hatte – groß vor allem im Bösen, wenn man so will: unbarmherzig, schamlos, gerissen, unendlich gefährlich; und bei alledem: einen der wahrhaft Großen unserer Epoche[84].

Gleich nach der Begegnung mit Stalin bot sich mir Gelegenheit, einen kurzen Abstecher nach Helsinki zu machen. Ich füge hier aus meinen Reisenotizen den Abschnitt ein, der den Übergang von Rußland nach Finnland beschreibt – teils als Abwechslung von der schwerverdaulichen politischen Kost, teils darum, weil er ein Erlebnis von großer Wichtigkeit für alle Westler ist, die in Rußland leben.

Ich sollte vielleicht daran erinnern, daß die Karelische Landenge, durch die der Zug fährt, sobald er die Vororte von Leningrad hinter sich gelassen hat, im Krieg bitter umkämpft worden war – sogar zweimal. Beim Zusammenbruch des finnischen Widerstands im Jahr vorher war sie von sowjetischen Truppen

[84] Ich schrieb dies, ehe ich Swetlanas Buch über ihre Familie kannte. Meine Meinung über Stalin hat sich durch die Lektüre in mancher Hinsicht geändert; aber da die Beschreibung sich auf meine Erfahrungen in den Jahren 1945–46 bezieht, lasse ich sie, wie sie ist.

besetzt und formell von den Sowjets in Besitz genommen worden, und zu der Zeit, als ich sie sah, lag sie genau wie große Teile Ostpreußens sich selbst überlassen da, unberührt von Menschenhand, eine Wildnis. Die einstmals moderne finnische Stadt Wiborg war, wie ich in mein Tagebuch notierte, total zerstört und, soviel ich sehen konnte, unbewohnt. Auf der Rückreise stieg ich aus, als der Zug im Bahnhof von Wiborg haltmachte, und wanderte zwischen den Ruinen umher. Auf einmal fing es heftig zu regnen an. Ich flüchtete mich in den Eingang eines ehemals eleganten Kaufhauses, das ausgebrannt und zerstört war. Auf dem ganzen Spaziergang hatte ich kein lebendes Wesen gesehen, aber zu meiner Überraschung vernahm ich plötzlich ein Geräusch hinter mir. Ich drehte mich um und entdeckte, daß ich meine Regenunterkunft mit einer Ziege teilte. Wir beide schienen die einzigen Bewohner dieser einstmals blühenden Stadt zu sein.

Meine Notizen über diese Reise können vielleicht als Illustration für jenes merkwürdige Gefühl der Erleichterung dienen, das jeden sensiblen Westler überkommt, wenn er die drückende politische Atmosphäre Rußlands hinter sich läßt und aufatmend in die gewohnte und beruhigende Luft des Westens zurückkehrt. Es ist dasselbe Gefühl, das sie »drinnen« und »draußen« sagen läßt, um ihre Anwesenheit in der Sowjetunion von ihrer Anwesenheit irgendwo anders zu unterscheiden. Es ist eine Unterscheidung, die offenbar weder durch Kriege noch durch Verwüstungen noch durch politische Unruhen zu verwischen ist. Ich bin sicher, daß das Gefühl des Kontrastes zwischen Rußland und Nicht-Rußland, das den westlichen Rußlandbewohner nie ganz verläßt, unterschwellig auch sein Urteil über sehr viele politische Streitfragen beeinflußt, die ihn persönlich gar nicht berühren, und vielleicht ist das nicht einmal ungerecht. Mein Tagebuch sagt:

»6. September 1945

(Der Zug nach Helsinki ging spätabends.) Der einzige andere Intourist-Reisende, der auch dahin wollte, war ein ziemlich trübseliger Mexikaner mit Baskenmütze, der wie ein Texaner sprach. In dem Augenblick, als wir aus dem Hoteleingang traten, startete der Bus, der uns zum Bahnhof hatte bringen sollen, und verschwand ohne uns in der Dunkelheit, zum ärgerlichen Erstaunen der jungen Dame von Intourist, die man uns als Begleitung zugewiesen hatte.

Eine ganze Weile wartete ich draußen, betrachtete die mächtigen Umrisse der Isaakskathedrale, die sich undeutlich gegen die Dunkelheit abhoben, und ließ mir von dem Mexikaner den Verlauf seiner Darmverstimmung schildern. Ein zweiter Bus, nicht unsere Richtung, stand verlassen am Bordstein. Ein betrunkener sowjetischer Soldat schwankte aus der Dunkelheit heran, hämmerte ungeduldig an die Bustür und fragte den weißbärtigen Türsteher, wann es losginge. ›Das ist nicht dein Bus‹, sagte der Türsteher. ›Wo willst du denn hin?‹ ›Nach Westen‹, sagte der Soldat. ›So dicht wie möglich an die russische Grenze.‹ Die junge Dame von Intourist, die gerade rechtzeitig herausgekommen war, um das zu hören, scheuchte uns schnell in die Hotelhalle zurück, und da blieben wir, bis ein anderer Bus uns aufnahm.

7. September 1945

Als ich aufwachte, fuhren wir eben aus dem zerstörten und verlassenen Wiborg hinaus. Der Himmel war bedeckt; es blies scharf und kalt. Ein paar Strahlen Morgensonne zwängten sich durch die Wolken und fielen schräg zur Erde. Sie trafen auf die ausgebrannten Gerippe der Wohnblocks und überschütteten sie mit einem bleichen, kalten Glanz. Unter uns lag der Hafen, still und leer. Ein wassergefülltes Boot schaukelte sanft an den Resten eines Landestegs. Aber das Morgenlicht war rein und frisch, und das Wasser kräuselte sich so fröhlich im Wind, als wäre es nicht auf drei Seiten von den stummen Zeugen menschlicher Zerstörungswut umgeben. Über dem inneren Becken zog eine Möwe kunstvolle Bögen, genießerisch hingegeben an den neuen Tag, die Aussicht auf Nahrung und die eigene anmutige Kraft.

Als Wiborg hinter uns lag, fuhren wir langsam durch verwüstetes Land. Unkraut und Gestrüpp hatten sich auf den verlassenen Höfen breitgemacht. Die fenster- und türlosen Häuser waren schon halb darin versunken. Manchmal erhaschte man einen Blick ins Innere der Gebäude und konnte sehen, daß die Fußböden voll Gerümpel und Abfall lagen. Und man wußte, daß der üppige Wildwuchs Zehntausende von scharfen Minen verbarg.

Eine Stunde später erreichten wir die neue finnische Grenze und hielten am ersten finnischen Bahnhof. Plötzlich war alles adrett. Man hatte ein neues Bahnhofsgebäude errichtet: einfach und aus Holz, aber in einem ausgeprägt modernen Stil. Der Bahnsteig war in gutem Zustand und sauber. Es gab auch einen frisch gestrichenen Zeitungskiosk. Aber Menschen waren kaum zu sehen, und Lebensmittel schien es nicht zu geben. Der Himmel war grau. Es war alles ein wenig traurig.

Unsere russische Lokomotive zog sich zurück und hinterließ den Schlafwagen und noch zwei gepolsterte Wagen mit Russen, die zu dem neuen Marinestützpunkt Porkkala Udd wollten. Wir warteten auf den finnischen Zug. Wir warteten lange. Ich lief im Wind auf dem Bahnsteig auf und ab, ein Sklave der angelsächsischen Angewohnheit des ›Sich-Bewegung-Machens‹. Die Russen starrten ausdruckslos aus ihren Wagenfenstern; ihre Gesichter zeigten dieselbe stoische Unbewegtheit, die russischen Gesichtern an Zugfenstern überall in der riesigen, melancholischen russischen Welt eigentümlich ist.

Die Rangiergleise standen voll mit fertiggeladenen Güterwagen: finnische Waren, die als Reparationen in die Sowjetunion gingen. Kleine Wagen, Räder und Schmalspurgleise für eine Waldbahn waren sorgfältig auf großen offenen Waggons verstaut und festgezurrt und glänzten vor blankem Metall und frischer Farbe. Auf anderen war glatt gesägtes und sauber zugeschnittenes Holz ordentlich gestapelt. Alles trug den Stempel korrekter und gewissenhafter finnischer Arbeit.

Der Bahnsteig war fast menschenleer. Ein junger Finne mit einem Messer im Gürtel stellte Weichen um und warf dabei Seitenblicke voller Haß und Verachtung auf die russischen Eisenbahnwagen. Der Holzrauch von der kleinen Rangierlokomotive wurde vom Wind bis zu mir herübergeblasen; sein Duft weckte Erinnerungen an die nördlichen Wälder zu Hause. Ein finnischer Eisenbahner in Uniform kam gelassen angeradelt, parkte sein Fahrrad am Stationsgebäude und ging hinein zur Arbeit. Ein Bauernkarren fuhr vor, die Familie saß hinten drin. Es war gar nicht unwahrscheinlich, daß die Leute Hunger hatten; aber das Pferd war fett und glatt und schritt mit einer Munterkeit aus, die man bei russischen Pferden nicht kennt. Die ganze Szene spiegelte die Tüchtigkeit, Sauberkeit, Ruhe und Langeweile der bürgerlichen Welt und wirkte doppelt und dreifach auf jemand, der so lange Zeit so weit davon entfernt gewesen war.

Die finnische Lokomotive tauchte endlich auf, übernahm uns und brauste ab durch die Wälder, in einem Tempo, das nach dem gemächlichen Gerumpel russischer Züge geradezu schwindelerregend wirkte. Wir hatten einen Speisewagen. Es gab nicht übermäßig viel zu essen, aber was es gab, war gut zubereitet;

die Tische sahen einladend aus; die Mitreisenden waren freundlich, furchtlos und zutraulich. Den ganzen langen Tag fuhren wir durch die schöne nördliche Landschaft: Wälder, Seen, Bauernhöfe, Wiesen und Vieh. Die Russen starrten weiter aus den Fenstern, unbewegten Gesichts und allem Anschein nach unbeeindruckt. Am Abend waren wir in Helsinki.«

Die Potsdamer Konferenz hatte bekanntlich einen »Rat der Außenminister« errichtet, in dem die fünf Großmächte vertreten sein sollten, die gegen Deutschland und Japan Krieg geführt hatten. Seine Aufgabe sollte vor allem sein, Friedensverträge für Italien, Rumänien, Bulgarien, Ungarn und Finnland aufzusetzen. Gleich das erste Treffen dieses Außenministerrats im September 1945 in London platzte wegen Verfahrensfragen, was nur zeigte, oder vielmehr die Folge davon war, daß im Grundsätzlichen Uneinigkeit herrschte, und zwar vor allem über den Charakter der unter sowjetischem Druck in den osteuropäischen Ländern gebildeten Regierungen. Den Amerikanern lag sehr daran, mit den Verträgen weiterzukommen, und sie schlugen deshalb ein Treffen der Außenminister der Großen Drei vor, auf dem außer den Verfahrensfragen noch eine Reihe anderer Probleme besprochen werden sollte, mit denen es Schwierigkeiten gab. Der Vorschlag wurde angenommen, und die drei Außenminister Molotow, Ernest Bevin und James F. Byrnes trafen sich im Dezember 1945 in Moskau.

Ich gestehe, daß ich dieses Treffen mit genau derselben inneren Distanz und denselben Zweifeln betrachtete wie schon die vorangegangenen Zusammenkünfte der Staatschefs selbst. Zu den Vorbesprechungen war ich nicht hinzugezogen worden. Die Geisteshaltung, der diese Konferenzen entstammten, war mir fremd und zuwider. Ich hatte Mr. Byrnes nie gesehen und auch keine Verbindung mit ihm gehabt. Für den Wunsch, aus den Trümmern der Deklaration von Jalta über das befreite Europa noch etwas herauszufischen – ein paar Feigenblätter nämlich zur Verbrämung der nackten stalinistischen Diktatur in den osteuropäischen Ländern –, empfand ich nichts als Verachtung. Für mich war das alles nur Wunschdenken. Es schien mir absurd, irgendeine wesentliche Änderung dadurch erreichen zu wollen, daß man ein oder zwei nichtkommunistische Minister in Regierungen einschleuste, deren Länder bereits von einem Polizeisystem nach dem Muster des NKWD durchsetzt und vollständig unter russischer Kontrolle waren. Ich versprach mir auch nicht viel von Kontakten mit den neuen Regierungen dieser Länder. Wenn Friedensverträge schon nicht zu vermeiden waren, dann sah ich jedenfalls keinen Grund, dabei den Anschein der Eintracht der Großen Drei zu wahren. Ich hätte es lieber gesehen, wenn wir über die Verträge allein verhandelt und sie so kurz und zurückhaltend wie eben möglich formuliert hätten, so daß sie nichts weiter enthalten hätten als das beiderseitige Einverständnis mit der Beendigung des Kriegszustandes. Ich mißbilligte jeden Versuch, die amerikanische Öffentlichkeit glauben zu machen, daß uns in den sowjetisch beherrschten Gebieten noch ein Rest von Einfluß geblieben sei oder daß die betreffenden Länder etwas anderes erwarte als die volle Härte des Stalinschen Totalitarismus.

So tat ich denn in jenem ersten Nachkriegs-Dezember das wenige, das anläßlich des Besuches des Außenministers in Moskau von mir verlangt wurde, in dem ermüdenden Gefühl sinnloser Pflichterfüllung. Dem aktenkundigen Inhalt der Gespräche kann ich aus der Erinnerung nichts hinzufügen. Aber meine Tagebuchnotizen über den Besuch sind vielleicht dennoch nicht uninteressant, weil in ihnen die Atmosphäre von damals wiederersteht. Die erste Eintragung stammt vom Ankunftstag des Außenministers.

»Freitag, 14. Dezember 1945

Heute war allerlei los. Wir erwarteten den Minister und sein Gefolge. Ein ausgewachsener Schneesturm tobte. Frühmorgendliche Anrufe bei den sowjetischen Wetterleuten hatten ergeben, daß die Wetterverhältnisse unmöglich seien und keine Flugzeuge hereinkommen würden. Gegen 12 hörten wir, daß die Sondermaschine um 11 in Berlin gestartet sei. Die Dienststellen der Roten Armee und das Flughafenpersonal sagten, sie wüßten von nichts. Um halb zwei, gerade als ich zum Essen gehen wollte, kam Brooks Atkinson ins Zimmer und sagte, er hätte eben von der Britischen Botschaft erfahren, sie hätten gehört, der Minister sei nach Berlin zurückgeflogen. Das kam mir sehr wahrscheinlich vor. Ich ging nach Hause und aß gemächlich zu Mittag. Dann kam ich zurück und fand einen der Attachés im Telefongespräch mit dem Außenministerium, wo jemand nervös behauptete, daß die Sondermaschine im Anflug auf den Zentralmilitärflughafen sei und jeden Augenblick landen könne. Ich fragte nach Botschafter Harriman. Sie sagten, er sei zu einem Flugplatz 30 km südlich von Moskau gefahren, weil er gehört hätte, daß der Minister dort ankommen sollte. Ich schnappte mir Horace Smith und den kleinen Botschaftswagen, und wir rasten hinaus zum Zentralmilitärflughafen. Der Schneesturm heulte nur so. Die Welt war ein weißer Schleier, Himmel und Schnee waren nicht zu unterscheiden. Hindurchzusehen war unmöglich. Als wir ankamen, fuhr eben ein Radiowagen in das Halbdunkel hinaus, und eine Anzahl russischer Wagen stand herum. Wir wurden in ein kleines Gebäude am Rande des Flugfelds geführt. Ein paar Journalisten kamen dazu. Wenige Minuten später hörten wir Motorengeräusch und sahen eine viermotorige Maschine über unser Dach ziehen. Wir rannten hinaus. Das Schneetreiben hatte aufgehört, und die Sicht war besser. Dekanosow[85], einer seiner Assistenten und viel NKWD waren schon draußen. Jemand hatte zwei Eisenstäbe mit der sowjetischen und der amerikanischen Flagge aufgestellt. Das Flugzeug, das die Landung irgendwie geschafft hatte, tauchte aus der Watte auf, rollte aus, drehte und hielt genau vor uns. Die Treppe wurde durch den Schnee herangeschoben, und dann fand die offizielle Begrüßung statt. Der Minister stand im dünnen Mantel und ohne Überschuhe im tiefen Schnee, schüttelte Hände und hielt seine Rede übers Mikrophon, während der Wind durch die kleine Gruppe toste. Dann brachte ich ihn zu dem nächstbesten Wagen und fuhr ihn zusammen mit Ben Cohen und seinem Militäradjutanten ins Spaso-Haus. Dort gab Kathy ihnen etwas zu trinken und eine Suppe und beschäftigte sie, bis der Botschafter von seiner vergeblichen Reise zurück war. Dann ging ich ins Büro zurück, um aufzuräumen.

Voller Wut über ein Telegramm vom Ministerium, in dem wir ersucht wurden, die Sowjetregierung für den kommenden März zu einer Konferenz über zweiseitige Zollsenkungen einzuladen, verbrachte ich den Abend mit der Abfassung eines Telegramms, in dem ich sehr deutlich machte, warum das nicht tunlich sei.

Mittwoch, 19. Dezember 1945

Nahm auf Einladung des Botschafters an der Nachmittagssitzung teil. Leider wurden nur zwei kurze Treffen von jeweils knapp zehn Minuten daraus.

Bevin sah hochgradig verärgert aus. Man merkte ihm an, daß er eine Rolle spielen mußte, die ihm mißfiel. Er hatte von Anfang

[85] Einer der stellvertretenden sowjetischen Außenminister, ein Protégé von Berija, der direkt von der Geheimpolizei in die Diplomatie übernommen worden war und nach Berijas Tod 1953 hingerichtet wurde.

an nicht nach Moskau fahren wollen und war sich völlig klar darüber, daß bei der Begegnung nichts Gutes herauskommen konnte. Die Russen wußten Bescheid und beuteten seine Zwangslage nach Kräften aus. Und was Byrnes betraf, so war er in Bevins Augen einfach ein dreister unzuverlässiger Ire, ganz wie die, denen er als Dockarbeiter und Gewerkschaftsführer begegnet war. Nach Meinung der Briten hatte Byrnes sie dauernd übergangen und auf die anglo-amerikanischen Beziehungen recht wenig Rücksicht genommen. Das Moskauer Treffen war seine eigene Idee gewesen, und er hatte sie mit den Russen besprochen, ohne den Briten ein Wort davon zu sagen oder ihnen eine Vorwarnung zu geben. Er hatte die Briten noch weiter gekränkt, indem er zwar den Russen ein Exemplar des Ethridge-Reports[86] gegeben hatte, nicht aber der Britischen Botschaft, obwohl Ethridges Besuch in Moskau vor allem auf britische Initiative zurückging und die Botschaft ihm, als er da war, Einsicht in ihre Akten gewährt hatte. Und zu allem Überfluß hatte Byrnes jetzt nach Moskau eine Aufzeichnung über Atomenergie mitgebracht, die er den Russen überreichen wollte, ohne sich mit Großbritannien oder Kanada, den beiden anderen Mächten, die das Geheimnis der Produktion von Atomenergie kannten, abgestimmt zu haben, und das sechs Wochen nach Attlees Besuch in Washington und seinen Gesprächen mit dem Präsidenten. Als Bevin dagegen protestiert hatte, den Russen irgendeine Aufzeichnung über dieses Thema zu überlassen, die nicht vorher von der britischen und kanadischen Regierung freigegeben worden war, hatte Byrnes ihm zwei Tage, nämlich bis zum heutigen Mittwoch, Zeit gelassen, um das Dokument in London vorzulegen und die Zustimmung des britischen Kabinetts einzuholen. Bevin glaubte, Byrnes hätte ihm zugesichert, die Sache solange ruhen zu lassen, und eine andere Interpretation hätte in der Tat auch keinen Sinn ergeben. Nichtsdestotrotz hatte Byrnes das Dokument am Dienstagabend den Russen geschickt, ohne die Briten zu verständigen. Bevin konnte das nur als ein Zeichen von Böswilligkeit deuten und war wütend.

Molotow leitete die Konferenz. Er saß vornübergelehnt am Tisch; eine russische Zigarette baumelte zwischen seinen Lippen; die Augen blitzten vor Zufriedenheit und Zuversicht,

[86] Mr. Mark Ethridge, Verleger des ›Louisville Courier-Journal‹, war von Mr. Byrnes in Sondermission nach Rumänien, Bulgarien und Griechenland geschickt worden, um den Vereinigten Staaten einen unvoreingenommenen Bericht über die politischen Zustände in diesen Ländern zu liefern.

während er von dem einen seiner Kollegen zum andern sah. Offenbar wußte er genau, was für Spannungen zwischen ihnen bestanden, und auch, daß die scharfe, rücksichtslose und entschlossene russische Diplomatie sie beide unsicher machte. Er sah aus wie ein passionierter Pokerspieler, der weiß, daß er einen Royal Flush hält, und sich anschickt, den letzten seiner Gegner zum Aufdecken zu zwingen. Er als einziger amüsierte sich die ganze Zeit vorzüglich.

Ich saß genau hinter Byrnes und konnte ihn nicht gut sehen. Bei Verhandlungen improvisiert er, macht sich vorher keinen festen Plan und setzt sich weder bestimmte Ziele noch Grenzen. Er verläßt sich vollkommen auf seine Gewandtheit und Geistesgegenwart und wartet auf taktische Fehler der anderen, um sie für sich auszunutzen. Bei der jetzigen Konferenz hat er den Russen gegenüber die Schwäche, daß er hauptsächlich darauf aus ist, irgendein Abkommen zustande zu bringen; welchen Inhalts, ist ihm ziemlich gleich. Die Wirklichkeit hinter diesem Abkommen kümmert ihn nicht; es geht ja nur um Leute wie Koreaner, Rumänen und Perser, über die er ohnehin nichts weiß. Er will das Abkommen wegen des politischen Effekts auf die eigenen Landsleute. Die Russen wissen das. Sie werden dafür sorgen, daß er für seinen vordergründigen Erfolg einen hohen Preis in greifbarer Münze zahlt.

Nach dem Treffen ging ich mit Matthews zu Fuß nach Hause und behielt ihn zum Essen da. Frank Roberts[87] und seine Frau kamen dazu. Am Ende des Abends war Matthews so niedergeschmettert von dem, was Roberts und ich ihm erzählt hatten, daß er mir leid tat und ich versuchen mußte, ihn aufzuheitern. Die Einführung von Neulingen in die sowjetische Wirklichkeit vollzieht sich immer in zwei Phasen; die erste ist, ihnen klarzumachen, wie diese Wirklichkeit aussieht; die zweite, ihnen über den Schock hinwegzuhelfen.

Freitag, 21. Dezember 1945

Hatte morgens eine Unterredung mit dem bulgarischen Gesandten. Er begann damit, daß er sich über die Opposition aufregte, weil sie sich an den Wahlen [in Bulgarien] nicht beteiligt hätte, und behauptete, sie hätte sich mutwillig vom politischen Leben des Landes distanziert. Ziemlich ungeduldig erklärte ich

[87] Sir Frank Roberts war damals mein Pendant an der Britischen Botschaft in Moskau. Später wurde er Botschafter in Moskau, Paris und Bonn. Ich schätze ihn nicht nur als ungewöhnlich erfahrenen und fähigen Diplomaten, sondern auch als loyalen Kollegen und guten Freund.

ihm, was uns beunruhige, sei nicht so sehr die Frage nach der parlamentarischen Vertretung oder dem Verfahren, sondern die Tatsache, daß wir es dort mit einem Polizeiregime zu tun hätten, das ohne Hemmungen in der barbarischsten Weise gegen Leben und Freiheit einzelner Bürger vorginge. Wir seien der Meinung, daß in dieser Atmosphäre des Terrors und der Einschüchterung eine wirkliche Demokratie nicht existieren könne. Er wurde plötzlich ganz aufgeregt und sprach viel offener; gab zu, daß die Kommunisten nur eine Minderheit seien, aber deutete an, daß es gut wäre, Frieden zu schließen und die russischen Truppen aus dem Lande zu bekommen.

Mittagessen mit Roberts und Cadogan und ein paar anderen von der britischen Delegation. Chip war auch da, und ich glaube, er und ich haben Cadogan mit unsern Betrachtungen über die Art, wie man mit den Sowjets verhandelt, einigermaßen aus seiner Beschaulichkeit gerissen.

Samstag, 22. Dezember 1945

Fing abends gerade an, mich auf ein ruhiges Wochenende zu freuen, als Page herüberkam und mitteilte, der Botschafter brauche ein Memorandum für den Minister über die Wirtschaftssituation in Ungarn. Ich ging hinunter ins Büro und arbeitete mit Horace Smith bis drei Uhr morgens an der Zusammenstellung des Memorandums.

Sonntag, 23. Dezember 1945

Ging morgens ins Büro und machte das Memorandum fertig. Anschließend nach Spaso zu einem Herrenessen für Molotow und Bevin. Saß neben Zarapkin, der relativ menschlich war. Bevin unterhielt die Amerikaner und verwirrte die Russen durch seine unzeremoniellen Randbemerkungen während des Essens. Als wir auf das Wohl des Königs tranken, ergänzte er gut gelaunt: ›und aller anderen Dockarbeiter‹, und erzählte dann die dazugehörige Geschichte. Als Harriman sein Glas auf den Erfolg der Konferenz hob, schloß Bevin sich an und fügte hinzu: ›und daß sie uns nicht alle 'rausschmeißen, wenn wir nach Hause kommen‹. Molotow entfernte sich sofort nach dem Essen. Am Nachmittag waren sie alle wieder hart an der Arbeit und arbeiteten auch den größten Teil der Nacht. Das Memorandum über die Situation der ungarischen Wirtschaft ist übrigens nie benutzt worden.

Für den Abend hatten die Russen zu Ehren der Besucher im

Bolschoi eine Galavorstellung von ›Zoluschka‹ (Aschenputtel) angesetzt. Ich erfuhr es erst am Spätnachmittag, fand, daß Anneliese und ich hingehen sollten, und nahm zwei der wenigen Karten, die von unserm Botschaftskontingent noch übrig waren. Als wir hinkamen, war das Haus schon bis auf den letzten Platz besetzt, und Scheinwerfer strahlten die noch leere Zarenloge an, in der die Außenminister Platz nehmen sollten. Molotow und sein Gefolge warteten nervös in der Halle draußen. Wie immer, wenn der große Vorhang geschlossen ist, war es im Theater stickig und heiß, und die Leute fächelten sich mit den Programmen Kühlung zu. Das Orchester war bereits auf den Plätzen und wartete auf den Einsatz für die Nationalhymnen. Ich saß mit dem persönlichen Referenten des Botschafters und einer seiner Sekretärinnen in einer Loge. Nach weiteren fünfzehn Minuten Wartens sagte ich scherzhaft zu der Sekretärin, der Minister müsse wohl vergessen haben, daß er eingeladen sei. ›Aber nein‹, sagte sie, ›sie sitzen bloß alle oben in seinem Zimmer in der Botschaft und erzählen Geschichten und bechern, und keiner traut sich, hineinzugehen und sie zu stören.‹ Ich raste sofort aus der Loge und hinunter in die Verwaltung, um zu telefonieren. Das Telefon war besetzt, als ich kam, und ich stand eine Weile in dem überfüllten Büro und wartete. Im selben Moment, als das Telefon frei wurde und ich die Botschaft wählen wollte, betrat ein Mann das Büro, der einen der abgewetzten blauen Straßenanzüge trug, die für die Geheimpolizei so typisch sind. Er ging auf mich zu und sagte mit halbem Lächeln: ›Sie sind gerade abgefahren.‹ Ich ging zurück auf meinen Platz, und wirklich erschien fünf Minuten später Mr. Byrnes, nachdem er mehrere Tausend Menschen, darunter zahlreiche Mitglieder der sowjetischen Regierung, etwa eine halbe Stunde hatte warten lassen.

Die Vorstellung war absolut erstklassig, mit die beste, die ich je gesehen habe; aber beim Publikum kam sie nicht an. Man bedeutete mir, Stalin sei irgendwo im Theater, wenn auch nicht in der Zarenloge. Das Publikum bestand demzufolge, abgesehen vom Diplomatischen Korps, in der Mehrzahl aus Geheimpolizisten, die zweifellos fürchteten, daß eine allzu deutlich zur Schau getragene Begeisterung für das Stück sie in den Verdacht der Pflichtvergessenheit bringen könnte.«

Für die Welt der Diplomatie gilt das Axiom, daß Methodik und Taktik keineswegs weniger wichtig sind als Konzeption und

Strategie. In den achtzehn Monaten, die ich nun schon wieder in Moskau arbeitete, hatte mich nicht nur die Naivität unserer Vorstellungen über das, was in unseren Beziehungen zur Sowjetunion erreichbar sei, unglücklich gemacht, sondern auch die Art und Weise, wie wir diesem Ziel näherzukommen versuchten. Beide Aspekte waren natürlich eng miteinander verbunden. Die Methode ergab sich weitgehend aus dem Bild, das wir uns von der sowjetischen Führung und ihrer vermutlichen Reaktion auf verschiedene Anreize gemacht hatten. Aber darüber hinaus verdiente sie Aufmerksamkeit um ihrer selbst willen. Vielleicht war es der Besuch von Minister Byrnes in Moskau, der meine Geduld auch in diesem Punkt erschöpft hatte. Jedenfalls griff ich wie gewohnt zur Feder und brachte irgendwann im Winter 1946 die ersten drei Abschnitte einer Aufzeichnung zu Papier, die eigentlich ein weiteres *magnum opus* werden sollte und dem spezifischen Problem der sowjetisch-amerikanischen Beziehungen gewidmet war. Sie ist nie vollendet worden. (Vielleicht weil sie, schriftstellerisch gesehen, von dem umfänglichen telegrafischen Essay überrundet wurde, von dem ich gleich sprechen werde.) Weil sie unfertig war, ist sie, soweit ich weiß, auch nie benutzt worden. Dem Anhang füge ich einen Auszug daraus bei, der von der Technik des Umgangs mit Rußland handelt. Es ist ein noch ziemlich ungeschliffener Versuch (aber einer der ersten, wenn nicht der erste seiner Art), eine Gebrauchsanweisung für den Umgang mit dem Stalinregime zu geben.

In der Einleitung untersuchte ich, wie in der Sowjetunion Entscheidungen zustande kommen, und versuchte herauszuarbeiten, daß es falsch und unnütz sei, bei sowjetischen Staatsmännern und Unterhändlern an persönliche Gefühle zu appellieren: nur der voraussichtliche Wert oder Unwert eines von einer fremden Regierung vorgebrachten Vorschlags oder Wunsches für die Ziele des eigenen Regimes könne sie beeinflussen; angebliche Übereinstimmung der Ziele oder sowjetische Hochherzigkeit anzurufen sei deshalb verlorene Zeit; Punkt für Punkt müsse demonstriert werden, was für die Sowjets an Vorteilen heraussprängе, wenn sie unsere Auffassung übernähmen, oder an Nachteilen, wenn sie sich weigerten. Dann folgten die Regeln selbst, eine Anleitung für den Umgang mit dem – ich wiederhole – *Stalin*regime (dem einzigen, mit dem ich bis dahin Erfahrung hatte). Ich gebe hier nur die Überschriften wieder.

Die Erläuterungen zu den einzelnen Punkten sind im Anhang zu finden:

A. Tut nicht so, als ob ihr dicke Freunde wäret.

B. Setzt nicht Gemeinsamkeiten voraus, die es in Wahrheit nicht gibt.

C. Hütet euch vor einfältigen Gesten des »guten Willens«.

D. Kommt den Russen nur dann mit Anliegen, wenn ihr darauf vorbereitet seid, ihnen euren Unwillen im Falle einer Ablehnung praktisch zu demonstrieren.

E. Verhandelt auf einer der Sache angemessenen Ebene und besteht darauf, daß die Russen auf dieser Ebene die volle Verantwortung für ihr Verhalten übernehmen.

F. Setzt euch nur dann für einen Meinungsaustausch auf höchster Ebene ein, wenn die Anregung dazu mindestens zur Hälfte von seiten der Russen kommt.

G. Schreckt nicht davor zurück, mit großen Kanonen auf scheinbar kleine Spatzen zu schießen.

H. Habt keine Angst vor Szenen und vor der Austragung von Meinungsverschiedenheiten in der Öffentlichkeit.

I. Bemüht euch, in unsern Beziehungen zu Rußland sämtliche Vorhaben, sowohl von Regierungsstellen wie auch von privater Seite, soweit sie durch die Regierung beeinflußbar sind, in Übereinstimmung mit unserer politischen Generallinie zu bringen.

J. Verstärkt und unterstützt unsere Vertretung in Rußland.

Der Leser, der an den sowjetisch-amerikanischen Beziehungen interessiert ist, wird sich bei der Lektüre dieser Faustregeln zweifellos fragen, ob sie erstens in den folgenden Jahren beachtet worden sind und heute weiter beachtet werden, und ob sie zweitens immer noch anwendbar sind, nachdem Stalin tot ist und die Weltsituation wichtige Veränderungen erfahren hat. Meine Antwort auf beide Fragen ist: nur teilweise. Aber um sie hier näher zu erläutern, müßte ich meiner Geschichte vorgreifen.

Mitte Februar 1946 machten mir Erkältung und Fieber, Stirnhöhlenkatarrh und Zahnweh und schließlich die Nebenwirkungen der Sulfonamide zu schaffen, die man mir zur Linderung der ursprünglichen Beschwerden eingegeben hatte. Der Botschafter war wieder außer Landes, er war sogar im Begriff, seinen Posten ganz zu verlassen. Mir oblag die Leitung der Botschaft. Weil meine verschiedenen *douleurs* mich ans Bett fesselten, mußte ich die täglich anfallenden Telegramme und sonstigen

Dienstobliegenheiten vom Schlafzimmer aus bearbeiten und so gut ich konnte mit den daraus erwachsenden Verpflichtungen fertig werden.

Bei der Korrespondenz, die mir in dieser elenden Zeit gebracht wurde, war eine Mitteilung, die uns alle fast verzweifeln ließ, aber nicht an der Sowjetregierung, sondern an unsrer eigenen. In einem Telegramm wurden wir davon unterrichtet, daß die Russen zu erkennen gäben, sie seien nicht willens, der Weltbank und dem Internationalen Währungsfonds anzugehören. Das Telegramm war, wie es schien, vom Finanzministerium veranlaßt. Man darf nicht vergessen, daß keine andere Stelle in Washington sich so große Hoffnungen auf eine Zusammenarbeit mit den Russen nach dem Kriege gemacht und so naiv und zäh, man könnte fast sagen wildentschlossen, an ihnen festgehalten hatte wie gerade das Ministerium der Finanzen. Jetzt endlich schien die unbegreifliche Abneigung Moskaus gegen die Bank und den Fonds ihnen gezeigt zu haben, daß der Traum ausgeträumt war, und das Außenministerium leitete den Entsetzensschrei, der von der anderen Seite des Weißen Hauses aus dem Finanzministerium zu ihm gedrungen war, in aller Unschuld an die Botschaft weiter. Wie war ein derartiges Benehmen der sowjetischen Regierung zu erklären? Was steckte dahinter?

Je länger ich über die Botschaft nachdachte, um so mehr verstärkte sich in mir die Überzeugung: es ist soweit. Achtzehn Monate lang hatte ich unentwegt Leute am Ärmel gezupft und versucht, sie auf das Phänomen aufmerksam zu machen, dem wir in der Moskauer Botschaft täglich begegneten und das unsere Regierung und unser Volk verstehen lernen mußten, wenn sie eine Chance haben sollten, die Probleme der Nachkriegszeit zu meistern. Aber ich hätte genausogut einem Stein predigen können. Das Rußlandreferat im Außenministerium hatte begriffen, aber es war nicht weniger hilflos als wir selber, und der Rest war Schweigen gewesen. Jetzt plötzlich wurde ich nach meiner Meinung gefragt. Gewiß war der Anlaß geringfügig, aber die Zusammenhänge waren es nicht. Es hatte keinen Zweck, die Frage mit ein paar Routinebemerkungen abzutun, nur zu erläutern, was die Sowjets von Weltbanken und Währungsfonds und derlei Dingen hielten. Mit einem Bruchteil der Wahrheit war niemand gedient. Dies hier erforderte die ganze Wahrheit. Sie hatten sie hören wollen. Und bei Gott, jetzt sollten sie sie hören.

Ich ergriff die Feder (bildlich gesprochen, denn die Feder war in diesem Fall meine langmütige und fähige Sekretärin, Miß Dorothy Hessman, der es beschieden war, noch fünfzehn weitere Jahre für ganz ähnliche Dinge mißbraucht zu werden) und verfaßte ein Telegramm von rund achttausend Worten Länge – aber fein säuberlich, wie eine protestantische Predigt aus dem achtzehnten Jahrhundert, in fünf Abschnitte gegliedert. (Ich dachte, wenn es in fünf Teilen hinausginge, könnte jeder Teil als Telegramm für sich gelten, und es würde nicht so unanständig lang aussehen.) In den einzelnen Abschnitten ging es um

die Grundzüge des sowjetischen Verhaltens seit Kriegsende;

die Voraussetzungen für dieses Verhalten;

seine Umwandlung in offizielle Politik;

seine Umwandlung in inoffizielle Politik, nämlich die Politik, die durch Tarnorganisationen und alle Arten von Strohmännern ausgeführt wurde;

die Bedeutung all dieser Dinge für die amerikanische Politik.

Ich rechtfertigte die unerhörte Überbeanspruchung der telegrafischen Verbindungswege mit der Bemerkung, daß die Anfrage des Ministeriums »derartig verwickelte, derartig heikle, uns gedanklich so fremde, aber für die Beurteilung der internationalen Lage zugleich so wichtige Fragen« berühre, »daß ich ihre Beantwortung nicht in eine kurze beengte Form pressen« könne, »ohne mich einer gefährlichen Vereinfachung schuldig zu machen«.

Der Wortlaut dieses Dokuments ist im Anhang wiedergegeben. Ich werde nicht versuchen, es hier zusammenzufassen. Ich lese es heute mit belustigtem Schaudern. Das meiste klingt genau wie die Broschüren, die von alarmierten Parlamentskomitees und von den »Töchtern der Amerikanischen Revolution[88]« verteilt werden, um die Bevölkerung vor den Gefahren der kommunistischen Verschwörung zu warnen. Auch das verlangt eine Erklärung, aber – wiederum – später. Die Wirkung meiner pädagogischen Bemühungen auf Washington war buchstäblich sensationell. Sie bewirkte tiefgreifende Veränderungen in meiner Laufbahn und meinem Leben. Nachdem keine meiner bisherigen schriftlichen Arbeiten ihr Ziel auch nur annähernd erreicht hatte, war mir mit dieser hier unverhofft ein

[88] Amerikanische Frauenorganisation mit gesellschaftlichem Prestige und konservativer Einstellung (AdÜ).

Volltreffer gelungen, der allgemeine Aufmerksamkeit erregte und noch monatelang Gesprächsthema war. Die Empfänglichkeit oder Unempfänglichkeit des amtlichen Washingtons wird von emotionellen Strömungen aus dem Unterbewußtsein bestimmt, deren Vielschichtigkeit den Vergleich mit Sigmund Freuds allerschwierigstem Patienten nicht zu scheuen braucht, und ich hatte einen der Momente erwischt, in denen es aufnahmebereit war. Was dem Telegramm im einzelnen widerfuhr, nachdem es im Schlund des hauptstädtischen Kommunikationssystems verschwunden war, ahne ich nicht. Jedenfalls machte es »die Runde«. Der Präsident las es, soviel ich weiß. Der Marineminister, Mr. James Forrestal, ließ es vervielfältigen und erklärte es zur Pflichtlektüre für Hunderte, wenn nicht Tausende von höheren Offizieren. Das Außenministerium zeigte sich ganz und gar nicht beunruhigt über die leichtsinnige Inanspruchnahme der telegrafischen Einrichtungen und antwortete mit einem Lob. Am Tage von Washingtons Geburtstag im Jahre 1946 traf meine telegrafische Dissertation aus Moskau in Washington ein, und damit war meine berufliche Isoliertheit wenigstens für die nächsten paar Jahre beendet. Ich hatte mir einen Ruf erworben. Meine Stimme zählte.

Sechs Monate früher wäre dieselbe Aufzeichnung im Außenministerium vermutlich auf hochgezogene Augenbrauen und abfällig geschürzte Lippen getroffen. Sechs Monate später wäre sie schon überflüssig gewesen – ein Bekehrungsversuch an jemand, der schon glaubte. Aber die Zustände, die ich beschrieb, hatte es ein Jahrzehnt zuvor im wesentlichen auch schon gegeben, und es würde sie auch noch mehr als ein halbes Jahrzehnt lang weiter geben. Was nur beweist, daß Washingtons Weltanschauung weniger von der objektiv erfaßbaren Wirklichkeit bestimmt wird als von der subjektiven Bereitschaft seiner Würdenträger, dieses oder jenes Stück davon in sich aufzunehmen. Das ist sicher ganz natürlich; vielleicht ist es unvermeidlich; aber es wirft doch die Frage auf – eine Frage, die mich in den kommenden Jahren immer intensiver beschäftigte –, ob eine so beschaffene Regierung sich einbilden dürfe, daß sie fähig sei, eine wohldurchdachte, beständige und umsichtige Außenpolitik zu betreiben. Mit den Jahren neigte ich immer mehr dazu, die Frage zu verneinen.

Zur Vervollständigung dieses Berichts über meine Tätigkeit in Moskau im und gleich nach dem Kriege bleibt noch ein ominöses Thema zu erwähnen. Es betrifft eine Wolke, die in meinen letzten Moskauer Monaten am Horizont erschien, eine Wolke, die mir damals nicht sehr viel größer vorkam als eine Männerfaust, obwohl sie genaugenommen erheblich größer war.

Der Leser wird bemerkt haben, daß bei den vielen Gedanken, die ich mir über Stalins Rußland und die der amerikanischen Politik daraus erwachsenden Probleme machte, die Atombombe nirgendwo eine Rolle spielt. Diejenigen von uns, die Ende 1945 und im Frühjahr 1946 in Moskau waren, wußten natürlich, daß es sie gab und daß sie in Japan eingesetzt worden war. Aber ich kann mich nicht erinnern, von diesem Wissen in meinen Ansichten über unser Verhältnis zur Sowjetunion irgendwie nachhaltig beeinflußt worden zu sein. Waffen von einer derartigen Stärke spielten damals so wenig wie später eine positive Rolle in meinem Konzept von den amerikanisch-sowjetischen Beziehungen.

Unter meinen Papieren aus der damaligen Zeit kann ich nur ein Dokument finden, das sich mit der Sache überhaupt befaßt. Sein Ton war strikt ablehnend, es spiegelte sich darin die Besorgnis, das Buhlen um Stalins Gunst, das, wie mir schien, unsere Politik bislang bestimmt hatte, könne auch hier wieder den Ausschlag geben. Ich führe die Aufzeichnung im Wortlaut an, denn es geht um ein heikles Thema, das scharfe Kritiker finden wird, und ich möchte, daß die Unterlagen vollständig sind.

Das Dokument ist ein Telegramm an Washington, datiert vom 30. September 1945. Wie es zustande kam, weiß ich nicht. Vermutlich war mir die damals in Washington von manchen Leuten vertretene Meinung zu Ohren gekommen, daß wir zum Beweis unsres guten Willens sämtliche Informationen über die neue Waffe einschließlich des Herstellungsverfahrens Moskau zur Verfügung stellen sollten. Dies jedenfalls ist, was ich damals schrieb:

»Ich zögere nicht, auf Grund meiner elfjährigen Rußlanderfahrung ganz kategorisch zu erklären, daß es unsere Sicherheit in hohem Maße gefährden würde, wenn die Russen lernten, atomare Energie oder irgendwelche anderen radikalen und weitreichenden Vernichtungsmittel anzuwenden, ohne daß wir es wüßten und ohne daß wir uns im Überrumpelungsfall dagegen schützen könnten. Die Geschichte des Sowjetregimes ergibt keinen – ich wiederhole, keinen – Anhaltspunkt dafür, daß die Männer, die jetzt in Rußland an der Macht sind oder die vielleicht in absehbarer Zeit an die Macht kommen, auch nur einen Augenblick zögern würden, diese Mittel gegen uns einzusetzen, wenn sie sich davon eine spürbare Verbesserung der eigenen Machtposition versprächen. Aus welcher Quelle die Sowjets ihre Kenntnisse bezogen hätten, ob aus eigener wissenschaftlicher Arbeit, aus ihrer Spionagetätigkeit oder aus Informationen, die man ihnen zum Zeichen des guten Willens und des Vertrauens freiwillig übergeben hätte, wäre dabei ganz gleichgültig. Sich einzubilden, sowjetische Führer wären aufgeschlossen für Gefühle der Dankbarkeit oder für humanitäre Skrupel, hieße sich in einer für unsere Zukunft lebenswichtigen Frage über sämtliche Beweise des Gegenteils hinwegsetzen.

Es ist daher meine fest Überzeugung, daß die Weitergabe irgendwelcher für die Verteidigung der Vereinigten Staaten bedeutsamer Informationen an die sowjetische Regierung ohne die Garantie ausreichender Kontrollen lebenswichtige Interessen unseres Volkes leichtfertig schädigen würde. Ich möchte der Hoffnung Ausdruck geben, daß das Ministerium diese Ansichten zu Protokoll nehmen und dafür sorgen wird, daß sie mit in Erwägung gezogen werden, wenn das Thema in den zuständigen Regierungskreisen zur Sprache kommt.«

Beim Wiederlesen des Textes merke ich, daß er den Ansichten verschiedener sehr weiser und weitblickender Männer in Washington und anderswo entgegengesetzt war, wenn auch nur teilweise und indirekt. Ich gebe offen zu, daß ihm ein sehr begrenztes Wissen und sehr begrenzte Überlegungen zugrunde lagen. Er war nichts anderes als eine ehrliche und ernstgemeinte Reaktion auf die verfügbaren Informationen. Hätte ich damals gewußt, was ich heute weiß, dann wäre es mir sicherlich überflüssig erschienen, überhaupt zu schreiben. Hätte ich im besonderen gewußt, was für ein fürchterliches Problem ich da so beiläufig anrührte, welch ungeahnt tiefe philosophische Überlegungen die Suche nach einer Antwort erfordern würde und wie erschütternd unvorbereitet wir alle noch waren, dann wäre mir das Herz noch schwerer geworden, als es wegen der Einfältigkeit unserer Reaktionen auf die Stalinistische Macht schon war.